本书获暨南大学“华侨华人研究”
优势学科创新平台资助

教育部人文社会科学重点研究基地
Key Research Institute of Humanities and Social Sciences at Universities
暨南大学华侨华人研究院
Academy of Overseas Chinese Studies in Jinan University

·世界华侨华人研究文库·

战后菲律宾华文教育研究

(1945—1976)

姜兴山 著

暨南大學出版社
JINAN UNIVERSITY PRESS

中国·广州

图书在版编目（CIP）数据

战后菲律宾华文教育研究：1945—1976/姜兴山编著 . —广州：暨南大学出版社，2013. 10
（世界华侨华人研究文库）
ISBN 978 - 7 - 5668 - 0297 - 2

Ⅰ. ①战…　Ⅱ. ①姜…　Ⅲ. ①华文教育—研究—菲律宾—1945—1976
Ⅳ. ①G749. 934. 1

中国版本图书馆 CIP 数据核字（2013）第 243750 号

出版发行：暨南大学出版社

出 版 人：徐义雄
责任编辑：黄圣英　吴筱颖
责任校对：黄　斯　周明恩

地　址：中国广州暨南大学
电　话：总编室（8620）85221601
营销部（8620）85225284　85228291　85228292（邮购）
传　真：（8620）85221583（办公室）　85223774（营销部）
邮　编：510630
网　址：http：//www. jnupress. com　http：//press. jnu. edu. cn

排　版：广州市天河星辰文化发展部照排中心
印　刷：佛山市浩文彩色印刷有限公司

开　本：787mm × 1092mm　1/16
印　张：16. 25
字　数：319 千
版　次：2013 年 10 月第 1 版
印　次：2013 年 10 月第 1 次

定　价：36. 80 元

总 序

在20世纪，华侨华人问题曾经四次引起学术界关注。第一次是20世纪初关于南非华工的问题；第二次是“一战”后欧洲华工问题；第三次是五六十年代东南亚国家出现的“排华”问题；第四次则是80年代中国经济崛起与海外华侨华人关系的问题。每次华侨华人研究成为研究热点时，都有大量高水平研究著作问世，不胜枚举。

进入21世纪以来，随着全球化进程的加速和中国国际化水平的提升，海外华侨华人与中国的发展日益密切，华侨华人研究掀起了新一轮高潮。华侨华人研究机构由过去只有暨南大学、厦门大学、北京大学、华侨大学等少数几家壮大至目前遍布全国的近百所科研院校，研究领域从往昔以华侨史研究为主，拓展至华人政治、华人经济、华商管理、华文教育、华人文学、华文传媒、华人安全、华人宗教、侨乡研究等涉侨各个方面，研究方法也逐渐呈现出多学科交叉的趋势，融入政治学、历史学、社会学、民族学、教育学、新闻与传播学、经济学、管理学、法学等学科方法与视角。与此同时，政府、社会也愈益关注华侨华人研究。国务院侨办近年来不断加大研究经费投入，并先后在上海、武汉、杭州、广州等地设立侨务理论研究基地，凝聚了一大批海内外专家学者，形成了华侨华人研究与政府决策咨询相结合的科学发展机制。而以社会力量与学者智慧相结合的华商研究机构也先后在复旦大学、清华大学等地成立，闯出了一条理论研究与社会实践相结合的华侨华人研究新路径。

作为一所百年侨校，暨南大学在中国华侨华人研究中具有特殊的地位。暨南大学创立于1906年，是中国第一所华侨高等学府。华侨华人研究是学校重要的学术传统和特色。早在1927年，暨南大学便成立了南洋文化事业部，网罗人才，开展东南亚及华侨华人的研究，出版《南洋研究》等刊物。1981年，经教育部批准，暨南大学在全国率先成立华侨华人研究的专门学术机构——华侨研究所，由著名学者朱杰勤教授担任所长。1984年在国内招收首批华侨史方向博士研究生。1996年后华侨华人研究被纳入国家“211工程”1—3期重点学科建设行列，2000年获批教育部人文社会科学重点研究基地（华侨华人研究）。暨南大学于2006年成立了华侨华人研究院，并聘请全国政协常委、国务院侨务办公室原副主任刘泽彭出任院长和基地主任。2011年，学校再次整合提升华侨华人研究力量，将华侨华人研究院与国际关系学系（东南亚研究所）合并成立国际关系学院/华侨华人研究院，继续聘请刘泽彭同志出任华侨华人研究院院长和基地主任，由华侨华人与国际问题研究知名专家曹云华教授出任国际关系学院院长兼华侨华人研究院执行院长。同时，学校还加大科研经费投入，努力打造“华侨华人研究优势学科创新平台”。研究院在加强自身科研能力的基础上，采取以研究项目、开放性课题为中心，学者带项目、课题进院的工作体制，致力于多学科和国际视野下的前沿研究，立足于为国家的改革开放和现代化建设服务，为社会服务，为政府决策咨询服务，努力将之建设成为世界一流的学术研究机构和人才培养基地。

值华侨华人研究在中华大地百花齐放、百家争鸣之际，为进一步彰显暨南大学科研特色，整合校内外相关研究力量，发掘华侨华人研究新资源，推动华侨华人研究学科的发展，学校推出“世界华侨华人研究文库”。本套丛书的著作多为本校优势学科的前沿研究成果，作者中既有资深教授、学科带头人，也有学界新秀。他们的研究成果从多学科视野探索了国内外华侨华人研究的一些新问题、新趋势，具有较高的学术价值和现实意义。

本套丛书的出版得到学校领导的大力关心与支持。学校从“211工程”经费中拨专款予以资助。国际关系学院/华侨华人研究院领导与部分教师也付出了艰辛的劳动，他们在策划、选题、组稿、编辑、校对等环节投入大量精力。同时，暨南大学出版社对丛书出版也给予高度重视，组织了最优秀的编辑团队全程跟进，并推荐丛书申报国家级优秀图书。在此，我们对所有为本丛书出版付出宝贵心血与汗水的同仁致以最衷心的感谢！

最后，我们期盼本丛书的出版能在华侨华人研究领域激起一点小浪花，引来国内外同行更加深入、广泛的研究，为学界贡献更多高水平的成果！

《世界华侨华人研究文库》编委会
2013年8月

目　录

绪　论

一、研究缘起

第一，族群文化是一个民族的重要特质和标识，但在漫长的历史进程中，海外华裔族群的文化传承因受当地政治、文化及其他多种因素的影响，其文化属性在潜移默化中改变着，菲律宾华裔族群文化也同样如此。如今的华文教育已不是“传统意义”上民族文化的延续，其内涵和外延都已经发生了很大变化。命运多舛的华人社会已经演变成为一个异质群体，归化入籍后的华人已经由华侨转变为菲律宾公民，他们的国家认同也随之发生了转变。与之相比，华人社会的文化认同却相对复杂，传统的生活习俗、宗教信仰和民族心理，特别是悠久灿烂的中华文化，无疑对他们的文化认同起着守护作用。但是，随着时间的推移，身处异邦的华人所处的社会和生存环境对其文化认同产生了很大的冲击。海外华人文化与中国文化之间的关系，由原先的主干与分支，演变为同根盘结而又在不同环境下成长的状态。所以，研究华文教育的发展，对深入了解菲律宾华人社会十分必要。

第二，经过数百年的艰苦创业，历经磨难的华人族群在推动菲律宾的国家建设中发挥了重要的作用，取得了令人瞩目的成就。特别是“二战”后，菲律宾华侨华人社会“经济圈”显现出举足轻重的地位，华人族群成为推动菲律宾经济社会发展的重要力量。然而，人们并没有看到浓重中华文化气息的“文化圈”的存在。相反，作为民族文化传承的华文教育却日渐式微，华文教育机构逐年减少，甚至连被视为中华文化堡垒的华校，也游走于生存艰难的尴尬境地。尽管华文教育并不缺乏企业家和慈善家的支持，但是事实证明华文教育仍在逐年萎靡，[1] 如有许多华裔青年不会说汉语、中华文化特质逐渐淡化等。有些华人和华裔子弟对中华文化由“主认同”变为“次认同”，甚至对“次认同”也逐渐淡

---

① Teresita Ang See, “The Chinese in the Philippines: Continuity and Change”, in Teresita Ang See, *The Chinese in the Philippines: Problems & Perspectives*, Vol. 2, Manila: Kaisa Para Sa Kaunlaran, Inc., 1997, p. 114.

漠，这究竟是菲律宾华人社会历史发展的偶然还是必然？为此，探究菲律宾华文教育变迁的历史过程非常重要。

第三，一个国家的文化传统、凝聚力和影响力，是构成该国综合实力的重要方面，而国家要维护的利益，在很大程度上包含其文化利益。① 随着中国经济的发展，综合国力的不断提升，作为国家软实力的优秀传统文化在国际政治、文化、外交和教育等领域的地位和作用日益突出。在许多国家和地区，要求学习汉语和中华文化的人数急剧增加。汉语是中华民族文化的载体，是联合国官方语言之一。中国加入世界贸易组织并成功举办 2008 年奥运会和 2010 年世界博览会，无疑都进一步带动了全球汉语学习热，为汉语加快走向世界提供了难得的机遇和广阔的发展空间。从第六届孔子学院大会获悉，世界上除去以汉语为母语的国家和地区，其他国家和地区学习汉语的总人数已达 4 000 万。② 尤其是在一些东南亚国家的华人们重新燃起血浓于水的民族情感，也看到了华文教育的实用价值。因此，乘势而上传播、推广汉语，是海内外中华儿女的共同心愿，同时也是提升国家文化软实力的良好途径和具有战略意义的文化工程。

第四，在海外华侨社会中，侨团、侨教和侨报历来被视为维系华侨社会存在与发展的“三宝”。③ 华侨教育是传播中华民族意识的主要阵地，在“三宝”中尤以侨教的作用和影响最大。美国学者杰拉尔德 · A. 麦克贝思（Gerald A. McBeath）就说过：“没有华文教育，就没有华侨社会，这种说法并不为过。”④ 古老灿烂的中华文化蕴藏于海外华侨的灵魂深处，是华侨社会凝聚力的基石，而华文教育则是海外华侨文化得以存续的重要纽带和发展的内在动力。华文教育承载了海外华侨的无限寄托，并在悠久文化的簇拥下相互守望和共同发展。从历史发展来看，华文教育是海外华侨社会一项重要的社会活动，贯穿于华侨社会的整个发展历程。华文教育的生存和发展不仅体现华侨社会的政治地位、经济实力与结构规模，还与所在国和中国的关系、国际形势等领域交错，成为深入反映华侨社会处境的一面镜子。同时，华文教育具有多层面的社会功能和文化价值，依然可以作为菲华社会一个世纪的嬗变的中心内容。因此，对海外华文教育的考察与研究，为我们进一步了解华侨华人社会的发展与变迁提供了良好的视角，也为研究国际视野下的国家关系和海外“华人问题”找到合适的突破口。

---

① 王晓德：《美国文化与外交》，天津：天津教育出版社，2008 年，第 2 页。

② 刘菲：《汉语热在全球持续升温：已建立 350 多所孔子学院和 500 多个孔子课堂》，《人民日报》（海外版），2011 年 12 月 15 日，第 4 版。

③ ［菲］陈烈甫：《侨团的地位任务及其应有的努力》，《菲华年鉴》（1964—1965），马尼拉：菲华商联总会，1965 年，第 O－100 页。

④ Gerald A. McBeath, *Political Integration of the Philippine Chinese*, Research Monograph No. 8, Center for South and Southeast Asia Studies, University of California, Berkeley, 1973, p. 79.

二、研究意义

中华民族有着几千年的悠久历史，并创造了灿烂的文明。在中华文化的长期发展中，儒家的严谨伦理思想、道家的神秘自然论、佛家的平静出世论，都独具中华文化特色，构成了中华民族系统的价值观念和道德标准。海外华侨华人广泛分布于世界各地，绝大部分居住在东南亚国家，而菲律宾的华侨华人社会具有明显的特征。他们以各种社团组织来构筑其内部基本结构，以中华文化和传统伦理观念来维系华人族群的发展，以“重视其子弟的教育”来表达其热爱祖籍国之忱。① 可见，研究菲律宾华文教育具有十分重要的意义。

（一）研究海外华文教育的现实意义

早期移居菲律宾的华侨主要是基于经济目的，怀揣致富梦想，背井离乡来到这里。他们不管遭遇何种艰难险阻，仍始终以中华文化为民族灵魂，在异国他乡筚路蓝缕，世代繁衍生息。华文教育充当了一种良好的媒介，有效延续了民族文化和民族意识，维系了“海外孤儿”的民族属性和感情，成为海外华侨与祖国保持密切联系的纽带及其产生“向心力”的重要因素。

“二战”之后，亚非拉各国的政治、经济和文化发生了深刻的变化，特别是东南亚国家先后摆脱了殖民统治，成为独立的主权国家。世代生于斯长于斯的华侨社会也随之发生了一系列变化，其中最根本的就是国籍的改变，这是海外华侨社会不得不作出的重大选择，以适应在当地生存和发展的需要。由此，海外华侨社会从移民社会转变为定居社会，华侨积极地融入当地社会，他们的国家认同也在发生着转变。海外华侨不易被同化的特点被彻底改变，华人经济和文化也成为当地社会的重要组成部分。这是不同思想、不同文化、不同社会背景乃至不同语言之间的矛盾、冲突和交流，最终达到融合的过程。② 但广大华人怀着对祖籍国文化的依恋，在传统道德的感召下，为维护华人文化和华文教育权利不懈奋争，百折不挠地捍卫本民族文化。同时，努力促进中华文化与当地民族文化的相互交流，逐渐形成菲华社会的新型族群文化。

冷战结束后，随着东西方关系的日益缓和，一些孤立和反对中国的西方国家也顺应了时代的发展，积极改善与华关系。在新形势下，中国政府制定了和平与

---

① 郁汉良：《华侨教育发展史》，台北：国立编译馆，2001 年，第 5 页。

② 任娜：《菲律宾社会生活中的华人（1935—1965）——从族际关系的角度所作的探索》，贵阳：贵州人民出版社，2004 年，第 1 页。

发展的外交政策，加强与世界各国的友好往来。此举得到许多国家的广泛认同，使中国与其他国家的政治、经济和文化交流越来越密切，也使汉语言彰显出前所未有的实用和传播价值。海外华文教育如沐春风，出现蓬勃发展的良好势头。中国政府采取行之有效的措施，如建立海外孔子学院和孔子课堂、选派汉语教师志愿者、培养汉语本土化教师、举办“汉语桥”等，有力促进了世界多元文化架构下的汉语教学的发展，加强了各国、各民族之间的相互了解和友谊，为共同建设和谐世界作出了巨大贡献。但是，与西方发达国家推广本国语言相比，中国传播汉语的时间较短，尤其是在实施文化战略方面经验相对不足，还没有具备娴熟运用语言文化资源的能力，在方法和策略的研究上仍有待深入。因此，透过国际关系和国家语言推广政策，探索语言传播发展规律，研究不同国家的教育政策，科学规划汉语的国际传播，是当前刻不容缓和不应懈怠的社会课题。

中菲两国都是亚太地区有影响的发展中国家，推动两国关系有利于地区的和平、繁荣与稳定。自2001年阿罗约就任菲律宾总统以来，高层领导人互访频繁，双方本着搁置争议、面向未来、互利合作和共谋发展的愿望，开启了中菲两国友好关系史的新时代。2005年，双方共同确立了战略合作伙伴关系，中菲两国关系进入黄金时期。菲律宾是与我国隔海相望的近邻，和则两相其利，分则同受其害。

从历史的发展来看，华侨华人历史也是中国国际关系史的重要组成部分。在东南亚，华侨的地位与处境是随着各国之政治变迁而转变的。[①] 海外华侨华人社会的兴衰、发展，可以折射出所在国对华关系的演变，是国家关系中的“试金石”。本书以菲律宾的华文教育演变历程为切入点，对进一步研究菲律宾国家和菲华社会都具有重要的现实意义。

（二）研究海外华文教育的学术意义

20世纪90年代，海外“华人问题”成为学者研究的热门课题之一，甚至可以称作是“显学”。此项研究主要集中在东南亚华侨问题、华人族际关系、华侨史、华人社团、华人参政、华侨华人对当地经济的贡献以及华校的华文教育等领域。其中，学者对海外华文教育领域的研究，总体来说主要针对教育发展史这一层面。因此，选择多角度透视菲律宾华文教育，对了解“二战”后菲律宾华侨社会的变迁十分有意义。

本书以菲律宾华文教育（1945—1976）的发展为主线，主要是因为“二战”后菲律宾政府政治、经济和文化政策的演变，导致菲律宾华文教育的发展跌宕起

① 新加坡南洋报社编：《南洋年鉴》，新加坡：南洋报社，1951年，第23页。

伏、百转千回，深刻反映了华侨社会的变迁。这一阶段菲律宾的华文教育极具代表性，对东南亚其他国家的华文教育研究也具有一定参考价值。同时，通过研究菲律宾华文教育，探索语言文化传播的外在环境条件，摸索出海外华文教育自身客观发展规律，也是本书的学术价值所在。

三、研究现状及相关文献述评

近年来，研究海外华侨华人及其社会的成果卷帙浩繁。其中，有关华侨华人史、华侨华人政策、华人参政问题、民族同化与融合及排华问题、战后华人社会的变迁等内容的研究较多，对海外华文教育的专题研究成果却少。已经出版的著作有《印度尼西亚华文教育发展史》和《马来西亚华文教育发展简史》。而对菲律宾华文教育的研究，主要还是介绍性文章居多，内容都是对华文教育的历史、现状以及华文教育的改革等进行阐述，而未见以“二战”后菲律宾华文教育的演变为背景的研究和论著。

（一）国内研究现状

1. 关于海外华文教育研究的总体概况

国内研究海外华文教育的学者不多，其中林蒲田教授对华文教育的目的及意义的阐述较为明确，对华侨教育、华文教育也有较为清晰的划分，指出了海外华侨学校所面临的问题，概述了海峡两岸的华文教育政策，辨析了菲化后的菲律宾华文教育的性质，是一部海外华文教育的力作。[①] 周聿峨教授的《东南亚华文教育》对东南亚华文教育进行了广泛论述，其中对马来西亚、菲律宾、印度尼西亚、泰国、新加坡等国的华文教育发展历史有较完整的论述，并提出海外华文教育必须重新定位的观点，是当前此项研究中最有成就和影响的著作之一，为东南亚华文教育的研究奠定了扎实的基础。[②] 黄昆章教授的《印度尼西亚华文教育发展史》从印度尼西亚华侨华人历史、近代新式华侨教育的诞生与发展、印度尼西亚华裔兴办华文教育情况等几方面进行阐述，最后对印度尼西亚华文教育发展中存在的问题提出了诸多有益的参考意见，是目前透视印度尼西亚华文教育难得的成果。[③] 郑良树教授的《马来西亚华文教育发展简史》一书，把马来西亚华文教育分为开辟时代和巩固时代、攻坚时代、发展时代，着重对每个阶段的华文教育

① 林蒲田的著作有：《华侨教育与华文教育概论》，厦门：厦门大学出版社，1995 年；《华侨教育与华文教育的史和论》，厦门：厦门大学出版社，2008 年。

② 周聿峨：《东南亚华文教育》，广州：暨南大学出版社，1995 年。

③ 黄昆章：《印度尼西亚华文教育发展史》，北京：外语教学与研究出版社，2007 年。

的特点进行论述，为研究马来西亚华文教育提供了极有价值的参考。①

2. 关于菲律宾华文教育的研究状况

●台湾专家学者的研究

“二战”后，由于菲律宾与台湾是美国主导下的“盟友”的历史缘故，台湾专家学者对菲律宾华文教育的研究起步较早，成果也颇为丰富。其中，萧曦清先生的《中菲外交关系史》全面论述了1946—1975年间中菲外交关系的演变历程。该著作中“菲律宾华侨学校菲化问题的折冲”，对菲华校的开创与发展、华侨学校的监督、菲华侨学校的开办概况、华侨学校开办目标及对菲国的贡献、华侨学校的菲化以及“民国政府”对华校菲化问题的立场与交涉等都有精辟的论述，为本书的研究提供了多方面有价值的参考。② 与本书研究有关的论文主要有台湾学者陆建胜先生的硕士学位论文《菲律宾华校的华文教育》。陆先生主要以华校“菲化运动”和菲化后华校的教育变革为主线，论述华文学校发展变化的历程，并对菲化前菲律宾的华侨教育进行了回顾，包括对教育菲化政策的解析，对菲化后华文学校的转变中体制与教育目标、双重学制的缘由与影响、华文课程的调整、华文教育的改革、师资等问题都予以详尽论述，认为菲化政策是造成菲律宾华文教育所面临的诸多困难的根本原因，指出自教育菲化政策实施以来，华文教育日渐式微已成为不争的事实，有必要因地制宜地对华校教育的内容进行调整，同时建议：“目前菲律宾华文教育必须向菲政府争取，将华文教育纳入国家教育体系，并由政府制定华文教育大纲，系统规划华文师资的培养，让华文教育的发展能够步入正轨。”③

此外，夏诚华先生所著的《民国以来的侨务与侨教研究》对民国以来（特别是台湾当局）国民党对菲律宾华文教育的政策演变以及台湾侨生教育等问题进行论述，总结出华文教育衰弱的原因是：国籍和国家认同的改变，使得年青一代华人在心态上倾向菲化，产生对华文学习的排斥；社会上缺乏使用华文的环境，对大部分华人而言，在生活中使用英语、菲语、闽南语就绰绰有余了；华文学校的教员待遇偏低，因此缺乏合格华文教员。相关论文还有夏诚华先生的《战后菲律宾政府菲化政策对华文教育之影响》④ 和卢增绪先生的《菲律宾华文学校之困

---

① 郑良树：《马来西亚华文教育发展简史》，北京：外语教学与研究出版社，2007年。

② 萧曦清：《中菲外交关系史》，台北：正中书局，1995年。

③ 陆建胜：《菲律宾华校的华文教育》，（台湾）国立暨南国际大学硕士学位论文，2001年。

④ 夏诚华：《民国以来的侨务与侨教研究（1912—2004）》，新竹：玄奘大学海外华人研究中心，2005年；《战后菲律宾政府菲化政策对华文教育之影响》，《东南亚华人教育国际研讨会论文集》，屏东：国立屏东师范学院，1995年。

境及其突破》[1] 等，它们都对菲律宾华文教育的发展提出了看法和建议。

●大陆专家学者的研究

中菲建交之前，中国大陆学术界对菲律宾的研究非常薄弱，公开出版的菲律宾专著唯有尤波辉的《菲律宾》，这是介绍菲律宾的书籍。[2] 受政治因素的干扰，那时的研究成果主要集中在翻译、归纳外国学者的研究成果方面。20 世纪 90 年代后，中国大陆掀起研究菲律宾的热潮，其领域涉及菲律宾的政治、经济、社会、宗教、外交关系、华侨华人问题（包括华文教育）等，涌现出一批学术价值较高的专著。主要有金应熙主编的《菲律宾史》[3]、胡才主编的《当代菲律宾》[4] 等。其中，对菲律宾华文教育的研究也不断深入。[5] 如周聿峨著的《东南亚华文教育》中的第四部分，概述性论述了菲律宾华文教育的发展历程。以上著作中有关华文教育内容均偏重于史料编撰。

大陆相关研究的代表性论文有范启华的硕士学位论文《教育菲化案及其对菲律宾华文教育的影响》。该文分为教育菲化前菲律宾华文教育概况、教育菲化案略述、教育菲化案对华文教育的影响、对教育菲化案的反思四部分。在该文中，作者提出菲律宾教育菲化案作为“菲化运动”中文化层面的菲化案，是菲律宾国家独立后立法手段实施最迟的菲化案，却是执行最为彻底的菲化案。从政治上看，菲律宾教育菲化案是实行同化政策的产物，但是从菲律宾华人融合的角度来看，教育菲化案加速了华人融入菲律宾主流社会的进程。华文教育的新生以促进菲华融合为前提，兼顾实用价值以面对机遇和挑战。[6]

此外，有关菲律宾华文教育的论文主要还有以下几方面视角：一是关于华文

---

① 卢增绪：《菲律宾华文学校之困境及其突破》，《东南亚华人教育国际研讨会论文集》，屏东：国立屏东帅范学院，1995 年。

② 尤波辉：《菲律宾》，北京：世界知识出版社，1957 年。

③ 金应熙主编：《菲律宾史》，开封：河南大学出版社，1990 年。

④ 胡才：《当代菲律宾》，成都：四川人民出版社，1994 年。

⑤ ［新加坡］黄朝翰主编：《中国的东南亚研究：成就与挑战》，北京：世界知识出版社，2007 年，第 144 页。著名华人问题研究专家、厦门大学南洋研究院暨东南亚研究中心沈红芳教授在《中国关于菲律宾及中菲关系之研究》中阐述：“21 世纪中国关于菲律宾的研究重点将主要有以下几个方面：第一，菲律宾政治的研究；第二，菲律宾经济在后金融危机时期发展状况的研究；第三，菲律宾文化方面的研究重点放在非华族群融合问题研究、菲律宾华教问题研究、菲律宾宗教以及政府组织的作用和影响；第四，菲律宾外交政策研究的重点将放在 21 世纪菲律宾文教的变化，菲美关系、菲日关系的发展，以及菲律宾参与区域经济合作的态度和政策；⑤菲律宾在‘东协’角色的变化，以及菲律宾政府参与‘10 + 1’、‘10 + 3’、‘10 + 3 + 3’东亚共同体以及亚太综合组织（APEC）的态度与政策。”

⑥ 范启华：《教育菲化案及其对菲律宾华文教育的影响》，福建师范大学硕士学位论文，2008 年。

教育的发展特征的文章；[①] 二是关于华人文化认同的文章；[②] 三是关于华人社会地位的改善的文章。[③] 总之，有关菲律宾华文教育的论文主要集中在 1996—2011 年，而且数量较少，内容也较为单一，以教育现状考察、教学改革和华人社会地位变迁为主，有很多论文的内容比较相近。

（二）国外研究现状

1. 国外学者关于海外华文教育研究的总体概况

国外研究海外华文教育的成果屈指可数。相关的专著有澳大利亚学者颜清煌的《东南亚华人之研究》，其中收录的论文《东南亚华族文化：延续与变化》涉及东南亚华族文化发展的四个不同阶段。作者指出，适应、调整和外来刺激的力量，推动了华族文化走向变革之途。在中国的政治和文化影响下，东南亚华族文化变得现代化，充满生机和活力。[④] 此外，还有澳大利亚学者王赓武的《东南亚华人认同问题的研究》[⑤]、舒伯特·廖的《华人在菲律宾文化与经济中的参与情况》[⑥] 等。

---

① 关于这方面的成果主要有施雪琴：《论菲律宾华文教育的发展阶段及其特征》，《南洋问题研究》1996 年第 1 期；蓝小玲：《菲律宾华文教育的现状与改革》，《海外华文教育》1996 年第 2 期；何培基：《菲律宾华校华文教育之考察》，《福建高教研究》1997 年第 1 期；沈红芳：《菲律宾华校的嬗变及其诱因探析》，《华侨华人历史研究》2004 年第 2 期；吴端阳：《菲律宾华文教育的历史演变及其振兴对策初探》，《教育研究》1996 年第 2 期；廖赤阳等：《菲律宾华人学生文化背景与认同意识的调查》，《华侨华人历史研究》1996 年第 2 期；王燕燕：《论菲律宾华校的华语教学》，《八桂侨刊》1998 年第 3 期；罗庆铭：《华人企业家与菲律宾华文教育的发展》，《海外华文教育》1998 年第 2 期；温广益：《菲律宾华人重振华文教育》，《华侨华人历史研究》1997 年第 S 期；潘露莉：《菲律宾华人的属性认同与菲律宾华人教育》，《华侨华人历史研究》1996 年第 2 期；章石芳：《论转型时期的菲律宾华文教育》，《福建师范大学学报》（哲学社会科学版）2004 年第 6 期；章石芳、卢飞斌：《菲律宾华裔中学生族群文化认同调查研究》，《福建师范大学学报》（哲学社会科学版）2009 年第 6 期；朱焕之：《浅谈菲律宾华文教育的潜在危机和解决策略》，《科教文汇》2010 年第 32 期；林羽、姜兴山：《战后菲律宾华文教育研究综述》，《东南亚纵横》2011 年第 12 期；张念、张世涛：《菲律宾华文教育三十年困境的思考》，《贵州社会科学》2012 年第 7 期；颜长城：《发展中的菲律宾华文教育》，《教育文化论坛》2012 年第 6 期。

② 关于这方面的成果主要有廖赤阳等：《菲律宾华人学生文化背景与认同意识的调查》，《华侨华人历史研究》1996 年第 2 期；潘露莉：《菲律宾华人的属性认同与菲律宾华人教育》，《华侨华人历史研究》1996 年第 2 期；黄滋生：《菲律宾华人的同化和融合进程》，《东南亚研究》1998 年第 5 期。

③ 关于这方面的成果主要有黄明滢：《从侨民到公民：战后菲律宾华人社会地位的提升》，《东南学术》2003 年第 2 期；庄国土：《菲律宾华人政治地位的变化》，《当代亚太》2004 年第 2 期。

④ ［澳］颜清湟：《东南亚华人之研究》，香港：香港社会科学出版社有限公司，2008 年。

⑤ 王赓武教授：澳籍华人，原任澳大利亚国立大学太平洋研究院院长、香港大学校长，东南亚华人问题著名学者。

⑥ Shubert. S. C. Liao, *Chinese Participation in Philippine Culture and Economy*, Manila: University of the East, 1964.

2. 国外学者关于菲律宾华文教育的研究状况

●菲律宾华侨华人专家学者的研究

陈烈甫先生是菲律宾华文教育研究的著名专家之一，历任菲律宾哥打巴托中华中学校长、中正学院教授、宿务东方中学校长兼东方学院院长等职，对菲律宾华文教育有较深入的研究。陈烈甫先生不仅是资深的华文教育著名学者，也是菲律宾研究成果最多的专家，其著作主要有《菲律宾华侨教育》、《菲律宾的民族文化与华侨同化问题》、《菲律宾的历史与中菲关系的过去与现在》、《东南亚洲的华侨华人与华裔》、《华侨学与华人学总论》、《菲律宾与中菲关系》、《菲律宾对外关系》、《菲律宾的资源经济与菲化政策》、《马可仕治下的菲律宾》等[①]，这些著作对本书的研究都有极高的参考价值。陈烈甫先生的《菲律宾华侨教育》对菲律宾华侨教育的目的、华侨教育的发展、华侨学校的创立与督察、华侨学校的分布、华侨学校的经费与设备、华侨学校的课程及其问题、华侨学校的师资、华侨学校青年家庭教育和社会教育等都进行了详尽的论述。该书主要是从教育学理论的视角来研究菲律宾的华侨教育（截至 1958 年），为本书提供了多视角的重要参考。

有关的专著还有鲍事天先生的《养浩集》[②]，鲍事天先生是菲律宾中正学院的首任院长，曾作为华侨学校的代言人参与了对菲化案的抗争。作为“菲化运动”的亲历者，鲍事天先生撰写了多篇回忆文章，详细记载了当时菲化案的发生、发展以及华文教育的变迁，对本书有很高的参考价值。刘芝田先生曾是菲律宾爱国中学的校长，关于菲律宾的研究成果颇丰，代表作如《中菲关系史》[③]。陈台民先生曾任马尼拉《世界日报》主编，其《菲律宾华侨史话》也涉及了华文教育方面的内容。这两部著作均有对华侨教育的概述性内容。杨建成先生的《菲律宾的华侨》[④] 是南洋研究史料丛刊，他在书中利用大量历史文献，对菲律宾华侨人口、华侨特性、华侨经济、华侨社会等方面进行深入论述，具有一定的参考价值。

此外，与本书研究内容有关的专著还有陈守国先生的《1898—1935 年的菲

① 陈烈甫的主要著作有：《菲律宾华侨教育》，台北：海外出版社，1958 年；《菲律宾的民族文化与华侨同化问题》，台北：正中书局，1986 年；《菲律宾的历史与中菲关系的过去与现在》，台北：正中书局，1968 年；《东南亚洲的华侨华人与华裔》，台北：正中书局，1983 年；《华侨学与华人学总论》，台北：台湾商务印书馆股份有限公司，1987 年；《菲律宾与中菲关系》，香港：南洋研究出版社，1955 年；《菲律宾对外关系》，台北：正中书局，1974 年；《菲律宾的资源经济与菲化政策》，台北：正中书局，1969 年；《马可仕治下的菲律宾》，台北：台湾商务印书馆股份有限公司，1983 年。

② ［菲］鲍事天：《养浩集》，马尼拉：菲律宾中正学院诗田文教基金会，1996 年。

③ 刘芝田：《中菲关系史》，台北：正中书局，1956 年。

④ 杨建成：《菲律宾的华侨》，台北：中华学术院南洋研究所，1986 年。

律宾华人：关于他们的民族觉醒的研究》（*The Chinese in the Philippines*, 1898 - 1935: *A Study of Their National Awakening*）、《华菲混血儿与菲律宾民族的形成》（*The Chinese Mestizos and the Formation of the Filipino Nationality*）、《菲律宾五百年的反华歧视》（*Five Hundred Years of Anti-Chinese Prejudices*）。[①] 施振民先生的《菲律宾华人文化的持续——宗亲与同乡组织在海外的演变》、《菲律宾的华人社团与种族认同》等。施振民是菲华融合的倡导者之一，1970 年与吴仲晓等人创立合一协进会。吴文焕先生参与编著的《菲律宾华人问题文集》[②]、《融合——菲律宾华人》[③]，还译著有《菲律宾生活中的华人：1850—1898》。1987 年，吴文焕与洪玉华等人创建了菲律宾华裔青年联合会。洪玉华女士是菲律宾华人社会活动家、华人问题专家，为菲华融合作出突出贡献。她的著作有《十字街头：菲华社会文集》、《作为菲律宾的华人》等。[④]

有关菲律宾华文教育研究的论文主要有：菲律宾中正学院的前院长、董事长邵建寅先生的《菲律宾华文学校之过去、现在及未来》（1994），菲律宾中正学院的前院长施约安娜女士的《菲律宾华文教育现状》，华侨中学前院长颜长城先生的《菲律宾华文教育的演变》等。这些论文的作者对菲律宾华文教育的发展都有亲身体验，这对本书有很大的参考价值。

●其他国家专家学者的研究

与菲律宾华文教育研究有关的其他国家专著有加拿大哥伦比亚大学历史学家魏安国博士的《菲律宾生活中的华人：1850—1898》。该书对西班牙统治后期菲律宾华侨社会的发展作了深刻精辟的分析，特别是通过史料进行了社会学的研究，客观地描述了该时期菲律宾华人社会演变的情景，是全面反映菲华社会实况的经典之作。此外还有美国亚裔历史学者詹森（Khin Myint Jensen）博士的《美统时期的菲律宾华人：1898—1946》。该书采用了大量美国历史档案和文献，对美国殖民统治时期菲律宾华侨社会的发展状况进行深入研究。书中对美国占领菲律宾初期的华人问题的处理、菲律宾委员会结束时的华人移民问题、华人在菲律宾经济中的地位以及各种影响华人社会的文化因素等都进行了翔实的论述，是极

① 陈守国著，[菲] 吴文焕译：《华菲混血儿与菲律宾民族的形成》，马尼拉：菲律宾华裔青年联合会，1989 年；陈守国著，施华谨译：《菲律宾五百年的反华歧视》，马尼拉：菲律宾华裔青年联合会，1989 年。

② 《菲律宾华人问题文集》，马尼拉：《世界日报》"华人天地"编辑部，1985 年。

③ [菲] 洪玉华：《融合——菲律宾华人》（第一集），马尼拉：菲律宾华裔青年联合会，1990 年；[菲] 洪玉华：《融合——菲律宾华人》（第二集），马尼拉：菲律宾华裔青年联合会，1997 年。

④ [菲] 洪玉华、蔡丽丽：《十字街头：菲华社会文集》，马尼拉：菲律宾华裔青年联合会，1988 年。

为难得的参考资料。[①] 新加坡华人问题华裔学者张素玉女士的《华人在菲律宾》、《菲律宾华人中间的政治领导：菲律宾华商联合总会（1954—1994）》（博士学位论文，1995）、《菲律宾华人大企业：政治领导与变化》等都有这方面的相关论述。

四、研究方法和创新点

（一）研究方法

本书以“二战”后的菲律宾华文教育（1945—1976）为主线和研究对象，并将其置身于世界政治、中菲关系、菲华融合的大环境下，突破以华文教育各发展时期为研究线索的惯例，选取菲律宾华文教育最有特点的“二战”后至中菲建交华文教育的发展与变迁为研究时段，以影响菲律宾华文教育的华侨华人政策、中国两岸因素、华社的内部因素等为研究内容，梳理华文教育发展脉络，尤其注重以晚清、“中华民国”以及新中国的海外华文教育政策为纵向线索，特别是台湾当局和中国大陆对菲律宾华文教育的政策和影响。同时横向对比西班牙、美国殖民政府以及“二战”后菲律宾政府的文化战略和华文教育政策，利用历史学、国际关系学、民族学、社会学、教育学等学科的基本理论和研究方法，采取社会研究与本体研究相结合、历史研究与现实研究相结合、宏观研究与个案研究相结合的方法，进行推理与解析。本书涉及相互交叉的多门学科，采取了历史文献法、演绎法、实证法和访谈等研究方法。主要运用的资料有：

（1）华侨、华文学校的校史和建校周年纪念特刊、菲律宾华文教育年鉴。

（2）菲律宾华人学者访谈录以及侨领亲身经历的回忆录。

（3）有关菲华问题的论文集、纪念文集、专著、论文等。其中，菲律宾华侨华人和台湾地区的许多学者都是在菲律宾华文教育一线工作，如陈烈甫、刘芝田、鲍事天、陈台民、施振民、洪玉华、吴文焕等，他们的论著很有参考价值。

（4）菲律宾华裔青年联合会的出版物以及《世界日报》、《公理报》、《新闻日报》、《华侨商报》、《大中华日报》、《菲华时报》、《联合日报》、《今日中国》等和中国大陆的《侨讯》、《华侨华人报刊资料选编》等相关资料。

（5）菲律宾华侨史、中菲外交、侨务、文化教育等一般史料。

---

① ［美］詹森著，［菲］吴文焕译：《美统时期的菲律宾华人：1898—1946》，马尼拉：菲律宾华裔青年联合会、世界日报社，1991 年。

（二）创新点

本书的研究主要有以下几个创新点：

（1）有关海外华文教育的系统研究相对较少，菲律宾和大陆学者的有关研究成果也不多。台湾学者的研究成果相对较多，其中陆建胜先生的成果较为系统，其他多是以概述为主的论文。①

（2）海外华文教育领域的资料稀少，特别是所谓的官方解密档案，其涉及这方面的内容更是少之又少。笔者多次利用赴菲律宾华裔博物馆和华文教育界调研的机会，收集宝贵的资料，还通过与华文教育界前辈和侨领访谈，积累了一些有价值的访谈记录，这些资料为本书研究增添了许多有价值的内容。

（3）本书把历史学、教育学和国际关系学理论作为主要研究方法，并使三者紧密、有机结合，以寻找菲律宾华文教育发展进步和式微的根源。

（4）通过研究，提出在菲华民族融合的视野下，华文教育传承和发展的新观点。

（5）本书涉及许多台湾当局对菲律宾华文教育的扶植，客观地评析了台湾当局在菲律宾华文教育中的作用和影响。

五、有关概念的辨析与界定

（一）华侨教育、华文教育

辨析以上概念还得从华侨和华人的界定说起。清代张玉书编著的《佩文韵府》曰："侨，寄也，客也。"《康熙字典》说："旅寓曰侨居。"华侨（Overseas Chinese）通常指在国外居住而没有获得所在国国籍的中国公民，他们在某种程度上保有中国文化的特质。华侨既表示对中华民族的国家民族归属感，又表明在海外侨居（Overseas Diaspora）的状态。② 如"二战"前移居东南亚的许多中国人，他们虽然在当地生活长久甚至直到暮年，但是都没有加入所在国的国籍，只能是海外华侨。

华侨教育是指华侨为让子女学习中华文化和科学知识而在侨居地创办的教育（中国政府和海外华侨为华侨子女归国接受学习、在原籍故乡所投资开办的教育，也属于华侨教育范围）。华侨教育从属性的意义上讲是中国教育的一部分，是中

① 陆建胜：《菲律宾华校的华文教育》，（台湾）国立暨南国际大学硕士学位论文，2001 年。

② 庄国土等：《二战以后东南亚华族社会地位的变化》，厦门：厦门大学出版社，2003 年，第 16 页。

国教育在国外的延伸。① 在内容上，华侨教育以华文为教学媒介语言，以学习中华民族语言文化和科学知识为主、侨居地语言文化为辅。② 华侨教育灌输中华民族意识，按照中国的道德标准塑造学生，并受中国政府管理。因此，其教育宗旨、培养目标、教育内容和办学方针也仿照中国的教育体制。③

华文教育是指海外华侨华人在所在国利用华文为主要教学媒介语对子女施行的中华民族语言文化的教育，其对象主体是华侨华人子女。④ 华文教育是居住国华侨华人的民族文化教育，执行当地的教育方针、政策和法规，是所在国教育的组成部分。华文教育的宗旨是继承和发扬中华民族文化，教授中国语文和科学文化知识，促进世界文化交流。它与华侨教育最主要的区别在于教育宗旨不同：华侨教育强调学生的爱（中）国精神，培养具有中华文化素质的人才；而华文教育在海外主要是以薪传和发扬中华文化为目标，向华侨华人学生传授汉语和传统中华文化，不施行政治意识等其他方面的培养教育。

（二）华文教学、对外汉语教学

华文教学是国外政府或华人社会开展的针对学习华文（汉语）的教学，其实施的手段、方法属于教育学、语言学原理范畴。华文教学实施教育对象范围较广，包括华裔子女与外国人子女。

对外汉语教学是中国政府为满足海外华人和其他外国人学习汉语的要求而开办的不同于国内语文教育的汉语教学。从教学内容看，主要也是语言学范畴的汉语言教学；从教学范围看，包含所有喜爱汉语的外籍人；从教学目的看，主要传播汉语言的文化价值和应用价值。

（三）文化取向、文化认同

文化取向是指个人或族群对文化体系的态度，以及人们在体系中的角色和地位。本书的文化取向侧重情感方面。

认同原本是心理学术语，是指一种心理操作过程，表明一个人有意或者无意地将其他人或群体特征归属于自己。⑤ 在社会学上，认同是指人们在交往或认知过程中对生活方式、社会角色和价值观念等方面产生的归属感。文化认同是指人们共同享有文化模式，包括语言、文字、习俗和价值观等，彼此在文化上具有共

① 林蒲田：《华侨教育与华文教育的史和论》，厦门：厦门大学出版社，2008 年，第 12 页。
② 别必亮：《承传与创新：近代华侨教育研究》，石家庄：河北教育出版社，2001 年，第 2 页。
③ 林蒲田：《华侨教育与华文教育概论》，厦门：厦门大学出版社，1995 年，第 12 页。
④ 教育大辞典编撰委员会编：《教育大辞典》（第四卷），上海：上海教育出版社，1990 年。
⑤ ［美］阿塞·S. 雷伯著，李伯黍等译：《心理学词典》，上海：上海译文出版社，1996 年，第 387 页。

同的感情、心理和意识。文化认同通常在族群中存在。

（四）土生华人、新生代华人

狭义地说，土生华人是以东南亚当地视角来界定的，指在所在国出生并保持一定中华文化传统和爱国情怀的华侨华人。也有学者把在国外华人社会或者唐人街出生的第一代华侨归入土生华人。新生代华人是指在国外出生的近两代至三代华人，又称新生代华裔。他们在思想感情上完全认同当地社会文化，并表现出明显的本土文化特征；在政治身份上是所在国公民，因而表现为对居住国的国家认同。

（五）"菲化运动"、菲化政策

"菲化运动"是指菲律宾既得利益集团、政界和舆论界，通过公众媒体大肆渲染，并经过国会立法或有关当局的行政法令，规定菲律宾境内的企业、事业及某些职业，只有菲律宾国籍的人才享有经营或就业的权利，禁止外侨涉足的一种极端民族主义运动。"菲化运动"名义上是通过法律限制外侨，实际上主要是针对华侨的。这是因为华侨占所有外侨人数的90%，而且美侨作为特殊的外侨并不受此项法律的约束。在东南亚国家中，菲律宾是对华侨限制最严厉的国家。①

菲化政策是狭隘民族主义和偏激经济主义的产物。西方殖民者在菲律宾近三个半世纪的统治中，一贯推行将华侨与土著居民隔离的政策来分而治之，挑拨事端，以转移土著居民对殖民统治的不满，使华侨成为殖民者造成菲律宾贫穷落后的替罪羔羊。殖民者歧视华侨华人的政策，对土著居民起负面作用，且土著居民时常被别有用心的政客、利益集团煽动，严重时，甚至会引发土著居民针对华侨的强烈的极端民族主义的情绪和行动，从而被一些为达到某种目的的人利用。②

---

① 叶祥松、陈晴晔等：《东南亚华人经济研究》，北京：经济科学出版社，1999年，第176页。
② 黄滋生：《战后菲律宾华侨政策演变剖析》，《华侨华人历史研究》1989年第3期。

第一章　菲律宾华文教育的历史演变

1565 年西班牙远征军侵占菲律宾宿务岛（Cebu），并以此为桥头堡逐步占领菲律宾诸多岛屿，对菲律宾实行了长达三个多世纪的殖民统治。西班牙在统治菲律宾期间，利用华侨发展经济和建设殖民地。随着华侨数量的不断增多，殖民当局对华侨产生疑忌，华侨在菲律宾社会的缝隙中艰难生存，没有条件开办华文教育。美国取代西班牙成为菲律宾新的宗主国后，为维护殖民统治大力发展“美式”教育，积极开设公办学校，也扶助私立学校。① 此时的晚清政府也意识到海外华侨对国内发展的作用，遂在海外设立领事馆，保护华侨的同时也敦促华侨保持与祖国在政治和文化上的联系。同时，在海外活动的革命党以及流亡在外的维新派也劝导华侨传承中国文化，倡导创立新式学校。在菲律宾华侨经济壮大的推动下，领事馆在私塾教育的基础上开办了中西学堂，以满足广大华侨对民族文化教育的强烈“诉求”，菲律宾华文教育由此发轫。

第一节　菲律宾华侨社会的形成

中国人移居菲律宾有着悠久的历史，但大规模向菲律宾移民则是在西班牙殖民统治时期。明朝隆庆年间解除海禁后，随着“大帆船贸易”的发展，中国大批贫苦农民和手工业者怀揣“淘金梦”来到菲律宾，使菲律宾的华侨人数迅速增多。他们凭借坚忍不拔的精神，胼手胝足、艰苦耕耘，在菲律宾社会取得了不可替代的地位。但西班牙殖民者由于对华侨疑忌，最终演变成对华侨屠杀和驱逐，使华人族群不断受到冲击。面对殖民主义者的统治压迫，华侨意识到要想保护自身的权益，只有加强内部的团结，才能抗御外部的侵扰。美国殖民统治菲律宾后，对华侨施行了相对宽松的政策。中国国内反帝斗争和维新运动的持续开展，更加激发了海外华侨增强凝聚力的愿望，菲律宾华侨社会逐渐形成，这为华文教育的兴起提供了客观条件。

---

① Francisco Benitez, *Educational Progress in the Philippines*, Prepared for the Institute of Pacific Relations, Manila, 1931, pp. 2－3.

一、华侨迁移菲岛的社会背景

菲律宾，全称菲律宾共和国（The Republic of Philippines），位于亚洲东南部西太平洋赤道与北回归线之间，扼亚洲、澳洲大陆及东亚、南亚国家之间的交通要冲，战略地位十分重要。菲律宾群岛国土总面积30.02万平方公里，共由7 107个岛屿组成。众多的岛屿像一颗颗明珠漂浮在蔚蓝的太平洋西部海面上，因此它素有“千岛之国”、“东方明珠”之称。①

（一）华侨移民菲岛的主要因素

1. 中国国内因素

（1）民族方面。

中华民族的迁徙融合，有着漫长久远的历史。自黄帝轩辕氏在涿鹿之战擒杀蚩尤后，华夏族在华北的势力已趋于稳定，而中原最早的土著黑人、印尼人和古亚洲人，逐渐迁移南下。中华民族在迁徙过程中，主要形成三大支流：第一支称为“秦雍流人”，他们原居住在如今的陕西、甘肃及山西，后沿汉水流域顺流而下，渡长江而达洞庭湖区域，更远的是溯湘水转至桂林，沿西江而入广东中西部。第二支称为“司豫流人”，他们原居于河南、河北，后辗转南迁，沿汝水继续南下。渡长江后，分布于江西鄱阳区域，或达皖苏的中部，或溯赣江而至粤、赣、闽交界地区。第三支称为“青徐流人”，他们原居于山东、江苏和安徽，后循淮水而越长江，辗转至太湖区域，更远者达浙江、福建的沿海。② 以上三支“流人”的迁徙方向，多自北向南，由陆地至沿海。当中华民族不断遭受天灾人祸时，北方人再次向东南各地延伸，而这一带的居民不得不沿袭祖先的南迁习性，从海洋中求生存发展之道。

（2）政治方面。

中国的历次朝代更迭中，有些前朝重臣在政治压迫和“忠臣不事二主”的伦理思想驱使下，被迫逃亡海外。纵观中国历史，因国家内乱而迁移菲律宾的移民潮，主要有四次：第一次是蒙古人入主中原，宋朝遗孤子民避居南洋，图于海外进行政治活动；第二次是明惠帝逃亡，明成祖朱棣派郑和下西洋炫耀国威的同时查寻惠帝下落，部分随员留居海外；第三次是满清进关，明朝遗臣逃亡南洋以反清复明；第四次是太平天国失败，其许多余部逃难至海外。清朝末期的国势羸

① 马燕冰、黄莺编著：《菲律宾》，北京：社会科学文献出版社，2007年，第1页。

② 罗香林：《中国民族史》，香港：中华文化出版社，1966年，第19页。

弱，西方国家倚仗强大军事和霸权政治，洞开中国国门，疯狂进行侵略和蚕食，使中国国内民不聊生，也改变了中国人视国家为天下、视河山为四海的狭隘视野，触动了中国人闯天下的观念。于是，沿海地区居民开始涌向海外谋生。

（3）地理方面。

地理环境是人类繁衍生息和生存发展的基础，也是移民海外的必要条件和决定因素。地质学家、考古学家和人类学家的研究表明，远在冰河时代，亚洲大陆与马来半岛、印度尼西亚各岛、大洋洲之间为一片大陆，史称“巽他大陆”。当时菲岛的巴拉湾和三宝颜两大陆桥与亚洲大陆相连，这为亚洲人类和其他动物移植菲岛创造了条件。闽粤地区与南洋一海之隔，从福建至吕宋岛只有300多海里，借助季风三日即可到达。沿海居民习惯海洋生活，视海洋为坦途，一旦家乡发生变故，便有远游之心。

（4）经济方面。

中菲两国早期的往来是建立在贸易关系基础上的。闽粤地区山多田少，人口稠密，以农耕为主的经济链条相对脆弱，在人口不断增长的情况下，如遇到天灾或人祸，人们生活就极度困难，为此他们往往选择出海谋生。可以说，经济方面的要求是华侨向外迁移的主要动机。尤其是在16—18世纪“重商主义”盛行时期，中菲之间的“大帆船贸易”使华商来菲从事贸易者日渐增多。有些华商久住不归，聚居在“八连”[①]生活，使当地人数逐渐增至几万人。菲人称中国人为生意人（Sangley），足见其经济动因。利之所在，人争趋之。“海外金山”的诱惑、他日“衣锦还乡”的梦想，致使一船船的“猪仔”漂往国外。[②]

（5）社会文化方面。

华人族群移居海外，依然以中华文化为灵魂，并通过姓氏和婚姻的方式来维系，在此基础上进一步发展。姓氏是海外华侨社会不断传承延续而民族特质不消失的有效手段，婚姻则是华侨社会固守民族特质而又向外融合的桥梁。前者是收合，后者是开放。一收一放之间，恰是中国文化中庸和恢弘精神的表现。[③]因此，移居菲岛的华人带去了祖籍国光辉灿烂的文明，如“梯田文化”、“瓷葬文化”、“语言文化”和“儒家文化”等。前菲律宾教育部部长罗细士在其《促进更密切的中菲关系》一文中说：“菲人从其华人的先代，承袭了许多优良的德

---

① 八连：即Parian，墨西哥语为“市场”，也译作“帕利安”。1582年，西班牙殖民当局为便于对华侨的防范、管理、征税和敲诈勒索，在马尼拉城北与巴石河之间的荒地围以栅栏，令华侨在其中居住，此地处在圣加夫列尔堡的枪炮射程之内。华侨及中国史籍称之为“涧内”。

② 梁子衡：《华侨移植海外的背景》，《民族与华侨论文集》（第二集），台北：中华文化出版事业社，1962年，第156页。

③ 林惠阳：《菲律宾华人社会之研究》，（台湾）私立中国文化学院民族与华侨研究所硕士学位论文，1977年，第20页。

行，如节俭、忠实、客气、礼貌及传统性的殷勤好客。外国人皆认为此难能可贵，均系导源于华人的祖先。甚至菲人的家庭制度有紧密的组织，强有力而持久的联系，孝道、服从、尊敬长辈，亦均系得自华人祖宗的美德。”① 此番描述，也足见中国文化对菲律宾人的影响。

2. 菲律宾国内因素

（1）移民是迁移出母国并长期居住于异域的族群，除了迁出地的人们愿意离开本土外，移居地还需要有足够的吸引力。西班牙殖民统治菲律宾以前，菲律宾各岛屿散居着许多互不统属的部落，部落间甚至语言不通，各自为政，还时常发生冲突和战争，商贸发展受到影响和制约。西班牙统治菲岛之后，政治的统一使社会秩序逐渐好转，各地交流往来也越来越频繁，为促进商贸的发展创造了有利条件。特别是首任总督黎牙实比鉴于殖民地所需物资必须依赖中国商品，就设法保护华商，鼓励华人来菲经商，并对南航华船和货物予以特别优待。②

（2）西班牙殖民统治菲律宾后，经济比以前有了较快的发展，当地人的购买能力也有很大提高。为发展经济及维护殖民统治，殖民者积极鼓励中国商人来菲从事贸易活动。中国的各种商品深受当地居民的喜爱，逐渐成为不可缺少的必备品。加上西班牙军民的大量需求，特别是丝织品、陶瓷、金属器皿还被转运至墨西哥，供应美洲西班牙殖民者和西班牙本土人使用，中国商人也在其中获得丰厚的利润，贸易的发展推动了更多的华商来菲从事商业活动。明朝后期，由于中菲贸易在一定程度上弥补了国库空虚，致使朝廷也极力支持帆船贸易，这进一步促使华商前来菲岛“淘金”。

（3）为了永久占领菲岛，西班牙殖民者积极招徕华工，大举修建城防，建造房屋、学校、教堂，制作生活用具和饰物等。菲岛的土著人不善于建造和手工，而华侨不但会做生意，还精于工艺制作。于是，大批有经验的泥水匠、木匠、铁匠、油漆匠、印刷匠、厨师等来到菲律宾。殖民者认为，华侨是最好的面包师、裁缝师、鞋匠、木匠、银匠、侍者、雕刻师等，为菲岛提供了各式各样的服务。③ 另外，菲律宾土著人的懒散成就了勤劳的华侨，他们成为殖民统治下菲律宾发展的有生力量，甚至有些行业被华侨所掌控，致使中国人源源不断来到这片“梦想”的岛屿。

---

① 高祖儒：《华商拓殖菲岛史略》，马尼拉：泛亚出版印务公司，1969 年，第 10 页。

② 陈荆和：《华侨历史上的人口及居留地》，张其昀：《中菲文化论文集》（二），台北：中华文化出版事业社，1960 年，第 292 页。

③ Milagros C. Guerrero，“The Chinese in the Philippines，1570 - 1770”，in Alfonso Felix Jr. ed.，*The Chinese in the Philippines，1570 - 1770*，Manila：Solidaridad Publishing House，1966，p. 27.

（二）早期中菲关系及华人移菲寻踪

中菲两国之间的交流源远流长。菲律宾民间有个传说，称菲人的始祖为中国王子和菲女结合的产物。[①] 菲律宾历史学家奥斯汀·克雷格（Austin Craig）根据考证推断，中菲往来可以远溯至公元前两三千年间，或周秦时代。[②] 那时中国以天朝上国自居，菲律宾作为藩属国遣使臣前来进贡。拜尔（H. O. Beyer）教授推断，菲律宾的"梯田文化"就是在中国春秋战国时代传入吕宋岛的。奥斯汀·克雷格还认为，早在中国的三国魏晋时期，菲律宾盛产的砂金就大量输至中国。虽然中国古代的典籍史料尚无法证明这些观点，但以上传说足以说明中菲两地在历史上有着长期的贸易、生产和文化方面的交流。[③]

菲律宾许多地方都出土过从晚唐至清代各个时期的中国瓷器，一些地方还发现了唐代的钱币，这也说明中菲间在唐代已有广泛的贸易关系。[④] 宋代时期，朝廷十分重视对外贸易，特别是罗盘技术应用在航海领域，使海上交通有了较大发展。由于北方金国侵占了北宋京都汴梁，宋高宗被迫逃亡杭州并在此定都，经济和政治中心南移，东南沿海对外贸易成为朝廷重要收入来源。《宋史》卷四八九《阇婆传》记载，"又有摩逸国，太平兴国七年（982）载宝货至广州海岸"[⑤]。赵汝适的《诸藩志》也有详细的记载，证明在宋代时中国已同菲律宾诸岛屿有贸易往来。元朝时期，一些不愿向外族俯首称臣的南宋遗臣逃往南洋，并出现小股移民潮。蒙古统治者仗恃武力强大，采取掠夺和欺压手段，屡次南侵攻占安南、缅甸、爪哇等地，并未注重发展与南洋各国的正常交往，这也是元代中国与菲律宾缺乏政治联系的原因。明代初期，中国在经济、军事和文化等方面远比南洋各国发达、强大，南洋国家争相与中国发展友好关系。洪武十四年（1381），明太祖朱元璋担心有人借出海聚众反抗，下令实施海禁。永乐三年（1405）、永乐四年（1406）、永乐六年（1408）、永乐八年（1410），吕宋、苏禄等国四次来中国进贡，加强了中菲的政治和经贸交流。永乐、宣德年间，明朝廷派遣郑和七次下西洋，炫耀中国大明王朝的国威，促进了中国与沿海国家的关系。此后中菲

---

① 菲律宾民间自古相传，有一个中国亲王之子，从其父亲停泊在菲岛的船上逃离上岸，遇到一位从竹林下降的窈窕菲女，两人一见钟情结为夫妻，后来，菲女产下菲人的始祖，这就是著名的"竹林神话"。Celine S. Rondnin. ed. , Philippine Legends, Manila, 1960, p. 32.

② 陈烈甫：《菲律宾的历史与中菲关系的过去与现在》，台北：正中书局，1968 年，第 44 页。

③ 广东省第一汽车制配厂工人理论小组、中山大学历史系东南亚历史研究室编著：《菲律宾史稿》，北京：商务印书馆，1977 年，第 10 页。

④ Milagros C. Guerrero, "The Chinese in the Philippines, 1570 – 1770", in Alfonso Felix Jr. ed. , *The Chinese in the Philippines, 1570 – 1770*, Manila: Solidaridad Publishing House, 1966, p. 15.

⑤ 982 年《宋史》中描述的中菲贸易往来，是我国史籍资料中首次出现的中菲直接贸易的文字记载。

交流更加频繁，其中尤以菲岛的苏禄、古麻剌朗国最为密切。据《明史·苏禄传》记载，“永乐十五年，苏禄国东王、西王、峒王等携家眷来到中国朝贡。永乐帝对苏禄国王以高规格的礼仪相待，但东王巴都葛叭答剌在返回途中病逝在山东德州。永乐十八年（1420），古麻剌朗国王斡剌义亦敦奔率家眷来访，在归国途中病逝于福建”①。苏禄三王、古麻剌朗国王先后访问中国，东王和古麻剌朗国王客逝中国，成为古代中菲关系史上流传千古的史话。

明朝隆庆元年（1567），朝廷解除海禁。“东洋吕宋地无他产，夷人悉用银钱易货”②。于是，来自中国的丝织品、棉布、瓷器等商品不仅满足了当地人民和西班牙殖民者的需求，也成为殖民者增加税收的主要来源。而吕宋岛“行银如中国行钱，西洋诸国，金银皆转载于此”③。从菲律宾马尼拉至西班牙殖民地墨西哥的阿卡普尔科（Acapulco）之间的“大帆船贸易”被认为是增加财政收入、维持殖民统治的有效途径，大批华商从月港前往马尼拉贸易。④“大帆船贸易”的起点是中国福建泉州，载满中国陶瓷、丝绸、茶叶、金属器皿、手工编织品等货物的中国商船利用季风，每年秋冬季（10月至次年3月）趁东北季风来到马尼拉，再由马尼拉把货物转运至西班牙的殖民地墨西哥，最后由墨西哥运到欧洲各地销售。春夏季（4月至9月）时节利用西南季风返回福建。

“大帆船贸易”流通的所有中国商品都是欧洲人生活中的昂贵奢侈品，为西班牙殖民者带来丰厚的利润，中国商人也从这种贸易中获得了大量的墨西哥白银。“大帆船贸易”是利用季风在中菲之间往来，这就使滞留在马尼拉“压冬”的中国商人越来越多。许多华商在“压冬”期间设立商站，销售中国商品。随着西班牙统治的扩张，菲岛分崩割据的状态渐趋统一。政治的安定、贸易的畅通，大大促进了菲岛的商贸繁荣。中菲两国政治、经济关系进一步得到发展，菲律宾人、中国人彼此在对方国土上侨居、定居的现象也随之发生，有些在吕宋岛的华人流寓者还与当地人通婚。⑤

1588年，西班牙“无敌舰队”被英国军舰摧毁，西班牙随之失去了海上霸主的垄断地位，从此西班牙财政枯竭，国力逐渐衰落。因此，菲律宾殖民地的贸易税收，成为西班牙国内收入的重要来源。直到19世纪以前，菲岛西班牙殖民

① 黄滋生、何思兵：《菲律宾华侨史》，广州：广东高等教育出版社，1987年，第10~12页。

② （明）张燮著，谢芳点校：《东西洋考·饷税考》，北京：中华书局，2000年，第132页。

③ （明）周亮工：《闽小纪·番薯》，转引自庄国土、刘文正：《东亚华人社会的形成和发展：华商网络、移民与一体化趋势》，厦门：厦门大学出版社，2009年，第58页。

④ 廖大珂：《福建与大帆船贸易时代的中拉交流》，《南洋问题研究》2001年第2期，第81页。

⑤ 黄滋生：《16世纪70年代以前的中菲关系》，［菲］吴文焕编：《菲华问题论辩——黄滋生教授论文选编》，马尼拉：菲律宾华裔青年联合会，1999年，第14页。

政府的生存仍完全依赖华商的贸易维持。[①] 随着中菲贸易的扩大，许多手工业者、技师、工匠和农民也来到菲岛，利用当地资源进行商品生产，这就使赴菲的华侨人数不断增加。1590 年，西班牙殖民者进行第一次人口调查时，马尼拉的华商就有 3 000 ~4 000 人，另有马尼拉以外的华商 2 000 ~3 000 人。[②] 这个数字还不包括约 2 000 名因来菲从事商业贸易而短期滞留“压冬”的华商。至 1603 年，菲律宾的华侨猛增至 30 000 人。[③] 1621 年，马尼拉持有居留许可证的华侨已达到 16 000 人，另有 1/3 的华侨是没有居留许可证的。1635 年，仅“八连”就有华侨 20 000 人以上，在其他海岛还有 10 000 多人。1639 年，菲律宾有 25 000 ~30 000 名华侨，这个数目仅是领了许可证的华侨，加上无居住证居留者，华侨在菲律宾达到 30 000 ~40 000 人之多。[④]

1644 年，满清进关后建立清政权。1647 年，郑成功在闽南起兵抗清，并以东南沿海为活动基地，坚持反清复明斗争。当地居民不堪战乱，纷纷避乱海外，吕宋岛成为主要避难地。因此，清政府在初期实行严厉的海禁政策，禁止人民私自下海贸易，以防海外华侨参与抗清活动。[⑤] 由于菲律宾的西班牙殖民者不断制造屠杀和排华事件，从 17 世纪末至 19 世纪上半叶，菲律宾华侨人数常在 10 000 人以下。1790 年，全菲华侨约有 4 000 人，官方统计有5 000人。1807 年，登记的华侨有 4 700 人，加上流动的华侨在内约有 7 000 人。1815 年，西班牙殖民者被迫允许英美商人在马尼拉开设商行，与西属美洲殖民地和菲律宾直接进行贸易。随着英国、法国殖民国家的迅速崛起，西班牙殖民领地受到严重威胁。墨西哥独立后，维持了长达 250 年的“大帆船贸易”停止，华侨人数随之减少。至 1828 年，移居菲律宾的华侨人数下降到 5 708 人。此后，又以每年平均 500 人的速度增长。1839 年达到 11 575 人，但在 1840 年又降至 5 729 人，1847 年约为 5 736 人，1849 年达到 8 757 人。[⑥] 相比之下，南洋其他殖民地的华侨人数却大幅增加，菲律宾成为对中国移民最无吸引力的地区。[⑦]

---

① Berthold Laufer, “The Relations of the Chinese to the Philippine Islands”, in *Smithsonian Miscellaneous Collections*, Vol. 50, 1907, p. 277.

② ［菲］陈烈甫：《菲律宾的历史与中菲关系的过去与现在》，台北：正中书局，1968 年，第 88 页。

③ Eufronio M. Alip, *Political and Cultural History of the Philippines*, Manila: Alip & Brion Publications, 1954, p. 284.

④ 黄滋生、何思兵：《菲律宾华侨史》，广州：广东高等教育出版社，1987 年，第 108 页。

⑤ 陈传仁：《海外华人的力量——移民的历史和现状》，北京：世界知识出版社，2007 年，第 196 页。

⑥ Edgar Wickberg, *The Chinese in Philippine Life, 1850 – 1898*, New Haven and London: Yale University Press, 1965, pp. 24, 53; Victor Purcell, *The Chinese in Southeast Asia*, London: Oxford University Press, 1966, p. 503.

⑦ 庄国土、刘文正：《东亚华人社会的形成和发展：华商网络、移民与一体化趋势》，厦门：厦门大学出版社，2009 年，第 60 页。

从19世纪50年代起，西班牙殖民统治者实施开发菲岛计划，放宽华侨政策，撤销了1766年全面驱逐华侨出境的禁令。1860年《北京条约》签署前夕，清政府首次承认华工出洋为合法行为，许多华侨又回到马尼拉，华侨人数逐年增加。到1864年超过18 000人，1876年接近31 000人，1886年达93 567人。1893年，驻欧使节薛福成向清廷呈递《请豁除旧禁招徕华民疏》后，清廷废弃海禁旧例。在菲的闽南华侨相继招引亲友来菲，形成移民菲律宾的高潮。1896年，菲律宾华侨达到10万人。① 晚清政府的护侨政策以及西班牙殖民者的华侨新政，致使华人大规模迁移菲律宾群岛。闽南人前往菲岛谋生也蔚为风尚，而绝大多数的移民是单身壮年，在菲立足后返乡带来男性亲属，通常是兄弟子侄或同宗亲友，称为新客。新客事业有成后，再返乡带人，如此往复。② 华侨人数的激增，客观上为华侨社会的形成创造了基本条件。

二、华侨“甲必丹”制度的形成

华侨“甲必丹”制度是西班牙殖民者为维护其统治采取的“以华制华”、“分而治之”的手段和方法。在西班牙统治菲律宾时期，驻守的殖民者兵力相对薄弱，菲总督要听命于西班牙驻墨西哥殖民地的印度事务大臣。菲律宾和墨西哥之间远隔浩瀚的太平洋，传送命令、下达旨意和调动兵力十分不便，而在菲律宾的华侨人数远超过殖民者的人数。在华侨人数不断增多和经济实力不断增强的情况下，绝大部分华侨没有按照殖民者的意愿成为忠实的天主教徒。于是，殖民者对华侨的猜忌和顾虑就不断加剧。自从林凤攻袭菲岛和潘和五杀死菲律宾总督后，西班牙殖民者甚至把华侨视为敌手，一有风吹草动或者有人挑拨就爆发屠杀事件。因此，每当有华侨对殖民者统治不利的舆论信息传出，殖民者就唯恐华侨造反，常常先发制人杀害华侨。

从1603年到1820年间，西班牙殖民者对菲律宾华侨先后进行了六次大屠杀，都是殖民者无端猜疑、削弱华侨在菲势力的残暴行为。而此期间的中国正是明末清初，朝廷施行海禁政策把背井离乡的海外华侨作为莠民或者弃民，致使他们的命运雪上加霜，成为任人宰割的羔羊。每次屠杀华侨之后，都会造成菲岛经济萧条，技术劳动力严重缺乏。西班牙殖民者逐渐意识到，华侨已成为菲岛的重要组成部分，也深知徒用武力并不能解除华侨的“威胁”，因此不得不采取措施

---

① Henry Gannet ed., *Census of the Philippine Islands: Taken Under the Direction of the Philippine Commission in the Year 1903*, Vol. 1, Nabu Press, 2011, p. 490.

② Jacques Amyot, *The Chinese of Manila*, Manila: Ateneo de Manila University, 1973, pp. 56 – 57, 64.

再次鼓励华侨前往菲律宾。① 事实证明，没有中国商品的供应，没有华侨的劳动，西班牙人就无法在菲律宾生活下去。② 就连素来仇视华侨的西班牙御用传教士也不能不承认："没有华侨的贸易和商务，这些领土不会存至今天。他们是优良的工人，精通各种技艺和行业。"③

18 世纪后半叶，西班牙本土政局动荡以致民生凋敝，来菲律宾的西班牙人逐渐增多，殖民者改变了对待华侨的粗暴政策，而采取了笼络华侨的怀柔手段。殖民当局挑选在华侨当中有经济实力和有影响力、能讲西班牙语并信奉天主教的华侨，呈西班牙国王授予甲必丹（Capitan）头衔。甲必丹听命于西班牙殖民当局，拥有监管华侨的权力。1850 年以前，新任甲必丹由前任甲必丹和各同业公会头目选举产生。1857 年，一些华侨认为这种选举办法不能代表广大华侨的利益。1861 年，殖民政府对选举法作了修改，并一直沿用到 1887 年。修改后的选举法规定，每两年举行一次甲必丹选举，由所有的离任甲必丹以及交纳一、二等商店税的商人组成十二人的选举团。总督主要根据他们的道德与经济因素，在得票最多的两名候选人和在任的甲必丹中选定一人，报请西班牙国王批准。所谓道德，是指宗教信仰、对殖民政府的忠诚以及在华侨中的威望。甲必丹要代殖民政府向华侨征收赋税，如税款征收不足，就要由甲必丹筹款补充。因此，当选的华侨必须有足够的经济财产。④

甲必丹实际上是替殖民政府行使管理华侨的职权，其职责主要包括：①为殖民政府向华侨征收赋税；②负责向华侨传达殖民政府的命令，向政府转达侨社的意见，报告侨情；③维持华侨社区的治安，行使初级司法权，裁决较小的民事案件；④负责办理华人出入境登记手续；⑤管理华侨慈善公益机构。"甲必丹"制度结束了由西班牙人直接管理华侨的历史，甲必丹直接向总管负责，管辖范围已经超出"八连"。甲必丹还有权处理一些较小的民事纠纷，甚至还有若干惩戒权。甲必丹审理案件的程序十分简单，"华侨投诉，至为简单，不具呈文，唯用槟榔与烟枝呈上，述说理由，随时召集双方对质，大都就此可以完结，不必再行诉讼"⑤。甲必丹不但管理华侨的各种事务，还负责在巴石河岸登记注册初来菲岛的华侨。离开菲岛返回祖国的华侨，也要亲自到甲必丹去注销。⑥ 虽然甲必丹

① 萧曦清：《中菲外交关系史》，台北：正中书局，1995 年，第 61 页。

② 黄滋生、何思兵：《菲律宾华侨史》，广州：广东高等教育出版社，1987 年，第 104 页。

③ ［菲］格雷戈里奥·F. 赛义德著，吴世昌译：《菲律宾共和国历史、政府与文明》，北京：商务印书馆，1979 年，"前言"第 2 页。

④ 黄滋生、何思兵：《菲律宾华侨史》，广州：广东高等教育出版社，1987 年，第 270 页。

⑤ 陈三多：《〈菲岛华侨历史〉演讲词》，转引自刘芝田：《中菲关系史》，台北：正中书局，1956 年，第 501 页。

⑥ 《菲律宾岷里拉中华商会三十周年纪念刊》，马尼拉：菲华岷里拉中华商会，1936 年，第 3 页。

是殖民者的代理人，但是也起着华侨代言人的作用，负责与殖民政府交涉，有的华侨甲必丹是在一定程度上起到保护华侨利益的作用的角色。在这些甲必丹中，以陈谦善①最为著名。他曾三次出任甲必丹，其为保护华侨正当权益而作出的贡献可称得上“功业彪炳，德泽长留”，迄今仍家喻户晓。

“甲必丹”制度是西班牙总督选用“亲近”殖民者的华侨来治理华人族群、收缴华侨赋税、惩治违法的华侨“莠民”、传达殖民者指令等。但华侨甲必丹毕竟血管中流淌着中国人的血液，还保存有中国传统的宗亲观念和中华民族意识。所以，大部分的甲必丹还是非常重视中国古老文化思想和道德观念，愿意为华侨做善事、好事，特别是前三任甲必丹林旺、陈谦善、杨尊亲创办善举公所、购置义山墓场、开设崇仁医院，为华侨族群的生存作出不可磨灭的贡献，也为以后的甲必丹树立了良好的楷模。② 甲必丹除了要得到殖民者的信任外，还要凭借斐然的业绩树立自己的威望，赢得华侨对他的信服，因此他们必然要为华侨排忧解难，着力促进和推动华侨经济的发展和华侨地位的提升等。“甲必丹”制度下的华侨族群虽然同样受到殖民者的剥削和压迫，但作为中间人的甲必丹通过调解菲华之间的矛盾来缓和殖民者与华人族群之间的关系，化解不必要的误会，维护华侨的一些正当权益，并有效避免了华侨这部分弱势群体遭受殖民者的驱逐和屠杀。在这样的境况下，甲必丹利用在管理上的相对独立性，使华侨族群得以生息和发展，逐渐构筑维系华人族群的社团、华校、侨报，形成以马尼拉为中心，以共同语言、文化为基础具有族群意识的群体，为华侨社会的形成奠定了基础。

三、华人移民民族意识的觉醒

1842年，鸦片战争后，清政府被迫与英国签订了中国近代史上第一个不平等条约——《南京条约》，中华民族陷入危机，天朝“无所不有”的自我陶醉被西方列强的“坚船利炮”彻底粉碎，中国开始逐步沦为半殖民地半封建社会。此后西方列强在每次侵华战争后，都会强迫清政府赔款和签订一系列不平等条约。许多沿海城市被辟为通商口岸，大量国外商品像潮水般涌入中国市场，中国自给自足的自然经济被破坏，大量的农民和手工业者相继破产，许多华人被迫远

① 陈谦善（Chins Carlos Palanco），名聚良，号乐峰，1844年6月生于福建同安，1901年9月卒于马尼拉。他出身贫苦，自幼来菲，在马尼拉做佣工为生，以“勤俭刻苦，忠诚谨慎”得到雇主信任。工作之余，他苦读西文，“慷慨好义，乐善好施”，广交西、菲名流。在甲必丹任内，与西班牙王宫嬖臣交往甚笃，令驻菲总督敬畏。数任西督上任后唯其马首是瞻，不敢开罪。西班牙王宫内，凡有涉及华侨的法令，在审议颁布前，必先与妥商，争其同意。废除“华侨死刑”、“闽女不得为娼”皆由陈谦善争取而来。

② 萧曦清：《中菲外交关系史》，台北：正中书局，1995年，第64～65页。

走他乡、异地谋生。1860年英法联军强迫清政府与其签订了《北京条约》，准许华人到英法殖民地或海外做工，以致大多华工作为“猪仔”被贩运到海外。由于中国没有在国外设立使馆保护华侨，加上大清王朝正处在风雨飘摇之中，这使得海外华侨备受欺辱甚至遭受无辜的屠戮。所有这些都激起了华侨对祖国命运兴衰的关注，唤起了他们期望祖国强盛的愿望。

从19世纪70年代开始，清政府改变了华侨政策，从鄙弃、敌视华侨逐步改变为承认华侨的合法地位，并制定了护侨政策。林则徐、李鸿章、张之洞等主张先富国再强兵的道路，海外华侨因其所处的地理环境、经济实力以及具有的战略地位而成为他们重视的对象。为此，清政府极力推动海外华文教育与中华商会的成立，设置领事馆对其加以保护。19世纪末，西班牙殖民者的歧视、剥削和压迫引发广大华侨的强烈不满与愤慨，对华侨社会民族意识的萌发起到催化作用。西班牙殖民当局还制定种族歧视政策，把居住在菲律宾的族群分为西班牙人、菲律宾土人、米斯蒂佐（混血儿）、外侨四等，其中，在外侨中，华侨排在最低等。这使华侨深受刺激，他们意识到要想改变自己的处境，只有寄希望于中国的强大，强盛的祖国才是他们有力的靠山。正如梁启超所说：“我辈今日所以受此惨毒者何也，为国之不强。”[①] 但是，华侨尚未具有必要的政治觉悟，华侨社会也迟迟未能萌发民族主义新潮。在“甲必丹”制度时期，马尼拉“八连”华侨依照中国传统的方式，在华侨社会组建各种社会团体组织，创办华文报纸和中文学校，坚持以中华文化传统来维系华侨社会内部的紧密团结，进一步提高华侨社会意识和觉悟。

20世纪初，随着中国民族主义运动的兴起和发展，菲律宾广大华侨的民族主义精神空前高涨，他们不但在政治上与祖国的关系更加密切，而且许多华侨仁人志士直接参与到民族复兴的运动中去。康有为、梁启超领导的维新派，推动了海外华侨民族主义的觉醒。康、梁是中国近代民族主义思潮的唤起者，强调“知他人以帝国主义来侵之可畏，而速养成我固有之民族主义以御之”[②]。他们敦促海外华侨关心国内事务，树立爱国思想。孙中山先生则一直以动员和组织华侨参加国内民主革命，影响华侨对祖国的认同。无论是清政府、维新派还是革命党人，在争取华侨支持的同时，都引导华侨对祖国的关注，重视华文报刊和华侨教育，激发他们的文化觉醒。[③] 在各方面的共同努力下，菲律宾华人族群开始关注祖国政局，民族意识和文化意识在逐渐觉醒。

---

① （清）梁启超：《新大陆游记》，北京：社会科学文献出版社，2007年，第270页。

② （清）梁启超：《饮冰室合集》（六），北京：中华书局，1989年，第22页。

③ Hsiao Shi-Ching, *Chinese-Philippine Diplomatic Relations, 1946 – 1975*, Quezon City: Bookman Printing House, 1975, p. 276.

菲律宾华侨社会主动顺应这一时期的发展，支持革命运动和强国富民的主张，积极参与祖国反抗列强欺凌的活动。在这些因素的影响下，菲律宾华侨增强了他们的中华意识，学校和报刊成为文化复兴的有力媒介。[①] 华侨对外团结自卫，对内发展社团组织，创办华文报刊和华侨学校，借以增加内部凝聚力。同时与国内同胞同仇敌忾、息息相通，马尼拉逐渐形成了以华侨居住区为活动中心的社区。从这个意义上来说，菲律宾华侨社会形成后，华侨不仅以自身的团结来抗御外来的压迫，而且主动要求清政府在菲律宾设置领事馆，以便利用祖国的力量来保护自己的利益。

四、马尼拉中华商会创立及其初期活动

1687 年，菲律宾比农多的华侨和华菲混血儿组成“比农多华人公会（Gremio de Chino de Binondo）”。这是一个具有宗教和行政事务性质的组织，也是最早的华侨社区机构。1741 年，华菲混血儿脱离该组织另组“比农多混血儿公会（Gremio de Mestizo de Binondo）”。[②] 此后，华侨社区内还出现了不少自发组织的社团。这些社团承袭中国的传统，以血缘和地缘为纽带，分为秘密会社、同乡会、宗亲会、同业公会等。1817 年，最早的菲律宾华侨社团组织“菲律宾金兰郎君社”成立。1820 年，“菲律宾长和郎君社总社”成立。菲律宾的华侨社团的组织形式也多属于联络感情、互助共济的帮派性结义团体。

1850 年，“广东会馆”成立，这是菲律宾最早的同乡会，主要为粤籍新移民提供临时住所、给予贷款及介绍职业。在菲律宾华侨中，福建人占了绝大多数，他们大部分来自闽南。同乡会之间又往往有特殊关系，同姓氏的同乡会很自然地会凝聚在以血缘为基础的宗亲会之下。因此，在中国的传统社会中，家族、乡族内往往定有“恤患难”、“济贫穷”之类的规约。[③] 而宗亲会也就显得比同乡会更为重要，这是菲律宾华侨社会的结构特色之一。宗亲会是以同宗为基础结合而成的团体，同宗通常互称“本家”。最早出现的宗亲会是福建人的“四知堂”，成立于 1877—1879 年间，由当时的华人甲必丹杨尊亲和杨瑞霞等人发起组织，1915 年改为“弘农俱乐部”。1884 年，粤侨宗亲会成立“龙岗公所”。对于广东人来说，宗亲会与实际生活关系较为密切，这可能是广东人宗亲会较为稳定的原

① Teresita Ang See, “Integration and Identity: Social Changes in the Post WWII Philippine - Chinese Community”, in Teresita Ang See, *The Chinese in the Philippines: Problems & Perspectives*, Vol. 1, Manila: Kaisa Para Sa Kaunlaran, Inc., 1997, p. 6.

② 黄滋生、何思兵：《菲律宾华侨史》，广州：广东高等教育出版社，1987 年，第 269 页。

③ 李明欢：《当代海外华人社团研究》，厦门：厦门大学出版社，1995 年，第 136 页。

因。18 世纪早期同业公会形成，1720 年已出现米商同业公会，该会的会长称为“米店甲黎司”。在 19 世纪前十年的税收中，有关于华人马车运输同业公会的记载。[①] 1888 年，木材商组成崇宁社。19 世纪八九十年代，也成立了布商同业公会。这些同业公会不仅代表本行业的利益，而且在华侨社区中有着重大影响。在 19 世纪上半期，各同业公会的头领有权参加甲必丹的选举，他们实际上控制了华人公会。华侨社区内的各种社团，不仅代表和维护各自的利益，而且彼此还凝聚为一体，用整个华侨社会的力量来反抗外来的压迫、维护整体的权益。他们经常通过华人公会与殖民政府交涉，保护华侨的利益。

19 世纪 70 年代，大量契约华工到达菲律宾，其中很多人找不到工作，无法向殖民政府交税。西班牙殖民政府强迫这些欠税的华工在马尼拉的公共工程中劳役，或押到马里亚纳群岛当农业劳工。但由于工资太低，他们仍无法纳税，一些人因此被投入监狱。1881 年，华侨社区由华人公会出面向殖民政府请愿，要求把这些华工交给华人公会，由公会偿还他们所欠的税款。殖民政府考虑到华侨社区对此事件的强烈反响，只好同意华人公会的要求。华人公会的交涉，还迫使殖民政府作出了一些其他让步，如华人公会代表华侨社会，抗议殖民政府的排华法案，并派出代表要求清政府在菲律宾设置领事馆，保护华侨的利益。这进一步显示了华侨社会民族意识的觉醒。[②]

移居菲律宾的华人比西班牙殖民者更早“发现”菲岛，这批先民多是迫于生活的贫困而冒险出走海外，并没有其他政治野心。此时，华侨在国内惯受了封建传统的压制，缺乏民治的意识，在争取权利的观念上十分淡漠，这就是菲律宾华侨无政治社团组织、群龙无首的缘由。后来虽有广东会馆的组织，但也是有名无实，因为当时华侨甲必丹把持了一切华侨权力，纵有团体亦形同虚设。因此，在西班牙殖民者统治菲律宾期间，既有华侨甲必丹承西班牙国王之命办理华侨一切事务，华侨社会有政治组织的团体自然受到排斥。不然，触怒甲必丹，不啻“获罪于天，无所祷也”。[③]

美国占领菲律宾后，把本国的政治、教育和经济体制移植到菲岛，人们比在西班牙统治时代更加自由，社会组织与人们的意识形态发生急剧的转变。华侨“甲必丹”制被取消。为适应菲岛政治、经济状况的改变，华侨不再像以前“各人自扫门前雪，莫管他家瓦上霜”那样单打独斗，开始意识到只有有强有力的团体，才能谋求自身的权益。因此，“知非团结不足以图生存，非谋互助不足以言

① Edgar Wickberg, *The Chinese in Philippine Life*, *1850 - 1898*, New Haven & London: Yale University Press, 1965, pp. 103, 110.

② 黄滋生、何思兵：《菲律宾华侨史》，广州：广东高等教育出版社，1987 年，第 279 页。

③ 《菲律宾岷里拉中华商会三十周年纪念刊》，马尼拉：菲华岷里拉中华商会，1936 年，第 3 页。

发展，故华人社团组织之创立，乃系客观环境需要及主观意向所促成。华侨远至异域，一遇乡故倍感亲切，而中国数千年的传统文化，唯家族为重，本亲亲之义，行互动之实，则社团之设，亦势所使然”①。而此时菲岛的商业巨轮正猛烈地向前辗进，商业逐渐向国际化发展。华侨商业如不能适应时代潮流，就会走向消亡的境地，有远见的华侨深知必须建立商业团体组织。如果经济衰落，华侨族群的其他权益就会遭到践踏，在菲岛的生存也会受到严重威胁。因而组建以商会为中心的社团组织，成为那时华侨族群的共同愿望。于是，菲律宾马尼拉中华商会便在这样的环境中酝酿产生。

1904 年初，菲律宾侨领邱允卫提倡建立一个纯粹的商业团体，“以华侨福利为当然的努力，至于内外的感情联络，那更是不能须臾而忽视，以应付环境的需求”②。这一提议得到菲律宾华侨名商陈清源、叶其蓁等 21 人的赞同和响应，并开始积极进行筹备。③ 8 月，“小吕宋中华商务局” 在马尼拉仙彬难洛街尾旧华人甲必丹衙门楼下成立。商会成立以后，华侨团结一致，改变了华侨社会四分五裂的状态，“不断遵奉商会的宗旨和目的，不断地为华侨社会谋协调与福利，不断地联络华菲感情与抗争一切对于华侨不公的苛政”④。从此，各地的华侨商业和事务有了组织指导和协作平台。

华侨背井离乡、寄人篱下以求蝇头微利，不免有受外人欺压或被栽诬嫁祸之事，也经常会有与异族间的摩擦和冲突，严重者武力相见以致对簿公堂，有些华侨甚至倾家荡产拼死抗争。商会成立后，凡有会员发生此类事件，商会派人出面为之调解。华侨商业的维护与推进自然是商会分内的事务。同时，商会也为涉及刁难、虐待或损害华侨利益的其他事端出面调解。如遇涉及华侨利益的重大事件不能通过协调解决，商会便诉诸法律抗争。如：

（1）移民律的抗争。1898 年 9 月，美国占领军司令官奥蒂斯下令，把 1882 年美国实施的排华法案移植到菲岛。来菲的华侨经常被故意刁难，不是以“目沙” 就是以“头疮” 作口实阻挠华侨登岸，或以“不良分子” 混入为借口拒绝华侨入境。美国移民律严格限制的是工人，而殖民者却任意扩大华侨工人的范围，比如一商店有五个股东，最大的股东才算商人，其余的四人都算是工人。这项法案实施后，华侨中有许多人作为工人而被驱逐。1905 年 8 月，商会会长邱允

① 林惠阳：《菲律宾华侨社会之研究》，（台湾）私立中国文化学院民族与华侨研究所硕士学位论文，1977 年。

② 《菲律宾岷里拉中华商会三十周年纪念刊》，马尼拉：菲华岷里拉中华商会，1936 年，第 7 页。

③ 此外，还有林文质、施光铭、林杰生、杨嘉种、杨尊亲、林安邦、许孝鸣、杨汇溪、薛清垵、黄呈标、庄天来、郑焕彩、邱奕经、郑汉淇、吴克诚、林为亨、洪明炭、孙高升。

④ 《菲律宾岷里拉中华商会三十周年纪念刊》，马尼拉：菲华岷里拉中华商会，1936 年，第 40 页。

卫致信美国驻菲律宾首任民事总督威廉·H. 塔夫脱，陈述华侨为菲律宾社会，尤其是经济发展所作的贡献，呼吁华侨应获得同其他外国人一样的权利，排华法是明显的歧视法案，严重限制和妨碍了农业生产的发展以及工业的改善和对贸易的推动。[①] 华侨领袖陈三多不顾自己的利害，毅然作为原告，聘请律师首先在地方法院控告税务司，胜诉后又继续上诉菲律宾大理院获胜，移民律得以废除，侨商的权利始得恢复。[②]

（2）米荒案的抗争。菲律宾的米业多是华侨经营，每逢年成不好、稻米产量下降的时候，别有用心的政客和菲人即指责华侨操纵米业，使华侨成为替罪羔羊而遭受攻击。1919 年 9 月，东南亚国家遭遇灾害，菲律宾粮食主要进口国安南又禁止粮食出口，造成菲律宾社会稻米紧缺。菲报借机大肆指责华侨米商囤积粮食，菲政府标封华侨米店，所有存米由政府低价收购并平价卖给市民。菲政府为市民的考虑立场似乎是有理的，但华侨米商却遭受重大损失。为此，商会代表广大华侨据理力争，最终获得法院公正的判决。

（3）西文簿记案的抗争。1913 年，有菲议员在议会提出西文簿记案，但当时经商会极力调解，此案没有施行。西文簿记案就是凡在菲经商所用的账簿，必须用英、西或土文来记账目，否则会被认为违法而被罚款万元或被判以两年的有期徒刑。[③] 此后每逢议会期间，都有人提出此案。1921 年 2 月，总督夏里逊再次把这一案件提交议会讨论，并在临退任之时，迅速签署通过此法案。为阻止该法案的实施，华侨杨孔莺、许敛故意用中文记账，被政府处罚，于是他们诉诸法律，由地方法院直诉至大理院。结果，杨、许两人败诉，他们又诉诸美国大理院，最终在美国总统的干预下胜诉，该案亦随之被撤销。[④]

此外，“小吕宋中华商务局”还为华侨公共事业筹集资金，尤其是在教育、医院和义山等方面也作出了重大贡献。商会特别重视华侨教育文化事业，如华侨新闻事业的发展，不但商会最初的会章载有报纸创建的条文，而且创办了《华侨商报》、《新闽日报》，为“救乡会”从事宣传活动。商会常倡导华侨应该团结和睦，使华侨免遭外人的贬低，进而对中国更加蔑视。因此，对于华侨之间发生的纠纷，商会极力调解，以免诉诸法律给外人以取笑的把柄。即便不是会员而愿做

---

① 《菲华历史的一份重要文件》，［菲］吴文焕、王培元：《纪念排华法一百周年》，马尼拉：菲律宾华裔青年联合会，2002 年，第 18 页。

② 1909 年 7 月，撤销移民律案载在菲律宾大理院报告书第十五卷第 592 页。这次抗争历时 8 个月，耗费 7 000 余元。

③ 《菲律宾岷里拉中华商会三十周年纪念刊》，马尼拉：菲华岷里拉中华商会，1936 年，第 51 页。

④ 西文簿记案自 1921 年 2 月起开始抗争，直至 1926 年 7 月才结束，耗时 5 年多，耗费 167 690 元。此案消耗了许多华侨的精力，尤其是代表华侨赴美起诉的薛敏老及吴克诚两人。此案前后抗争的详细情形，载在《菲律宾群岛华侨各团体联合大会报告书》里。

调解的华侨，商会也无不尽力为之和解，使华侨社会成为和谐的社会。正如菲律宾著名华侨问题学者施振民认为，菲律宾华侨社会最初形成于19世纪中期。其主要是由于这一时期菲律宾华侨的各种社团开始大量涌现，如各种宗亲会、同乡会及商会，其中，商会尤其多。“菲华社会自开始即以贸易商人为中坚。……到20世纪初，大部分宗亲会才出现，各种商会也多数在20年代形成。可以说19世纪后半期是菲华社会的发轫期，一个以中华文化为基础的华人社会逐渐形成”①。华侨社会的发展改变了过去一盘散沙的被动局面，像蜘蛛网一样紧密凝聚华人的力量。作为菲律宾华侨“中心组织”的马尼拉中华商会，不论是在团结侨众方面，还是在促进近代菲律宾华侨社会形成方面，都扮演了核心角色。②

第二节　菲律宾华文教育的应运而生

西班牙统治菲律宾期间，殖民者大力兴办教会学校传播天主教，以天主教为辅助来征服其宣称的“未开化”的落后岛国，却未对菲岛人民教育加以重视。而华侨处在菲律宾社会的最底层，备受种族歧视和排斥。在殖民者看来，菲律宾华侨从古老的中国带来的民族文化和风俗习惯，成为其皈依天主教的障碍，于是极力遏制其产生，华侨自然没有条件开展华文教育。美国取代西班牙成为菲律宾新的殖民宗主国后，把教育作为使菲律宾人“美化”或“同化”的工具③，并在菲律宾普及教育，施行所谓的“民治”、“法治”，支持多元文化的民族教育。菲律宾华侨利用这“良好”的政策，开始创办华文报刊、华文学校，这使华文教育得以萌芽和发展。

一、菲岛华侨对华文教育的诉求

中华民族自古就有重视教育的优良传统。据《论语·子路》所载，有一次，孔子到了卫国，冉有替他驾车子。孔子感慨道：“好稠密的人口啊！”冉有问：“人口已经众多了，该怎么办呢？”孔子道：“使他们富裕起来！”冉有又问：“已经富裕了，又该怎么办啊？”孔子道：“教育他们。”这就是孔子的“庶、富、

① ［菲］施振民：《菲律宾华人文化的持续——宗亲与同乡组织在海外的演变》，李亦园、郭振羽：《东南亚华人社会研究》（上册），台北：正中书局，1985年，第110~111页。

② 黄滋生：《论近代菲律宾华侨社会的形成》，［菲］吴文焕编：《菲华问题论辩——黄滋生教授论文选编》，马尼拉：菲律宾华裔青年联合会，1999年，第57页。

③ 梁志明：《殖民主义史》（东南亚卷），北京：北京大学出版社，1999年，第472页。

教”的思想。

西班牙殖民统治时期，来菲的华侨其目的主要是赚钱，但因受到殖民者的压迫而处于艰难谋生历程。由于当时海路交通十分危险，华侨移民大多数是孤身前往，没有携带家眷。有些华侨与菲女结婚，所生子女也都送到当地学校学习。因此，当时抵菲的第一代华侨尚无对其子女进行华文教育的意识和条件。随着华侨不断涌入菲岛，华侨眷属也有少数在此定居。有些华侨在菲岛所生子女，幼年受西班牙和菲律宾生活方式和文化的熏陶，接受教区僧侣的教育。长大后，父辈才教授记账、经商和手艺。待父辈去世，这些侨生子女即以菲律宾人的身份接受家产和继承父业。在这样的环境下，华侨的后裔有些完全被土著社会吸收，成为菲律宾社会中最有实力的中坚阶层，在利益上还会与华侨存在冲突，甚至有羞于认华侨为父、羞于认自己为华人的。①

19 世纪后期，菲律宾华侨人口直线上升，突破 9 万大关。② 华侨的生产、商业和贸易活动，成为殖民地存在的重要基础。随着菲律宾华侨经济和社会地位的巩固，他们开始寻求获得基本权益和保障，同时也带动了华侨的民族意识和以中华文化为根的意识的觉醒。尽管身处异乡，但华侨们的宗亲观念始终在他们的意识深处居于支配地位，促使他们与祖国联系更加密切。不仅如此，当因身居异域而遭到殖民政府的歧视和虐待时，他们热爱国家和民族的心理却更加强烈。他们尤其担心自己的后代“数典忘祖”。因而，在菲久居的华侨商人萌发了传承中华文化的想法。

海外华侨尤以华夏文明为荣，他们希望自己的子弟学习华文，接受祖国的文化熏陶，让中华民族文化在海外继续发扬光大，“一些华侨对于其他社会事业，或有漠视之处，独于华文教育，则大多数尽力支持”③。这些凡商俗贾中的大部分人，也都如同他们本国人一贯地那般敬重文墨书翰。有些华侨家庭还聘请善辞章且又严于立训的塾师来教授他们的子弟。没有条件延请塾师的华人儿童，大都由他们的长辈调教他们习乡音、练汉字。④ 也有一些家境殷实的华侨，将他们的子女送回中国接受教育，但回原籍地接受教育终非长久之策。华侨和菲律宾人都认识到教育在维持华侨社会方面的关键作用。为了加强华侨对故土文化和华侨身份的认同，许多华侨萌发兴办华文教育的强烈思想。生长于海外的华侨子女长大接受教育之后，由于家庭与职业的关系，虽然居留海外者占多数，但希望能够回祖国发展的也不乏其人。尤其是华侨青年接受理、工、医等学科教育的为数很

① 黄滋生、何思兵：《菲律宾华侨史》，广州：广东高等教育出版社，1987 年，第 353 页。
② 萧曦清：《中菲外交关系史》，台北：正中书局，1995 年，第 676 页。
③ ［菲］陈烈甫：《菲律宾华侨教育》，台北：海外出版社，1958 年，第 8 页。
④ ［菲］卡利托·S. 布诺著，艾石译：《菲律宾的华文教育》，《民族译丛》1992 年第 4 期，第 12 页。

多，他们当中有很多人希望有一天能够回到祖国，用所学知识报效国家。这批对祖国怀有热情的青年，如果没有接受过华文教育，对中国的语言文字、地理知识毫无所知，回国以后在生活上会感到许多不便，就业上更会困难重重，创立侨校可以为华侨子弟回国建业做准备。

美国殖民统治菲律宾后，没有采取美国的出生地国籍法，而是采用欧洲的血统国籍法，规定凡与华侨正式结婚的菲女，即丧失其菲律宾国籍，其子女亦随其父华侨的中国国籍。如菲女与华侨没有办理法律手续同居的，依然保留菲籍，而所生子女亦随其母的国籍而为菲人。无论在法律上是华籍还是菲籍，华侨与菲女所生子女都形成了一个新的中产阶级。这些华人混血儿在马尼拉或国外接受教育，吸收了西方的文化思想。由于他们幼时是被作为菲律宾人来抚育的，要想使他们成为真正的中国人，唯一的途径就是让他们接受中国文化教育，通晓中国语言、历史、地理、文化、习俗等，并知悉中国人传统的做人道理。他们在生活上多与华侨接触，因此，尽管他们在法律上有菲籍和华籍的差别，但在思想上和生活习惯上却可以看作是华人，这一点也就是华侨在菲律宾创立华文学校的另一个特殊而明确的目的。华侨与菲女结婚所生子女，虽有华人血统，但因为所受的完全是的菲律宾教育，所以也就成为地道的菲律宾人。不少华侨拥有巨资，富甲一方，可是一旦去世，因为子孙忘记祖宗，于是有“终生劳碌，只不过为番仔添丁发财”的感叹！[①] 另外，美国政府把排华法案延至菲律宾，华人移民受到限制，华侨开始面临送子女返祖国接受正规教育却被政府阻挠的问题。信仰天主教或基督教的父母，会将其子女送往教会学校受教育，而普通华侨则将子女送往菲人所办的私立学校就读。[②] 为此，一些卓有远见的华侨积极倡导在菲岛兴办华文学校，传承中华文化。

二、晚清政府华侨教育政策的演进

清朝建立初期，许多明朝遗臣和反清人士纷纷出走海外，从事反清复明活动，这引起清政府的恐慌和不安。当时在东南沿海与清军对抗的就有郑成功和张煌言的武装，张煌言部被清军击败后，郑成功部继续与清军对抗。郑成功部之所以能够坚持下来，其中很重要的一个原因就是得到很多南洋华商的支持。因此，清政府在初期实行严厉的海禁政策，禁止人民私自下海贸易，以防海外华侨联合

① ［菲］陈烈甫：《菲律宾华侨教育》，台北：海外出版社，1958 年，第 10 ~ 11 页。
② 萧曦清：《中菲外交关系史》，台北：正中书局，1995 年，第 676 页。

起来参与抗清活动。[①] 同时，作为封建经济发达的东方大国，清政府建立在自给自足的自然经济基础上，完全可以自行运转，没有与外国通商的强烈愿望。

1683 年，清政府收复台湾，并废止了“海禁令”，实行开海贸易。但对子民出海贸易和移居国外仍心存疑虑，为此施行多种法令加以限制。康熙五十六年（1717）曾规定，出洋贸易的人在三年之内可允许回国，此后如私自出洋就不准返回国内。同时，颁布诏书“凡是出洋久居不归者，该督行文外国，将留下之人，令其解回立斩”。雍正五年（1727）再次下令，“数年以来，附洋船而回者甚少，朕思此辈多系不安本分之人。若听其来去任意，不论年月之久，伊等益无顾忌，轻去其乡而漂流外国者愈众矣。嗣后应定期限，若逾限不回，是其人甘心流移他方，无可悯惜，朕意不许令其复回内地”[②]。在广东和福建等省奏报仍有许多出洋华人滞留不归时，雍正又批复，“其从前逗留外洋之人，不准回籍”[③]。由此可见，清朝封建统治者把子民出洋看作大逆不道，当然也不会保护华侨的正当权益。

鸦片战争以后，中国国势日渐孱弱，清政府希望能利用海外华侨的力量来协助中国推行自强运动，以达到富国强兵的目的。1860 年《北京条约》签订前夕，清政府首次承认华工出洋为合法行为，“借以弭内乱，广生计”。1868 年，中美《蒲安臣条约》又规定准许华工及商人、学生等华人自由移居国外。随着海外华人民族意识的觉醒，他们也呼吁祖国对他们加以保护。光绪五年（1879），小吕宋华商陈最良具呈：“以小吕宋官员苛税虐政，请援。”[④] 1880 年，寓居菲律宾的华侨向清政府提出设立领事馆的请求，李鸿章命令中国驻西班牙、秘鲁和美国的三国公使陈兰彬前往西班牙政府征询态度。1886 年，清朝官员王荣和来到菲岛巡查时，“华民分诉西人虐待情形，恳请派官保护”[⑤]。西班牙对中国在菲律宾设立领事馆也作出明确答复，拒绝考虑中国在菲律宾设立领事馆的要求。1893 年，驻欧使节薛福成向清廷呈递了著名的《请豁除旧禁招徕华民疏》，吁请清廷废弃海禁旧例，申明新章，以护商民，这是清政府侨务政策的最大转变。清廷不再把华侨视为“化外之民”，准许华侨回国，加强同海外华侨的联系，采取护侨政策，并在经济和政治上实施保护华侨的双重责任。这一政策的主要措施有五个方面：一是设置领事馆保护与管理侨民；二是采取以外交手段为主的各种措施保护

---

① 陈传仁：《海外华人的力量——移民的历史和现状》，北京：世界知识出版社，2007 年，第 196 页。

② （清）嵇璜等撰：《皇朝通典》（卷八十），杭州：浙江书局，1902 年，刑一。

③ 《清实录·世宗宪皇帝实录》（卷五十八），北京：中华书局，1985 年，第 32～33 页。

④ （清）崔国因：《出使美日秘国日记》，光绪二十年（1894）仲春刊印本。

⑤ （清）王彦威纂辑，王亮编：《清季外交史料》（第七十四卷），台北：文海出版社，1983 年，第 2171 页。

华工；三是动员、鼓励华侨向国内捐赠和投资；四是发展蕴含新式教育的海外华文教育；五是筹建海外中华总商会，促进华侨社会的统一。①

1898 年美西战争爆发，西班牙殖民者预感其在菲律宾的殖民统治行将落幕时，才同意中国在菲律宾设立领事馆，然而为时已晚。美国占领菲律宾后，同意中国在马尼拉设立领事馆，并代表中国政府在菲律宾推行侨务工作，取代过去西班牙统治时期的华侨“甲必丹”制度。1909 年，清朝宣统皇帝颁布新国籍法，规定以血统来确定国籍，即凡父母都是中国人、父亲为中国人、母亲是中国人而父亲无可考或无国籍者，子女不论出生在中国或外国，都是中国人。血统主义成为促进海外华侨团结的一种“黏合剂”，也成为维系海外华侨心向祖国的强有力纽带。

20 世纪以前，华侨传统的安土重迁观念，使他们没有长期定居生活海外的想法，而血统主义的国籍法恰恰增强了他们落叶归根的意识。尽管他们许多人在海外成家立业，甚至同异族通婚，但仍然保存中国人的文化传统和风俗习惯，而他们在海外所生的子女仍被祖国承认为中国公民，这使他们感到欣慰和自豪。②清政府对华侨教育问题日渐重视，认为对海外华侨施以教育，不仅能够“扩其知识，操业日精，生计自裕，生齿亦孳而愈繁”，而且能够“发其爱国之心，俾知孔教渊源”，防止楚材晋用，还能够“端趋向而正人心，俾知朝廷复载之恩无远弗届”。③“百日维新”失败后，康有为、梁启超等维新志士逃亡海外，激励和倡导华侨开办学堂，消除愚昧，启迪民智。康有为应巴城中华会馆的邀请，到南洋各地发表演说，在鼓吹保皇的同时，号召华侨爱国、兴学。他指出：“为中国人，就必须恢复中国人之优良风俗，讲中国之语言，识中国之文字，读中国之圣贤遗训，然后可成为一个真正之中国子民。……现在各会馆间有兴办学堂，但其数不多，尤须陆续增加。文字之声音应用国音，日常言谈应用国语。”④ 同时，以孙中山为首的革命党人为救亡图存也在海外华侨中宣传革命，得到海外华侨的大力支持和广泛认同。他们宣讲革命的同时鼓励兴办教育，设立新式学堂，改变以往华侨社会中私塾式封建教育传统，开创华侨兴学育才的良好风气。避居海外的革命同志也积极从事文教工作，以开设华侨学校、组织阅读书报社作为活动据点，在华侨中产生广泛影响。

---

① 庄国土：《华侨华人与中国的关系》，广州：广东高等教育出版社，2001 年，第 193 页。

② 梁英明、周南京：《略论中国血统主义的历史作用》，《华侨历史》1986 年第 4 期，第 2 页。

③ （清）朱寿朋编，张静庐等校点：《光绪朝东华录》（五），北京：中华书局，1958 年，总第 5614 ~ 5615 页。

④ 中国人民政治协商会议广东委员会、文史资料研究委员会编：《广东辛亥革命史料》，广州：广东人民出版社，1981 年，第 193 页。

19世纪后期，清王朝经历内忧外患之后，已无可奈何地步入“日之将夕，悲风骤至”的颓境，呈现在人们面前的封建教育体制已是千疮百孔。在无奈改革国内教育制度的同时，针对革命党人在海外华侨中的活动，清政府也采取了一些笼络人心的措施，如明确海外华侨身份、制定一系列有关华侨教育的政策、支持鼓励海外华侨办学等。[①] 向海外派驻使节后，清政府转变了对华侨的歧视态度。身居海外的清政府驻外官员认识到，华侨身处与中国儒家教育完全不同的教育文化体系，如果不以儒家文化熏染，他们就会丧失文化特征而融入当地社会。1898年，清政府责成驻外使馆在海外华侨中劝学、派专员视学等，希望通过劝学来挽救其政治上的失败。同时，在教育体制上采取一系列如“废科举”、“遣游学”的变革，以达到“系侨情”、“弥隐患”的目的，这对华侨教育的开展起到积极的推动作用。

三、菲律宾华文教育发展的契机

1899年3月，美军在大举进攻菲律宾首都马洛洛斯之际，美国政府派遣的第一届菲律宾委员会——舒尔曼委员会抵达了马尼拉。随后，舒尔曼委员会发表了《告菲律宾人民书》，用蛊惑性的语言，向菲律宾人表示美国总统和美国人民的“真诚善意”和“兄弟情谊”，声称美国政府在菲律宾建立主权的目的和意图是“使菲律宾繁荣，菲律宾人民富裕和幸福，教育菲律宾人，使它们达到世界最文明民族的水平”。舒尔曼委员会在离任时给美国政府的报告中强调：“菲律宾人因缺乏文化和政治经验，尚无自治能力，美国人因而不能撤出菲律宾，否则，菲律宾便会陷于混乱。”[②] 美国把占领菲律宾美化成为履行它“保护”、“教化”菲律宾人的使命，训练他们逐步具备自治能力。根据舒尔曼委员会的建议，美国殖民者特别重视在菲岛殖民地发展教育。尚在美菲战争时期，美军就把教育视为辅助军事扩张的有效手段，认为兴办教育有助于平息菲律宾人民的反抗，使菲律宾群岛可以按照美国规划的方向和意愿发展。美国人认为，教育对于其成功统治一个民族是不可缺少的。[③]

美国殖民者所采取的教育政策与西班牙迥然不同，西班牙殖民者限制菲律宾

---

① 为了明确中国移民的身份，清政府于1909年3月28日颁布了第一部国籍法，即《大清国籍条例》。它规定，凡是“生而父为中国人者”，或“生于父死以后，而父死时为中国人者”，或“母为中国人而父无可考或无国籍者”，不论是否在中国出生，都具有中国国籍。见商务编译所编：《大清宣统新法令》，北京：商务印书馆，1909年，“大清宣统朝颁布国籍条例”。

② 海岛事务局：《菲律宾委员会报告：1900—1903》，华盛顿：美国政府出版局，1904年，第39～45页。

③ Joseph Ralston Hayden, *The Philippines: A Study in National Development*, New York: The Macmillan Company, 1945, p. 463.

人学习和使用西班牙语的范围。因此，在西班牙统治的300多年里，西班牙语只不过是一种贵族用语和官方场合使用的官方用语。相比之下，美国政府不仅规定英语为学校的教学语言，而且全面推广和普及英语；规定英语是政府的官方用语，也是商业和社交用语，认为这利于美国统治并推行教化。所以，在建立殖民统治的初期，美国就在菲岛创办学校，并在美军的士兵中挑选教师，许多士兵放下武器，拿起教具步入教室，当起临时教师。美国创办的学校数量迅速增加。美军所到之地，几天之内就能创办起新的学校，或者把旧的学校改造成美式学校。美国军队在占领菲律宾后开办了约1 000所学校，到1900年9月，学生总数约10万人。[①] 1901年8月，美国军舰“汤姆斯”号（Thomas）抵达菲律宾，带来600多名英语教师，这对菲律宾教育发展的作用是不可估量的。[②]

美国殖民当局大力兴办教育的原因，在于其认识到要想巩固在菲律宾的殖民统治，就必须在年轻的菲律宾人身上下功夫。经历美西战争的这一代菲律宾人，大多对美国殖民者的侵略采取抵制和反抗的态度，美国必须对他们这代人采取高压手段。但美国在菲律宾的统治能否稳固，很大程度上要取决于下一代菲律宾人，因此要改变菲律宾人后代对美国的敌视态度。第二代人是长在“星条旗”下的，美国必须在菲律宾本土文化对他们产生影响之前，将美国文化和生活方式从思想上渗透给他们，这样才能使美国在菲律宾建立起真正意义上的“殖民国家”。在这样的基础上，殖民政府可以通过对几代菲律宾人的“教化”彻底改变菲律宾，使菲律宾真正成为美国的附属和“忠实伙伴”。美国殖民者认识到，单凭武力征服不了一个追求独立的民族，必须通过教育的方式在政治、经济、文化各个方面扶持培养“亲美”和“忠美”分子，然后再把这部分人补充到殖民政府的机构中，以巩固美国在菲律宾的殖民统治。另一方面，美国人积极推广英语，并通过英语这个媒介来传播美国文化。对美国人来说，只有使用自己的语言，他们在这个热带国家执行这项“天赋使命”时才会心满意足。[③] 于是，美国在进入菲律宾后即开始开办学校，在每一所学校里都配备一名英语教师，由军政府派人讲授。[④] 在能够用英语交流的地方，他们通过一些传播的渠道来逐步扩大英语的使用范围，美国人在菲律宾兴办报纸，通过报纸来帮助传播美国文化和灌输美国思想，让新一代的菲律宾人在生活方式和意识形态上被“美化”而弱化

---

① 金应熙主编：《菲律宾史》，开封：河南大学出版社，1990年，第423～447页。

② ［菲］陈烈甫：《马可仕治下的菲律宾》，台北：台湾商务印书馆股份有限公司，1983年，第76页。

③ T. Ruanni and F. Tupas，“Bourdieu，Historical Forgetting and the Problem of English in the Philippines”，in *Philippine Studies*，2008，p. 57.

④ ［菲］陈烈甫：《菲律宾的民族文化与华侨同化问题》，台北：正中书局，1968年，第94页。

本土文化的影响，所以，使用英语就是为了让菲律宾人更多地接受美国文化。最后，殖民政府选派菲律宾青年到美国留学、深造。在菲律宾的殖民统治中，美国人意识到仅仅依靠在菲律宾的本土进行“教育”是不够的。因此，他们积极选派美国人认为“合适”的菲律宾人到美国留学。这部分人在菲律宾的时候就已受到美国殖民教育的影响，到达美国之后就可以接受正统的美国文化教育，亲身经历和体会美国式的民主制度。等他们回到菲律宾国内必然把这些在美国学到的“有益东西”用到实践中，充当美国人传播宗主国文化的工具。

1934 年 3 月，菲律宾的公立学校的学生有 1 179 032 名，这与 1900 年的 6 900名在校学生有较大的差距。1904 年，中学在校学生为 404 名，到了 1934 年时，在校的中学生为 56 255 名，[①] 足见美国积极推动菲律宾公立教育与普及的具体成效。美国对私立学校教育也予以支持，认为私立学校是弥补公立学校教育的有效手段。[②] 美国殖民政府很早就承认私立教育的自由性与合法性，鼓励和扶持外侨创办私立学校，发展少数族群的民族教育。所以，早期的华侨学校的建立，得益于美国当局对私立学校所持的宽松自由态度。

1901 年 1 月，美国的“菲律宾委员会”通过了 74 号法案，亦即建立有关公立学校局的法案，但此法案第 25 条也明确承认私立学校教育的自由。[③] 美国政府还规定，任何剥夺美国人或外侨拥有及经营学校权利的法律都是违反宪法的。因此，华侨不论在言论自由、出版与集会结社等方面，都可以享有与菲律宾人相同的权利，并且有权经营他们所拥有的学校。长久以来，当社会团体在促进菲律宾华人民族意识进一步兴起的活动里扮演重要的角色的时候，学校总是位居极为重要的地位。[④]

美国把中美条约也扩展施行到菲律宾群岛。[⑤] 中美《蒲安臣条约》规定，两国人民均可进入对方的大小官学，并给予最惠待遇，双方都可在对方境内设立学堂。可见，美国非常重视教育，而深层次的原因是想通过学校传播美国的思想文化，扩大美国在中国的影响。在中国国内，自义和团运动以后，一些美国人开始

---

① Harold Van Winkle, "Education in the Philippines", in *Chinese Mercury*, 1937, Vol. 1, p. 29; Quoted in Antonio S. Tan, *The Chinese in the Philippines, 1898 - 1935: A Study of Their National Awakening*, Quezon City: R. P. Garcia Publishing Co., 1972, p. 156.

② The Board of Educational Survey, ed., *A Survey of the Educational System of the Philippine Islands*, Manila: Bureau of Printing, 1925, p. 505.

③ Francisco Benitez, *Educational Progress in the Philippines*, Prepared for the Institute of Pacific Relations, Manila, 1931, pp. 2 - 3.

④ 陆建胜：《菲律宾华校的华文教育》，（台湾）国立暨南国际大学硕士学位论文，2001 年，第 21 页。

⑤ ［美］詹森著，［菲］吴文焕译：《美统时期的菲律宾华人：1898—1946》，马尼拉：菲律宾华裔青年联合会、世界日报社，1991 年，第 5 页。

意识到，对中国人不能仅凭武力取胜，而须代之以怀柔政策。于是，美国政府减免了《辛丑条约》中分得的一部分“庚子赔款”，用于兴办教育。清华大学就是在这样的背景下创办的，这是美国文化外交的一个重要决策。美国的意图在于对中国人从精神上进行改造，使之崇信西方文明，敬服于美国，顺利对华实施“门户开放”政策。

从美国殖民者的立场来说，菲律宾的华侨已成为其商业利益的有用中间人，便于其在殖民地开发资源与发展商贸。至于华侨社会与当地人社会的隔阂，从殖民统治者的角度来看，不但没有任何损害，反而有利于维护它的殖民统治。“分而治之”原本是殖民者惯用的政策手段，因为如果华侨与当地人真的融合在一起，可能会形成反抗统治国的巨大力量。① 因此，美国殖民政府允许华侨社会建立学校，而且华校独立于殖民政府的管制，受到中国政府的监督。② 华侨兴办华文教育，也实现了寓居菲律宾的几代华侨的梦想。与此同时，在清政府鼓励兴办华侨学堂的政策和国内维新运动浪潮的影响下，海外华侨学校纷纷设立。美国殖民统治政府也希望以发展菲律宾华侨教育为出发点，使华侨忠实地为美国殖民者服务，完全依附于美国的殖民统治。同时，借助华侨同祖籍国的密切联系，通过和平方式把美国政治、文化移入中国，灌输美国民主和生活方式，传播美国式的基督教新教，逐步达到美国控制中国的目的。这也为华文教育的萌芽和兴起创造了契机。

四、中西学堂及华侨教育会对华教的促进

（一）华教先声——大清中西学堂

1690 年，荷印巴达维亚华人甲必丹郭郡观倡办了“明诚书院”，这是最早的海外华文学校，它附设在“病厝”内，属于义学性质，教识字。印尼的私塾、书院等旧式学堂发展较早，1672 年巴达维亚养济院内设义学，不久华侨雷兰珍、高根观创办“江南书院”。18 世纪下半叶，巴达维亚又办“明德书院”。1777 年，在婆罗洲开采金矿的华人成立“兰芳公司”。公司不仅发展工商业，而且兴办教育，倡导读书识字，学校不收学费，兼收当地土著子弟入学。

19 世纪上半叶，东南亚的新加坡、马来西亚、泰国、缅甸相继开办华文私

① ［菲］陈烈甫：《菲律宾华侨教育》，台北：海外出版社，1958 年，第 3 页。

② Eufronio M. Alip, *Ten Centuries of Philippine-Chinese Relations*, Manila: Alip & Sons, Inc., 1959, p. 183.

塾。此后，美国和加拿大也出现华文私塾，到1875年已有私塾和传馆10多家。[①]在林则徐"睁眼看世界"和魏源"师夷长技以制夷"思想的影响下，"西学东渐"浪潮再度兴起，人们意识到在发展传统封建教育的同时，还要不断地从多方面摄取、吸收、融合西方的先进文化和科学技术。洋务派官僚们倡导"中学为体，西学为用"的文化模式，积极推动中国教育体制的发展。在中日甲午战争中，学习西方不过三十年的日本，"以寥寥数舰之舟师，区区数万之众，一战而剪我最亲之藩属，再战而赔京戒严，三战而夺我最坚之海口，四战而覆我海军"[②]。甲午战争的惨败，深深触动海内外华人。清政府驻横滨领事梁廷芳呈商部大臣，"……惜教习甚难得人，函托各地延聘，颇难其选，不通闽粤方言者，不能沆瀣一气，不兼中西之学者，不能融化旧新"[③]。人们纷纷把日本制胜的原因归结为教育，在民族危机的强烈刺激和维新志士的积极鼓动下，国内形成了兴学堂、废科举的浪潮，海外则兴办新式学堂，学习现代化的科学知识。这些强烈的危机感和紧迫感都成为华侨互相激励、竞相办学的有利因素。

1897年，日本华侨在孙中山的倡导下，在横滨开办了第一所新式华侨学校，取名"中西学校"。当时的释义为：中，即中华思想；西，以示愿意学习西方，可见海外华侨学校的民族主义色彩。1898年，康有为上书朝廷，提议在国内开办中西兼学学堂，同年6月，光绪皇帝下诏宣布开设京师大学堂，同时命令各督抚将各省、府、厅、州、县的大小书院，一律改为兼习中西学的高等学堂、中等学堂和小学堂，奠定了清末新学制的基本架构。[④] 1899年，古巴华侨在清政府驻美国公使的督促下，开设了华侨学校，也取名为"中西学校"。

1899年4月15日，清政府派驻菲律宾的第一任总领事陈纲在广大华侨强烈要求和支持下[⑤]以及"对付资本主义剧烈商战、培植人才、以固吾侨之地位"[⑥]的目的驱使下，在中国驻菲领事馆内筹办了小吕宋华侨学校，同样亦冠名中西学

① 林蒲田：《华侨教育与华文教育的史和论》，厦门：厦门大学出版社，2008年，第27~28页。

② 严复：《原强》，王栻主编：《严复集》（一），北京：中华书局，1986年，第7页。

③ 周胜皋编：《海外华文学校教育》，台北：侨务委员会侨务研究室，1969年，第6页。

④ 毛礼锐等：《中国教育史》，台北：五南图书出版股份有限公司，1989年，第520~521页。

⑤ 陈纲，字紫衍，西班牙殖民统治时期菲律宾华侨甲必丹陈谦善之子，年幼时被父送回福建家乡接受传统教育，学成后入京参加会试，登进士及第。他"熟悉时务"，可谓既有文化又有新思想，且与菲律宾有直接和密切的关系。他上任不久即响应广大华侨的愿望，提出设立华侨学校，并得到华商的广泛支持，他的教育计划也得到清政府的竭诚响应，一部分经费在大清领事署经费下开支，另一部分由华侨自动捐献。载教育大辞典编撰委员会编：《教育大辞典》（第四卷），上海：上海教育出版社，1990年，第420页。

⑥ 彭乃杨：《小吕宋华侨中西学校》，《小吕宋华侨中西学校五十周年纪念特刊》，马尼拉：小吕宋华侨中西学校，1949年，第2页。

堂。[1] 至此，第一所菲律宾华侨学校应运而生，陈纲的教育计划得到了清政府的大力支持，中西学堂也迅速成为全菲华侨教育体系的核心。[2]

中西学堂开菲律宾华文教育之先河，该校不仅是菲律宾第一所华校，也是海外华人社会中第一所由慈善机构捐资兴办的学校，在菲华教育史上揭开了崭新的一页。[3] 学堂在课程设置中没有合适的教科书，只教四书五经、尺牍、珠算等中文课程。中西学堂不收学费，学校开办之初有学生 21 人，全都是在菲出生的华侨子弟，次年即由善举公所管理及负责经费。[4] 1902 年，善举公所脱离领事馆独立运作，中西学堂正式隶属善举公所。在善举公所的关怀下，由中国聘请施乾担任第二任校长，同时聘请美国、西班牙教师任教，增设英、西文课程，开设了华校使用双重课程和双语教育的先例，以满足华侨商业社会的需要，使中西学堂很快步入现代化的教育轨道得以名副其实。[5] 在经过办学初期的探索后，中西学的堂教学方式和教学内容都逐渐成型，还开办了夜校，以方便华侨青年在工作之余学习。夜校开办之初，为了鼓励店员和工友等学生的学习积极性，中西学堂决定全部学生都免交学费。[6] 夜校也分设中文部和英文部，与全日制学生使用同样的教科书。根据华侨青年学生的实际需要，学校还加授实用商业尺牍。英文部除分设各年级外，还增设了打字班和簿记班。和全日制学生不同的是，由于夜间授课时间短，夜校学生只能选择在中文部和英文部学习，两者不能兼学。由此可见，菲律宾华侨教育不仅着眼于为华侨学龄子女提供受教育机会，还在于提高广大华侨的文化水平和受教育程度，进而提高华侨在当地社会的适应力和竞争力。

1902 年、1903 年，清政府相继制定了《钦定学堂章程》和《奏定学堂章程》，两个章程规定了各类各级学校的管理制度，对海外华文教育影响较大。1911 年，中西学堂由于办学资金问题而脱离善举公所，独立后的学校运行良好，

---

① 1888 年，美国旧金山中华会馆创办中西学堂；1895 年，中国高等教育的雏形——天津中西学堂在盛宣怀倡导下创办；1897 年，孙中山先生在日本横滨创办中西学堂。

② Antonio S. Tan, *The Chinese in the Philippines, 1898 - 1935: A Study of Their National Awakening*, Quezon City: R. P. Garcia Publishing Co., 1972, p. 160.

③ Eufronio M. Alip, *Ten Centuries of Philippine-Chinese Relations*, Manila: Alip & Sons, Inc., 1959, p. 124.

④ 庄长泰：《校史简介》，《菲律宾中西学院百年纪念暨迈进新世纪纪念刊》，马尼拉：菲律宾中西学院，1999 年，第 8 页。

⑤ 李逢梧：《华教先驱》，《菲律宾中西学院百年纪念暨迈进新世纪纪念刊》，马尼拉：菲律宾中西学院，1999 年，第 31 页；Hsiao Shi-Ching, *Chinese-Philippine Diplomatic Relations, 1946 - 1975*, Quezon City: Bookman Printing House, 1975, p. 279.

⑥ 潘肇英：《七十年来的中西学校概况》，《中西学校七十周年纪念特刊》，马尼拉：中西学校，1969 年，第 439 页。

还增加了班级，添置了一批教学仪器设备，并聘请了英文教师，扩大了学校的规模。[①] 辛亥革命前后，海外华侨民族意识高涨，侨胞对华文教育表现出前所未有的热情。从 1911 年开始，辛亥革命成功为海外华侨包括菲律宾华侨的教育带来很大的变化。[②] 菲律宾华侨学校相继组织体育会、成立童子军团、组团回国考察教育，把学生培养成有良好习惯和有志的国民，以适应将来的生活。[③] 中西学校还举办了武术运动会以及田径运动会，且田径队在运动场上屡次夺冠，为中西学校赢得了荣誉。[④] 此外，除了参与各类球队外，学生每日都参加团体健身操的锻炼。[⑤] 1914 年，中西学堂学生已达 300 多人，另有夜校学生近 300 人。

虽然美国殖民者对移居菲岛的华侨严加限制，但施行的“702 号移民法”还是允许华侨商人的家眷移居菲律宾。[⑥] 随着大批华商子女进入菲律宾，以及因闽南匪患，大量华侨涌入菲律宾，要求进入华侨学校就读的华侨青少年日渐增多。在这种情况下，1912 年，伊洛伊洛市中华总商会创设第二所华侨校——中华实业学校，学生有 60 余人；1915 年 9 月 20 日，宿务中华会所陈允全等正式创办菲律宾第三所华侨学校——中华学校。在中西学校的带领下，菲律宾华侨学校更扩展至吕宋、未狮耶、棉兰老各地区，北到阿巴里，南至纳卯。1926 年，中西学校全日制和夜校学生均增至 500 余人，教育会决议扩建校舍，满足学生快速增长的需要，中西学校再次施行华文教学。[⑦] 然而华侨学校的招生规模还是远远不能满足华侨社会对华文教育迅速增长的需求。

（二）华侨教育会及对华文教育的促进

1911 年，辛亥革命时期，菲律宾华侨深刻感受到振兴国民教育的必要性，

---

① 颜文初：《本校三十年来之回顾》，《菲律宾中西学院百年纪念暨迈进新世纪纪念刊》，马尼拉：菲律宾中西学院，2009 年，第 204 页。

② Douglas P. Murray, Chinese Education in Southeast Asia, *Far Eastern University Faculty Journal*, 1965, Vol. 9, p. 77.

③ 蔡淑敏：《训育工作之我见》，《菲律宾中西学院百年纪念暨迈进新世纪纪念刊》，马尼拉：菲律宾中西学院，1999 年，第 91 页。

④ 潘肇英：《我在中西卅五年》，《菲律宾中西学院百年纪念暨迈进新世纪纪念刊》，马尼拉：菲律宾中西学院，1999 年，第 212 页。

⑤ 刘郎：《母校的回忆》，《菲律宾中西学院百年纪念暨迈进新世纪纪念刊》，马尼拉：菲律宾中西学院，1999 年，第 208 页。

⑥ “702 号移民法”规定：豁免的华人阶层是中国官员、教师、学生、商人和旅行者，这些人来菲岛将受允许，只要呈示一张中国政府给菲律宾政府的证件，由美国驻华外交代表签证，加上 1884 年 7 月 5 日美国国会法令第六款规定的进一步证明即可来菲。见［美］詹森著，［菲］吴文焕译：《美统时期的菲律宾华人：1898—1946》，马尼拉：菲律宾华裔青年联合会、世界日报社，1991 年，第 22 页。

⑦ 潘肇英：《七十年来的中西学校概况》，《中西学校七十周年纪念特刊》，马尼拉：中西学校，1969 年，第 413 页。

同时受菲律宾人重视教育的影响，把扩充华侨学校视为侨社发展的当务之急。学校教育在华侨社会属于慈善事业，隶属于善举公所，经费亦由其调拨和发放。1912 年、1913 年，民国政府相继公布了壬子、癸丑学制，奠定了中华民国的教育体制，成为新式学校的法制基础，海外华文学校也主要依据这些学制办学。让子女接受华文教育，成为华侨家庭的迫切要求。在这种风气的影响下，许多中菲混合家庭也要求他们的子女接受华文教育，以提高就业及商业竞争的需要。他们首先要学会商业经营的各种能力，同时培养中英文读、写的能力，这是对华侨社会教育事业提出的新要求。“在华童已源源入口，父兄皆驰逐商场，何暇严为督责，始基未固，一染纷华，则放浪形骸，无所不至，莫怪老成人常发江河日下，极盛难继之叹”①。随着华侨学校不断扩大，善举公所开支逐渐增多，善举公所还要维持经营华侨义山、医院的费用，处境十分困难。恰时中西学校此前募集的办学款项“渐将告罄，如无新的经按接济，学校亦有停办之虞”②。鉴于这种情况，中西学校董事会即决定，扩大学校校舍，增办国民学校，继续发展华侨教育。但这涉及整个菲律宾华侨社会，少数华人难以担此重任。于是，中西学校出面征集侨胞意见，华侨社会倾向于组织成立华侨教育会，作为推广华侨教育的组织。

1914 年 12 月，为了解决华侨学校办学经费不足问题，推动马尼拉乃至全菲的华侨教育的发展，马尼拉华侨各界代表讨论成立菲华教育协会。中国驻菲律宾总领事代表刘毅及华侨代表推举陈迎来、施光铭、陈清源等 63 人为教育会董事，并成立了菲华教育协会（The Philippine Chinese Educational Association）。随后召开的董事会上，陈迎来被推举为会长，施光铭为副会长。菲华教育协会的主要任务就是有效利用教育附捐，避免过去经费来源靠商人自愿认捐的不稳定状态。而且，按华商营业额来承担教育经费，既公平合理，华商负担也不重，人人都有发展侨社教育事业的责任。③ 征得华侨商人认可后，华侨教育附捐办法由马尼拉税务部门代收。直到太平洋战争爆发，教育附捐取消，但教育会仍负责筹集经费。

菲华教育协会在马尼拉兴办学校和维持部分学校的办学经费，同时也扶助群岛各地的华侨教育。教育协会设立董事局，专门负责管理该会的资产、审定各校开支、规划教育协会的发展、聘请该会及各校人员、评定工作人员薪水等事宜。教育协会还设有学务部，以所属学校校长为部员，专门负责学校改革及审定教员

① 颜文初：《三十年菲律宾华侨教育》，《菲律宾中西学院百年纪念暨迈进新世纪纪念刊》，马尼拉：菲律宾中西学院，1999 年，第 199 页。

② 黄滋生、何思兵：《菲律宾华侨史》，广州：广东高等教育出版社，1987 年，第 356 页。

③ 即在税务部门征收营业税时，额外加征一定比例的费用作为教育经费，教育附捐为营业税的 2%，如营业税为 100 比索，即加征 2 比索为教育附捐。由于效果良好，1921 年教育附捐提高到 4%。

资格。[1] 菲华教育协会的成立，使华文教育有了一定的组织支持和制度保证，一些华侨学校相继成立。1912 年，广东籍国民党人创办了爱国阅书报社属下的爱国学校。1915 年，中西学校经正式申请登记获美国政府的承认，这是在美国统治下核准立案的第一所外侨学校。1917 年普智阅书报社创办的普智学校、1919 年闽商会馆创设的闽商学校、同年华侨工党（即华侨工人联合会）创设的华侨公学等，都由教育会负监督和行政之责。同年，美国圣公会创办了华侨女学。1925 年，天主教创办了华侨钦正中学。1926 年，菲华教育协会更名为华侨教育委员会（Committee on Overseas Chinese Education）。同年，中华民国政府通令规定所有华侨学校改用官方媒体"国语"教学。[2]

到 20 世纪 20 年代，由该会出资创办和维持的学校已有 6 所，在校学生共 2 000多人。在推进群岛各地的华侨教育工作方面，该会要求各地华侨对兴办华侨学校给予配合和捐助。华侨教育会的要求适应各地侨社的愿望，有效推进了华侨教育事业的发展。1935 年，华侨在菲律宾较大的华侨侨居地都已建有自己的学校，华文学校已达 80 所，1940 年增加到 124 所。其中，不少学校虽只有十几名、几十名学生，甚至校舍只有 1 间教室，但在某种程度上已满足了侨社青少年入学的要求。[3]

第三节　殖民统治菲律宾时期的华文教育

西班牙、美国殖民统治菲律宾期间，施行了不同的文化教育政策。西班牙以推行天主教作为殖民统治的精神工具，开办教会学校，只有皈依的教徒才有接受教育的资格。移居菲律宾的华侨只有极少数信仰殖民宗教，西班牙殖民当局将未皈依的广大华侨视为难以同化的异教徒，采取种族歧视的政策，极力遏制和排斥民族教育的发展。美国占领菲律宾后，以教育辅助其殖民统治，并把本国的多元文化教育体制扩展到菲岛。为了推行美式政治和文化，美国殖民当局对私立学校的开办采取宽松的政策，允许华侨开办学校。侨校寄托于侨社，侨社发达，人数增多，华侨学校随之发展。[4] 太平洋战争爆发后，日寇侵占菲岛，华侨学校被迫关闭，华文报刊停办。日本侵略者施行奴化教育，强迫菲律宾人和华侨学习日语

---

① 颜文初：《三十年来菲律宾华侨教育》，《小吕宋华侨中西学校三十周年纪念刊》，马尼拉：小吕宋华侨中西学校，1929 年，第 30 页。

② 萧曦清：《中菲外交关系史》，台北：正中书局，1995 年，第 680 ~ 682 页。

③ 黄滋生、何思兵：《菲律宾华侨史》，广州：广东高等教育出版社，1987 年，第 356 ~ 357 页。

④ ［菲］陈烈甫：《菲律宾华侨教育》，台北：海外出版社，1958 年，第 37 页。

和日本文化，华文教育受到严重摧残而进入最黑暗时期。

一、西班牙统治时期对华文教育的抑制

在西班牙殖民统治菲律宾的三个多世纪里，移居菲岛的华侨与殖民者的关系可以说是一部血泪史。殖民者对待他们的态度是矛盾的，一方面菲岛经济的发展与繁荣离不开华侨，另一方面又担心日益增多的华侨对其产生威胁。当殖民者感到华侨不易被同化后，更加极力遏制华侨的民族教育。殖民者顾虑的是，如果被统治人民受到教育，知识增长、眼界开阔，就会孕育民族自尊心，反抗外来压迫和统治，这对殖民统治不利。在没有中国政府的保护下，菲律宾广大华侨寄人篱下，任人宰割。在生存都无法保障的情况下，华侨没有一定规模的私塾，也未创办华校，华文教育更是无从谈起。

（一）殖民者对华侨的同化

西班牙殖民者刚踏入菲岛之时，首任总督黎牙实比主张善待华人，对华人、华商态度十分友好。作为群岛生活中不可缺少的民族，华侨利用当地生产力低下、技术落后、生活必需品缺乏，而土著人无力、西班牙人无心从事利微的零售商业活动等有利条件，在商业和贸易领域逐渐发展起来。但华侨带来的文化、习俗在西班牙人看来，却是他们维护殖民统治的障碍与隐患。

1574 年，林凤攻袭马尼拉事件后，西班牙殖民者对华侨的态度发生逆转，并对华侨产生较深的疑忌和戒备。殖民者努力使菲律宾人坚定天主教信仰的同时，对菲岛的华侨也采取教化和同化政策。1593 年，潘和五被迫刺杀达斯马里那斯总督后，西班牙殖民者对华侨的态度升级为仇视，并伺机进行报复。1603 年，殖民者制造中国打算占领菲律宾的谣言，肆意虐待和侮辱华侨，华侨无法忍受，愤然起义，起义失败后有 23 000 多名华侨被屠杀。[①] 而此时的明朝国势衰弱，这起菲律宾华侨史上最大的惨案就这样无果而终。此后，西班牙殖民者变本加厉地对华侨任意宰割。1639 年、1662 年、1762 年、1820 年，殖民者相继以各种借口杀害华侨 33 000 多人。每次屠杀华侨之后，菲律宾经济凋敝，民众生活困难，殖民者又不得不再次招徕华侨。[②] 殖民当局意识到，菲律宾的稳定和发展，华侨是不可缺少的部分。而这种状态，是华侨与统治者经济上的相互依赖，伴随着看来不可调和的文化上的矛盾。[③] 为此，西班牙殖民者把皈依华侨信奉天

---

① 黄滋生、向思兵：《菲律宾华侨史》，广州：广东高等教育出版社，1987 年。

② 萧曦清：《中菲外交关系史》，台北：正中书局，1995 年，第 15 页。

③ Edgar Wickberg, *The Chinese in Philippine Life, 1850 - 1898*, New Haven and London: Yale University Press, 1965, p. 5.

主教，作为在精神上彻底“征服”华侨的重要手段。

殖民当局制定政策，笃信天主教的华侨可获得更多的利益，但华侨受洗时都会面临剪发的问题。在中国传统文化中，“身体发肤，受之父母”，剪发被认为是大逆不道的行为。因此，在西班牙统治菲岛期间，殖民当局对华侨的政策以征税、限制和同化三方面为主，但同化的效果最不明显，殖民者将这种情况归结为华侨视中华文化高于其他文化所致。[①] 为促进华侨同化，殖民当局允许信教的华侨自由出入“八连”和到其他地方居住，还鼓励华侨与菲女教徒通婚，甚至给予信教华侨以土地和减税的益处。尽管如此，西班牙殖民者的同化政策仍没有收到显著效果。为此，殖民当局不仅在马尼拉的华侨信教区建立教堂，还在“八连”这样的非教区建立教堂。[②] 即便是那些已经皈依天主教的华侨，他们当中有些人在返回中国的归途中就会把念珠扔到海里，感谢圣母玛利亚对他们的保护，所谓信奉天主教仅此而已。[③]

东南亚华侨问题学者巴素曾感慨道：“使人奇怪的是这些激烈排华的菲籍人士大多数都有中国血统。这除了经济原因外，并不是血统问题，而是文化问题。”[④] 由此看来，教育文化差异是殖民者与华侨之间难以调和的矛盾，殖民当局难免对华侨的文化心存较深的疑虑。

（二）殖民当局对华文教育的抑制

西班牙统治菲律宾初期，并没有制定教育法规来普及教育。1582 年，殖民当局颁布小学教学章程，规定每个教区设立男女校区各一所，实行免费教育。教育内容主要以教授天主教教规教义为主，课程采用欧洲的教学体制。规定每 5 000人中要配备 1 名男教师和 1 名女教师，教师一般都是由宗教学校培养出来的菲律宾人担任。宗教学校的课本主要是教规教义手册，传授的其他知识十分匮乏，学校都是受罗马天主教的控制，是为贵族阶层服务的，而非面向大众教育。这些学校数目相对较少，且大多位于马尼拉市。[⑤] 那时的教育与普通大众相隔很远，即使有受教育的机会，菲律宾儿童也很难从这些教师中学到有用的知识，而

---

① Edgar Wickberg, *The Chinese in Philippine Life, 1850 - 1898*, New Haven and London: Yale University Press, 1965, pp. 18 - 23.

② ［加］魏安国著，［菲］吴文焕译：《菲律宾生活中的华人：1850—1898》，马尼拉：世界日报社、菲律宾华裔青年联合会，1989 年，第 189 页。

③ Edgar Wickberg, *The Chinese in Philippine Life, 1850 - 1898*, New Haven and London: Yale University Press, 1965, p. 216.

④ Victor Purcell, *The Chinese in Southeast Asia*, London: Oxford University Press, 1966, p. 558.

⑤ Benigno Aldana, *The Educational System of the Philippines*, Manila: University Publishing Co., Inc., 1949, p. 257.

这种教育的辐射面也是有限的。[①]

1589 年，殖民当局在宿务开办了圣伊德芬殊学院（College of San Ildefonso）。这是一所宗教高等学府，目的是培养忠于殖民当局的菲律宾人才，巩固其殖民统治。在这种背景下，绝大多数没有信教的华侨被排斥在教育之外。1611 年，殖民当局在马尼拉又创立了一所宗教大学——念珠圣母学院（College of Ourlody of the Rosary），即现在圣托马斯大学（University of Santo Tomas）的前身，其宗旨也是加快传播天主教的脚步，淡化或消融菲律宾人固有的文化、信仰、自尊和民族意识。1855 年，圣托马斯大学所有注册学生中，自西班牙本土来菲就读的学生有 123 人、在菲侨居的西班牙学生 93 人、西菲混血儿 180 人、菲人学生 1 381 人、中菲混血儿 208 人，但没有一个纯粹中国血统的学生。[②] 由此可以看出，当时在主流社会大学就读的华侨学生是极其少有的。华侨经济已经有很大的改善，信教而家境殷实的华侨家庭也不在少数，但很少能接受当地的高等教育，这在一定程度上有殖民者有意阻挠的因素。

在无可奈何的情况下，许多华侨把自己当作寄居者，有的华侨宁可把子女送回国内接受祖国教育，学成之后再返回菲律宾。殖民者所设的教会中小学校，虽是教育场所，但只限于信徒及富裕子弟，并非人人可就读。于是出现当地的侨教，首要以家庭教育和实用为主的私塾教育，如记账、结算等，以帮助商业事务。进而聘请家庭老师教授课程，以读书识字为主，所用教材，无非三字经、千字文、尺牍珠算之类，“未知沿用几时，尚能应付裕如，继承不辍，以迄学校成立”[③]。或共同筹设蒙馆，教其子弟读书识字，接受中华文化的教育，沐浴祖国的风俗习惯，并养成商业上记账的能力，分担家业的责任。此种蒙馆、学塾逐渐在各地侨社成立。[④] 受教育的华侨子女因而在身份上认同中国，与侨社水乳交融，终生保持中国人的气质，这又引起殖民当局的不安。于是，这种恶性循环不断使广大华侨处于被排斥的状态中。

为争取政治、教育和文化上的援助，1880 年、1882 年菲律宾华侨请求中国派领事加以保护，均遭到菲律宾殖民当局的坚决反对。[⑤] 19 世纪末，西班牙殖民

---

① Alexander A. Calata, “The Role of Education in Americanizing Filipinos”, in H. M. McFerson, *Mixed Blessing: The Impact of the American Colonial Experience on Politics and Society in the Philippines*, 2002, p. 90.

② Antonio S. Tan, *The Chinese in the Philippine, 1898 - 1935: A Study of Their National Awakening*, Quezon City: R. P. Garcia Publishing Co., 1972, p. 155.

③ 王瑞芳：《七十年来菲律宾华侨学校之发展》，《马尼拉中西学校七十周年校庆纪念特刊》，马尼拉：中西学校，1969 年，第 310 页。

④ 周胜皋编：《海外华文学校教育》，台北：侨务委员会侨务研究室，1969 年，第 2 页。

⑤ ［加］魏安国著，［菲］吴文焕译：《菲律宾生活中的华人：1850—1898》，马尼拉：世界日报社、菲律宾华裔青年联合会，1989 年，第 209 页。

者意识到华侨在维护其统治中的作用，遂取消限制华侨移菲的禁令，菲律宾华侨数量激增。但天主教是西班牙文化的核心内容，殖民当局为维护其统治，对中国文化是戒备的，为消除中国文化对华侨信奉天主教的影响，极力抑制华文教育。没有华文教育，华侨社会也就失去凝聚力，依然是一盘散沙的状态。

二、美国统治时期华文教育的自由发展

19 世纪末，西方列强凭靠坚船利炮纷纷与中国签订不平等条约，许多仁人志士出走海外谋生和寻求救国图新的道路，移居菲律宾的华侨知识分子增多，华侨社会的文化水平有了显著提高，这都为华文教育的萌芽提供了条件。美国殖民统治菲律宾时期，伴随华人经济迅速崛起和强烈的民族意识的呼唤，华侨“诚难竞存于新民发扬之市场，抱有远大眼光者，知欲保存华侨商业上势力。其唯一急务，在于振兴教育”①。

（一）发展时期

美国占领菲律宾时，分布在群岛各地的华侨人数已经达 1.7 万。随着华侨社会规模的不断发展壮大，在中西学堂办学模式的引领下，菲律宾各地陆续创立了华侨学校。1902 年，美国殖民政府宣布，“美国禁工条例”适用于菲岛，严格限制华工入境。但华侨商人的家眷、子女依据移民法律，仍可以进入菲律宾境内。1903 年户口调查显示，华侨人口有 41 035 人，其中，马尼拉为 23 000 人。据菲律宾官方统计，1906—1909 年间，进入菲律宾的华侨子弟达 2 853 人之多。② 在 1900—1910 年间，菲律宾的私立学校也逐渐增多，为监督私立学校政府颁布了第 1459 号法案（Act No. 1459）。③

1912 年以后，移民菲岛的华童日益增多，满足他们的教育需求成为菲律宾兴办侨校的主要因素之一。华侨对创办学校表现出极大的热情，就连华侨人数不多的小城镇，都可见到华侨学校，体现出华侨对下一代教育的重视。④ 从 1912 年至 1946 年，菲律宾华侨学校的发展可分为三阶段：①1912 年至 1916 年，全菲仅马尼拉、怡朗（Iloilo）、宿务三大埠有侨校设立；②1917 年至 1924 年，马尼拉华侨学校发展迅速，外埠华侨学校也扩展至吕宋（Luzon Island）、未狮耶（Visa-

① 刘士木等：《华侨教育论文集》，上海：国立暨南大学南洋文化事业部，1929 年，第 289 页。

② 见 1908—1909 年的《菲专员署上国防部长报告书》。

③ Yolanda V. Javier, *The Filipinos: Their Education Yesterday and Today*, Manila: Ernest Printing, 2005, p. 35.

④ 瞿述祖：《菲律宾的华侨教育》，《台湾教育辅导月刊》1961 年第 11 期，第 41 页。

yas）、棉兰老岛（Mindanao Island）地区，北及阿巴里（Abali），南抵纳卯（Davao），公立校数超过30所；③1925年至1935年，华侨学校增至80所，遍及全菲各大城市和偏远地区。

1912年2月，叶开路先生在怡朗创立了中华实业学校，这是继小吕宋中西学校后，菲律宾第二所由华侨创建的华侨学校。翌年，中华实业学校更名华侨乙种商业学校，该校后来与尚实学校合并改名为怡朗华商学校。1913—1914年间，办学经费捉襟见肘，就连学校的日常事务开支都十分艰难。此时，菲律宾华侨教育会成立，及时解决了华侨学校办学经费问题的燃眉之急。1914年，菲政府放宽入境条件，允许华侨在中国的子弟来到菲岛，承袭父兄的家业。于是，华侨学童人数逐年增加，仅中西学校一所华侨学校，已无法容纳更多学生入学就读。为此，各类华侨学校陆续设立，包括由教会、社团、侨商分别创办的男校、女校、中学职校等。华侨中学的兴办，可谓是此期间华侨教育的一次重要跨越。1913年，中西学校有了首届高小毕业生。

1915年9月，在陈允全等侨领的提议下，宿务正式创办中华学校，课程按照民国教育部颁布的规定编排，这是在菲律宾开办的第三所华侨学校。当时只有1名校长、1名教员和50余名学生，以后学生逐年增加，办学经费都由华侨社会捐助。

1917年至1924年是菲律宾教育的第二个扩张期。这一时期，菲律宾私立教育得到了长足的发展，为加强对私立学校的监督和管理，1917年菲律宾立法委员会通过了2706号法案。在1925年菲律宾教育部重组之前，菲律宾政府对所有私立学校进行监督，华校的督察员和顾问仍然保留下来。① 受菲律宾私立教育发展的推动和影响，至1925年，菲律宾共增设普智、溪仔婆中西分校、圣公会、爱国、闽商、华侨工学、三民、尚螺、侨中、粤侨公学、百阁11所华侨学校。而马尼拉华侨学校也增至9所，随之而来的是高小毕业生日渐增多，他们回国升学存在诸多不便等问题。为此，1923年6月，华侨教育会创设了第一所华侨中学，以满足华侨子弟学习的迫切需求。学校开始只办两个班级，招收学生60余人，翌年就增至100余人，分普通、商业两科，均以国语教授。② 在华侨中学设立以前，中西学校毕业生除少数回国升学外，大多数都是回到母校来专修英文课程。“为学生计，半日光阴，废弃可惜，故开中学选修班，课程只授中学国文及中等商业历史、地理，后以学生无多，课室不敷小学分配，开办两年，毕业一

① Yolanda V. Javier，*The Filipinos：Their Education Yesterday and Today*，Manila：Ernest Printing，2005，p. 37.

② 王瑞芳：《七十年来菲律宾华侨学校之发展》，《马尼拉中西学校七十周年校庆纪念特刊》，马尼拉：中西学校，1969年，第312～313页。

级，遂以作罢"[1]。

1923 年 9 月，马尼拉的华侨学校归结为五种学校：①第一小学（中西）及分校（闽商）；②第二小学（爱国、粤侨）；③第三小学（普智、华侨）及分校（溪仔婆）；④第一女校（尚螺）；⑤华侨中学。同年，华侨教育会设立学务部，聘请黄澄秋为主任，各校校长为部员，以谋求学校的改革与发展事宜。1926 年，百阁学校改为第三小学第二分校，专办夜校，溪仔婆改为第三小学第一分校。华侨各校所收学费都上缴教育会，再由其依照预算，逐月发放各校，不足部分，另设营业附捐制度，弥补其不足。在其营业税中，加抽 2% 为教育附捐，并请菲律宾税务局代收。1917 年 4 月，教育附捐制度施行后，菲律宾华侨商人都能顾全大局一律交纳，收缴极为顺利。1920 年，附捐税改抽 4%，同样按原方式收缴。1923 年，菲政府营业税高涨，附捐改降为 3%。马尼拉各华侨学校，除华侨女校为圣公会经办外，其余都先后请求隶属教育会来管理，由其负监督收支既用人行政责任。[2] 华教盛行也影响到马尼拉之外的山顶州府，那里的华侨社会也相继设立华侨学校，为其子弟普及教育。

1924 年，马尼拉华侨学校完成由华侨教育会统一监督管理后，外省的华侨学校也已扩展至北、中、南吕宋，美骨区，西、中、东未狮耶，西、南棉兰老岛及苏洛各地区，共设立了 20 所华侨学校。[3] 各校均办至小学，学生数以宿务中华最多，约有 400 余人。外省华侨学校均属公立性质，学费以外不足部分，各设附加捐、常年捐、月捐、特捐，来维持学校日常运作。经费短缺、师资匮乏、学生数少而班级种类又多，是此期间华侨学校的普遍问题。为了提高华侨学校的教育质量问题，菲华教育界曾组织华侨学校，回国进行教育交流和实地考察。1920 年 12 月，菲律宾华侨教育研究会在马尼拉召开代表大会，共同研讨改进华教事宜。会议决定组团回国参观教育，希望对菲律宾华侨教育给予借鉴。遂公推颜文初、余澎、刘春泽三校长，分别代表马尼拉、怡朗、宿务三地，张时英、詹菊似等 6 人代表研究会，于 1921 年 3 月回国考察 70 天，经历 6 省，参观 63 所学校。[4]

1925 年 3 月 12 日，孙中山先生逝世。7 月 1 日，国民政府在广州成立。同年，马尼拉、怡朗两地分别创设以"中山"命名的学校，借以纪念中山先生的

---

① 颜文初：《本校三十年来之回顾》，《菲律宾中西学院百年纪念暨迈进新世纪纪念刊》，马尼拉：菲律宾中西学院，1999 年，第 206 页。

② 颜文初：《菲律宾华侨教育会二十年概况》，《菲律宾岷里拉中华商会三十周年纪念刊》，马尼拉：菲华岷里拉中华商会，1935 年，第甲－144 页。

③ 王瑞芳：《七十年来菲律宾华侨学校之发展》，《马尼拉中西学校七十周年校庆纪念特刊》，马尼拉：中西学校，1969 年，第 314 页。

④ 王福民：《菲律宾华侨教育史略》，《菲律宾岷里拉中华商会五十周年纪念刊》，马尼拉：菲华岷里拉中华商会，1955 年，第甲－108 页。

丰功伟绩。从此之后，菲岛的华侨学校加速发展，尤其是在外省山顶州府的华文教育事业。美国占领前后，马尼拉及外埠华侨人口之比较如下：

地区＼年份	1886 年	1899 年	1918 年	1933 年	1939 年
岷市	51 575 人	23 000 人	16 136 人	28 859 人	46 233 人
外埠	15 395 人	17 000 人	27 661 人	42 779 人	71 254 人

资料来源：王瑞芳：《七十年来菲律宾华侨学校之发展》，《马尼拉中西学校七十周年校庆纪念特刊》，马尼拉：中西学校，1969 年，第 314 页。

可见，美国占领初期，华侨人口仍是马尼拉最多，之后华侨逐渐移居外地。1918 年的户口调查显示，外埠的华侨学校有超过马尼拉的趋势。至 1933 年则更为明显，华侨人口的规模及其分布，对侨校之发展至为密切。

1918 年、1933 年华侨人口的分布情形列表比较如下：

地区＼年份	1918 年	1933 年
岷　黎	18 045 人	30 614 人
北　吕	2 003 人	4 091 人
中　吕	2 696 人	3 988 人
南　吕	3 357 人	5 887 人
美　骨	3 662 人	4 517 人
东　未	3 754 人	3 744 人
中　未	2 338 人	3 930 人
西　未	3 121 人	6 660 人
巴老湾	129 人	216 人
北　棉	1 317 人	2 450 人
南　棉	913 人	2 561 人
西　棉	1 340 人	1 923 人
苏　洛	754 人	1 057 人
统　计	43 797 人	71 638 人

资料来源：王瑞芳：《七十年来菲律宾华侨学校之发展》，《马尼拉中西学校七十周年校庆纪念特刊》，马尼拉：中西学校，1969 年，第 314 页。

由上表可知，1918 年以后的 10 年间，各区华侨人口均有显著增加，华侨学校则随人口的增加而发展。至 1935 年，设有华侨学校的城市增至 51 所，遍及巴老湾以外全菲各地区。除怡朗、尚实合并外，外埠华侨学校已增至 56 所。其中，增办初中部的学校还只有宿务中学（1925 年）、怡朗华商（1932 年）、古岛中华（1934 年）、苏洛当仁（1935 年）、宿务中山（1935 年）等 5 校。专办初小者 15 校，附设夜校者 10 校，各校均英、汉课程兼授。学生人数以宿务（中华、中山）、怡朗（华商、中山）、贺洛、三宝颜、阿巴里、纳卯 6 埠为多，其余均在百数以下，不到 30 名学生的学校有 20 所，学生总数约 4 000 余名。[①] 1925 年至 1935 年，马尼拉增办中山、钦正、青年、工余、中华、猛醒、民生、巴西、曙光、南洋、义德、平民、红光等 13 校。至此，马尼拉华侨学校已达 23 所，全菲华侨学校则有 80 所之多。[②]

1928 年，由于世界经济萧条，菲律宾华侨经济也遭受打击，教育捐款逐年减少，出现入不敷出的情况，马尼拉华侨学校最为严重。1932 年 6 月，为节省经费开支，取消部分华侨学校的分校。闽商、溪仔婆和百阁三小仍恢复原名，由各学校自行经营。教育会虽设法筹募特捐、演剧、增加学费、减少教员薪水，仍无法筹足资金，最后以发行筹捐券来渡过难关。至 1934 年 3 月，华侨教育会就偿还了所欠债务，而且还有盈余。至 1935 年，除中西、侨中两所学校仍由教育会经办外，其余各华侨学校都自行经营与发展。在此期间，马尼拉共增办 5 所初中和高中学校，分别是：①华侨中学（1924 年增办高中部）；②圣公会女学校（1927 年增办初中部）；③第一女校（1921 年增办初中部兼设师范班）④南洋公学（1924 年创办高、初中）；⑤平民学校（1925 年兼设商业中学）。由此可知，中等教育已略有进展，但设高中部者仅侨中、南洋两校，各校中学部班级不多，师资、教材、设备也称不上完善。

1933 年至 1935 年，根据马尼拉商会统计的学生人数，中西最多，有 1 026 人，其余依次为普智 698 人、一女 458 人、圣公会 321 人、中山 316 人、曙光 296 人、三民 200 人、侨中 194 人、爱国 191 人、中华 186 人、溪仔婆 176 人、民生 164 人、平民 155 人、闽商 151 人、南洋 135 人、猛醒 80 人、百阁 56 人、巴西 43 人，包括未报校的学生数，共有 5 000 余名，而全菲的华侨学生则有 10 000多名。

① 王瑞芳：《七十年来菲律宾华侨学校之发展》，《马尼拉中西学校七十周年校庆纪念特刊》，马尼拉：中西学校，1969 年，第 316 页。

② 周胜皋编：《海外华文学校教育》，台北：侨务委员会侨务研究室，1969 年，第 70 页。

（二）兴盛时期

1935 年 3 月，美国总统罗斯福批准菲律宾宪法，自此，菲律宾自治。11 月 15 日，奎松就任菲律宾自治政府首任总统，自治政府正式成立。至 1941 年 12 月，太平洋战争爆发的 6 年时间里，菲律宾群岛的经济、文化各方面，均有长足的发展，华侨学校也因华侨人口突增，华人经济的快速发展而达到最兴盛的时期。

1939 年，菲律宾自治政府进行户口调查，全菲华侨人口逾 11.7 万人。马尼拉和黎刹省的华侨人数比 1933 年统计时增加了 1/3，其他各区约增 3/5。受此影响，学生人数也在此时期迅猛增加，由原来 1 万人增至 2.1 万人，华侨学校则在 6 年间（1936—1941）增设 46 所，全菲达 120 余所。无论是在穷乡僻壤，还是在华侨的聚居之地，无不设华侨学校来教育子女，尤其是中等教育之进展，可谓此时期的一大特色。①

1937 年，抗日战争爆发后，中国大批知识分子、学者和学生去菲避难，充实了华文教育的师资队伍，造就了菲律宾华文教育的兴盛时期。② 由于侨生回国升学已十分困难，而国内来到菲律宾的转学生又日渐增多，在此情况下，菲律宾各大城市和地区侨校纷纷增设初中部，或创办完全中学，继而扩建校舍课室、添购图书仪器，逐渐扩展校务，促使设备日臻完善，以适应华侨教育的迫切需求。菲岛的华文教育，呈现出欣欣向荣的蓬勃发展气象。

增办初高中华侨学校依次列表如下：

年份	初中	高中
1936	三宝颜中华	
1937	培元、华英	圣公会
1938	三民、纳卯中华	宿务华侨、一女、怡朗华商
1939	菲律宾中正、菲律宾中山、启智、怡朗中山、怡朗中正	菲律宾中正
1940	建国、美骨	建国

资料来源：王瑞芳：《七十年来菲律宾华侨学校之发展》，《马尼拉中西学校七十周年校庆纪念特刊》，马尼拉：中西学校，1969 年，第 317 页。

① 王瑞芳：《七十年来菲律宾华侨学校之发展》，《马尼拉中西学校七十周年校庆纪念特刊》，马尼拉：中西学校，1969 年，第 315 ~ 317 页。

② 张存武等编：《菲律宾华侨华人访问纪录》，台北：中央研究院近代史研究所，1996 年，第 302 页。

全非华侨学生出于爱国热情，开展救国活动，如捐款捐物、劝募公债、回国参加抗日团体，并组织菲律宾华侨学生联合会，先后两次在马尼拉召开全菲华侨学生代表大会（1939 年 4 月、1940 年 4 月），研讨支持政府的具体方案，执行抗战建国纲领、实行“三民主义”等。

三、日本黑暗统治时期华文教育的停滞

1942 年 1 月 2 日，日军占领马尼拉，仅仅数月之内，巴沓安（Bataan）、科雷吉多岛（Corregidor）亦相继沦陷。在中国驻菲大使馆的引导下，华侨教育和文化工作者被疏散到外省各地。① 日军当时对菲岛华侨采取利用与逼迫的双重政策，华侨的产业、店铺、报社和华侨学校，均被贴上敌产的标签，被强占作为军事用地，有些侨校成为难民所。华侨学校遭到毁坏，教学仪器损失殆尽，华侨教育被迫停止。

日军即刻设立军政监署，统管菲律宾一切政治、经济文化与宗教等事务。另外，命令菲律宾人组建“菲岛中央行政机关”，以替日军发号施令，学校复课必须得到该机关批准。对于华侨社会，日寇一方面培植亲日分子，成立了傀儡组织的华侨协会（Chinese Association）；另一方面对华侨实行残酷的法西斯统治，使“二战”前蓬勃发展的华侨教育受到重创。1942 年 2 月 18 日，日本占领当局宣布，凡是由中国人或任何敌对国侨民管理或拥有的学校，在接到通知之前，一律不得重开。华侨学校被标封停办，一些学校的校舍在战争中被日军占据或焚毁，学校的图书、仪器和设备被日军洗劫，教育界人士多改名换姓远避各处。② 如菲律宾华侨中学的校舍被日军占为兵营，教职工被迫逃散，学校被迫停办。中正中学亦惨遭损毁，学校董事会及教职员工牺牲者达 14 人。即便未遭毁坏的华侨学校，由于日军对工厂、银行、学校、教会、印刷厂、剧院等设施进行严格的管制，一些华侨学校都只能关闭。6 月 2 日，日军首先准予菲律宾的小学复课。8 月 22 日，日军同意菲律宾大学、农医院两所学校复课。10 月 2 日，中等学校及私立学校，先后准予复课。复课的学校必须按照日军的教育法令，学习日本文化和日语，违令者会被处以严惩或杀戮。唯当时私立学校得以复课或愿意复课者，为数甚少，尤其华侨学校校长、教员，俱能忠贞自矢。若非韬晦名字，远僻各

① 张家福：《菲岛沦陷时期的华侨》，《小吕宋华侨中西学校五十周年纪念刊》，马尼拉：小吕宋华侨中西学校，1949 年，第 86 页。

② ［菲］鲍事天：《菲律宾华侨教育概况》，《菲华年鉴》（1964—1965），马尼拉：菲华商联总会，1965 年，第 O－37 页。

处，则多方设策，不为敌人所驱使，故陷敌期间，绝未有一所学校在日寇引诱下开学而致施行奴化教育。至于侨生的学业，有些侨生到自设的私塾登门就教，华文教育并未全废。但多年心血所建校舍，则或遭炮火损毁，或遭日军占用掠劫，损失极为惨重。根据各校记录统计，全毁及半毁者，约占60%，贵重的教学用具和设备，几乎损坏和遗失殆尽。根据国民政府教育部教专处调查，华侨学校损失总数有300万菲币以上。①

抗战初期，菲律宾华侨学校师生多进行疏散以躲避战乱，有些开展抗日活动，沦陷后则转为地下工作，或从事抗日宣传，或加入游击队，配合盟军作战，或打击汉奸，协助维持治安。许多文教工作者和学生出版地下报纸，宣扬民族正气，报道国际形势，作抗日统一战线的喉舌。② 虽然条件极其困苦，但他们艰苦卓绝、英勇不屈，有些身陷敌手，惨遭杀害；有些抗敌阵亡，乃至炮火牺牲或病故者，不计其数。

日军为了报复反抗的抗日华侨，大肆拘捕侨界首领和领事馆官员，并且竟然违反国际公约，将侨领和领事馆全部外交官员秘密杀害。“二战”后，国民政府教育部教专处立即公布了第一批殉难教职员名单及事迹，包括中西学校校长颜文初等14名教师。③ 行政院给予英勇就义的教师明令褒扬，并发给每名遗属特恤金2万元。随后，因负责调查华侨学校牺牲工作的专员吴研因奉命调回国内，教专处亦以海外侨教行政改隶而裁撤，调查工作乃暂告停顿。

据一般估计，华文教育界及文化界的抗争就义牺牲者，数以千计，兹转录当时发表的一段记载如下：

暴日攻陷菲岛，我爱国志士殉难而死者，确数多少，迄今未详，诚一憾事，考诸报载，数达五千以上，但其中除政府外交官员外（指杨光泩总领事及馆员等七人），即属各地抗敌救国领袖，或因锄奸而被捕杀者之爱国青年，或因同情爱国运动而资助游击队之热血侨商，或因服从中央抗日国策而作地下宣传反日活动

① 王瑞芳：《七十年来菲律宾华侨学校之发展》，《马尼拉中西学校七十周年校庆纪念特刊》，马尼拉：中西学校，1969年，第318页。

② 《菲律宾华侨抗日游击支队建军五十周年纪念特刊》，马尼拉：华支退伍军人总会，1992年，第76页。

③ 颜文初，1882年出生，祖籍福建晋江。1913年赴菲律宾，后被聘为华文报纸《公理报》编辑。1914年起先后被聘为小吕宋华侨中西学校教员、教务主任，《教育丛刊》、《教育月报》编辑。1918年任华侨中西学校校长，直至1942年罹难。任职期间锐意办学，并为国内多种刊物撰稿，报道菲律宾华侨教育情况。1921年参加旅菲华侨教育回国考察团。抗日战争全面爆发后，兼任菲律宾华侨抗敌会宣传组副组长，致力华侨界抗日爱国宣传。同时，发动中西学校师生投身救国运动。在学生中组织军训班，并选送毕业生回国受训，或到军校深造，发动全校师生募集各种捐款达数万比索。1942年4月，在马尼拉华侨义山被日寇杀害。

之文化界志士，此五千早报杀身成仁舍生取义之国家优秀大国民，其抗敌伟大工作之途径虽殊，然其忠贞一死报效国家则一也。①

1944 年，美军率联军大举反攻，疯狂的日本军队在菲律宾马尼拉实行焦土政策，华侨社会的重要机构、社团，如中华商会、华侨抗敌会、国民党总支部、中华青年会、各大宗亲会、四大报社（《华侨商报》、《公理报》、《新中国报》、《新闽日报》）以及普智、曙光、中山、爱国、南洋中学等十余校均遭殃被焚。②整体而言，菲律宾华侨经营多年的华文教育，在日本侵占菲岛时期遭受前所未有的重创，尤其是校舍、设备几乎全部被毁，这大大增加了“二战”后华文教育复苏的难度。

① 陈笑予：《华侨各界公祭抗日殉难烈士概述》，《菲律宾与华侨事迹大观》（第二集），马尼拉：菲律宾华侨事迹大观出版社，1951 年，第 36 页。

② ［菲］鲍事天：《菲岛沦陷三年的惨痛史实》，张存武等编：《菲律宾华侨华人访问纪录》，台北：中央研究院近代史研究所，1996 年，第 235 页。

第二章　战后菲律宾华文教育的恢复和发展

“二战”结束后，华侨积极投身于菲律宾的国家建设，并借助菲政府鼓励发展工业的契机，取得了斐然的经济成就。此时，中国作为反法西斯的战胜国，国际地位迅速提高，海外华侨的民族自豪感大大增强，华侨对中国国内政局更加关注。他们期盼一个和平、富强的祖国成为他们的坚强后盾。中国内战使华侨陷入困惑和痛苦之中，由于立场不同，菲律宾华侨社团、华侨学校和华文报刊出现对立的派别。尽管政治立场存在分歧，但在民族和文化认同方面，华侨社会是一致的，那就是推动华文教育在菲岛的发展与繁荣。为此，华侨社会在医治战争对华文学校造成的创伤的同时，积极兴办新的华侨学校、华文报纸和传播媒体等。独立后初期的菲律宾政府为实现经济国家主义，把排斥目标对准华侨的经济问题。在《中菲教育协定》的保障下，华侨教育的发展并没有受到太大影响。[①] 这为菲岛华文教育的恢复创造了有利的条件，同时也为促进华文教育的发展提供了难得的机遇。

第一节　战后菲律宾时局对华侨社会的影响

菲律宾独立后，西班牙殖民者的教化政策和反华歧视，以及美国殖民者的排华法案所造成的消极影响并没有立即退出历史舞台。在菲律宾政府，一些极端民族主义者制定了带有强烈歧视色彩的菲化政策，把矛头指向经济领域，力图实现由菲律宾人主宰的国家经济。菲化案层出不穷，华侨社会受到严重冲击。华侨在受到主流社会的排斥后，暂居心态愈发明显，更加激发了发展华文教育的热情。华文教育也在华侨社会经济的保障下逐步恢复，走向新的发展阶段。

① Gerald A. McBeath, *Political Integration of the Philippine Chinese*, Research Monograph No. 8, Center for South and Southeast Asia Studies, University of California, Berkeley, 1973, p. 95.

一、罗哈斯总统的华侨政策

（一）菲律宾的国家独立

19 世纪末，美国迅速崛起，但在瓜分殖民地的“世界宴席”桌前已成为“迟到者”。于是，美国人开始考虑他们是否落后于时代，如果不参与资本主义冒险，并且不去承担“白种人的负担”的话，他们是否还能保住自己的利益市场。[①] 美国看重亚太地区的战略位置，尤其是力图利用自己的经济和军事优势，排斥其他殖民国家在中国和整个东亚地区的势力和影响。为此，它将目标首先指向菲律宾群岛，以获得进入亚洲大陆的基地和跳板。

1895 年，古巴展开大规模的反西独立斗争。美国以保护在古巴的美国公民的财产和人身安全为由，向西班牙政府提出“调停”和“斡旋”要求。1898 年 2 月 15 日，停靠在哈瓦那港的美国战列舰“缅因”号突然爆炸，美国即以“乃西班牙所为”为由对其宣战。在香港待命的海军准将杜威，率领美国亚洲舰队进入马尼拉湾。美军占领马尼拉后，下令阻止菲律宾革命军进城。12 月 10 日，美国与西班牙谈判签订《巴黎条约》，其中规定：西班牙以收取 2 000 万美元的代价，将菲律宾转让给美国，但菲律宾革命政府不承认这项条约。1899 年 1 月 4 日，美驻菲军政总督奥蒂斯将军宣布麦金莱总统的《开明同化宣言》，声明美国在菲律宾享有主权，并称这是一种“仁慈的同化”。[②] 这项宣言彻底击碎了菲律宾民族主义者对美国的幻想，导致美菲战争爆发。由于经济和军事力量相差悬殊，菲律宾军队节节败退，五易首都。1901 年 3 月 23 日，菲律宾共和国领导人阿吉纳尔多被俘，菲律宾沦为美国殖民地。[③]

1900 年 3 月，美国总统麦金莱任命威廉·H. 塔夫脱为第二届菲律宾委员会主席。与舒尔曼委员会不同的是，塔夫脱委员会成员都是文官。美国把在菲律宾的殖民统治美化为完成“传播文明”的使命，称美国的统治是对菲律宾人民施行民主政治教育，使其在政治、经济和道德上提高自治的能力。美国在菲律宾的殖民纲领分为传播政治、发展经济和兴办教育三个方面，也承诺将给予菲律宾人高度的自治权力，届时除教育部部长外，政府各部部长均由菲律宾人担任。1916 年，在菲律宾人民的强烈要求下，美国制定了《琼斯法案》，该法案规定：一旦

---

① ［美］J. 布卢姆等著，杨国标、张儒林译：《美国的历程》（下册），北京：商务印书馆，1988 年，第 155 页。

② 杨生茂等：《美西战争资料选编》，上海：上海人民出版社，1981 年，第 257 页。

③ 梁志明：《殖民主义史》（东南亚卷），北京：北京大学出版社，1999 年，第 452 页。

在菲律宾可以建立一个稳定政府，即给予菲律宾独立。①

1924年1月，菲律宾众议长罗哈斯敦促美国考虑菲律宾的独立问题，但柯立芝总统依然坚持威尔逊的既定政策，声称菲律宾独立的时刻尚未来临。1932年12月，迫于菲律宾民族运动的压力，美国国会通过了《海尔—哈卫斯—加亭法案》，规定在10年过渡期后给予菲律宾独立。过渡时期建立一个自治政府，自治宪法由民选的宪法会议制定，但必须由美国总统批准。菲律宾自治期满，保证美国投资不受到侵犯并保存美国在菲律宾所有军事基地上的领土主权。② 由于该法案损害了菲律宾国家主权和政治制度，遭到了菲律宾人民的强烈反对。于是，美国总统罗斯福遂颁布了《泰丁斯—麦克杜菲法案》，与上个法案不同的是，在过渡期满后，即把陆军基地交回给菲律宾，只暂时保留海军基地。③ 菲律宾参、众两院联席会议通过决议，接受了该法案。其中包括1935年9月成立自治政府，10年过渡之后允许菲律宾独立。

"二战"结束后，菲律宾面临恢复经济的重大难题，以奥斯敏纳为首的菲律宾自治政府把经济重建的希望寄托于美国政府。但是，菲律宾得到的美国战争损失赔偿和联合国救济远远不能解决它所面临的严重的经济困难。与此同时，菲律宾人民要求民族独立的运动更加汹涌澎湃。最终，他们以各种形式迫使美国政府兑现诺言，"给予"菲律宾独立。1946年7月4日，菲律宾共和国成立。

（二）罗哈斯总统的华侨政策

1930年，罗哈斯在担任众议院议长期间，建立了"新卡蒂普南"组织，"呼吁"要保护菲人民族经济。他说："努力生产所需的产品，我们将照顾从事商业的同胞，反对那些剥削消费者的人。"④ 1935年，罗哈斯在担任自治政府财政部部长时，积极鼓吹在经济方面对华侨加以限制，将全菲各地的零售业收归菲人所有，以遏制华侨的商业发展，在经济上向华侨要求"独立"。⑤"二战"前的"菲化运动"还只是处于酝酿阶段，许多法案都未真正实施。1945年2月，马尼拉光复，但菲岛有些地方的战事仍在进行。3月，菲律宾当局迫于民族主义者的压力，即宣布实施因太平洋战争爆发而未来得及实施的公共市场菲化案，可见追逐菲化政策的民族主义者是有领地的。与菲律宾众多民族主义者一样，独立后首任

---

① 金应熙主编：《菲律宾史》，开封：河南大学出版社，1990年，第446～453页。

② George A. Malcolm, *The Commonwealth of the Philippines*, New York: Appleton Century, 1936, p. 124.

③ Charles O. Houston, *The Philippines: Commonwealth to Republic*, Part 1, New York, 1952, p. 8.

④ Joseph P. L. Jiang, The Chinese and the Philippine Political Process, *The Australian Journal of Politics and History*, 1967, Vol. 13, No. 2, p. 192.

⑤ 1921年的西文簿记法、1922年的禁米条例、1923年的内海航运菲化案、1924年的排华风潮等。

总统罗哈斯也继承了殖民者的排华思想。为了“赢得”民意，他形容“菲人有如乞丐，鹑衣百结，鹄立于外侨之门，伸手恳求施舍，犹不可得。不仅可怜，而且是菲人的莫大侮辱”[①]。这成为罗哈斯日后出台各种菲化案的理由和借口，也可称得上是“菲人第一”的始作俑者。当然，这除了罗哈斯根深蒂固的民族主义思想作祟外，也与他和菲律宾华侨、华人的“过节”有关。

罗哈斯竞选总统时，是参议院议长、自由党人，其最有竞争力的对手是自治政府总统、国民党人奥斯敏纳。奥斯敏纳在总统任内对华侨的态度较为友好，曾否决过零售商菲化案和劳工菲化案，并推迟了公共市场菲化案的实施。罗哈斯则具有强烈的反华思想，并在日本占领者的“傀儡政府”中任粮食部部长。华侨理所当然支持奥斯敏纳，并以雄厚经济实力积极资助其竞选总统。华侨社会中大批“左派”人士公开指责罗哈斯为附敌分子，甚至参加反对罗哈斯的集会和示威。这不仅激怒了罗哈斯本人，也伤害了菲律宾人的民族感情。他们认为华侨的活动是在干预菲律宾的内政事务，是无法忍受的行为。罗哈斯唆使《每日新闻》发表社论，以华侨干涉菲律宾国家政治事务为由，煽动菲律宾的民族主义情绪，强烈抗议华侨的“挑衅的行为”，宣称华侨是不受欢迎的外侨，并作为令人讨厌的外国人应该被驱逐出境。最终，罗哈斯获胜成为菲律宾独立后首任总统，他执政后如何对待华侨是不言自明的。

此外，“二战”后一些华侨“左翼”人士成立了“华侨各界肃奸委员会”，来惩罚“二战”时“被迫”参加伪政府的华侨附敌分子。“左翼”团体没有经过菲律宾的司法程序，而是设立所谓的“人民法庭”，自行传讯和举行“公审”。[②]这种做法对华侨社会的团结极为不利，菲律宾人中的附敌分子也对此不快，认为这样做无形中也贬低了他们的人格和形象，其中就包括罗哈斯本人，而菲政府中的附敌分子也不在少数。这种做法有损菲律宾的国家主权，自治政府对此也提出了警告，认为外侨的这种审判超越了菲律宾的法律权限。[③] 菲律宾政界的排华人士也为此找到了另一个排斥华侨的借口，为日后华侨社会的发展道路设置了障碍。

1946 年，菲律宾首届国会第一次会议上，参议员邱因戈和众议员奥地牙分别在参、众两院提出《菜市菲化案》。完成立法程序后，罗哈斯立即签署第 27 号行政法令开始施行。自此，各种菲化案纷至沓来，华侨族群备受菲人狭隘民族主

① 萧曦清：《中菲外交关系史》，台北：正中书局，1995 年，第 143 页。

② 梁上苑：《菲律宾华侨抗日战争历史概述》，《华侨历史学会通讯》1985 年第 3 期。

③ 黄滋生：《战后菲律宾华侨政策演变剖析》，见郭梁：《战后海外华人变化——国际学术研讨会论文集》，北京：中国华侨出版社，1990 年，第 107 页。

义思想和行为的威胁，有窒息之感，这显然与罗哈斯有密切关系。① 罗哈斯政府虽标榜奉行三大原则，即开明的国家主义、建设性的区域主义和积极的国际主义，声称要将发展菲中关系列为首要任务。② 但实际上，罗哈斯却不遗余力推动针对华侨的菲化政策，竭力打击华侨的政治经济势力。

1948 年，菲律宾华侨参与中国国内国民党代表竞选活动，但由于过分渲染政治氛围，引起菲律宾人的反感和不满。菲律宾政府以此活动有损菲律宾主权为由，强烈要求中国政府立即停止在菲的竞选活动。这在中菲关系和华侨与当地人的关系中，都是一件不愉快的事。③

美国政府为了有效遏制共产主义在东南亚的“蔓延”，精心扶植亲美反共政权。于是，美国相中了“二战”时“附日”却亲美的罗哈斯，帮助其洗刷罪名，并在财力和政治上全力支持他竞选。罗哈斯竞选成功后，用积极反共来“回报”美国人对他的恩惠。新中国成立后，菲政府往往打着“反共”的旗号来排斥华侨，甚至将华侨诬陷为“第五纵队”，任意打击和严格限制。尽管当时的台湾当局与菲律宾同属国际反共阵营的“盟友”，但败退的国民党政府对菲政府的强硬态度也无可奈何，虽尝试通过外交途径维护华侨利益，但也无力改善华侨备受欺凌的处境。

华侨对推动菲律宾经济发展作出了不可磨灭的贡献，但有些民族主义者出于政治动机，总是对这些勤劳守法的华侨肆意指责。在他们看来，华侨给菲律宾人带来生计上的益处竟然也成为一种危害。菲律宾参议员帕塞尔就一针见血地指出：“菲律宾的华人，过去是，现在仍然是最便当的政治靶子。那些菲律宾的政治家对在菲律宾获取利润中占有绝对份额的美国人和西班牙人，总是三缄其口；而华侨却成了歧视的对象和祭坛上的代罪羔羊。”④ 罗哈斯政府的排斥华侨政策，虽然对华侨经济的发展一定程度上起到阻碍作用，但对华侨社会保留民族意识和文化特征却是一种正面作用。

二、华侨社会的移民特征

“二战”后，菲政府限制在中国的菲律宾华侨返回菲岛，规定每年只允许

---

① Antonio S. Tan, *The Chinese in the Philippines during the Japanese Occupation, 1942 - 1945*, Manila: University of the Philippines Press, 1981, p. 114.

② 萧曦清：《中菲外交关系史》，台北：正中书局，1995 年，第 141 页。

③ 陈烈甫：《菲律宾的历史与中菲关系的过去与现在》，台北：正中书局，1968 年，第 303 ~ 304 页。

④ George E. Taylor, *The Philippines and the United States: Problems of Partnership*, New York: Praeger, 1964, p. 90.

500名华侨入境，这比“二战”前华侨来菲岛的人数少了许多，对于华侨在非的发展是沉重的打击。“二战”前回到中国的菲律宾华侨都曾在菲岛移民局取得了“准返证”，只因战事阻延而滞留祖国。从情理、法理来讲，菲律宾当局是不应该剥夺他们在非的居留权的，而应在战争结束后允许其马上回到菲岛，继续从事他们的商业。但是，菲政府以“粮食缺乏，屋荒严重，失业人多”为理由，拒绝他们入境。虽然中国驻菲公使馆和联合国善后救济总署曾就此事与菲罗哈斯政府进行交涉，但最终还是未果。1947年5月，国际难民机构筹备委员会通过中国代表吴南如的提案，要求菲律宾、缅甸、马来西亚、荷印和越南政府，尽快准许有返回证但滞留在中国的华侨回到这些国家，但最终只有菲律宾政府不予接受。① 由此可见罗哈斯限制、排斥华侨的决心，而当时华侨要加入菲国籍、融入主流社会也只是一种奢望而已。

在罗哈斯的“带动”下，菲律宾政府对华侨采取菲化政策。同时，菲政府设法限制华人参政，实行严厉的华侨入籍政策，使华侨在菲律宾的社会和政治生活中处于边缘地位。中国政府代表认为，按照菲律宾法律规定，除少数菲籍华人外，华侨在菲律宾没有选举权与被选举权，也没有担任公职的权利的条款是不合理的。此前为奥斯敏纳竞选提供资金，系菲政府向华侨募捐，华侨不便拒绝。华侨对菲律宾两大政党一视同仁，资助金额也大致相同，并无操纵政治的野心。此项条款经过激烈辩论后，菲方同意取消这一条款。② 由此可以看出，罗哈斯政府对华侨的仇视态度以及华侨政治地位的低下是菲律宾华侨面临的严峻现实。因此，菲律宾广大华侨有“身在曹营心在汉”的感觉。华侨与主流社会之间产生的这种无形的隔阂，使他们内心深处希望祖国繁荣昌盛、心向祖国的情怀愈发强烈，落叶归根的思想更加坚定。尽管菲律宾华侨的政治地位不高，但他们凭借着中华民族的聪明睿智和坚忍不拔的性格，在经济上取得了非凡的成就，不仅涌现出很多富甲一方的“大班”，而且一些专门行业也出现了华侨中产阶级。总之，华侨的经济地位和其政治地位的反差是巨大的。

此外，中国的历史发展是相对封闭的，秦、汉、隋、唐、宋、元、明时代，中国在世界上一直处于领先地位，在政治、经济、军事和文化上都名扬四海，可谓无所不能的“天朝上国”。甚至到了清朝前期，西方正在进行资产阶级革命，中国也仍然可以吃历史的老本，不把“夷邦”放在眼里。中国是“世界的中心”、“文明之邦”的中华文化优越感牢牢植根于统治阶级的思想意识深处。③ 在

① 刘芝田：《中菲关系史》，台北：正中书局，1956年，第709页。

② 萧曦清：《中菲外交关系史》，台北：正中书局，1995年，第168页。

③ 方金英：《东南亚“华人问题”的形成与发展》，北京：时事出版社，2001年，第14页。

这种背景下，中国周边国家都无力与中华帝国抗衡，历朝也无意在东南亚征战疆土，而与东南亚诸国以“朝贡贸易”方式维持着睦邻友好的关系。作为菲律宾华侨，放弃中国这个泱泱大国的国民的身份，成为菲律宾小邦的国民，被认为是一件不光彩的事情。[①] 因此，根深蒂固的中华文化传统和宗亲观念，造就了华侨移民都有“树高千尺，落叶归根”的思想，在华侨入籍十分困难的情况下，“二战”后的菲律宾华侨社会显现出移民社会的特征。为此，菲律宾华侨社会对华文教育出现前所未有的热情，积极营造中华文化氛围，以推动华文教育的发展，为有朝一日回到祖国做准备。

三、华侨社会商业的进步

美国统治时期，菲律宾经济有了长足的发展。美国推行的“美菲自由贸易”，使美国的大量商品向菲律宾市场倾销，而菲律宾的农产品也可以运到美国销售。这种双边贸易，对两国经济的发展起到了促进作用。美国政府为了扩大这种“有利”的自由贸易，鼓励发展农业和海陆交通运输业、设立银行信贷机制等。这些措施在保障美国垄断利益的同时，客观上有效地促进了菲律宾生产领域的发展，也提高了菲律宾人民的购买能力和消费水平，刺激了菲律宾商业的发展。虽然这种经济的发展以美国垄断菲律宾的对外贸易为前提，但也在经济上为菲律宾人及华侨提供了较之西班牙统治时期更为深厚的土壤。

美国推行“民治”和“法治”后，华侨的生活和产业都有了一定保障。华侨凭借积累的商贸经验和掌握的生产技能以及刻苦创业的奋斗精神，相对稳定地从事和发展他们的经济。由于美国将禁止华工入境的法律移植到菲律宾，宪法上也规定外侨不得拥有矿山、农地和森林。因此，在美国统治时期，华侨的经济活动主要是在菲律宾经营商业和工业领域。在美国经济的带动下，菲律宾经济也出现了相对繁荣的局面。美国资本家、菲律宾企业主利用这种有利形势，扩大对菲律宾工农业的投资，从而使某些经济作物的种植业和农产品加工业在短期内有了很大的发展。这种形势也促使华侨增加投资，使他们在农业和航运业等领域有了较快的发展。可以说，这个时期是华侨经济发展的黄金时期。[②]

“二战”后，在华侨所从事的商业领域中，同菲律宾人民生活关系最为密切的是商品零售业。华侨的零售店遍布菲律宾的城市和乡村，甚至在边远的穷乡僻壤，也有华侨商店销售日常用品。在华侨零售商中，绝大多数是小零售商。在较

① ［菲］陈烈甫：《菲律宾的资源经济与菲化政策》，台北：正中书局，1969 年，第 278 页。
② 黄滋生、何思兵：《菲律宾华侨史》，广州：广东高等教育出版社，1987 年，第 316 ~ 317 页。

大的城镇，华侨商店规模较大，其中包括百货店和各种专业店，华侨商店都是从小零售店逐渐发展壮大起来的。在他们当中，资本在700比索以下者居多，而拥有1 000～2 000比索资本的华商占少数。[①] 有的华商依靠血缘和地缘关系，凭借自己的名誉和信用，从大商行里赊购商品，或利用华侨金融机构贷款，经营小规模的商品零售业维持生计。华侨零售店之所以取得这样的成功，是由于这些华侨小商人善于克勤克俭，节衣缩食、铢积寸累，把每一个铜板都投入到扩大经营方面。遍布各地的华侨零售店形成巨大的销售网，成为菲律宾经济社会中不可或缺的重要组成部分。在公共市场中设摊摆卖的华侨摊商，主要集中在马尼拉等大城市。他们经营副食品的生意，规模虽小，资本也有限，但直接影响市民的生活。经营进出口业的华侨商行，大多是在美国统治时期创办起来的。华侨的金融业是因华侨工商业的发展及侨社的需要而发展起来的，主要为侨社服务。闽籍华侨由于移居菲律宾较早，人数较多，在菲从事商业的历史又较长，因而多从事商业，在侨社中资本较为雄厚，掌握着重要商业，在工商业和金融业方面居于支配地位。

菲律宾社会流行一种说法，即：在美国统治时期，华侨控制了菲律宾国内商业的70%～80%。[②] “二战”后，此说法甚至发展成华侨控制了菲律宾经济的70%～80%。[③] 这是没有任何依据的，它只是人们凭华侨在马尼拉一地所得的印象而形成的错觉，或者是别有动机者捏造的谎言，这种说法长期给华侨社会带来被动的后果。由此引发限制华侨商业活动的行政、法律措施肆意泛滥，尤其是菲律宾政府制定的各种经济菲化法律，在许多经济领域禁止华侨涉足。这意味着那些竭力捏造和鼓吹“华侨控制菲律宾商业说”的人，终于达到了自己的目的。[④] 20余年的菲化政策对华侨社会的生计和权利造成了重大的打击，但是也促成了以从事商业为主的菲律宾华侨大规模地进入制造业、金融业、进出口业等新型行业。华侨社会经济的被动转轨，也为他们开辟了另一片广阔天空，使华人经济成为菲律宾经济的主要支柱之一，为华侨的生存和发展创造了坚实的基础和条件。1947年，菲律宾华侨资本在非总贸易额中占33.51%，而同年美国资本占33.59%、其他菲律宾人资本占22.7%。[⑤] 可见，“二战”后初期，华侨凭借商业

---

① 林绍基：《菲律宾华侨商业发展概览》，《马尼拉中华商会五十周年纪念刊》，马尼拉：马尼拉中华商会，1954年，第56页。

② 叶绍振：《三十年来菲岛国内商业并对外贸易》，《小吕宋华侨中西学校三十周年纪念刊》，马尼拉：小吕宋华侨中西学校，1929年，第35页。

③ Michael Mcphelin，“The Chinese Question”，in Shubert S. C. Liao，*Chinese Participation in Philippine Culture and Economy*，Manila：University of the East，1964，p. 184.

④ 黄滋生、何思兵：《菲律宾华侨史》，广州：广东高等教育出版社，1987年，第328页。

⑤ Victor Purcell，*The Chinese in Southeast Asia*，London：Oxford University Press，1966，p. 559.

经验和资本优势，再次获得经济上的巨大成就。

纵观“二战”后的华侨社会，由于菲政府对华侨的排斥，无形中促成了华侨商业的转型，在工业领域的异军突起，华侨社会否极泰来，造就了商业的繁荣。在菲社会排斥华侨的境况下，促使华侨对祖国投入更多的关注，政治认同上也更加倾向于中国。罗哈斯政府继续推行美国统治时期的教育政策，“菲化运动”并未染指华文教育，对华文教育没有采取限制措施。在这种背景下，为华侨社会发展华文教育提供了有利的条件和难得的机遇。

第二节　菲律宾华文教育的复苏

日本投降撤出菲岛后，广大华侨积极投身到华文教育的恢复中，被关闭的华侨学校都“春风吹又生”，陆续复校。菲律宾各地华侨社团和教育机构立即着手恢复华文教育的工作。被毁的侨校重新在废墟中站立起来，继续传承中华文化的火种。与此同时，华侨社会经济复苏，相对稳定的社会环境促使华侨掀起新一轮的办校热潮，华文教育迎来新的发展时期。

一、菲岛华侨学校的复课

1941 年，在菲律宾自治政府登记立案的华侨学校共有 65 所。国民政府教育部及侨委会为指导海外华侨教育，特派遣侨民教育督导专员，分驻菲律宾、缅甸、新加坡监察。驻菲侨民教育专员吴研因抵达马尼拉市，开展工作还不到 1 个月，太平洋战争爆发，马尼拉沦陷。在此后的 3 年多时间里，吴研因专员虽避难外埠，仍不畏危险，秘密联络侨教人员，继续从事有关侨教工作。1944 年 6 月，国民政府开始筹划侨教复员安排，教育部与侨委会共同拟定《战后侨民教育实施方案》，其内容主要是准备侨教复员工作及推进侨教发展。[①] 马尼拉解放时，少部分保全完整的华校成为救济和收容难民的场所。由于学校的秩序十分混乱，复课工作倍感困难，吴研因专员由湖心岛赶回马尼拉。1945 年 3 月，吴研因专员呈报教育部要求设立“驻菲侨民教育专员办事处”，获准后就立即展开侨教复兴工作。侨中学校、中西学校各收回部分教室，分别开设中小学补习班；溪仔婆中西学校则在断壁残垣之瓦砾废墟中，搭盖临时校舍，添置简单教学设备，赶在暑假开班授课；闽商培元学校亦登报招生，设立临时补习班；南弥沙礼示学校在教育

① 郁汉良：《华侨教育发展史》，台北：国立编译馆，2001 年，第 332 页。

专员办事处指导下，迅速设立初小补习班。

1945 年 5 月，国民政府把华侨教育交由侨务委员会管理；与此同时，同年召开的中国国民党第六次代表大会通过了《关于侨务行政决议案》及《促进战后华侨教育事业案》(以下简称《教育事业案》)。《教育事业案》的实施办法是：设立海外师资训练所，由驻外使馆向侨居地交涉，给予侨教教学的便利，补助侨教经费，筹集海外文化教育事业基金，劝导侨胞戒除不良习俗，改良中文报纸，编制侨教教材。这些决议成为“二战”后推行华侨教育工作的基本原则。6 月、10 月，侨务委员会先后拟定《侨务复员工作计划》及《1946 年度侨民教育复员实施办法》，同时教育部也在规划侨教复员工作。由于 90% 以上海外侨校分布在南洋各地，教育部召开全国教育复员善后会议，通过《南洋华侨教育复员计划》(以下简称《计划》)。《计划》中的工作包括：调查南洋侨校损失及提出赔偿要求，准备恢复南洋侨校，请外交部嗣后与各国签约时，解除南洋侨校所受的束缚。① 这些计划都是以战胜国的地位来考虑未来华侨教育的推展情形，是相当乐观而有自信的，尤其是希望借以订约、修约，一举扫除南洋华侨教育的障碍，实现国人与华侨长久以来的期望。侨委会与教育部都拟定侨教复员计划，两机构都自认为该负责管理侨教。但是，国民党“六全”大会通过的《关于侨务行政决议案》决定：海外侨民文化机构的辅导应以侨务机构为主管机关。因此，侨委会要求将海外侨教行政改为该会单独办理，教育部则起而反对。11 月，国民政府召开各种座谈会，征求各方意见，决定成立东南亚各国华侨组织复校辅导委员会，筹备华校复校事宜。同时，教育部派代表到东南亚各国慰问华侨教育界人士，分别抚恤和褒扬侨教人员，其中菲律宾就有 76 人。② 教育部还令暨南大学、海疆学校、侨民师范学校等高校招收华侨学生，并规定新生中华侨学生的比例不少于 80% 。招收的国内学生必须有志于海外华文教育，毕业后赴海外华侨学校执教，人数不超过新生总数的 20% 。③ 然而，国民党政府忙于内战，无暇顾及海外华侨教育，上述法令并没有有效施行。

1946 年 10 月，蒋介石指示：“侨民教育应由教育部统一办理。”1947 年 5 月，第四届国民参政会回复“侨民教育应由教育部统一办理，以维护国家教育行政系统之完整，而利侨教之推进，送请政府迅速切实施行”之决议。④ 至 1948 年 8 月，海外华侨学校有 1 469 所允予核准登记，比“二战”前增加了两倍以

---

① 李盈慧：《华侨政策与海外民族主义（1912—1949)》，台北：国史馆，1997 年，第 567 ~ 568 页。

② “中华民国教育部”：《第二次中国教育年鉴》(第四册)，台北：商务印书馆股份有限公司，1948 年，第 18 页。

③ 新加坡《南洋学报》(第十五卷)，1959 年，第 39 页。

④ 郁汉良：《华侨教育发展史》，台北：国立编译馆，2001 年，第 227 页。

上，但仍有大量侨校未经立案登记。[①] 菲岛沦陷 3 年，学生失学已久，复课刻不容缓。其他各埠未正式复校者，多效仿马尼拉华侨学校，先行开办临时补习班或私塾。

各班名称、主持人及师生人数，列表如下：

名称	主任	教职员	学生	备注
第一集团中学补习班	黄澄秋	11	281	华侨中学校舍
第一集团小学补习班	洪敦友	24	566	中西小学校舍
第二集团小学补习班	陈均秉	2	52	溪仔婆中西临时校舍
闽商培元小学补习班	许逾雪	13	351	
南弥沙礼示初级小学补习班	任俊英	3	93	

资料来源：王瑞芳：《七十年来菲律宾华侨学校之发展》，《马尼拉中西学校七十周年校庆纪念特刊》，马尼拉：中西学校，1969 年，第 319 页。

“二战”后，全菲各地华侨学校急需恢复。教专处为促进侨教复兴，加紧督导各校工作，办理教员及贫寒学生救济，组织各种委员会协助策划相关事宜，如倡导学校财务公开、改订中小学课程、设立学校巡察团。华侨社会各地侨社及教育界人士通力合作，捐资建校蔚然成风。菲岛光复 1 年后，多数侨校都陆续开学授课，无法立即复课的学校也积极筹备。

1946 年 7 月以前，复校及新设之华侨学校，分区按月统计如下：

时间＼地区	岷黎	北吕	中吕	南吕	美骨	西未	中未	东未	北棉	南棉	西棉	累计
1945 年 5 月						2						2
1945 年 6 月		1		3	1	2						9
1945 年 7 月	10			2	5			1				27
1945 年 8 月		1				1						29
1945 年 9 月			1									30
1945 年 10 月			1				1					32
1945 年 11 月	8		2	3	8	2		1	1	1		58
1945 年 12 月									1			59

① 中国第二历史档案馆编：《中华民国史档案资料汇编》（第五辑），南京：江苏古籍出版社，1999 年，第 665 页。

（续上表）

地区 时间	岷黎	北吕	中吕	南吕	美骨	西未	中未	东未	北棉	南棉	西棉	累计
1946 年 1 月	1	2									1	63
1946 年 2 月												63
1946 年 3 月		1										64
1946 年 4 月		1										65
1946 年 5 月			1									66
1946 年 6 月		4	1	1				1	1		1	75
1946 年 7 月	6	1	2	2	3		1	1		1	1	93
累计	25	11	8	11	17	7	2	4	3	2	3	

资料来源：王瑞芳：《七十年来菲律宾华侨学校之发展》，《马尼拉中西学校七十周年校庆纪念特刊》，马尼拉：中西学校，1969 年，第 321 页。

从 1945 年 5 月至 1946 年 7 月，复校及新设之侨校总共有 93 所，包括新增设 28 所。至 1946 年 7 月，除停办与合并的侨校外，全菲侨校共计 90 所。作为培植民族精神的途径，华侨教育是中国国民教育在海外的延伸，可以说国民政府在华侨教育方面的政策还是颇有成效的。

二、“教育协定”对华文教育的保障

菲律宾独立之前，中菲关系是以中美条约为基础的。中国在菲律宾华侨众多，其权益须受条约保护，以此维护华侨社会的安定。中国国民政府驻菲律宾总领事段茂澜利用与自治政府总统奥斯敏纳会晤的机会，曾提出两国签订“中菲友好条约”的建议，当即获得奥斯敏纳总统的同意。①

1946 年 4 月，罗哈斯成功竞选菲律宾首任总统后，在缔结“中菲友好条约”问题上愿意奉行并推进奥斯敏纳的想法，在“平等互惠”原则的基础上重申两国友好关系。7 月 4 日，罗哈斯在菲律宾正式独立仪式和总统就职典礼之日，中华民国派外交部次长甘乃光率团参加庆典，并签署友好条约。但菲律宾外交部认为，菲美之间有特殊关系，菲方主张先与美国签订基本条约之后，始愿与中国开始谈判缔约，又因当时菲外交部部长尚未选定，以致无法通过外交渠道交涉而暂

① Hsiao Shi-Ching, *Chinese-Philippine Diplomatic Relations, 1946－1975*, Quezon City: Bookman Printing House, 1975, p. 15.

时搁浅。[①] 随后，罗哈斯总统任命副总统季里诺兼任外交部长，签订《菲美基本条约》。罗哈斯又委派季里诺为“中菲友好条约”谈判的菲方全权代表，而中华民国政府改派驻马尼拉总领事段茂澜为全权代表，双方进行友好条约的谈判。7月24日，民国政府任命陈质平为首任驻菲全权公使，9月30日，陈质平抵菲履任。11月1日起，陈质平取代段茂澜总领事为中国驻菲律宾特命全权代表，继续与菲方就“中菲友好条约”进行谈判。[②]

1947年初，双方在马尼拉举行数次谈判。同年，在碧瑶（Baguio）举行的谈判中，菲方派外交部副部长阿福立凯（Dr. Bernabe Africa）、顾问特里克（Richard Patrick）、礼宾司司长盖莱洛（Leon Maria Guerrero）、法律司司长麦丹巴（Luis Madamba）等为代表，中方则以公使陈质平、一等秘书孙碧奇及三等秘书薛毓麒等为代表，双方积极推进谈判进程。[③] 4月18日，国民党政府与菲律宾共和国签订了《中菲友好条约》。其中，第六条规定，“缔约此方之国民，得在彼此领土内，在与任何第三国国民同样条件下，依照彼方之法律规章，享有设立学校，教育其子女之自由”[④]。在此条款下，菲私立学校教育局对华侨学校最多只能“加强监督”，中文部则只需向中国政府侨委会立案即可，有关中文课程和中文教师，菲教育部从不过问，[⑤] 菲政府教育部的不干涉华侨学校华文教育的政策，为华文教育的发展提供了宽松的环境和独立的空间，这也是“二战”后期菲律宾华文教育快速发展和进步的主要原因。

三、华侨社会对华文教育的推动

许多华侨在战争期间饱受苦难和迫害，有些人虽然幸存下来，但家业已损失殆尽，也有受菲化法令影响而致家贫的华侨。[⑥] 1945年7月，菲律宾华侨教育专员办事处鉴于这种情况，研究组建“马尼拉华侨贫寒学生补助金管理委员会”，由邓汉荣、施性水先后担任主任委员，负责协助筹划及管理华侨贫寒学生补助金事宜，管委会委员由菲华复兴救济委员会与教育专员办事处共同聘请。1945年7

① 刘芝田：《中菲关系史》，台北：正中书局，1956年，第682页。

② 萧曦清：《中菲外交关系史》，台北：正中书局，1995年，第164页。

③ Patrick Pichi Sun, *Recollections of a Floating life*, First Edition, Manila, for Private Circulation, 1972, p. 68.

④ 中华民国政府外交部编印：《中菲友好条约》，白皮书第95号，1947年。

⑤ Pao Shih Tien, “Should the Chinese Schools Be Abolished”, in Shubert S. C. Liao, *Chinese Participation in Philippine Culture and Economy*, Manila: University of the East, 1964, p. 346.

⑥ 潘肇英：《七十年来的中西学校概况》，《马尼拉中西学校七十周年校庆纪念特刊》，马尼拉：中西学校，1969年，第413页。

月至1946年4月的两个学期，“马尼拉华侨贫寒学生补助金管理委员会”支出20余万比索，资助贫困华侨学生入学学习。其中，10万比索由中华民国政府补助，其余经费由华侨商会、宗亲会、慈善机构、宗教社团等募捐筹集。委员会还通过华侨义演及华侨社会的婚丧嫁娶收入，不断补充经费，前后受资助的华侨子弟达1 000余人。1946年8月，驻菲大使馆段茂澜总领事和吴研因专员另组“马尼拉华侨贫寒学生补助金筹备委员会”，推举侨领潘肇英为主席。自1948年8月起，四学期补助金总数达37.4万比索，足见华侨社会对华文教育的热心和支持，加上中华民国政府的补贴，总计补助金达60万比索。①

“二战”后，菲律宾华侨教育界和工商界在恢复华文教育的同时，投入更多的资金用于兴办侨校，出现竞相办教育的局面。经历战争之后，华侨的生存环境也有了较大的变化，很多人在商业上实现了成功，但经济能力薄弱者也不乏其人，他们往往为子女的教育费用四处求借。为此，一些华侨社团、商界名流都慷慨解囊，如宗亲会设立“族生清寒补助金”，帮助贫寒学生解决教育难题；也有成功人士为纪念先人、奖励成绩优秀的后辈而设立奖学金。华侨资助教育事业，容易赢得社会的认可，因此华侨富商大多愿意在教育上投入。华侨社会投资教育的方式，主要有以下两种方式：

（1）在华侨学校设立董事会，规划和资助学校的日常运作与发展。有些董事会分属不同的特殊团体，如马尼拉佛教组织创办的嘉南中学、能仁中学等，在教育学生学习文化知识的同时，也为佛教组织培养后备人才。有的兄弟会团体也为自办的学校设立董事会，维持学校的日常开支。

（2）设立奖学金、助学金和奖教金来奖励、资助华侨子弟和华侨教育工作者。在侨校董事会之外，同乡会、同业会、宗亲会、校友会等团体还设立奖学金、助学金和奖教金。如1947年，陇西李氏宗亲会首创“族生清寒补助金”。②翌年，太原堂王氏宗亲会也设立奖学金。③ 20世纪50年代，菲律宾华人宗亲会的发展进入一个高潮期，不仅曾因“二战”而中断活动的宗亲会纷纷恢复正常活动，而且新成立了相当数量的宗亲会。与此同时，各宗亲会为推动“本族”教育，相继设立了奖学金、助学金，并形成了发展教育的制度，来激励优秀的“族生”和资助贫困的“族生”求学。

此外，随着华侨经济的不断发展壮大，菲律宾华文教育出现了较为鲜明的商业化倾向。有许多经济实力雄厚的商人把办学校作为一种投资方式，这种投资方

① 萧曦清：《中菲外交关系史》，台北：正中书局，1995年，第683页。

② 《菲律宾陇西李氏宗亲总会金禧纪念特刊》，马尼拉：菲律宾陇西李氏宗亲总会，1982年，第140页。

③ Teresita Ang See, *The Chinese Immigrants*, Manila: Kaisa Para Sa Kaunlaran, Inc., 1994, p.205.

式在效益上虽不能立竿见影，但投资教育会提高自身的名誉和信誉，从长远角度看，能够对自己的事业产生较良性的影响。在华侨社会的推动下，华文教育焕发出新的生机。

第三节　菲律宾华文教育发展的台湾因素

太平洋战争爆发后，中国在美国政府决策者眼中的地位变得愈加重要。在罗斯福总统勾勒的“二战”后世界新秩序的蓝图中，中国应是一个“亲美、统一、强大”的国家，不仅可以成为维护美国在亚太地区利益的中坚力量，而且可以作为可靠的盟友，充当遏制苏联在东北亚可能扩张的缓冲地带，使美国能够集中力量巩固与拓展在欧洲的势力范围。为此，美国采取了“扶蒋反共”的对华政策，支持国民党达到“统一中国”的目的。[①] 新中国成立后，美国在经济、军事、外交等全方位支持台湾当局，力图把台湾作为反共的桥头堡，以此来遏制新中国的发展。菲律宾与美国签署的《菲美基本条约》，使菲律宾成为美国反共的前哨，菲律宾和台湾当局对新中国的敌视也导致它们间形成了一种特殊的关系。[②]

一、国共两方在华侨社会的角力

菲律宾光复之初，国民党政府即急令张家福代理驻马尼拉领事，着手恢复国民党驻菲总支部的组织，同时排斥共产党势力。在此期间，亲共的抗日反奸大同盟（以下简称“抗反”）与华侨抗日游击支队（以下简称“华支”）曾举行过抗议张家福的示威游行。政治斗争的激烈紧张，首先在华文报刊中直接体现出来。“抗反”属下的《华侨导报》由地下转为公开，经常以社论、评论、专论等形式发表文章，对国民党政策进行抨击。国民党也紧锣密鼓地抢占舆论阵地，“二战”前菲律宾只有《公理报》和《新中国报》两家国民党党报，“二战”后不到半年时间国民党报就增加了《大华日报》、《中正日报》、《公理报》、《重庆日报》以及《前锋日报》五家，并联合了“四抗”，由国民党中统海外负责人童行

① 周素勤：《美国对非政策中的意识形态因素》，中共中央党校博士学位论文，2006 年，第 113 页。

② Theresa C. Carino, “State Ideology, Policies and Ethnic Identity: The Case of the Chinese in the Philippines”, in Teresita Ang See and Go Bon Juan, eds., *The Ethnic Chinese, Proceedings of the International Conference on: Changing Identities and Relations in Southeast Asia*, Manila: Kaisa Para Sa Kaunlaran, Inc., 1994, p. 152.

白任指导员，共同在其属下的各家报纸撰写专论，与“左派”展开笔战。①

“二战”后不久，菲律宾政府对国内的共产党——虎克党（Huks）展开清剿，并在国民党驻菲总支部的配合下，对在反法西斯战争中战功卓著的“华支”等侨社“左派”组织进行打击，使侨社蒙受巨大损失。1946 年 7 月，国民党驻菲总支部编造“华支”企图勾结菲虎克党颠覆菲律宾共和国的谣言，并以此来向菲政府内务部控告。于是，菲律宾政府出动大批武装警察砸毁了“华支”主办的华侨导报报社、劳联会的《侨商公报》、“抗反”总部的联合中学、红光学会等进步的华侨团体。这次行动共搜查逮捕华侨进步人士数十人，其中包括劳联会的领导人，引发了媒体和各方人士的强烈抗议。《美联社》、《菲律宾自由报》和香港的《华商报》纷纷发表文章、社论，对这一行为表示愤慨。菲律宾保卫民主大同盟也发表抗议声明，甚至驻菲美军也就此事指责当局。在各方面的谴责下，菲当局不得不释放全部被捕者。而国民党驻菲总支部并未就此罢休，继续制造事端打击“左派”人士。在这种情况下，“抗反”、“华支”、《华侨导报》、《侨商公报》的大部分华侨和领导人，如许立、黄汉杰、黄薇、龚陶怡、杜埃、林林、许志猛、杨静桐等人，在 1947 年后被迫纷纷离开菲律宾返回中国大陆。②留在菲律宾的许多华侨则离开马尼拉到了外省，但仍不断受到当地军警和国民党支部的审查和拘捕。菲律宾当局绞尽脑汁、想方设法给进步华侨扣上莫须有的罪名，把他们逮捕或关押到军营，或遣配到台湾，或囚禁到孤岛。而恐怖不仅仅笼罩在进步华侨头上，就连一般的中下层华侨，甚至个别上层侨商，也难逃此厄运。③

1950 年 6 月，朝鲜战争爆发，在美国所打着的联合国旗帜的“带领”下，菲律宾也出兵朝鲜半岛参战，这种形势加剧了菲律宾与中国的对立情绪，菲政府的反共立场更加坚定。1951 年 6 月，在美国麦卡锡主义的影响下，包括菲律宾在内的一些亚洲国家受到蛊惑，纷纷在国内掀起反共浪潮，一些华侨进步人士遭到迫害。而菲律宾政府在外交上和台湾当局保持官方关系，不承认新中国，这更加加剧了“白色恐怖”。1952 年 12 月，菲律宾军警突然以抓捕“共产党及共产党嫌疑分子”为名，在马尼拉及外省多个地方拘捕了 315 名华侨。这些被捕的华侨中有很多是著名的侨领，而此时“菲化运动”的禁侨案仍在恶化，华侨社会陷入一片惶恐之中。正如菲律宾著名华人学者施振民先生所说：“禁侨案可以说是

① 赵振祥等：《菲律宾华文报史稿》，北京：世界知识出版社，2006 年，第 126 页。

② 黄薇：《〈华侨导报〉的艰苦战斗历程》，龚陶怡：《菲律宾华侨抗日斗争纪实》，北京：中国国际广播出版社，1997 年，第 243 页。

③ 刘浩然：《中菲关系史初探》，泉州：泉州市菲律宾归侨联谊会、泉州市刺桐文史研究社，1991 年，第 101 页。

百年来菲华社会最严重的一次灾难，在心理上打击华侨社会最深。”① 在很大程度上，菲律宾政府依靠当地的国民党势力去维持当地华侨的治安和收集“可疑分子”的信息。② 国民党驻菲总支部本想依靠菲律宾政府的“反共”政策，铲除共产党在菲的势力和影响，但最终也使他们自身难保。禁侨案是菲律宾华侨社会与主流社会政治和经济关系冲突“白热化”的具体表现。1954 年 3 月，菲华商联总会受到国民党势力幕后操纵，成为被国民党用来控制华侨社会的机构。1956 年 9 月，菲律宾华侨反共抗俄总会成立，从事反共活动，为台湾当局效劳。这个时期，政治气氛阴沉，局势紧张，为避免莫须有的“红帽子”之嫌，广大华侨远离政治，避谈国事，敢怒不敢言，华侨社会形成极不正常的局面。而华侨社会“相煎”的自身矛盾也给菲律宾极端狭隘的民族主义者找到可乘之机，最终受害的是整个华侨社会。

二、台湾利用“美援”对华文教育的扶助

中国国民政府历来重视海外华侨的华文教育，且在辛亥革命得到过海外华侨的鼎力资助，为此孙中山先生把华侨称为“革命之母”，成立民国政府后制定了许多保护华侨和支持华侨教育的政策。国民党政府退据台湾初期，仍代表中国在联合国参与国际事务，同时仍然延续扶持海外华文教育发展的政策。但由于财力匮乏，国民党对于华侨教育的支持力度相对减弱。而这时新中国与东南亚的大部分国家均未建立外交关系，不能通过外交手段帮助华侨社会发展和支持华文教育事业。

1950 年，美国麦克阿瑟将军向杜鲁门总统建议，协助台湾加强防御，使“台湾成为西太平洋上不沉的航空母舰”③。1953 年，美国副总统尼克松访问东南亚后，注意到东南亚各地华侨社会的快速发展，同时也注意到一部分华侨对祖国的政治认同还处于摇摆状态。尼克松认为，帮助台湾扶持、发展华文教育，有利于助其争夺华侨社会的文化阵地，可以延续和扩大台湾在东南亚的势力和影响，并通过向华裔青年灌输西方的民主和文化，“遏制”共产主义在华侨社会的发展。尼克松的建议得到了美国政府的批准，遂投入资金大力援助台湾当局在东南

① ［菲］施振民：《菲律宾华人文化的持续——宗亲与同乡组织在海外的演变》，［菲］洪玉华：《华人移民——施振民教授纪念文集》，马尼拉：菲律宾华裔青年联合会、拉刹大学，1992 年，第 187 页。

② Theresa C. Carino, “State Ideology, Policies and Ethnic Identity: The Case of the Chinese in the Philippines”, in Teresita Ang See and Go Bon Juan, eds., *The Ethnic Chinese*, *Proceedings of the International Conference on: Changing Identities and Relations in Southeast Asia*, Manila: Kaisa Para Sa Kaunlaran, Inc., 1994, p. 152.

③ 萧曦清：《中菲外交关系史》，台北：正中书局，1995 年，第 4 页。

亚的华文教育。自1954年至1965年的12年内，美国共援助台湾“教育部”与“侨务委员会”的“美援侨教经费”318 118 638元新台币和1 057 444美元，这在当时是一笔巨大的款项，对“二战”后东南亚华文教育的发展起到积极的推进作用。其中，1958年资助力度最大，达到5 600多万元新台币和30余万美元。“美援侨教经费”主要用于：①增添学校建筑；②增置学校设备；③支付侨生旅费、生活费及课程活动费。这笔经费的目的在于鼓励受教育的华侨优秀学生成为东南亚各国华侨教育的新生力量，积极从事华侨社会华文教育工作。台湾当局由“行政院”制定有关人员成立“东南亚侨民教育计划工作小组”专门负责接收“美援侨教经费”的政策，并要求其小组作为具体决策机构。[①]“行政院”院长陈诚指派的成员有：“教育部”部长程天放、“侨务委员会”委员长郑彦棻、“美援运用委员会”秘书长王蓬、台湾省教育厅厅长邓传楷；美国方面，则是由大使馆指派安全分署教育组长白朗博士、大使馆文化专员惠波女士等7人为成员。从1954年至1962年，赴台湾就读的侨生13 000多人，其教育经费几乎全由美援承担。[②] 1962年，美国停止资助侨生到台湾学习，但由于当时台湾的经济好转，当局仍预算巨额经费，继续资助侨生到台湾学习。由此可见，台湾当局打着“反共”的旗帜，利用国际环境的“有利”因素，在美国教育援助的支持下，积极筹划和协助东南亚华侨社会发展华文教育事业，与中国大陆争夺华侨社会的认同。

三、台湾当局对菲律宾华文教育的影响

（一）台湾当局培植华文教育的动因

国民党政权败退台湾以后，出于争取海外华侨的政治目的，试图借助国际环境中的有利因素，利用政治、外交和经济等手段，积极扶持菲律宾华文教育，扩大台湾对菲律宾侨社的政治影响，从而达到台湾当局主导华侨社会的目的。台湾当局重视并支持菲律宾华文教育的因素较为复杂，具体来讲主要有以下几个方面：

（1）远东国际政治形势的变化为台湾当局重视和支持华文教育提供了重要契机。1949年后，冷战在亚洲的蔓延和中华人民共和国的成立，使得台湾和东南亚地区在美国全球战略中的地位迅速上升。尤其是朝鲜战争的爆发，促使美国

---

① 郁汉良：《华侨教育发展史》，台北：国立编译馆，2001年，第473～474页。

② 《世界日报》（泰国），1959年10月1日。

开始重新思考和确定其远东政策。这也促使台湾当局与菲律宾结为关系密切的"盟友"。这样，争取菲律宾华侨社会的支持以及扶植当地华文教育便成为台湾当局的一种政治策略和手段。"二战"中，美国军事情报局远东战略小组"台湾问题专家"柯乔治在向美国政府呈送的《台湾战后处理计划》中，就主张"二战"后对台湾实行国际管制。1942 年 7 月，他在致美国政府的备忘录中，指称"二战"后的台湾有三种前途，即独立和自治、交还中国、实行临时托管。柯乔治声称，台湾对美国在远东的战略意义重大，不能轻易地交还给中国控制。[①] 1950 年 1 月，美国总统杜鲁门曾宣布，美国对台湾采取不干预政策。但随后不久，中国入朝参战，美国借机改变了"台湾政策"，派第七舰队进入台湾海峡，阻挠新中国的计划。从此，台湾问题成为中美发展友好关系的屏障以及双方争端的"核心问题"。由此，台湾当局也得以借助美国的势力与中国大陆对峙，并采用重视华文教育的政策，争夺在东南亚华侨社会的主导权。

（2）利用侨教控制菲律宾华侨社会的发展，以此影响华侨社会的政治认同和文化认同，是台湾当局支持菲律宾华文教育的主要政治动因。从 20 世纪 50 年代开始，为达到利用海外华人力量为其"反共复国"服务的目的，台湾当局把侨民教育列入"政府的重要施政方针"范围。台湾当局一再强调"无侨教即无侨务"，大力推进岛内侨生教育，扶植海外华文教育，极力培养海外华侨对自己的归属感，使侨教逐渐成为台湾当局维系其与菲律宾华侨社会之间关系的纽带，以及获得菲律宾华侨社会的向心力的重要工具和严密控制菲华社会充当他们的政治本钱。[②] 国民政府时期，鉴于海外侨校越来越多，为了加强对侨校的指导及建立统一的侨民教育制度，侨务委员会与教育部先后制定了《侨民教育实施纲要》、《侨民学校立法规程》等章程，规定了侨民教育的基本方针，劝导华侨出资兴办或改进中等小学、师范学校、补习学校、图书馆等各级学校和文化机构，从而改变了华侨的就业结构，增加了华侨的资本积累。为了主导菲律宾华侨社会，台湾当局采取了传统方式，即重视扶植发展菲律宾华文教育，进一步争取和巩固菲律宾华侨对台湾当局的"归属感"和政治认同。1950 年，菲律宾华侨代表团出访中国台湾，受到热情欢迎，为此还成立了华侨联合组织支持台湾当局。[③]

（3）期望华裔青年在当地传承中华民族文化，启发其民族精神，为侨社培养人才，是台湾当局在菲律宾大力发展华文教育的重要文化动因。清朝后期，菲

---

① 贾亦斌主编：《论"台独"》，北京：团结出版社，1993 年，第 8 页。

② 《于长庚先生访谈录》，张存武等编：《菲律宾华侨华人访问纪录》，台北：中央研究院近代史研究所，1996 年，第 319 页。

③ Eufronio M. Alip, *Ten Centuries of Philippine-Chinese Relations*, Manila: Alip & Sons, Inc., 1959, p. 166.

律宾华侨移民数量激增，经济地位迅速提升，移民凝聚力不断增强，民族意识开始觉醒，具有本民族文化特色的华侨社会逐步形成。① 华文教育在维系侨社发展中具有十分重要的作用。民国政府自成立后就非常重视海外侨务工作，尤其是华侨的华文教育，多次派人赴南洋考察学务，令驻外领事监管侨校，并制定华侨学务规程，鼓励兴办侨校。② 1927 年，国民政府把扶助海外华侨教育工作再次提到议事日程，旨在维系华侨对祖国的忠诚，并在文化、教育上加以引导。③ 因此，台湾当局重视海外华侨教育是有其深刻的历史渊源和政治因素的，而发展侨教是想把海外广大华侨视为其目的的支柱。

台湾海外华侨事务委员会就是试图建立台湾与海外华侨之间的密切关系，主要通过举办教育、文化方面的学术会议或讨论会来进行。1955 年 9 月，在台北举行有 328 名代表参加的会议，其中包括来自菲律宾等的 238 名海外代表。与会代表主要是校长、教师、出版商、作家、音乐家以及电影发行商。这次会议通过了如下意见：①加强和巩固海外华文教育事业；②改善物质条件，以使海外华文教育和文化工作得以实施；③提高其教育和文化水平。会议还达成了几项原则，即与所在国政府进行密切合作，以获得更加有益和尊严的生活；强化海外华人在精神上抵制共产主义；提高海外华校的效率等。海外华人事务委员会还发起了一项计划，由台湾向不同的海外侨社派出专家，以帮助改善其教育水平，同时也接收海外华人学生在台湾完成学业。该委员会还在台湾师范大学实施对海外华文教师进行为期一年的师资培训计划。1955 年，台湾还新建了两所主要针对海外华侨学生的学校。④

此外，“文革”时期中国“左”的错误路线，不仅使华侨在国内的利益受到损失，而且亲属也受到迫害和批斗，导致许多华侨不敢回国发展。中国大陆的华侨政策就像在中国与菲律宾之间的南海上筑起一道不可逾越的海堤，使“二战”以前就长期存在的那种华人往来于中菲两国之间、新移民源源补充到菲律宾华侨社会的状况不复再现。⑤ 而台湾当局仍与菲律宾政府和华侨社会保持密切联系，

---

① 周南京著，［菲］吴文焕译：《菲律宾与华人》，马尼拉：菲律宾华裔青年联合会，1993 年，第 87 页。

② 1912 年，广东都督陈炯明派曾揖馨赴南洋调查华侨学校，福建省政府亦派邓贞文、陈鸿祺前往南洋各地调查学务。1913 年，民国政府教育部规定居留各国华侨办理学校，由驻在该埠的总领事或领事或副领事考查，报告教育总长；重要事项另须分报外交总长。1914 年，民国教育部根据实际情况重新修订华侨学务规程。1916 年，教育部委派江苏教育会副会长黄任之与林鼎华赴东南亚各地调查华侨学校状况，并宣传国语教育及举办中等教育与职业教育的重要性，华侨捐资兴学之风盛行。1917 年，教育部筹划恢复暨南大学，鼓励各地侨生回国升学。郁汉良：《华侨教育发展史》，台北：国立编译馆，2001 年，第 200 页。

③ 陈传仁：《海外华人的力量——移民的历史和现状》，北京：世界知识出版社，2007 年，第 212 页。

④ Eufronio M. Alip, *Ten Centuries of Philippine-Chinese Relations*, Manila: Alip & Sons, Inc., 1959, pp. 131 – 135.

⑤ 黄滋生：《菲律宾华人的同化和融合进程》，《东南亚研究》1998 年第 5 期，第 49 页。

控制着华侨社会的发展。由于菲律宾隶属美国支配下的西方阵营，并与澳大利亚、新西兰等国和台湾地区等共同组成美国亚太地区防御体系与“反共联盟”，实施孤立、排斥新中国的政策。① 因此，菲律宾没有与新中国建立正常的外交关系，却与台湾当局保持着所谓的“外交关系”。台湾当局沿袭了民国时期重视华侨教育的传统，为争夺东南亚华侨社会的政治认同和文化阵地，积极实施筹划和协助华文教育事业的策略。同时，台湾当局还利用各种资金来掌控菲律宾华侨社会的舆论导向，大力扶植东南亚的华文教育，以此达到影响华侨社会的文化认同以及华人族群的归属感和向心力的目的。

（二）台湾当局推动菲律宾华文教育的政策及措施

20世纪50年代初，台湾当局把华侨教育视为侨务工作的第一要务，逐步推进和实施海外华侨教育。1952年，台湾当局召开第一次侨务会议，蒋介石在致训辞中称：“第一要发展华侨教育，弘扬民族文化；第二要加强对大陆的经济制裁；第三要团结全球，结成一个组织，形成一个任务。”② 这次会议制定了《当前侨务纲领》，把“促进侨民教育并扶植海外文化事业，给侨胞能继承祖国之文化传统”作为侨教的方针。1955年，为发展华侨教育、社会教育、侨报业务和吸引侨生到台湾升学，台湾当局专门召开华侨文教会议，并制定了《当前华侨教育工作纲领及实施要点》。1956年，台湾“侨委会”委员长郑彦棻强调：“在维护侨民利益、辅导华侨经济及发展华侨教育的三项侨务基本工作中，华侨教育是中心环节。”③ 同年，台湾当局在马尼拉成立了“菲华文化协会”，旨在推动双方的教育文化交流。台湾当局为达到其政治目的，主要采取了以下措施：

（1）主导华侨学校的发展。这是台湾当局菲律宾华文教育政策的重中之重。中国国民政府与菲律宾签订的《中菲友好条约》的条款内容中，菲律宾政府对华侨学校只是“加强监督”而已，有关华文教育事宜并不干预，这就为华侨合法办学提供了基本保障，也为菲律宾华文教育的繁荣发展创造了有利条件。国民党退居台湾后，菲律宾所有华校的中文部仍按先前的程序进行运作，即通过台湾“驻菲领事馆”，向台湾“侨委会”登记立案，接受台湾“驻菲领事馆”的监督和检查。《侨民学校立案规程》对侨校的教育目标、组织制度、教学管理、课程

---

① Eufronio M. Alip, *Ten Centuries of Philippine-Chinese Relations*, Manila: Alip & Sons, Inc., 1959, pp. 164 – 165.

② 《远东日报》（越南），1957年10月13日。

③ 庄国土：《华侨华人与中国的关系》，广州：广东高等教育出版社，2001年，第469页。

设置等都有明确规定，同时侨校还要接受台湾海外事务委员会指导。[①] 侨校的华文教材也由“侨委会”审定提供。为适应菲国环境，这些教材又修订为菲律宾版。台湾将菲律宾的华文教育作为其教育系统在菲律宾的延伸，试图达到控制菲律宾华侨学校的目的。

（2）培育华校师资人才。长期以来，制约菲律宾华文教育发展的一个重要因素就是合格的师资严重匮乏。台湾当局通过鼓励菲华青年赴台就读师范专业，帮助菲律宾华侨开设师范学校，培养华文教育人才。自1957年至1967年，菲律宾华侨师范专科学校共培养了269名毕业生，虽然这些人中多数已弃教从商，但仍有少数从教者成了华校的中坚力量。从1957年起，台湾当局利用假期接收海外华校教师赴台进行研修学习，每年定期举办华校小学教师研修班。为提高华侨学校的中学师资，从1972年起，台湾当局举办中学教师研修班。1973年起又举办华侨学校中、小学校长观摩研修班。在历年举办的海外教师培训班中，菲律宾参加的教师在各国中人数最多。此外，台湾还派遣学者去菲任教或培训教师，指导菲律宾的华文教育。从1952年起至1968年，台湾先后向菲律宾派遣教师50人，利用暑假去菲律宾讲学的也有57人，辅导人员达四五千人之多。为进一步开展华文教育，台湾当局还在海外开展华文教育联合办学。1956年，台湾“侨委会”设立侨民教育函授学校。1966年，该校更名为中华函授学校，设有华文教育等三个组。由于菲律宾华侨学校的学员人数较多，台湾当局在菲律宾设立了该校的面授班。[②]

（3）赠送华校教材。教材是教育的重要工具。1952年，台湾当局组织编印教科书供应海外侨校，其中编著的《南洋华侨学校教科书》就是在菲律宾华校首先使用的。1954年，台湾当局又组织编印初中的国文、历史、化学等教科书共18册，编辑《海外文库》11卷158种。1968年，根据海外华文教育的具体情况，台湾当局又将各种课本全部改编为8种570册。同时，有关人员编辑了各种大众性读物，寓华文教育于文化娱乐之中。1973年，马科斯政府通过立法手段，在3年之内将华侨学校全盘菲化，并停止向台湾“侨委会”立案，华文课程全部取消，只允许开设一门华文选修课。由于侨校菲化后课程大量削减，教育内容也大幅度改变，原有的教材已无法使用，为此台湾“侨委会”重新编写了一套中、小学华文教材。教育菲化后，虽然所有的侨校由菲律宾公民管理运作，但侨校的

---

① Eufronio M. Alip, *Ten Centuries of Philippine-Chinese Relations*, Manila: Alip & Sons, Inc., 1959, p. 129.

② 姜兴山：《台湾当局对菲律宾华文教育的影响》（1949—1975），《台湾研究集刊》2011年第1期，第63~71页。

许多教科书仍来自台湾，当地的华文教师都在台湾接受培训和系统性的再培训。[①]

此外，台湾当局极力控制华文报刊这块华侨社会的舆论喉舌和华文教育的一个重要平台，并把华文图书馆的创建作为台湾当局推动菲律宾华文教育发展的重要成就。通过推行“国语”运动，与身居菲律宾的华侨进一步沟通交流，增进华人族群的凝聚力和对中华文化的认同；扶助菲华新文学，吸引更多的华裔青年对台湾文学的追逐。所有这些措施，效果都是十分“明显”的。

1975 年，中国与菲律宾建立外交关系，菲律宾按照《国际法》遂与台湾当局“断交”，虽然台湾与菲律宾的“外交”关系不复存在，但经济往来仍然十分密切。台湾当局在马尼拉设立了“菲华文化经济总会”，开展所谓的文化和经济活动。但实际上，该机构是台湾在菲律宾的代表机构。[②] 而菲律宾的华侨社会已经演变为华人社会，台湾当局对菲律宾华文教育的培植由公开转入地下，而华人社会以及华文教育也逐渐转向中国大陆。

（三）台湾当局对菲律宾华文教育发展的作用及其影响

从海外华侨华人社会的发展历程来看，华文教育具有保持华人特质、传承中华文化的功能，同时也是塑造国家认同和族群认同的主要途径。台湾当局极力扶助菲律宾华文教育，对薪传和弘扬中华文化、培育菲华社会人才起到积极作用，推动了当地华侨社会文化教育事业的发展，同时，极大促进了华侨社会的进步，保持了华侨社会的特质和族群地位的提升，使华人成为菲律宾社会最有影响力的少数民族之一。菲律宾华文教育在发展过程中，对当地民族文化、宗教信仰和风俗习惯也产生了深刻的影响。华文教育使华人族群意识和凝聚力进一步增强，对培养海外华侨对中国的政治和文化认同是颇有成效的。但是，台湾当局控制和发展菲律宾华文教育，也产生了一些消极影响。

（1）台湾当局利用中国大陆与菲律宾的阻隔，以及承认华侨“双重国籍”、

① Theresa C. Carino, “State Ideology, Policies and Ethnic Identity: The Case of the Chinese in the Philippines”, in Teresita Ang See and Go Bon Juan, eds., *The Ethnic Chinese, Proceedings of the International Conference on: Changing Identities and Relations in Southeast Asia*, Manila: Kaisa Para Sa Kaunlaran, Inc., 1994, p. 152.

② “菲华文化经济总会”前身可追溯到 1909 年在菲律宾成立的“中国同盟会菲律宾分会”。辛亥革命后，随着中国同盟会于 1921 年 8 月改组为中国国民党，该会也改称为“中国国民党马尼拉支部”，1936 年又改为“中国国民党驻菲总支部”，它一直是中国本土政党在海外的分支机构。1949 年后，虽然菲律宾政府跟随美国坚决反共的立场，但鉴于菲律宾与台湾当局的特殊关系，因此在相当长的时间内允许该组织在菲律宾国内公开活动。1970 年，该组织又更名为“国民党文化协会总会”。1975 年，菲律宾与中华人民共和国建交，菲律宾政治外交形势的变化已不允许一个以反对中国政府为宗旨的党派在菲律宾公开活动。迫于形势的变化，“国民党文化协会总会”再次更名为“菲华文化经济总会”，成为从事经济和文化活动的民间社团。

的诱惑，在菲律宾通过文化教育进行反共宣传，使本已深受国民党影响的华侨社会对新中国怀有疑惧和疏远的态度，致使菲律宾绝大多数华侨效忠“中华民国政府”。[①] 台湾当局试图通过控制菲律宾华文教育事业的发展来获得华侨社会对台湾当局的政治认同和向心力。虽然台湾当局此举收到“明显”效果，但是也人为地加深了菲华社会的矛盾。台湾当局借助菲政府的力量对菲律宾华侨社会的进步势力进行打击，这种在海外同室操戈的行为造成了广大华人的迷惘、困惑和纷争，为此有人发出不要成为中国政治“小卒”的声音。[②]

（2）菲律宾国家独立后，一些民族主义者为实现由本土人主宰本国经济的目的，竭力主张采取排斥外侨的菲化政策，菲华社会由此受到了很大的冲击。由于台湾当局制定的华文教育过分强调“国家意识”，号召华侨认同“中华民国”为自己的“祖国”，并参与国内的政治事务，这无疑为菲极端民族主义者找到了排华的借口。[③] 尤其是当时创建华校要通过台湾“驻菲大使馆”向台湾“侨委会”立案，这种做法极大地触动了菲律宾极端民族主义者的敏感神经，他们便借此声称在菲律宾国土上推行中国教育，会使华侨社会成为菲律宾的“大社会中之小社会”和“国中之国”。[④] 有人在报上公开指责侨校教科书存心灌输中国民族主义思想，导致华侨学生认同中国，而不认同菲律宾，有碍于菲政府同化政策的实施。菲律宾政府为此特成立了专门委员会，就侨校的经营、管理以及“共党”渗透的可能性进行研究。[⑤] 结果，菲化运动最终波及华文教育领域。

（3）台湾当局发展菲律宾华文教育，过分强调华裔青年对中国传统文化和伦理道德的学习，阻碍了他们融入当地社会的进程。对华裔青年来说，他们不仅需要接受华文教育以传承中华文化，更重要的是必须接受居留地的教育以适应当地生活。华侨的现实生活受居留地所限，许多关心华侨华文教育的人士都只注重让华侨不忘祖国、保持中华文化，而忽略了他们适应侨居地生活的需要。过去，华侨不重视深入研究侨居地的文化、语言和民族特性，忽逢土著民族独立，即遭排华厄运，流离失所，这显然是不重视寄土教育的结果。既然打算长久在菲律宾居留，甚至有些已经加入菲国籍，那么华人就要抛弃“落叶归根”的思想，主

① Hsiao Shi-Ching, *Chinese-Philippine Diplomatic Relations, 1946 – 1975*, Quezon City: Bookman Printing House, 1975, p. 41.

② Teresita Ang See and Lily T. Chua, eds., *Crossroads: Short Essays on the Chinese Filipinos*, Manila: Kaisa Para Sa Kaunlaran, Inc., 1988, p. 5.

③ Jose Ma. Hernandez, “Chinese Schools and Communism in the Philippines”, in Shubert S. C. Liao, *Chinese Participation in Philippine Culture and Economy*, Manila: Universoty of the East, 1964, p. 339.

④ ［菲］陈烈甫：《菲律宾的民族文化和华侨同化问题》，台北：正中书局，1986 年，第 132 页。

⑤ ［菲］鲍事天：《四十年前抗争菲化侨校的艰苦历程》，《养浩集》，马尼拉：菲律宾中正学院诗田文教基金会，1996 年，第 54 页。

动融入当地社会。这并非要华侨放弃祖国教育，而是要使华侨的祖国教育与寄土教育并存，两者缺一不可，相辅相成。①

综上所述，发展海外华文教育固然很有意义且十分重要，但深入研究和了解华侨华人社会所在国的国情与当地华侨社会的基本情况更为重要，这是制定切实合理的华文教育政策的基础。就已然演变成为异质群体的菲律宾华人社会而言，其个体政治文化认同不尽相同，绝大多数的华人政治认同趋于当地化，而文化认同呈现多样性。

第四节　前行中的菲律宾华侨学校

移居海外的华侨有保持和传承中华文化的优良传统，第一代华侨大多是农民、技工和商人，文化水平较低，不具备教育子女的条件。当华侨经济状况有所改善之后，他们便开始重视子女的教育，希望后代能够接受华文教育，学习中华文化知识，保持华人族群意识和宗亲观念，有朝一日荣归故里。“二战”后华侨在战争的废墟上重操旧业，并迅速恢复发展，这为他们大规模兴办华文教育提供了物质保证。众所周知，教育是意识形态中最重要的因素，华文教育是向华侨青年灌输中华民族意识和传承文化传统的最有力工具。海外华文教育的兴盛繁荣，将会促进华侨与祖国命运联系的加强。通过华文教育可以巩固和加强中华文化在海外的阵地，彰显出海外华人社会的“华人特性”，提高华侨的民族意识。

一、“二战”后初期的华侨学校

“二战”结束后，菲律宾华文教育以空前的速度和规模蓬勃发展起来。华侨社会怀着对祖国文化的感召，倾注了全部心血来共同培育和支持华文教育的发展。如果说，“二战”前华侨社会兴办华文教育是为了使华侨子弟受悠久中华文化的熏陶，那么，“二战”后初期发展华文教育就是对祖国的强烈认同和未来的热切希望，期盼祖国强大，使华夏子民不再遭受欺凌。但是，中国内战再次使海外华侨感受迷惘、困惑和痛苦，他们不知道未来将走向何方，不知道“海外游子”是否还能回到家乡。于是，华侨社会把创办华文教育作为对祖国的美好寄托，希望中国早日结束内战，走向繁荣昌盛。即使不能返回祖国，也能通过华文教育提高生活竞争力，在菲岛扎根。因此，菲律宾的华侨学校进入快速发展时

① 陈继修：《华侨与寄土教育》，《华侨月刊》1948 年第 3 期，第 11 页。

期，被称为“白银时代”。

“二战”后创办的华侨学校（1945 年至 1950 年）

创办年月		校名	校址	增办中学年份		备注（改名、合并、停办、合办、改制）
				初中	高中	
1945	7	里巴华侨小学	Lipa City，Batangas			
	7	罗申那大同小学	Lucena City，Quezon			1946 年并入同和学校
	11	联合中学	Manila	1945	1945	停办
	11	大华小学	Manila			停办
	11	华侨义务小学	Manila			1946 年改建国小学后停办
	11	丹心义务小学	Manila			华侨丹心小学
	11	丹心夜校	Manila			丹心英文中学、专办英文部
	11	义北黎明小学	Manila			停办
	11	拉摸沓侨众小学	Navotas，Rizal			仅办一学期
	11	描东岸及时小学	Batangas，Batangas			
	11	东岷多罗聚英小学	Calapan，Or. Mindoro			
	11	夕社中华小学	Magallanes，Sorsogon			
	11	帛叻弄述中华小学	Pilar，Sorsogon			帛叻、弄述两社合办
	11	林吗丹中华小学	Guinobatan，Albay			仅办一学期
	11	讯社华侨小学	Ilosin，Sorsogon			停办
1946	1	巴石华侨小学	Pasig，Rizal			
	6	马尼拉嘉南学校	Manila	1950	1953	嘉南中学
	6	怡省马艾区毓侨小学	Cabatuan，Isabela	1954	1965	毓侨中学
	6	株艺芽茎华侨启明小学	Tuguegarao，Cagayan	1956	1959	启明中学
	6	邦省华侨爱国义务学校	Guagua，Pampanga			
	6	佬旺五社中华小学	Laoang，Samar			佬旺、冯武罕、加聍密、那示那描示、巴捞北五社合并

（续上表）

创办年月		校名	校址	增办中学年份		备注（改名、合并、停办、合办、改制）
				初中	高中	
1946	7	圣军小学	Manila	1956	1959	圣军中学
	7	中路小学	Manila			停办
	7	红溪礼示立人小学	Angeles City，Pampanga			
	7	仙扶西复兴小学	San Jose，Nueva Ecija			
	7	葛扶两社启智小学	Casiguran，Sorsogon			葛西牛兰、扶万两社合并
	7	那末武纳中华小学	Nabua，Camarines Sur			那末、武纳两社合并停办
	7	山安顿咔毓英小学	San Antonio，Samar			停办
1947	3	武敖华侨小学	Bogo，Cebu			
	5	兴福中华小学	Gingoog City，Misamis Or.			
	6	甲描彦华侨觉新小学	Cabagan，Isabela			
	6	蜂省岱育华侨小学	Tayug，Pangasinan			
	6	宜也彦中华小学	Guinayangan，Quezon			停办
	6	米牙中正小学	Viga，Catanduanes			停办
	6	葛丹懋礼示中华小学	Virac，Cataduanes			
	6	彬那吗拉鄢华侨民英小学	Pinamalayan，Or. Mindoro			
	6	玛利礼贺示中华小学	Madridejos，Cebu			
	6	西礼智中山小学	Baybay，Leyte			
	6	甲描育中华小学	Calbayog，amar			
	7	马尼拉普贤小学	Manila	1959		1960年中学部改文殊中学，1961年中小学复合改普贤中学
	7	甲美地中华小学	Cavite City			
	7	丹辘侨星小学	Tandag，Surigao del sur	1951		1956年中学部停办

（续上表）

创办年月		校名	校址	增办中学年份		备注（改名、合并、停办、合办、改制）
				初中	高中	
1947	8	阿虞山培青小学	Butuan City，Agusan	1955		阿虞山培青初级中学
	8	纳卯万里山中华小学	Digos，Davao del Sur			万沙兰、里敖示、山打古律三社合并
		三描义远中华小学	Guiuan，Samar			停办
		务朗岸中华小学	Borongan，Samar			1964 年停办
		吗宇万育贤小学	Mauban，Quezon			停办
		矸岛中华小学	Mambajao，Camiguin			停办
1948	2	巴捞实华侨培植小学	Placer，Surigao del Nnorte			停办
	4	仙朝峨中华小学	Santiago，Isabela			
	5	宿务建基小学	Cebu City	1956	1958	宿务建基中学 1965 年改菲制
	6	菲律宾中国学校	Manila			停办
	6	黎刹市中华小学	Rizal City			停办
	6	加南描华侨黎明小学	Calamba，Laguna			停办
	6	鱼雁地侨商小学	Gigantes Is.，Iloilo			停办
	6	安湾鄢岸四社中华小学	Cabalian，Leyte			安湾鄢岸、加描连、兴南那鄢四社合办
	6	安知计中华小学	Sann，Jose，Antique			停办
	6	仙葛洛中正小学	San，Carlos，Negros Occ.			

（续上表）

创办年月		校名	校址	增办中学年份		备注（改名、合并、停办、合办、改制）
				初中	高中	
1949	6	纳卯中华中学加冷岸分校	Calinan, Davao City			1957 年独立后改纳卯加冷岸华侨小学
	6	古岛中华中学棉西叶分校	Midsayap, Cotabato			停办
	6	亚俞兰中华小学	Aloran, Misamis Occ.			停办
	6	新良岸华侨小学	Sindangan, Zamboanga del Norte			停办
	6	拉巴育英小学	Dapa, Siargao Is, Surigao del Noate			停办
	5	盒捞省树人小学	Bangued, Abra			
	6	马尼拉妇女职业学校	Manila			
	6	嘉老沃培新小学	Caluag, Quezon			
	6	北三描华侨小学	Catarman, Samar			战前加淡万设有中心学校
	6	描丝兰中华小学	Lamitan, Basilan City			1969 年 7 月停办
		计顺四区侨联小学	Unisan, Quezon			停办
1950	4	马尼拉育英小学	Manila	1967		
	5	马尼拉震华学校	Manila			马尼拉震华中学
	6	光汼纪念学校	Manila			
	6	晨光小学	San Juan, Rizal			

资料来源：王瑞芳：《七十年来菲律宾华侨学校之发展》，《马尼拉中西学校七十周年校庆纪念特刊》，马尼拉：中西学校，1969 年，第 337 页。

二、华校课程与弊端

美国殖民统治时期，菲律宾华侨学校的设立与经营不受任何限制。华侨学校的宗旨，一方面要教育华侨的子女懂得中国语言文字，了解祖国的历史文化，真正成为中华民族的子孙；另一方面又要培养他们的谋生技能，使他们发挥才干，保存祖先的基业，继续发展进步，奠定永恒的基础。[①] 为此，华侨学校的课程设置仿效国内，课本教材也来自国内。同时，为满足实际生活的需要，适当增加一些英文和簿记等课程。教育菲化后，菲律宾教育部规定华侨学校虽可继续存在，但必须依法令开足英、菲文课程，聘请合格的菲籍教师，剩余的时间始可开设华文课程。

（一）中英文双重学制

菲律宾华侨教育有特殊的情形，那就是中英文双重学制，这与东南亚其他国家的华侨教育学制相比是独有的现象。所谓双重学制，就是在读学生在接受中国模式的中文教育同时，还要接受菲律宾教育体制的英文教育。按照菲律宾教育体制，中小学校实行半天的上课制度，学生只在上午或者下午上课学习。这是由于菲律宾人口急剧增长，政府教育经费不足，添建的校舍有限，无法满足学龄儿童迅速增长的需求。在这种情况下，菲律宾教育部规定，实行半日教学制度，以充分利用现有的校舍，让学龄儿童和青年都有上学机会。当然，这种制度也便于高年级学生半工半读，减少家庭负担。对华侨学校来说，学生可以半天接受中国模式教育，半天接受菲律宾模式教育。[②] 于是，大多数华侨学校规定，上午依照民国教育部、侨务委员会所颁布的《侨民学校课程标准》教授中文课程，下午依照菲律宾私立学校教育局规定教授英文课程。这主要是家长和学校都认为学习中文比学习英文难，上午学生精力充沛、思维活跃，学习中文比较合理。（在马尼拉也有极少数华侨学校例外，即学生上午接受英文教育，下午再接受中文教育。）由此看出，华侨华人为使子女能在菲国生存和发展而设立英文部，但又为了避免子女菲化，而设立中文部。[③]

由于华侨教育是双重学制，故华侨学校上午开办的中文部，教师都是中国人，教授中国式的中文教育；下午开办英文部，教师是菲律宾人，教授菲律宾式的英文教育。中文部课程是依照中国教育部与侨务委员会有关规定执行，课程体系与国内相同，只是由于时间限制，一些术科授课时间略为减少。英文部课程，按照菲律宾教育部暨私立学校教育局所的规定执行，学制与课程与菲律宾学校完全相同。因此，华侨学校的英文部不但招收华侨学生，还招收菲籍学生。事实上，侨校的英文部都有菲籍学生，大多数是菲籍教师的子女。

---

① ［菲］鲍事天：《菲律宾华侨教育概况》，《菲华年鉴》（1964—1965），马尼拉：菲华商联总会，1965 年，第 O－37 页。

② ［菲］陈烈甫：《菲律宾华侨教育》，台北：海外出版社，1958 年，第 118 页。

③ 夏诚华：《战后菲律宾政府菲化政策对华文教育之影响》，《东南亚华人教育论国际研讨会文集》，1995 年，第 96 页。

华侨学校有两套完全不同的学制，中、英文部之间互不干涉。中文部小学六年，初中和高中各三年。英文部小学六年，中学四年。中文部高中毕业生可以回国升入大学，却不能入菲律宾大学。相反，英文部中学毕业生可以升入菲律宾的大学，却不能升入中国国内大学。同时，两部的监督机构完全不同；设立中文部要向侨务委员会申请立案，接受侨务委员会与中国“驻菲大使馆”的监督。设立英文部要向菲律宾私立学校教育局申请立案，接受教育局所派督学的督察。中国“驻菲大使馆”督察侨校时，只检查中文部的教育和管理。同样，菲律宾教育部督察侨校时，只管英文部的办学情况。中、英文两部受不同部门、不同标准的督察，可能会出现中国督察组检查时，评价侨校办得很出色，而菲督察组认为此侨校办理不善的情况。另外，侨校学生要缴双重学费，每学期有两种不同的成绩单，毕业时有两张毕业证。但是，在双重学制下，学生既把中文学好，又把英文学好，是十分困难的事情。①

华侨学校的中、英两部，校名相同，但分别用中、英文书写，由同一个校董负责筹措学校的经费和规划建设。校长统管中、英两部，但英文部另设一个主任，具体负责英文部的教学工作。有的校长通晓英文，还对英文部有所过问，而不懂英文的校长对英文部就完全不闻不问了，有的英文部主任在呈报菲教育局的文件中还被称为校长。②

（二）华侨学校的课程

华侨教育是国民整体教育内容，所以它的教育宗旨、课程内容、教材大纲与师资培训等，均与国内相符。因此，菲律宾华侨学校根据国内教育体制和非教育部要求制定了课程，中、英文部的课程设置通常为：

小学中文部课程：语文（国语、文法、书法）、算术、劳美音（手工、图画、音乐）、社会科学（公民、常识、历史、地理）。

小学英文部课程：英语（文法与会话、阅读与发音）、菲国语、算术、社会科学（菲家庭生活、菲国风土、菲国地理、初级地理、菲历史与政府）、卫生与体育、书法、音乐。

中学中文部课程：国文（阅读与作文、文学与文学史）、公民、社会科学（本国史、本国近代史、西洋近代史、本国地理、世界地理、教育学）、数学（算术、代数、几何、解析几何）、自然科学（博物、化学、物理、生物学）、劳

---

① Victor Go, “The Three Main Problems of the Chinese Language Education in the Philippines”, in Teresita Ang See and Lily T. Chua, eds., *Crossroads: Short Essays on the Chinese Filipinos*, Manila: Kaisa Para Sa Kaunlaran, Inc., 1988, p. 44.

② ［菲］陈烈甫：《菲律宾华侨教育》，台北：海外出版社，1958 年，第 119 ~ 122 页。

音美（劳作、音乐、美术）。

中学英文部课程：菲国语、英文（阅读、文法、作文）、社会科学（世界史、东方史、美国史、菲社会生活、菲史与政府、经济学、菲国经济）、数学（代数、几何）、实用教育学、自然科学（科学概论、生物学、物理学）、体育。①

从课程设置可以看出，华侨学校的体制和教育培养目标，既学习菲律宾的教育文化，又兼顾中国文化的教育。中、英文部的共同课程是基础科学文化知识，不同的是中文部课程以中文为教学媒介语，侧重于民族历史和中华文化知识；英文部课程以英语为教学媒介语，主要注重菲律宾的历史、政治、地理、经济和风土人情。

华侨学校按其创办者及经费来源，可分成以下几类：第一类是各地商会或直接由商人出资创办的学校，包括各地教育会创办及资助的学校，它们占有上述学校的相当大部分；第二类是各地各界侨胞共办的学校；第三类是由国民党组织创办的学校；第四类是由其他社会团体、宗教团体、教育界同人创办的学校。不论是哪一类学校，都普遍存在办学困难。

（三）办学的困难问题

1. 学校经费困难

华侨学校办学经费的来源，一是来自学生学杂费，二是来自侨社各界特别是商界的捐款。学杂费收入受学生人数的制约，学校大学生多，经费便较充足；学校小学生少，学杂费收入就不敷学校开支。至于捐款，即使像教育附捐这样有一定强制性的办法，有时也是难以保证，因而经费是极不稳定的。个人认捐、教官附捐，既然是一种义行，不可能给予法律上的强制，认捐可以食言，附捐也可能抗缴，少数热心人士也难以长期全力负担经常不足的学校经费。所以，几乎所有的学校都曾遇到经费困难，以致学校不能扩大，甚至有不少学校发不出教职员工的薪金，交不起校舍的租金。② 一些学校因而取消分校，降低或拖欠教职员工的薪金。为解决经费困难，各地各类侨校都纷纷自行筹款。其办法不外乎发售彩票、发行募捐券和演剧筹款。但这些办法实行起来困难也不少。发售彩票与居留地法律相抵触，同时购买募捐券无形中又加重了一些热心人士的负担。演剧筹款更是消极的办法，正如中西学校校长、华侨教育界著名人士颜文初谈到演剧筹款时说：

---

① 周聿峨：《东南亚华文教育》，广州：暨南大学出版社，1995 年，第 225 页。

② Victor Go, "The Three Main Problems of the Chinese Language Education in the Philippines", in Teresita Ang See and Lily T. Chua, eds., *Crossroads: Short Essays on the Chinese Filipinos*, Manila: Kaisa Para Sa Kaunlaran, Inc., 1988, p. 45.

由是甲校演剧筹款，乙校亦演剧筹款，埠中热心教育者有数。既慷慨交纳附捐，复解囊购买剧券。俗话说："软土深掘"，在情理亦说不去。且分学生宝贵时间，忙于售票练剧，亦非永久方法。①

困难虽多，但还得硬着头皮去实行这类办法，可见学校经费拮据到了相当严重的程度。1934 年，颜文初大声疾呼"近年岷埠华侨教育，几沦于破产"。马尼拉侨校的资金状况尚且如此，其他"山顶州府"侨校的经费情况，就更加短缺了。

2. 华侨学校学生人数少

在菲律宾，既有马尼拉人数上万的庞大侨社，也有百十人的小侨社。对大侨社而言，学生来源充足，一些学校，特别是像中西学校那样的著名学校，限于校舍不足，虽然竭力多招学生，仍不能满足学生的入学要求。马尼拉也有学生不到百人的学校。1934 年，在统计学生人数的 18 所学校中，有 3 所学校只有学生 43 ~ 80人。马尼拉以外的"山顶州府"，学生少几乎是普遍现象。同年，在统计学生人数的 43 所省、市、镇学校中，拥有 112 ~ 370 名学生的只有 6 所，不及 14%；不足 30 名学生的有 19 所，占 44%。其中，一些学校仅有 12 ~ 19 个学生。学生虽少，可班级俱全，教师需 1 ~ 3 人才能维持较正常的教学活动。复式教学更是普遍现象。教师负担重，但维持费用也不少，因而经费更感困难，侨界负担压力也大。

3. 教学语言难以统一

20 世纪 20 年代中期以前，华侨学校上中文课程，因闽、粤籍学生方言不同，一般按籍分班，分别用两种方言讲授。下午上英文课程时，两籍学生则合班上课。这不仅给教学带来很大的困难，而且他们相互之间也无法沟通和交流。从 1925 年起，华侨教育会发起提倡国语运动。马尼拉一些学校在夜校设国语专修科，从实践中加以提倡，报界也大力鼓吹。作为推进国语运动的机构——猛醒国语研究社也于同年成立。于是，在华侨学校里也逐渐用国语代替方言。至 1929 年，华侨教育会通知各校，此后不得再用方言授课。教学语言问题终于得到妥善的解决。

4. 教材不适应的问题

菲律宾各华侨学校的中文课程，采用国内商务、中华两书局出版的教科书。这些教材作为认字范本，超过了侨生的文化水平；作为传授知识的媒介，则脱离

① 颜文初：《菲律宾华侨教育会二十年概况》，《菲华岷里拉中华商会三十周年纪念刊》，马尼拉：菲华岷里拉中华商会，1929 年，第 149 ~ 150 页。

了菲律宾情况和侨生知识的实际。[1] 在“二战”前，教材问题一直都未能合理解决。华侨学校虽然存在困难很多，但华侨教育会的“领袖”们还是殚精竭虑，设法克服困难，使华文教育在海外得以传承和发展，为中华文化在菲律宾发扬光大作出了可贵的贡献。[2]

三、个案分析：菲律宾中正学院的发展之路

菲律宾中正学院是全球唯一一所涵盖幼儿园、小学、中学、大学的完整教育体系，并以招收华裔子女就学为主的高等学府。该校不仅为传承文化作出巨大贡献，也为菲律宾侨社和主流社会培养了大批人才。中正学院的前身是中正中学，后与华侨师范专科学校合并成为中正学院。中正学院的发展从侧面反映了“二战”后菲律宾华文教育的辉煌成就，也见证了“二战”后菲律宾华文教育的动荡过程，从该校的发展可以窥见“二战”后菲律宾华文教育的演变。

（一）中正中学的创办

1937 年 7 月 7 日，日本军国主义炮制了震惊中外的“卢沟桥事变”，从此揭开了中华民族反抗日本侵略的斗争序幕。在此情况下，菲律宾广大华侨心系祖国的安危，同仇敌忾，掀起了各种救亡图存的反抗日本军国主义浪潮。由于日军的侵略，许多难民和移民涌向菲律宾，由此带来了华侨子女的教育问题。

1939 年，为解决菲律宾大量华侨子女的教育事宜，主要是许多华侨小学毕业生无法继续升学的问题，在菲律宾推广教育工作和宣传抗日运动的中国国民党中央常务委员王泉笙先生，[3] 邀集郑汉荣，林珠光、黄其华、张家福、周冰心等教育界人士，商讨在菲律宾筹建海外华侨学校事宜。此项提议得到菲华社会杨启泰、吴宗明、郑玉书、王立璇、吴江流等侨领的积极响应和鼎力支持，遂成立菲律宾华侨学校筹备处。筹备处设在马尼拉普智学校，并公推王泉笙先生为筹委会

---

① Victor Go, “The Three Main Problems of the Chinese Language Education in the Philippines”, in Teresita Ang See and Lily T. Chua, eds., *Crossroads: Short Essays on the Chinese Filipinos*, Manila: Kaisa Para Sa Kaunlaran, Inc., 1988, p. 45.

② 黄滋生、何思兵：《菲律宾华侨史》，广州：广东高等教育出版社，1987 年，第 360 页。

③ 1886 年 9 月 15 日，王泉笙出生在福建晋江，祖籍福建惠安。他先后毕业于鼓浪屿寻源书院与福州法政讲习所。1905 年，王泉笙加入中国同盟会，追随孙中山先生投身国民革命。1916 年，他奉孙中山先生之命来菲推广教育，宣传革命。1921 年，他在菲律宾创办“普智学校”，后又创办“中正学校”。王泉笙奠定了中正学校的根基，为菲律宾华文教育的发展作出了不可磨灭的贡献，深得侨众的敬佩。

主任。[①] 侨众经商议后认为，恰逢国家危难的时刻，兴办海外华侨学校不仅能使华侨学生接受教育，而且还能为振兴中华积蓄力量，如果以领袖之名来命名学校，更能服从领导，有利于形成合力，引导菲律宾华侨青年报效国家，于是就取蒋介石的字“中正”作为即将创办华侨学校的校名。[②]

王泉笙先生借助回国参加中国国民党五中全会的机会，向国民政府禀报筹建中正学校的情况，得到国民政府教育部的批准。经华侨社会的努力，中正中学也得到了菲律宾自治政府的核准。于是，菲律宾华侨社会推举侨领杨启泰先生为中正中学董事长、常务校董王泉笙先生兼任校长。同时聘请黄其华先生为教务主任、鲍事天先生为训育主任、张家福先生为总务主任、周冰心先生为秘书主任，并积极着手建校具体事宜。经董事会商议决定，租赁马尼拉中山街旧房作为学校的办学场所。

为适应当时国际形势的需要，考虑菲律宾华侨社会的实际情况，中正中学提出办学的四大目标：第一，为华侨社会培育华裔青年，使在菲律宾成长的青年成为社会的有用人才，并为侨社的发展贡献智慧和力量。第二，为祖国建设储备人才。青年是国家的中坚分子和未来，对国家兴亡负有重任。在祖国时局恶化，国难方殷，要求华裔青年在服务侨社之余，须竭力支助祖国建设，促成复国大业，以尽国民天职。第三，做东西文化交流的使者。中华文化源远流长，绚丽灿烂，然而，近代以来西方文明异彩纷呈，特别是科学技术的快速发展引领世界。博采众长、兼容并蓄，以推动中国社会的发展是青年学生责无旁贷的责任，青年学生应该肩负起沟通中外文化的使命。第四，促进中菲友谊。中菲两国一衣带水，发展友好关系符合两国人民的共同利益。[③] 由此看来，中正学校在初创之时，其所肩负的时代使命非常艰巨，且对侨社、对国家都具有重大的历史意义。

1939 年 6 月 6 日，中正中学在菲律宾华侨社会各界的积极参与和共同努力下成立。中正中学标志着移居菲律宾华侨筚路蓝缕、艰辛走过三个多世纪后社会地位的提升，也标志华文教育跨入新的发展时期。中正中学缓解了华侨子弟进入中学教育的困难，首届就招收了 273 名华侨学生，分成初中五个班、高中两个班开始上课，为华侨子弟日后接受高等教育提供了可能。[④] 菲律宾华侨社会对此极为关注，期待把他们培养成思想健全、热爱国家、服务社会的人才，以争取抗战的

① 《王故校长泉笙先生逝世五十周年纪念特辑》，马尼拉：王故校长泉笙纪念基金会，2006 年，第 16 页。

② 《菲律宾中正学院简介》，马尼拉：菲律宾中正学院，1992 年，第 14 页。

③ ［菲］鲍事天：《发扬中正精神——达成创校目的》，《养浩集》，马尼拉：菲律宾中正学院诗田文教基金会，1996 年，第 95 页。

④ 《菲律宾中正学院简介》，马尼拉：菲律宾中正学院，1992 年，第 15 页。

胜利。

（二）中正学校遭受重创与恢复

日军占领马尼拉时，中正学校成立还不到3年。由于中正学校是华侨所办，又是培养建国和抗日英才的学校，因此成为了日寇重点破坏的目标，中正学校的许多庐舍成为废墟，校务完全停顿，设备被掠劫一空，学校被迫关闭，大部分教职员生及校友疏散外地。许多中正同学不甘屈服，或参加地下抗日斗争，或参加游击部队英勇抗敌，有14人在战斗中牺牲或落入敌手惨遭杀害。[①] 日军占领菲律宾期间，华文教育陷于停顿，中正学校无论是校舍，还是人员伤亡都十分惨重。

1945年2月，美军登陆礼智（Leyte Province）。随后，马尼拉光复。王泉笙校长因公滞留重庆，由代理校长兼教务主任黄其华先生与训育主任鲍事天先生领导，积极筹备复校工作。7月，中正学校以五班补习班开始上课，同年10月，黄其华先生因事回国，校政由鲍事天先生主持。11月，王泉笙校长自重庆回到马尼拉，复校工作全面展开，董事会聘鲍事天先生为代理校长、庄馥冲先生为教务主任、陈唯深先生为训育主任。12月3日，中正学校正式复课，但由于被日军毁坏严重，所有教务工作举步维艰，可谓经营惨淡。校董事会及华侨社会热心人士倾其所有，竭诚捐助，使学校克服种种困难，日常教学逐步恢复。在华侨社会的鼎力扶持和帮助下，中正学校走出困境，莘莘学子，弦歌如昔。

1946年上半学期，中正学校学生人数骤增，达到了720余名，导致学校校舍不足，校董会经过商议，筹资21万元巨款，购地8 000平方公尺（即今址）来建筑新的校舍。1947年4月开始动工，翌年，西楼10间课室竣工。初一及初二共9个班先行迁入。1948年5月起建正楼及东楼，8月下旬完工后，全部学生迁入新的校舍，至此中正学校迎来新的发展时期。

（三）带领华侨学校与教育菲化案抗争

1955年1月，在“菲化运动”的蔓延下，华文教育领域终于被染指。菲律宾众议院反菲活动委员会称，有华侨学校宣传共产党思想，有些华侨学生从事反菲活动。[②] 随后有些马尼拉报刊大肆渲染，甚至有政客建议关闭华侨学校。为

---

① ［菲］鲍事天：《中正学院扩制成立经过》，《诗田言论选集》，马尼拉：菲律宾中正学院诗田文教基金会，1991年，第200页。

② *Report of the Board of National Education*，*1955 – 1957*，Philippine Department of Education and Culture，Manila，p. 3.

此，菲律宾政府成立了专门委员会，就侨校的经营、教学和管理进行调查。[①] 这一变故使华侨学校处在动荡中。

在台湾“驻菲大使馆”公使代办周书楷的斡旋下，菲律宾调查委员会召集中正学校校长鲍事天、侨中学校校长黄澄秋、曙光学校校长潘葵村、爱国学校校长刘芝田 4 人，代表华侨学校到菲教育部汇报办学情况，鲍事天阐述了侨校完全符合菲政府法规的充分理由，以及有利于菲律宾教育的立场。1957 年 4 月 15 日，为抗争教育菲化案对华文教育的冲击，菲律宾华侨学校成立了“菲律宾华侨学校组织联合会”，推举中正学校校长鲍事天为筹备主任。1960 年 1 月，菲律宾反菲小组委员会主席贝礼示提议关闭侨校，理由是华侨学校办学不符合菲教育法规。为此，中正学校校长鲍事天等 4 位校长被邀到菲国会作证，鲍事天以中正学校为例，将中正的历史、校产、学制、学生人数、中菲教员人数与教员薪金等进行了详细说明，最后强调：中正董事会是合法的财团法人，是由非营利无股份的公司管理全校财产；中正招收学生，不分国籍、种族或宗教信仰，有不少菲人子女在中正就读，中文教育只是教导学生勤劳守法做好公民，并无引导学生效忠中国的情形。[②] 1964 年 6 月，鲍事天撰写专论，从菲律宾宪法、私立学校法、中菲友好协定和美国数州政府法庭判案等方面，说明华侨在菲律宾教育子女均应受到法律保护。[③]

1973 年 4 月，虽然在以菲律宾中正学院为代表的华侨学校的共同努力下，马科斯总统根据新的宪法条款公布“176 号行政令”，规定自 1976 年开始，华侨学校必须完全履行宪法新条款，教育菲化案彻底执行。6 月，菲国所有侨校遵令一律菲化，本学院大学部科目照旧，外加教育部所规定之课程。中学部开设四年制的英文中学，但仍保留华文科目。另请准开设两年制大学先修班，以补足旧制高中部分课程。小学部亦获准保留华文科目。培幼园开设托儿所一年，幼稚园两年。[④]

---

① Jesus E. Perpinan, “New Controversy over Chinese Schools”, in Shubert S. C. Liao, *Chinese Participation in Philippine Culture and Economy*, Manila: University of the East, 1964, p. 333.

② ［菲］鲍事天：《四十年前抗争菲化侨校的艰苦历程》，《养浩集》，马尼拉：菲律宾中正学院诗田文教基金会，1996 年，第 57 ~ 64 页。

③ ［菲］鲍事天：《关闭侨校问题——侨校设立是否违宪？危及菲国利益？阻碍同化？》，《诗田言论选集》，马尼拉：菲律宾中正学院诗田文教基金会，1991 年，第 135 ~ 146 页。

④ 1979 年 6 月，鲍事天院长服务满四十年，正式退休，校董会聘苏荣章接任。1983 年 4 月，董事长杨启泰先生病逝，董事会改选鲍事天继任董事长，李治民、庄长荣、柯成焕 3 位先生为副董事长。1989 年 3 月，苏荣章院长申请退休，校董会聘请邵建寅先生接任。

（四）中正中学升格为中正学院

“二战”后，菲律宾政府改变移民政策，限制华侨入境。但赶上华侨社会生育高峰，入学儿童的人数相应大幅度上升，新办的华侨学校如雨后春笋，华文教育蓬勃发展起来。由于国内教师来菲受到限制，只能就地取材，许多高中毕业生被补充到师资队伍。因为他们没有接受师范教育，华文教育质量日趋低下。为此，台湾“侨委会”及“教育部”来菲考察，建议由中正中学董事会成立华侨师范专科学校，以解决华校师资不足的问题。

1955 年 6 月，经菲律宾教育部批准，创办华侨师范专科学校的议案获得通过，以培植侨校教育人才，弥补华文学校师资不足的困难，提高菲华教育水准。菲律宾华侨师范专科学校也是海外唯一的培养师资人才的华文学校，学生多为马尼拉市区及其近郊华文小学教员，实行半教半读、在职培训等制度，以取得中学执教资格。同时，华侨师范专科学校也设有暑期班，便于外省华文学校在职教师假期进修。老师由国内聘请的知名学者，达 20 余位。① 该校在提高华侨文化水平、促进中外文化交流、传播中华文化等方面功不可没。

1956 年 3 月 16 日，王泉笙校长病逝，校董事会决定暂由杨启泰董事长兼任校长一职。而重要职责的校务工作，委托鲍事天博士主理。为追怀已故校长王泉笙先生毕生为侨教尽瘁之丰功伟绩，门人弟子以及董事员生乃联合发起筹建泉笙文教纪念馆。翌年，适逢王故校长周忌，动土奠基，建立本学院第一座钢筋水泥四层高楼。1958 年 5 月楼成，将图书馆、生物室、化学室、物理室迁入其中。6 月，在文教馆底层位置吸纳“华侨失学儿童补习班”为本校正规教育，并定名“泉笙培幼园”。

菲律宾华侨师范专科学校自建立以来，致力于培养专业人才，这及时弥补了华文教育师资不足的状况。但随着菲化运动的浪潮不断高涨，新的华侨学校很难设立，华文教育师资区域平稳。为此台湾“侨委会”提出，将该校合并到中正学校并升格为中正学院的构想，以实现资源互补和重新组合，提升华文教育层次，但该畅想未得到菲教育部的批准。然而，两校在 1960—1963 年连续失利的情况下，仍然坚持争取菲教育部的同意。1965 年春，经过多次协调和沟通，菲政府终于批准此项申请。同时，作为 1966 年“中菲友谊年”的实际表现，中正学院也以崭新的姿态肩负起菲律宾华文教育新的使命。1965 年，扩充编制，把华侨师范专科学校并入中正中学。原来的两年制华侨师范专科学校改制为四年制

---

① ［菲］鲍事天：《中正、师专与学院》，《诗田言论选集》，马尼拉：菲律宾中正学院诗田文教基金会，1991 年，第 207 页。

学院，扩办文史、教育两系，1966 年合并为文史教育系，增办商学系，设会计、企业管理、银行财务三组，学生总数达到 5 300 名，重新定名为“菲律宾中正学院”，由鲍事天博士任首任院长。菲律宾中正学院也成为华侨在海外创办的，以华文教育为基础、以弘扬中华文化为目的的唯一一所获得我国教育部及居留地政府批准的高等教育机构。① 1968 年复办实验小学。至此，菲律宾华侨学校已经发展到成熟阶段，从幼儿园至大学均已建立了完整的教育体系。② 中正学院成为菲律宾规模最大的华文教育学府，也是菲律宾华文教育进步的里程碑。③

（五）中正学院对菲律宾华文教育的贡献

中正学院作为高等教育机构成立后，按照菲律宾教育法的规定可享有学术自由的权利，这有力推动了华文教育的新发展。该校除了教授经教育部批准的课程外，还可开设特别班或补习班，教授中国文史学术课程，弘扬中华民族文化。华侨学校教育“双督查”后，中小学华文课程大幅删减，但中正学院可以开设中国语文专修班，为华侨青年继续进修、保持文化特质和提高华文教育水平创造了机会。中正学院系中国文化的海外研究机构，也是保存中国国粹和传承民族文化的理想场所，更是推进中菲文化沟通与交流的桥梁。同时，无论是对华侨社会还是主流社会来说，中正学院都为培养实用人才发挥了积极作用。至 1969 年，合并前的华侨师范专科学校有 11 届毕业生 273 名；中正中学的高中毕业生 27 届 4 449名，初中毕业生 35 届 7 935 名，英文部中学毕业生 22 届 4 109 名，英文部小学毕业生 22 届 2 504 名。④ 1970—1971 学年，中正学院共有学生 6 000 余人，是最大的也是唯一的华侨专科学校。⑤ 由此可见，中正学院是菲律宾华侨社会培养人才的摇篮。

中正学院早期的许多毕业生成为了菲律宾社会的中流砥柱和社会精英，如在菲律宾排名前三的富豪陈永栽（菲律宾国家航空公司董事长，烟草大王、啤酒大王）、施至成（菲律宾鞋业大王、SM 跨国公司董事长）、郑少坚（菲律宾首都银

① ［菲］鲍事天：《文化复兴与中正学院》，《诗田言论选集》，马尼拉：菲律宾中正学院诗田文教基金会，1991 年，第 220 ~ 221 页。

② 《菲律宾中正学院简介》，马尼拉：中正学院，1992 年，第 14 页。

③ ［菲］鲍事天：《发扬中正精神——达成创校目的》，《养浩集》，马尼拉：菲律宾中正学院诗田文教基金会，1996 年，第 96 页。

④ 潘肇英：《菲律宾华侨学校简介》，《马尼拉中西学校七十周年校庆纪念特刊》，马尼拉：中西学校，1969 年，第 493 页。

⑤ 萧曦清：《中菲外交关系史》，台北：正中书局，1995 年，第 695 页。

行董事长）皆是中正学院的毕业生，[①] 此外还有黄呈辉（总统特使、菲律宾钢铁大王）等各行各业的杰出人才。他们不仅为菲律宾社会作出巨大贡献，也关注着华文教育的发展，如陈永栽先生每年出资赞助500名华裔青少年来华进行一个月的语言实践，黄呈辉先生捐建中正学院的新校舍，邵建寅先生（中正学院前院长、董事长）为厦门大学和福建师范大学捐助图书馆等。应该说，中正学院对菲律宾华文教育的传承和发展，以及菲律宾国家的建设起到了十分重要的作用，其地位也是不可撼动的。

① 庄炎林：《世界华人精英传略·菲律宾卷》，南昌：百花洲文艺出版社，1997年，第52~60、160~174、119~127页。

第三章　菲律宾华文教育的进步与繁荣

20世纪50年代开始，菲律宾政府推行的“菲化运动”愈演愈烈，华侨社会受到了严重的冲击。在这样的背景下，代表全菲华社利益的领导机构“菲律宾华商联合总会”（以下简称“商总”）成立，扭转了华社群龙无首的状况。作为华侨社会商人的“领头羊”和代言人，商总对外与菲律宾主流社会进行沟通协调，对内加强对华侨社会事务的管理，增强华社凝聚力，支持菲律宾国家的建设。在商总的引领下，以血缘、地缘和业缘作为组织原则的宗亲会、同乡会和行业公会顺应华社的变迁与发展，捐助公益事业，加强自身文化和教育建设，注重提高华侨的文化教育。华侨社团同心协力，通过各种途径和措施，创办华文学校，华文报刊、华语广播以及创建华侨图书馆、华侨读书社等，营造中华民族文化的氛围，推进华文教育的快速发展，使菲律宾华文教育呈现出兴盛和繁荣的局面。

第一节　华侨社会对华文教育发展的有利因素

菲律宾政府出台多种政策来排斥华侨经济，华侨在与菲政府抗争的同时，努力开辟菲律宾政府允许经营的空白领域，使华侨经济逐渐由传统商品流通业转向工业制造业。华侨社会的经济不但没有削弱，相反还得到了提升。[1] 华侨经济实力的增强，为创办华文教育提供了物质基础和保障。菲律宾独立后，政府首先把菲化经济作为主要目标，其制定的菲化政策和严格的入籍归化条件，使华侨被置于极端边缘化的不利环境。为此，华侨社会在有条件的情况下，把华文教育作为传承祖国文化的手段，提高华裔子女的教育文化素养，使子女既可融入当地生活，也可回国为国家建设服务。这种心理需求在华侨社会是普遍存在的，这为“二战”后菲律宾华文教育的发展提供了巨大的推动力。

① 杨建成：《菲律宾的华侨》，台北：中华学术院南洋研究所，1986年，第2页。

一、商总的诞生与华侨社会的进步

（一）菲律宾华商联合总会的酝酿与成立

“二战”后，菲律宾华侨社会内部的矛盾加剧，引起华侨社会的动荡，最终导致了马尼拉中华商会的分裂。造成这种结果的根本原因就是菲律宾政府追随以美国为首的西方阵营，在国民党驻菲总支部的配合下，对华侨社会“亲共”人士进行打击，从而引发华社内部国、共两种力量的冲突和激化。华侨社会在内部事务和利益方面的矛盾，主要表现为马尼拉中华商会高层之间由于名利之争和政治取向不同而出现的分裂。马尼拉中华商会[①]曾为凝聚华社力量、维护华侨利益、促进华侨经济的发展作出过重大贡献，特别是中华商会带领华社抗争西文簿记案、菜市菲化案和零售商菲化案取得胜利，受到华侨社会的拥戴，被视为华侨社会的领袖机构。在菲律宾政府各种菲化案和禁侨案层出不穷，华社急需团结起来一致对外的紧迫之际，马尼拉中华商会理事长施性水与亲国民党的前任理事长杨启泰政治意见分歧愈加严重，杨启泰遂脱离商会而另行组建“华侨福利促进会”，马尼拉中华商会因此而分裂。面对菲律宾政府出台的各种排华和菲化政策以及其他强大的、错综复杂的外部压力，一些华侨华人提出开放门户的主张，目的是在全菲范围内吸收更多的华侨会员，整合华社力量并代表华社出面为维护华侨利益而抗争。马尼拉中华商会成立之初是全菲性的华侨组织，“二战”后，其会员只剩下马尼拉的华侨商店，加上华社内部的争斗致使商会影响力和实力下降。因此，中华商会便逐渐成了一个区域性的华侨团体。

菲律宾政府推行“菲化运动”后，华侨社会有人提出，“立即组织华侨社会最高机构，交涉不利法案，以应对华社复杂情形”[②]。而马尼拉中华商会不能代表全菲华侨社会，也就不能担当为华社争取权益的重任。因此，华社必须另行组织成立一个全菲华侨的最高机构取而代之。[③] 可见，菲律宾华侨社会与外部的冲突触发了内部矛盾，加快了华社力量的整合，进而推动了华侨社会的发展和进步。正如菲华著名华人学者施振民先生所言：“如果没有禁侨案和菲化案造成整个华人社会的不安，大概没有人会对当时的马尼拉中华商会的领袖地位和力量产

① 马尼拉中华商会的前身是 1904 年成立的小吕宋中华商务局，1927 年更名为菲律宾中华总商会，1931 年再次更名为马尼拉中华商会。

② 《菲律宾岷尼拉中华商会五十周年纪念刊》，马尼拉：菲华岷尼拉中华商会，1955 年，第甲 - 12 页。

③ 邓英达：《我在商总三十年》，马尼拉：菲华商联总会，1988 年，第 8 页。

生疑问。”①

1947年10月，由马尼拉中华商会主持的“全菲中华商会代表大会”在马尼拉召开。会议期间，有商会团体提出了组织一个全侨最高机构“菲律宾中华总商会”的构想，但这个构想在此次大会上的反响并不强烈。1951年1月，马尼拉中华商会召集华侨商会，举行了“第一次全菲中华商会理事长会议”。在会议中有关组织总商会的议案再次被提出，但会议审查小组拒绝审议该议案。② 1952年，菲律宾政府的菲化浪潮更加激烈，对华侨而言的“黄金时代”彻底结束，华侨处境也倍加艰难。11月29日，马尼拉中华商会主持召开了“第二次全菲中华商会理事长会议”，在会议中成立全华侨最高机构的议案第三次被提出，这次提案者除了马尼拉商会外，还有外省的17家商会，但此次提案仍无功而返。③ 马尼拉中华商会已成为没有名分的华社最高机构，将其抛开另组其他最高机构，自然非其所愿。因此，马尼拉中华商会极力反对这个提案，想方设法阻碍其被列入议事日程。由于马尼拉中华商会的抵制态度，组建华社最高机构的设想经侨领多次磋商，都未取得实质性进展。随着“菲化运动”的不断蔓延，华侨社会处于风雨飘摇的困境之中，成立全菲华侨的领导机构已经势在必行了。

1953年3月，华侨社会百货商会理事长王国来提出组织华社中心机构的主张。在华侨社会许多资深侨领的呼吁和推动下，同意加入中心机构的会员日渐增多。经过半年多的努力，此建议已得到了许多商业团体的支持，大家原则上同意设立华商联合会，继而推进组织全菲华侨最高机构的设立。1954年1月12日，菲律宾华侨各行业商会在马尼拉湾景旅社召开会议，讨论组织设立“商联”事宜。菲律宾华社舆论纷纷响应，《大中华日报》连续发表社论指出：“为适应菲律宾新政府的政策，为应对未来可能的困厄，我们认为是全侨开始行动的时候了，当务之急就是筹组代表全菲的华侨总机构，使领导有中心，权力可能集中，行动有步骤有目标，才能达成预期的效果。我们衡量今日侨胞的处境与艰难，认为要争取生存，必须组织，必须行动，必须有组织地行动，我们要求筹组统一领导的全侨最高机构，以破除内在的隔阂，以加强对外的一致。”④ 可见，此时的华侨社会对组建全菲华侨最高机构已趋向共识。

---

① ［菲］施振民：《菲律宾华人文化的持续——宗亲与同乡组织在海外的演变》，李亦园、郭振羽：《东南亚华人社会研究》（上册），台北：正中书局，1985年，第156页。

② 《菲律宾岷尼拉中华商会五十周年纪念特刊》，马尼拉：菲华岷尼拉中华商会，1955年，第甲-15页。

③ 张存武、王国璋：《菲华商联总会之兴衰与演变：1954—1998》，台北：中央研究院近代史研究所，2002年，第33页。

④ 蔡光曼、黄世耀：《菲华商联总会成立经过》，《菲华年鉴》（1964—1965），马尼拉：菲华商联总会，1965年，第A-15页。

1954年1月15日，“菲律宾各商业团体联谊会”正式成立。随着菲律宾麦格赛赛政府百日国会的临近，要求组建最高机构的呼声也更加强烈。在这种情况下，马尼拉中华商会顺应华侨社会主流意见，表示为维护华社团结，接受组建最高机构的建议。[①] 马尼拉中华商会在顾全大局的形势下作出了让步，同意参与筹建最高华侨机构。至此，菲律宾华侨社会各种力量空前团结，以应对和抗争“菲化运动”对华侨的冲击与影响。1954年3月26日，全菲中华商会理事长大会第一次会议在马尼拉皇后戏院召开，来自全菲216个商会的521名代表参加了此次大会。[②] 代表们讨论并通过了组织最高机构的提案，一致同意成立“菲律宾华商联合总会”。作为全菲华商之最高机构，商总是一个非营利组织，旨在协调菲华社会工、商、贸易及金融界活动，维持彼此间的和谐关系，仲裁调解会员间的纠纷，促进彼此间的合作，同时与菲律宾政府真诚合作，支持政府的经济发展及其他发展计划，以增进国家的繁荣。[③]

菲律宾华商联合总会的成立，宣告华侨社会进入了一个新的历史阶段，华社内部矛盾趋于缓和，实现了华社各方力量的调整与整合，华社呈现出相对团结和协调的良好态势，华社凝聚力大大增强。作为全侨最高社团机构，菲律宾华商联合总会拥有遍布全菲各地的55个商会和85个分会，形成庞大的网络，而且具有明显的政治功能，即对外保证华侨社会权益，对内维护华侨社会秩序。[④] 因此，菲律宾华商联合总会就像华侨的“自治政府”。这样，菲律宾华商联合总会因其强大的实力而具备了较大的影响力和号召力，责无旁贷地担负起了保护华侨和发展华侨社会的重任。

（二）华侨社会的进步及其对华文教育的推进

菲律宾华商联合总会凝结全菲华侨力量，确立了“团结全菲华侨配合中菲两国国策，谋求全侨福利，努力发展工商业，增进当地繁荣，加强友好关系”的发展宗旨。[⑤] 针对菲律宾社会的“排华”和歧视华侨的“涌流”，在“商总”的带领下，菲华社会根据华侨移出地大多集中在闽南地区、主要从事商业经营以及绝大多数华侨寓居马尼拉及附近地区的有利条件，首先致力于强化华社内部建设，以提升整体的文化素养和对外形象。菲律宾社会对华人形象的一般结论是：经济

① 蔡光曼、黄世耀：《菲华商联总会成立经过》，《菲华年鉴》（1964—1965），马尼拉：菲华商联总会，1965年，第A－15页。

② 邓英达：《我在商总三十年》，马尼拉：菲华商联总会，1988年，第3页。

③ 《菲华商联总会简介》，《第十届世界华商大会特刊》，马尼拉：菲华商联总会，2009年，第32页。

④ 宋平：《承继与嬗变：当代菲律宾华人社团比较研究》，厦门：厦门大学出版社，1995年，第9页。

⑤ 朱东芹：《冲突与融合：菲华商联总会与战后菲华社会的发展》，厦门：厦门大学出版社，2005年，第62页。

上，华人是富有的，但在社会地位上，华人与南部的穆斯林一样是卑微的。[①] 为此，华社实施了改变自身面貌、推进文化教育的行动，主要有以下几个方面：

1. 开展禁赌活动

在马尼拉及近郊等华侨居住集中的地区，盛行“花会”等形式的赌博，许多华侨沉迷于此而不能自拔。受赌博之毒害，有些华侨无暇顾及自己的生意经营，致使多年积攒下的殷实家业败落，甚至破产倒闭。此外，有时还会发生一些“赌红眼”的赌徒为翻本而去骗取他人钱财或谋财害命的惨剧，这使华侨为菲律宾人所耻笑。广大华侨对赌博之风深恶痛绝，有些华侨强烈呼吁，华社要想发展，必须禁赌。于是，菲律宾华商联合总会把禁止华侨经营、参与赌博作为其主要工作之一。为此，商总还专门召开会议商讨具体措施，并通过了禁止“花会”的有关决议：①侨胞即日起戒绝“花会”；②“花会”经营者停止开办“花会”；③请各侨团维护正义，共同取缔。经过商总的大力宣传和劝导，马尼拉及其近郊经营的“花会”，大多自动停止开办这种赌博活动。有的“花会”经营者虽然是菲籍华人，但对商总的劝告不予理睬。为此，商总即与当地治安机关配合采取行动，迫使这些“花会”限期停止了活动，从此使危害华社的赌博恶习销声匿迹。禁赌活动说明，华侨社会开始注意提高华侨素质，加强内部建设，这得到了广大华侨的支持。

2. 倡导移风易俗

在菲律宾社会中，华侨社会因经济条件较好，历来被菲人认为是有钱群体，而一些华侨的过分奢侈行为，也往往成为菲人嫉妒与仇视的对象。[②] 商总成立之后，为了消除华社的不良风气，立即在华社倡导节俭朴素的风尚，把节余的钱用于慈善和公共事业。为此，商总决定以举办大型的华侨集体婚礼作为提倡勤俭节约活动的开端。1954 年 8 月，商总为鼓励青年男女参加其主办的集体婚礼，发布了具体的细则和办法。这项活动对华侨青年十分有吸引力，愿意参加者只需持身份证和照片前来报名即可，婚礼的具体事宜都由商总负责办理，举办婚礼的全部费用也由商总承担。在 1954—1956 年，商总举办过 7 次集体婚礼，前后共有 40 对新人参加。倡导移风易俗，提升了华侨对外形象，也对改善侨社良好风尚起到了导向作用，也逐步改变了当地社会对华侨的不良印象。

3. 重视家庭教育

学校对儿童青年的培养教育固然重要，但学校教育只是教育体系的一部分，

① Teresita Ang See, *The Chinese in the Philippines*: *Problems & Perspectives*, Manila: Kaisa Para Sa Kaunlaran Inc., 1997, p. 25.

② Lily T. Chua, “On Austerity and Extravagance”, in Teresita Ang See and Lily T. Chua, eds., *Crossroads*: *Short Essays on the Chinese Filipinos*, Manila: Kaisa Para Sa Kaunlaran, Inc., 1988, pp. 79 – 80.

完整的教育体系还应包括家庭教育和社会教育。如果家庭教育和社会教育不能与学校教育相互配合，那学校教育的功能难免要受到限制，且对孩子的培养有时会事倍功半。也就是说，鉴定教育的成败，学校教育不是唯一的评价标准，家庭和学校对儿童的教育应该是相辅相成的。[①]“二战”前，作为商业社会的菲律宾华侨社会，华侨家庭大多从事工商事业，父母终日为生计操劳，很少能够抽出时间来指导子女的学习，甚至许多家长由于文化程度不高而没有能力来辅导子女，一般家庭多把子女的教育责任交付给学校，在华侨生活中，除了道德传统的影响以外，家庭教育还没有完善起来。[②]“二战”后，菲律宾华侨社会有一种好的风气，就是愿意花钱让子女接受教育。[③]中等的家庭要使子女接受大学教育，多数入本地英文大学，少数赴台湾或大陆升学。至于较为富裕的家庭，则要求子女赴美留学，这成为了一种风气。华侨之所以愿意尽量让子女接受较为充足的教育，一方面是认识到，随着时代的进步，没有较完善的教育，以后在社会立足与发展比较困难；另一方面，受菲律宾教育的普及与进步的影响，华侨看到菲人在知识方面的长进，认识到今后的华侨决不能像过去那样，只凭勤俭来建家立业。这种认识上的转变为华文教育开拓了广阔的空间。

个别华侨虽重视子女的教育，但在主动发挥家庭教育的功能方面还做得不够。华侨教育界往往感慨家庭教育不能与学校教育配合，因为许多家长把子女送到学校就认为尽到了责任。他们仍旧把教育子女的责任归结给学校，如果子女性格不驯，他们就归咎于学校教育与监管不严，这是大多数漠视家庭教育作用的华侨的通病。还有许多家长，并不是不知道家庭教育的重要，只是受自身文化水平的限制，不具备足够的能力，也无法采用适当的方式去辅导和教育子女。随着华侨社会的进步，年青一代的家长多数受过良好的教育，与老一辈华侨相比，教育子女是不成问题的。但一些在商业上成功的华侨，每天忙于生意，没有时间和精力管教子女，特别是经营小零售业和菜籽店的华侨，他们店铺的销售对象是贫苦菲人，这种小店一天要工作 16 个小时以上，等店铺关门后家长已筋疲力尽，无力再帮教孩子。这一类家长确实是希望学校能够负起他们子女教育的全部职责，但尽管如此，家庭教育仍然是绝对不可缺少的。事实上，儿童人格的形成和生活环境息息相关，家长的修养和品格直接影响孩子，应以言传身教来辅助学校教

---

① Rosita Tan，“The Other Side of Education—the Parents”，in Teresita Ang See and Lily T. Chua，eds.，*Crossroads*：*Short Essays on the Chinese Filipinos*，Manila：Kaisa Para Sa Kaunlaran，Inc.，1988，p. 67.

② 梁兆康编：《华侨教育导论》，台北：海外出版社，1959 年，第 66 页。

③ ［菲］陈烈甫：《菲律宾华侨教育》，台北：海外出版社，1958 年，第 203 页。

育。[1] 中产以上华侨家庭，同样忙于商业发展，用于管教子女的时间也是有限的。至于富商则多兼侨领，应酬繁多，在家中的时间自然较少，同样没有精力教育子女。但是，华侨自古有勤学的优良传统，虽然自己没有更多的时间照顾和教育子女，但他们还是极为重视家庭教育，通过传教儒家思想和中国伦理道德，来维系中国化的传宗接代。华文教育只靠华文学校教师的传授，而没有社会家庭的环境，是不能建功的。[2] 有责任心的家长常常把教育子女的任务交给母亲完成，因为在家庭教育的环节上母亲可能比父亲更为重要。菲律宾的华侨家庭一般较为富裕，作为华侨母亲是无须操劳工作的，因此能给子女以较为完善的家庭教育。有些殷富人家还聘请家庭教师教育子女，他们知道学校、教师和家长三方面密切配合，才能获得教育的最佳效果。[3]

4. *发展体育运动*

美国殖民统治时期，菲律宾社会处处彰显出美国文化的烙印，特别是在盛行体育运动方面。受此影响，菲律宾华侨社会体育运动风气甚浓，且当地大多时节的气候温润，适宜于各项体育运动。“二战”后，菲律宾社会经济迅速复苏，人民生活水平有了极大提高，体育、娱乐活动得到迅猛发展。[4] 华侨社会的体育运动也得到了普及和推广，各地侨社纷纷举办各种体育会，如黑白体育会、中华体协菲律宾分会等。深受华侨欢迎和喜爱的体育运动除篮球、足球、举重及田径外，还有羽毛球、乒乓球、游泳等。菲律宾华侨体育团体每年都去台湾参加比赛，尤其是篮球项目。因为当时许多华侨持有台湾护照，所以曾有不少菲律宾华侨好手加入台湾体育队参加国际比赛。另一项重要的体育团体为国术社，国术是中国的国粹，普遍流行于华侨社会。[5] 国术社有光汉国术馆、鸿胜国社馆、鸣谦国术社、岭南国术研究社以及菲华国术联合总会等，这些社团经常回到台湾观光表演，这对促进华侨社会与祖国的联系以及中菲文化的交流作出了极大的贡献。[6]

通过华侨社会组织的体育活动，青年团体组织也获得了一个良好的媒介和场所，逐渐发展起来。菲律宾华侨社会的青年团体组织相当发达，青年活动名目繁

① Rosita Tan, “The Other Side of Education—The Parents”, in Teresita Ang See and Lily T. Chua, eds., *Crossroads: Short Essays on the Chinese Filipinos*, Manila: Kaisa Para Sa Kaunlaran, Inc., 1988, p. 68.

② 小禹：《华校的改革有待大胆的突破》，《融合——菲律宾华人》，马尼拉：菲律宾华裔青年联合会，1990年，第184页。

③ 陈巧琦：《华文教育的另一面——家长》，［菲］洪玉华、蔡丽丽：《十字街头：菲华社会文集》，马尼拉：菲律宾华裔青年联合会，1988年，第72页。

④ 潘肇英：《七十年来的中西学校概况》，《马尼拉中西学校七十周年校庆纪念特刊》，马尼拉：中西学校，1969年，第433页。

⑤ 李惠堂：《菲律宾侨胞的体育》，《自由日报》（缅甸），1957年2月26日、3月3日。

⑥ 周胜皋编：《海外华文学校教育》，台北：侨务委员会侨务研究室，1969年，第79页。

多。这种组织与活动，无形中对华侨青年起到了一种社会教育的作用，而各种活动中以体育活动最为普遍。侨社借体育活动增进华侨青年的合作与团结，并借经常“返国”参加比赛之机增强与“祖国”的联系，增加对“祖国”的认识。因此，侨社组织的体育活动在推动菲律宾华侨社会的进步方面意义重大。①

在华侨社会的共同努力下，各项活动的开展有效地强化了华社内部建设，改变了华侨在菲律宾人心目中的不良形象。长期以来，菲律宾对华侨社会形成了一种偏见，而见诸报端的对华侨的报道往往都是负面的。如格雷戈里奥·F. 赛德在其所著的《菲律宾政治文化史》中，将菲律宾人对华人的看法作了这样的归纳：“华人是可憎的，因为他们是经济上的支配者；华人是古怪的，因为他们是文化上的异己者；华人是讨厌的，因为他们是文化上的宗派主义者；华人是不忠诚的，因为他们在政治上是不可靠的。”② 由此看来，菲律宾人对华人的诋毁是十分危险的。但华侨自身也的确存在一些问题，一些华侨的铺张浪费和赌博恶习，给当地人留下了极差的印象，商总致力于摒弃这些陋习败俗，以塑造华侨的新形象，来消除菲律宾人“排华”的借口，进而增进菲华民族间的了解和友谊，这是明智之举。此外，为推进华文教育事业的发展，商总联合华侨学校联合会等团体，组成一个专门小组来解决华校师资的不足、提高华校师资质量问题。1955年4月，商总组织了菲律宾第一届华侨学校教师讲习班，除了请菲律宾本地教育工作者授课外，还从台湾请来教育专家开设讲座。讲习班为期六周，有200余名教师参加，收到了较好的效果。此后，商总定期举办各种形式的讲习班，涵盖了华文教育的各级师资，为推动菲律宾华文教育的发展作出了重要的贡献。

二、华社的国语运动

（一）国语运动的缘起

中国幅员辽阔，早期由于交通不便，造成了各地方言复杂，以至于不同地域的人在会面时交流困难。晚清时期，许多教育学者认为，中国民众要感情融洽，同仇敌忾，反抗列强，国家才能兴盛发达，而语言是传递信息和表达情意的工具，统一语言是当务之急。在这种情况下，清政府开始商讨推行通用的汉语，即“国语运动”，遗憾的是最终没能施行。中华民国成立后，教育部在北平召开教育会议，研究注音方案和国音标准。1918年，教育部公布注音符号，作为全国

① ［菲］陈烈甫：《菲律宾华侨教育》，台北：海外出版社，1958年，第209～210页。
② ［菲］洪玉华著，黄滋生译：《菲律宾华人的形象》，《东南亚研究》1994年第1期，第40页。

民众通用的辅导音符，并以北平音为标准，再次推行“国语运动”。

国语运动使旅居菲律宾的侨胞受到了极大触动，激发了广大侨胞学习国语的强烈愿望。旅菲侨胞以闽、粤两省居多，两地的方言差异较大，且每省内部也有多种方言，所以他们不能理解对方的表达，无法正常交流。长期以来，这些方言宛如不同国家的语言，一定程度上造成海外华侨之间感情的疏远与隔阂。例如在菲律宾中西学校成立之初，闽、粤籍学生兼收，因为方言不同，教学便遇到诸多困难。“……自清末至民初，埠中尚无其他华侨学校，本校学生系闽、粤兼收。而当时国语还未普遍，粤籍董事提议另开粤籍学生班，聘粤籍教师。至于教授英文，则仍与闽籍学生混合上课。同属中国人，因言语不一，于汉文则闽粤分级而教，于英文则同堂而读，不仅可笑亦复可叹”①。中西学校率先聘请国语教师佟文锡先生来菲任教，由于授课时间有限，学生缺少练习的机会，教授效果并不明显。1916 年，王泉笙先生创办普智阅书报社，继而又创办普智学校。在宣传革命之余，他致力于国语教学的推进，聘请乔伯明先生来到普智学校担任国语教师，国语教学逐渐推广，华侨学习国语的人数不断增多。②

1923 年，陈迎来在马尼拉开办了菲律宾华侨中学。当时华侨中学的教师以江浙人居多，教授课程都用国语进行。为了使中小学的教学易于衔接，小学的国语教学显得尤为重要，但国语教师十分缺乏，往往是一位国语教师要兼授多所学校的国语课程，这在一定程度上影响了教学效果。后来陶锡麟、乔杰臣、陈文治等先后来菲，除在华校担任国语教师外，还利用业余时间在私人家庭或店铺等教侨胞学习国语。但因侨社大多数侨胞不懂国语，所以在举行各种纪念大会时，用国语的演讲者还要借翻译，除了翻译成闽南语以外，还要翻译成粤语。1926 年，为使国人重视国语运动，中国“国语统一会”举行了全国国语运动大会，目的是使人们了解国语的重要，呼吁人们学习国语，避免出现同为中国人却不能交流的尴尬局面。国人都会说国语，民众的感情自然融洽，不会再被人讥笑为“一盘散沙”了。同年，民国政府通令所有华侨学校改用国语教学。③ 当时伊静轩与乔仲敏正在厦门一带推行通用国语，为使此项工作辐射至海外华侨教育，菲律宾成为他们向海外推行国语的第一站。

1927 年，伊静轩应王泉笙的邀请，来到马尼拉担任国语教师。除在每班教授 1 ~2 小时外，还在夜校国语班授课。那时，在华侨社会能说国语的侨胞屈指

---

① 《菲律宾岷里拉中华商会五十周年纪念刊》，马尼拉：菲华岷里拉中华商会，1955 年，第 165 页。

② 伊静轩：《七十年来的菲华国语推行运动》，《马尼拉中西学校七十周年校庆纪念特刊》，马尼拉：中西学校，1969 年，第 384 页。

③ Chiong Tan Chang，“Recollections on Overseas Chinese Education”，in *Essays on Overseas Chinese Problems*，Taipei：Yung Shin Press，1954，pp. 80 – 81.

可数，即便是侨校教师们，能说流利国语的也不多。为了加强国语教学和引起更多的侨胞对国语的重视，伊静轩经常辅导教师学习国语，同时鼓励各校学生练习用国语说话。此外，他还组织过各华侨学校共同参与的国语演讲比赛，激发华侨学习国语的兴趣。1928 年，马尼拉华侨教育会在王泉笙校长的积极推动下，举办了暑期教师国语讲习班，并邀请了国语运动家乔仲敏先生来菲讲学。这次讲习班虽只有短短的两个月，但对国语运动的推动却意义重大。为了在更大的范围内宣传和推广国语运动，伊静轩商请驻菲总领事馆通令全菲侨校，在一年之内让所有的侨校教师都能尽快掌握注音符号，以便所有侨校全面改用国语教学。一些侨校教师与热心国语的人士，在他们所在地开办国语班，成立国音讲习所，给当地侨胞提供学习国语国音的机会。各地侨胞有的喜欢平剧，但欣赏平剧必须会听国语；有的喜欢看国语电影，但欣赏国语电影也必须学会国语。与国语相关的爱好和兴趣无形中助长了华侨学习国语的气氛。①

“卢沟桥事变”后，伊静轩抓住了这个爱国机会，向全菲侨胞宣传说国语的重要性。那时马尼拉东方大药房为招揽生意，与《华侨商报》合作，每日在马尼拉最大的 KZRM 广播电台广播节目。1939 年 9 月，伊静轩被邀请在电台作专题演讲，讲题是“抗战时期的华侨国语运动”，这次演讲进一步加强了全非华侨对国语运动的关注。受此促动，伊静轩与药房主人郑汉荣先生及《商报》副经理林曙明先生协商，利用广播节目时间，由伊静轩在电台义务教授国音国语。从那时起，伊静轩先生推广的国语运动由地面的学校扩大至空中的学校。② 这种在电台教授国语会话的方法，可以说是华侨教育史上的创举。

日本侵占菲律宾后，电台宣传国语的工作被迫停止。伊静轩录制的国语会话留声片以及《国语播音会话》等书籍，都被日军查封。日军对华文教育工作者更是肆意迫害，伊静轩本人也在被追捕之列，遂迁址隐居。在日本占领菲岛的三年期间，国语的推行虽不能公开，但在一些私人家中或商店里，国语教学并未停止。

（二）国语运动的推进

“二战”结束后，伊静轩重新在大东广播电台教授国语。由于工作人事变动，不久后，他的播教工作即告停止，但他编制的注音符号教材以及录制的配套留声片，均交由金声制片公司发行。电台多采用这套教材作为学习注音符号的范

① 杨建成：《菲律宾的华侨》，台北：中华学术院南洋研究所，1986 年，第 170 页。

② 伊静轩：《七十年来的菲华国语推行运动》，《马尼拉中西学校七十周年校庆纪念特刊》，马尼拉：中西学校，1969 年，第 385～386 页。

本，侨校则多将之作为课本，全菲侨校也纷纷改用国语教学。每年暑假，国民政府“驻菲总领事馆”都会组织小学教师讲习班，除教习注音符号外，还邀请祖国著名学者来菲律宾讲学辅导。当时华侨小学的学生多数会说国语，中学生则讲得更为流利，这让来菲的学者感到惊异。中老年华侨也有很多能说国语，不同地域的华侨见面沟通交谈，已无从前那种“如聋似哑”的奇特现象。

1955年5月，伊静轩为加强国语运动，与台湾学者联合在马尼拉成立“中国语文学会菲律宾分会”。[①] 会员大多数是在全菲各地华侨学校执教的中小学教师。为了激发侨胞学习中国语文的兴趣，提高华侨的文化水平，伊静轩每周日都举行学术活动，并邀请国内来菲的学者以及当地的学术界名人作专题演讲。先后受邀请赴会演讲的有沈亦珍、潘重规、任泰、卫挺生、梁大鹏、杨希震和王志义等人，前来聆听演讲的有“大使馆”官员、侨校师生和社会名流。这种活动相当于直接宣传了中国语言文字，同时也间接推动了菲岛华侨中的学术风气，引起了侨界对学术的关注。

台湾前任“驻菲大使”杭立武对华侨教育十分重视，除每年协助侨团在暑期开办讲习班、邀请著名教授分班辅导教学外，还制定了侨教四年计划，即前两年抽调侨校小学教师在暑假前往台北，参加国语教学研习，后两年则抽调中学教师赴台北参加国文教学研修，用这种方式逐渐提高侨校教师国语教学的水平。1968年暑假期间，杭立武又在马尼拉开办菲华暑期文教研究会师资班，使不能赴台北研修的人在马尼拉也有学习的机会。参加师资班的小学教师和高中毕业生达200余人。师资班特别注重注音符号的教学，以便有志担任教育工作的人在今后从事国语教学时不会遇到太大的困难。为了鼓励各侨校实施国语教学，台湾“驻菲大使”丁宪薰指示侨校从1968年度上学期开始，在小学一年级即用国语教学。

1969年3月，菲律宾华侨学校联合总会理事会通过议案，自1969年度上学期开始，全菲各地华侨小学的国语教科用书，改用台湾编译馆主编的《国民小学国语》。[②] 这套教材配合说话教材，作为教学注音符号课本。学生在十周内学会了注音符号的读法、拼法和声读的分辨法，然后再读国语课本第一册。第一册的课文全部有注音符号，学生看了注音符号，就会逐字诵读。这样既节省了教师的教学时间，也减少了教师逐字教授的困难，对国语运动的推行发挥了更大的作用。要想学会标准国语，必须学会注音符号。从小学一年级开始就学注音符号，

---

① 伊静轩：《七十年来的菲华国语推行运动》，《马尼拉中西学校七十周年校庆纪念特刊》，马尼拉：中西学校，1969年，第387～388页。

② 伊静轩：《七十年来的菲华国语推行运动》，《马尼拉中西学校七十周年校庆纪念特刊》，马尼拉：中西学校，1969年，第389页。

以后循序渐进，到六年级小学毕业时，国语的基础已经稳固，以后升学或就业都非常方便。

国民党政府退居台湾后，依然在台湾使用并在海外推行注音教学，这对海外华侨华人社会的华文教育发展作出了巨大贡献。中国大陆采用的普通话也是在此基础上发展起来的，而且两者差异不大，都是以北方音为标准，只是腔调略有不同。20世纪70年代以降，随着中国在国际事务中的地位越来越重要，通用的汉语——普通话得到广泛推广。可以说，作为近代通用汉语的国语在海外的推行和发展，对海外华侨社会的团结以及华文教育的进步，起到了有力的推动作用，也为普通话的国际推广奠定了坚实的基础。通用的语言能够使身居海外的广大华侨相互沟通交流与和睦相处，增强了华人族群的凝聚力和对中华文化的认同。

三、华社宗亲会奖助金制度的设立

20世纪40年代，菲律宾华侨宗亲会开始重视资助宗亲学生的教育。1947年，华侨陇西李氏宗亲会创立了“族生清寒补助金”，开启了华侨宗亲会资助贫寒子弟求学的先河。[①] 翌年，华侨太原堂王氏宗亲也设立奖学金，鼓励优秀“族生”勤奋学习。50年代，在华侨社会经济增长和社团意识增强的推动下，菲律宾华侨宗亲会组织进入新的发展高潮期，相当数量的新的宗亲会相继成立。与此同时，在华侨社会进步的影响下，华侨经济的发展为宗亲会的奖助学制度提供了前提条件。于是，许多宗亲会相继设立奖助学金，资助华校的学生，鼓励他们学习中华文化，以促进华文教育事业的发展。至70年代，奖助学金的设立和运作已形成一种成熟的制度，在宗亲乃至华侨社会都产生了良好的示范效应。奖助学制度主要有以下几种方式。

（一）奖助学金的种类

移居海外的华侨大多文化程度不高，他们基本上是通过勤劳、节俭和坚忍的意志而积攒起家业的。在经济上取得成就后，他们深感教育和文化的不足，于是就把这份期望寄托在家族和孩子身上，想方设法鼓励孩子们刻苦学习，特别是以设立宗亲会奖助学金的方式。菲律宾华侨宗亲会设立的奖助学金，通常分为奖学金和助学金两大类。奖学金主要是在每学期期末，奖励各华侨学校考试名列前三名的本族优秀学生；而助学金则是帮助家境贫寒的本族学生顺利完成学业。出台奖助金制度的各宗亲会根据自身经济实力和规模条件，设置不同的奖助机制和奖

① 《菲律宾陇西李氏宗亲会金禧纪念特刊》，马尼拉：陇西李氏宗亲会，1982年，第140页。

励金额。如针对资助对象居住地来源不同的情况，有的对学生的地域性要求很严格的宗亲会规定，必须是在大马尼拉学校就读的本族学生，才有资格获得他们设立的奖助金。也有的宗亲会成员覆盖面较大，则规定在马尼拉以及邻省就读的族生都有资格申请奖学金。更有规模较大的宗亲会覆盖全菲，故宗亲会奖助的学生也就扩展至菲律宾全岛的族生。被奖学金覆盖的学校类型很多，有的宗亲会民族观念和中华文化情结浓厚，规定奖助学金只授予在华侨学校就读的本族生；有的宗亲会则考虑到家族适应本地生活的需要，规定只要是本族生，无论其就读华侨学校还是菲律宾主流社会学校，均可申请本族宗亲会的奖助学金。奖助学生的种类也较复杂，有的宗亲会明确规定，只是奖助在中小学读书的优秀学生；而有的宗亲会为了使本族孩子从小就对读书有荣誉感，甚至将受惠对象范围扩展至幼儿园生。①

华侨社会宗亲会出于不同的教育和资助目的，其奖助学金对象和范围也不尽相同。规模较大的宗亲会组织，其本族成员的学生人数甚多，那么申请奖助学金的本族学生数量也就相对多。因此，有的宗亲会为减轻负担，在奖助金条例中缩小了区域范围。有的宗亲会，其本族会员的学生数量较少，为造声势和扩大规模，便把邻省的本族学生也囊括进来，给人一种本宗亲会境况殷实和乐善好施的良好印象。一些宗亲会明文规定，宗亲会资助对象只能是华文学校就读的华裔学生，而且学习成绩优异，甚至要求华文成绩必须是名列前三名的学生才有资格，目的就是鼓励族生学习华文的积极性，以薪传中华文化。有的宗亲会规定，在华校和当地主流社会学校就读的族生都可以申请奖助金，他们希望本族子弟的中英文都同样优秀，成为适合当地社会需要的有用人才。由此可见，各宗亲会奖助学生制度的不同，也体现了菲律宾华人社会立足当地发展的倾向、促进本族学生学习中华文化的愿望、推动华文教育进步的信念，以及从移民社会向定居社会转变的趋势。

（二）奖助学金的评定

华侨宗亲会的奖助学金制度各有其自身的演变，其发展大致经历了三个不同时期。20 世纪 50 年代，是宗亲会奖助学制度的初创时期，这时的评审制度并不完善，奖助学金大多都采取临时性措施，由宗亲会理监事主要成员承担部分资金，其他部分由会员筹集，按照奖励办法发放给奖助对象。60 年代是宗亲会奖助学金制度的发展时期。恰逢此时菲律宾华侨社会提倡节约风气，有人提议将在婚寿喜庆或丧葬礼仪之时所收的礼金，捐给宗亲会作为其福利开支，此建议得到

① 宋平：《试论菲律宾华人宗亲会的奖助学金制度》，《华侨华人历史研究》1994 年第 3 期，第 16 页。

宗亲会的广泛响应，而大部分的捐款用作奖助学金使用。70 年代以后则是宗亲会奖助学制度的成熟时期。这时期的大部分宗亲会都制定了相应的奖助学金制度，奖助学金数目不断增加，资助范围也不断扩大。这些奖助基金有一部分是由宗亲会每年从福利基金中划拨固定款项，另一部分由华人个人所设的专项基金补充。

对宗亲会奖助学金的评审和颁发，各宗亲会基本上大同小异，即由学校报送学生考试成绩单，宗亲会组织审核及评定，每学期期末举行一次隆重的奖助学金颁发大会，以激发学生的勤学态度。以让德堂吴氏宗亲会为例，在每学年即将结束时，各华侨学校把吴姓前三名的优秀生名单报给宗亲会，宗亲会评审后召开颁发奖学金大会。参加大会者包括获奖学生、学生家长、全体理事以及邀请的吴氏宗亲。仪式上当场颁给获奖学生以奖金、奖状和奖品，并准备计算器、手表和玩具等奖品抽奖营造气氛。助学金则通常由族生家长向宗亲会提出申请，理事会依据该族生家境情况以及学生的学业成绩来确定是否资助。奖助金颁发仪式一般在秋季祭祖后举行。[①] 这种场合和氛围是鼓励宗亲子弟勤奋学习、培养年青一代对宗亲会认同感的绝好时机。[②]

菲律宾华侨社会宗亲会奖助学制度的形成和发展，无疑是菲华社会的一项重要内容。受到资助的华侨学生在学有所成后，怀着感恩的心态来回报宗亲或社会，对华侨社会的发展有十分重要的意义。它也从一个侧面反映出菲华社会的某些特征，充分体现了菲华社会的变迁过程。中国文化传统中，宗族组织自古以来就希望本族后生发达以光宗耀祖，宗亲会作为中国家族组织的延伸，继承和发扬了传统道德、文化，也继承了这种“助学情结”。“二战”后，菲华社会由移民社会向定居社会转变。华侨华人一改把子女送回中国家乡读书的做法，转而为子女在菲律宾求学努力创造条件。可见，菲律宾华人宗亲会奖助学金制度是适应菲华社会的变迁而形成的，这种制度使华裔青年刻苦学习形成风尚，提升了华侨华人的文化素养，同时推动了华侨华人社会的进步，对华文教育的发展起到了极其重要的作用。

第二节　新中国成立后的华侨政策

中国历代封建王朝对海外华侨华人都持有蔑视和敌视的态度。直到近代，晚

① 《让德堂吴氏宗亲会七十周年纪念特刊》，马尼拉：菲律宾让德堂吴氏宗亲会，1979 年，第 204 页。
② 宋平：《试论菲律宾华人宗亲会的奖助学金制度》，《华侨华人历史研究》1994 年第 3 期，第 17 页。

清政府才意识到华侨华人在中国自强运动和民族复兴中的价值。因此，从那时开始，中国政府对海外华人的态度逐渐由歧视变为重视。新中国成立后，继承和发展了“民国”政府的侨务政策，致力于保护海外华侨的正当权益，激发华侨的爱国情怀。新中国制定的海外华侨政策比以往更加贴近中国外交政策的需要，更加注重扩大新中国在世界政治舞台上的影响，促使广大侨胞和侨眷为新中国的建设贡献力量，并通过他们增进祖国与世界各国的友好关系。

一、侨务委员会与护侨政策

新中国成立后的第一次全国政治协商会议，常委中就有陈嘉庚、司徒美堂、戴子良、蚁美厚等华侨和归侨，陈嘉庚还被选为中央人民政府委员。为了与台湾当局争夺海外华侨的向心力，冲破美国等西方国家对新中国的封锁，中国政府设立华侨事务委员会（以下简称“中侨委”），专门负责联络、管理华侨事务工作，号召华侨在政治上与祖国密切配合，经济上协助新中国的政策方针。因此，新中国对华侨的政策是号召和引导海外华侨，紧密团结在中央人民政府的周围，组成海外华侨统一战线。1950 年元旦，中侨委主任何香凝在向海外侨胞的广播讲话中强调：“华侨中的爱国统一战线，必然广泛地开展和巩固建立起来。”[①] 当时的侨务政策还是以政治斗争为主题。此外，新中国的侨务工作具体还有以下几项：

第一，重视华侨的侨汇工作。侨务工作旨在保护海外华侨的侨汇，动员华侨协助祖国建设。侨汇不但是国内侨眷的主要生活依靠，而且也补充了国家外汇的来源渠道，促进了侨乡的经济发展，对国家经济建设起到了积极的作用。何香凝多次强调新中国政府保护侨汇的态度和决心，也希望海外华侨、国内侨眷和外侨批局通力合作，共同把侨汇办好。[②] 在新中国政府的有力保护下，侨汇工作取得显著成效，1950 年经香港汇往大陆的侨汇激增，1 月份约 2 500 万，2 月份 2 300 万，3 月份增至 3 021 万。星马侨汇 1951 年 6 月份寄往中国的家用侨汇共 170 万新元，较以前有较大增长。[③] 国务院发布了《关于贯彻保护侨汇政策》文件，明确侨汇是侨眷的合法收入，侨胞们千辛万苦把赡家汇款寄回来，也是与祖国保持密切联系的一种具体表现。因此，有效保护侨汇是国家的长远政策，任何人都不得干涉侨汇的使用，更不得非法侵占侨眷的侨汇，违者应给予严厉制裁。

第二，通过外交手段保护华侨。保护国外侨民正当权益应是各国政府外交政

① 华侨问题研究会编：《侨务法规汇编》（第一辑），北京：联合书店，1951 年，第 1 页。
② 何香凝：《中侨委扩大会议开幕词》，1953 年。
③ 庄国土：《华侨华人与中国的关系》，广州：广东高等教育出版社，2001 年，第 247 页。

策的重要组成部分。“二战”后海外华侨所在国受意识形态的影响，分属不同的阵营，华侨的境遇也大相径庭。对新中国友好的国家，华侨的处境和地位较好，而敌视新中国国家的华侨则受到排斥或迫害，处境十分艰难，希望祖国给予保护。为此，1950 年中国政府外交部拟定《关于在兄弟国家中华侨问题的初步意见》和《关于华侨排斥及迫害问题处理意见》。其中内容包括：中国外交部将根据中侨委的建议，视国家外交形势的变化，呈请中央人民政府，以声明或抗议在政治上还击迫害华侨的政府；有外交关系的国家可循外交途径交涉，对无外交关系的国家可请兄弟国家使领馆代为照料华侨和进行外交协助；教育在友好国家的华侨遵守当地国政府法令，处理华侨事务时力求用友好协商的方式解决。①

第三，妥善安置归侨和侨眷。1952 年 1 月，中央政府发布《中共中央关于海外侨民工作的指示》，明确侨务工作的重点是：“保护华侨正当权益，为华侨服务，收容被迫回国难民。”② 1954 年 3 月，随着归国华侨的日益增多，中央政府发布了《关于处理回国华侨就业问题的指示》，尤其是对年龄大、无技术、文化程度低的归侨，要求给其发安家费，以解决生活基本问题；要尽量动员归侨从事农业生产，尽量安置无技术的归侨到国家商业或合作社部门工作；有文化的青年可送工厂当学徒；对手工业者发适当的资金或贷款，辅助其生产合作等。③ 1956 年 9 月，党和国家制定了一系列侨务工作的政策，按照“统筹兼顾，全面安排”的原则，对归侨、侨眷实行“一视同仁，适当照顾”的八字方针，引导他们走社会主义道路，积极参加国家建设，扩大和加强华侨爱国统一战线。1957 年，国务院转发华侨事务委员会《关于加强对归国华侨职工、干部的团结教育工作和适当照顾其生活的请示报告》。1962 年，中央批转中侨委党组《关于妥善处理侨眷、归国华侨的就业和精简问题的请示报告》等。

二、对海外华文教育的政策

20 世纪 50 年代初期，新中国百废待兴，国家建设面临许多问题，经济和军事力量有限，政治外交受西方势力的排挤，大多数东南亚国家没有与中国建立外交关系，这使中国政府不能直接处理和解决那里有关华侨的问题。在冷战因素的影响下，大多数东南亚国家都严禁中国人移居本国，华侨问题成为一个相当敏感

---

① 庄国土：《新中国政府对海外华侨政策的变化（1949—1965 年）——新中国侨务政策研究之一》，《南洋问题研究》1992 年第 2 期，第 4 页。

② 国防大学党史党建政工教研室编：《中共党史教学参考资料》（第十九册），北京：国防大学出版社，1979 年，第 429 页。

③ 《中共中央关于处理回国华侨就业问题的指示》，1954 年 3 月 24 日。

的“核心问题”。中国身处恶劣的国际环境，对外发展正常的外交关系十分艰难。由于新中国成立后的主要任务是建设国内经济，既没有对海外华侨社会的华文教育制定具体的政策，也没有足够的经费支持华侨学校，更不可能派遣教师支持海外华侨学校。中国驻外使馆官员视察华侨学校时，很少提出具体的意见和要求，华侨学校的生存和发展可以说是完全依靠华侨自己的力量。中侨委主任何香凝在一次讲话中指出：“国外华侨要保护自己的正当权益主要必须依靠华侨自身的团结。”①

1953 年，中侨委主任廖承志在谈到华侨教育问题时谈到，“国外华侨兴办报纸的中心任务，应该是首重报道祖国的消息。换言之，它只应是我们国外侨民的报纸，而不应附加任何其他内容或性质。国外的华侨学校应该是侨民性质，主要内容是教会华侨子弟懂得祖国语言文字，长期培养华侨后代”②。在国际环境不利的情况下，新中国政府只能把对华侨教育的政策重点放在国内。建国初期，归国华侨日益增多，到 1955 年底约有 21 万华侨回到国内。③ 归国华侨中有许多是受到新中国成立的鼓舞而回国参加建设的，当然与所在国的排斥也有很大关系。

为了解决归国华侨子弟的学习问题，中央政府先后在北京、广州、厦门创办了 3 所归侨学生中等补习学校。教育部门对录取和在学的侨生采取的优厚的待遇有：同等成绩者，优先录取侨生；适当放宽侨生的入学年龄；侨生可适当选择校、系、专业和地区，经济有困难的侨生可享受人民助学金、其他生活补助或申请小额贷款。据统计，1955 年底，共有 3 万多名归侨学生选择进入国家各级学校学习，约有 20% 进入高等学校，仅 1955 年考入高等学校的侨生就有 1 412 人。④虽然国家当时的经济状况十分困难，但政府给予归侨学生的优厚待遇，使他们能受到良好的教育，充分体现了祖国对他们的关怀。

1958 年，在高等院校调整中被撤销的暨南大学在广州复办。1960 年，国家又在泉州成立华侨大学。这 2 所大学主要招收华侨学生。1960 年 6 月，教育部和中侨委发布《关于建立各类华侨学校，加强归国华侨学生教育工作的意见》，陆续在武汉、南宁、昆明等地建立华侨补习学校。华侨补习学校从 3 所发展到 7 所，教育部随后又建立华侨工业技术学校 2 所、华侨农业技术学校 1 所，以及北京外国语专科学校。⑤

① 何香凝：《中侨委扩大会议开幕词》，1953 年。

② 廖承志：《中央人民政府华侨事务委员会四年来的工作报告》，中侨委编：《侨务政策文件汇编》，1955 年，第 7 页。

③ 任贵祥：《略论建国初期的侨务政策》，《中共党史研究》1990 年第 3 期，第 67 页。

④ 费振东：《关于辅导华侨学生回国升学的若干问题》，《侨务报》，1956 年创刊号。

⑤ 黄昆章主编：《华侨华人百科全书·教育科技卷》，北京：中国华侨出版社，1999 年，第 74 页。

三、国家意识对华文教育的影响

作为第二次世界大战的战胜国，战后中国的国际地位逐渐发生了很大的变化，遭受列强压迫和剥削的时代一去不复返了。特别是新中国成立以后，海外华侨扬眉吐气，民族自豪感增强，压抑已久的国家意识得以释放，极大地激发了他们恢复兴办华侨教育、弘扬中华文化的热情，成为发展华侨教育的推动力。在这样的背景下，海外华侨华人社会掀起了兴办华文教育的高潮。

东南亚国家是华侨的聚居地，东南亚华侨问题在很大程度上是中国海外华侨问题的集中体现。“二战”后，由于海外华侨民族主义意识的空前高涨，他们开始积极兴办华侨学校，促进华文教育事业的发展。他们愿意将自己的子女送到华校就读，接受中国传统文化教育，希望有朝一日能回到中国，为国家的富强繁荣贡献力量。由于华侨华人愿意且有能力在子女的教育上进行投资，加上入学的华人子弟不断增多，因此，华侨学校能够获得较为充裕的办学经费，使教学环境得到改善，教师的待遇也相应提高。东南亚各地华文教育的兴盛，不仅表现在华侨学校的大量增加，而且表现在教学方法的改进、图书设备的更新、师资力量的加强和教学质量的不断提高等方面。

“二战”后初期，东南亚华文教育的发展与兴盛，对整个华侨社会产生了重要而深远的影响，尤其是使东南亚华侨社会与祖国的关系进一步加强。近代以来，帝国主义国家视中国为鱼肉，不断侵略、欺凌中国人民。许多华侨被迫离开家乡到南洋谋生。有些华侨家庭在东南亚各地已几代定居，他们的子女自幼就接受当地的文化教育。此外，有些华裔青年还曾经到西方学习深造，大多已渐渐习惯当地习俗，使用当地原居民的语言或殖民宗主国语言，而不再经常使用华语，对祖籍国的语言文字和中华传统文化知之甚少。中国在反法西斯战争中取得胜利，华侨华人们在此鼓舞之下，纷纷把子女送到华文学校学习，使新一代华人重新受到中华文化的熏陶，这是具有重大意义的事情。[①] 中国传统的儒家伦理对华侨社会的发展起到了推动作用，这表现在高度推崇教育和埋头勤奋工作以及诚信和仁义的经营贸易理念，从家庭到社会都强调集体利益优先于个人利益，强调组织内“和谐人际关系”等方面。凡此种种，不仅提升了华社的形象和地位，也增强了华侨自身的凝聚力和对中国的向心力。

中国的扬眉吐气使老华侨们骄傲和自豪，也极大激发起土生土长的华侨后裔的民族主义热情。在这样的背景影响下，有些华侨在政治和文化上重新认同中

① 梁英明：《战后东南亚华文教育发展趋势与困境》，《华侨华人历史研究》1996年第3期，第23页。

国。同时，这种倾向性在一部分土生华人的思想感情上表现出来，在某些方面拉近了他们与新客华侨之间的文化和感情的距离，从而增强了华侨社会的凝聚力和民族自豪感，彰显了华侨们渴望传承中华文化的愿望。因此，华侨社会发展华文教育的热情被再次激发。

新中国成立后，祖国大陆掀起了经济建设和文化建设的高潮。海外侨胞看到了中华民族振兴的希望，侨胞服务祖国的爱国热情高涨。菲律宾很多华侨对新中国充满信心，认为有新中国作为后盾，他们在侨居国的地位会大大改善和提高，诚如何香凝所言，“海外华侨在世界上的地位，因此会提高一步，各地民族的人民对待华侨，无疑也会进一步亲密友爱”①。同样，这些因素对菲律宾的华侨兴办华文教育也起着推动作用，尤其是“二战”后华侨社会经济的崛起，保障了华文教育的办学基础，为华文教育的繁荣创造了有利条件。

第三节　华侨的社会文化教育

家庭教育、学校教育及社会教育被称为教育“三大阵地”，“学校教育有待于家庭教育为之前导与合作，有待于社会教育为之后继与延长”②。华侨社会是一个群体社会，而个人的活动不能脱离群体而存在。因此，侨胞的日常生活和社会活动都受到华侨社会的影响。随着自身的不断进步，华侨社会一改往日形象，以崭新的姿态出现在菲律宾社会中。除了加强自身建设外，华社还积极参与公益事业，逐渐得到菲律宾主流社会的认可。此外，广大社团和华侨群众积极筹措资金，兴建华侨社会教育事业的公共设施，创立华文报刊，发展华文文学，建设华文图书馆和举办华语广播等社会教育，以推动华文教育全方位发展。

一、华文报刊的发展演进

在社会教育方面，华文报刊的作用十分重要。③ 华文报刊同华侨社团、华侨学校之间存在着密切联系，同时也是传承中华文化、推动华文教育发展的有效媒介和手段。华文报刊与华文教育都是华侨社会的重要组成部分，仅有华文报刊而没有华文教育，华文报刊便会失去根基。而只有华文教育却没有一份用来传递华

① 华侨问题研究会编：《侨务法规汇编》（第一辑），北京：联合书店，1951 年，第 3 页。
② 梁兆康编：《华侨教育导论》，台北：海外出版社，1959 年，第 66 页。
③ ［菲］陈烈甫：《菲律宾华侨教育》，台北：海外出版社，1958 年，第 223 页。

侨社会各方面信息的报刊，则既不利于华侨社会的信息流通，也不利于华文教育范围的扩大和水平的提高。华文报纸与华文教育之间是一种相辅相成、相互促进、相互提高的关系。①

（一）菲律宾华文报刊的诞生与发展

1888 年，菲律宾华侨甲必丹陈谦善创办了菲华史上的第一份中文报纸——《华报》。作为华文报刊和菲律宾报业的先驱，《华报》比现在仍继续发行的马尼拉英文报纸《武力镇报》（Manila Daily Bulletin）的创办时间还要早 12 年。② 中国最早的中文报纸——《申报》，也只是 1872 年才在上海发行。可以说，菲律宾华文报业的起步是比较早的。

《华报》由陈谦善秘书兼外交主管杨维洪负责编办。杨维洪学贯中西，学识极其渊博。他深知报纸传媒对开启华侨民智的重要性，也感触菲岛华侨虽有数万之众，却没有一个舆论的营地和平台来对内加强团结号召同胞、对外争取权益的尊重和保障。为此，他极力倡议创办报馆，以开菲律宾华文报纸之先河。③ 杨维洪的想法得到了甲必丹陈谦善的认同，于是在其鼎力支持和帮助下，《华报》最终在马尼拉问世。菲律宾侨界是以农、工、商为主的族群，文化教育程度普遍偏低，能识文断字阅报的为数不多，以至于《华报》发行数量有限，办报经费入不敷出，创办 1 年多后便被迫停刊。但为满足马尼拉华侨的需求，《华报》更名为《岷报》，主要面向马尼拉华侨。然而，《岷报》的发行同样举步维艰，几个月后又不得不再次停刊。菲律宾早期华文报业的创办和发展接连遭受挫折，其根本原因在于那时的华侨界还是一个相对封闭、松散和蒙昧的社会，华侨的教育和文化素养相对较低，对报刊的需求有限，华侨经济尚不发达，对报业的支持比较乏力，这从一个侧面也体现了华侨社会还没有完全觉醒。

1899 年，潘庶藩在马尼拉创办了《益友新报》。该报是维新派宣传康、梁政治主张的报刊，接受梁启超的办报思想，旨在“去塞求通”，“故交换智识，实惟人生第一要件，而报馆之天职，则取万国之新思想以贡于其同胞者也”。④《益友新报》吸取了许多办报的经验，其发行规模、篇幅版面、内容风格与前两份报纸相比都大为改观。经过一段时间的发行，《益友新报》更名为《岷益报》，又

---

① 彭伟步：《东南亚华文报纸研究》，北京：社会科学文献出版社，2005 年，第 400 页。

② 刘郎：《菲华新闻出版社事业的今昔》，《菲华年鉴》（1964—1965），马尼拉：菲华商联总会，1965 年，第 O－55 页

③ 赵振祥等：《菲律宾华文报史稿》，北京：世界知识出版社，2006 年，第 36 页。

④ （清）梁启超：《清议报——一百册祝辞并论报馆之责任及本馆之经历》，（清）梁启超著，吴松等点校：《饮冰室文集点校》（第二集），昆明：云南教育出版社，2001 年，第 753 页。

把读者群改变为以马尼拉为主。可惜数月后《岷益报》因维新人士离开菲律宾而无法继续运行，于1900年停刊。1908年，小吕宋中华商务总会开办了《警铎新闻》，报纸以商业化方式运作经营，比此前发行的华文报纸内容更加丰富，同样因华侨社会教育文化水平低，再次出现卖报款入不敷出的情况，被迫于1910年停刊。这个时期的报刊大多数经营时间不长，报刊的政治目的十分明确，主要宣传清政府腐败无能，国家日渐贫弱，已经到了岌岌可危的地步。他们希望借助报刊舆论，激发、振奋华侨的爱国情怀，关注祖国的前途和未来。华侨领袖陈笑予就曾感慨："查其发刊之动机，殆半激于清时国势垂危，思藉报端宣传，以振奋人心，及感于全菲华侨数万，并无一代表舆论机关之缺憾而创设。"①

1911年，冯自由、宋震、胡汉民等同盟会成员被孙中山派往菲律宾宣传革命，并组织了"普智阅书报社"来灌输民族和民权思想。深受革命启蒙思想影响的菲律宾华侨社会十分关切国内时局，而当时只能依靠香港的《中国日报》、东京的《民报周刊》、上海的《天锋日报》和《民立日报》等外地报纸作为消息来源。由于外地报刊邮递到菲律宾已经失去新闻的时效，且对于大多数华侨来说，阅读外文报又存在语言障碍。因此，"普智阅书报社"决定出版小型报，并定名为《公理报》。1912年，《公理报》正式出版，由于刊载了大量的政治和文化信息，深受华侨读者的欢迎。

中华民国成立后，在菲律宾华侨社会的推动下，华侨教育水平不断提高，对祖国政局发展的关心日增，阅报风气日益盛行，华侨对新闻事业开始萌发浓厚兴趣。1914年，菲律宾华侨商会集资创设《中华日报》作为华商喉舌，由侨领倪祖硕和王子敬共同负责。翌年，《中华日报》更名为《新福建报》，意在把宣传和建设新福建作为新中国的起点，然而《新福建报》的办报理念较为单纯，经营方式也无起色，勉强维持了几个月后便停刊。1914年，中国国民党驻菲律宾第二支部创办了《民号报》，该报以"代表菲岛的粤籍华侨利益"为号召，成为沟通和联络地缘情结的纽带；1932年，《民号报》改组为《新中国报》，太平洋战争爆发后停刊。1919年，菲华侨工党创办《平民日报》，开办两年后由于缺乏有效组织领导，遭债主强行封闭。② 1922年，在会长李清泉的倡导下，马尼拉中华商会创办了《华侨商报》，并将其作为华侨商人的信息平台。此外，陆续创办的华文报纸还有：1922年，为抗争西文簿记法创办的《华侨公报》；1923年，菲律宾华侨深受"五四运动"鼓舞，筹组《救国日报》；1925年，以反抗恶势力为

① 陈笑予：《菲律宾华侨新闻事业概述》，《菲律宾与华侨事迹大观》（第二集），马尼拉：菲律宾华侨事迹大观出版社，1951年，第3页。

② 萧曦清：《中菲外交关系史》，台北：正中书局，1995年，第583页。

号召，创办《新闽日报》以及1928年的《中西日报》、1930年的《侨声日报》、1932年的《新中国报》、1933年的《前驱日报》、1934年的《华侨日报》、1938年的《国民日报》和1941年的《中山日报》等。[①] 这些报刊都在问世后不久便相继停刊。太平洋战争后，马尼拉沦陷，所有华文报纸停办。

早期创办华侨报刊的有识之士，一类是怀抱救国救民理念的文化人，另一类是侨界的领袖。凝聚华侨和启蒙华侨的理想使他们产生更高的追求，而直接刺激他们兴办华文报刊的，则是西方报纸在开启民智、传播知识、促进社会进步等领域所发挥出的“利器”效用。然而，草创时期的菲律宾华文报刊之所以命运多舛，除了与他们艰难的生存环境有关外，其自身生存能力的不足也是重要原因。政治家和教育家办报与企业家办报的最大区别在于，前者出于理想之目的，着眼于教育受众，而后者则出于营利之目的，着眼于服务受众。办报初期以启蒙、革命为号召，在短时间内确实有效，但长此以往，难免脱离受众的实际情况，发行量会逐渐减少，财政陷入困境。但华文报纸创办者的坚韧毅力和满腔热忱，为华人族群的发展和进步奠定了坚实的物质和精神基础。

（二）华文报刊的复苏

日军在菲岛被盟军击败并退出马尼拉后，广大华侨既为菲律宾的光复欢欣鼓舞，也对祖国的抗战胜利和未来发展充满信心。华侨的民族自豪感重新萌发，爱国热情再度高涨，他们关注政治，极其渴望祖国的复兴和强盛，也把自己和祖国命运紧紧连在一起。于是，菲律宾华文报社竞相启动，战前的公理、新闻、商报等华文报社共同借用战争中未被焚毁的印务馆机器，率先复刊发行。[②]

这些报刊主要分为三大类：一是“二战”时地下油印的反抗日本法西斯统治的舆论报刊转为公开出版物，如《华侨导报》、《前锋日报》、《华商公报》、《大华日报》、《重庆日报》等。此类报刊旨在激励、动员华侨与日本侵略者进行坚决的斗争，同时凝聚华侨力量积极支援中国国内的抗日，曾为抗战的胜利作出过不可磨灭的贡献。二是“二战”时被迫停刊的报纸在战后复刊，如《华侨商报》、《公理报》、《新闽日报》等。这些报刊战前具有一定的读者基础，复刊可重新恢复其舆论影响。三是“二战”后新创刊的报纸，如《民族日报》、《中正日报》、《大汉魂月刊》等。此外，还有各大报纸的副刊和期刊，如《新中国周报》、《粤声周刊》、《良友画报》等以及多日报纸，如《照妖镜》、《X光小报》、

① 刘郎：《菲华新闻出版社事业的今昔》，《菲华年鉴》（1964—1965），马尼拉：菲华商联总会，1965年，第O－58页

② 刘郎：《菲华新闻出版社事业的今昔》，《菲华年鉴》（1964—1965），马尼拉：菲华商联总会，1965年，第O－59页。

《公道话》、《铁扫帚》、《警报》等。

（三）华文报刊的发展

日军侵占马尼拉后，《华侨商报》创办人于以同被日寇杀害，该报也被迫停刊。马尼拉光复后，于长城、于长庚、于长籁三兄弟决心继承父亲未竟的事业，继续开办《华侨商报》。三兄弟四处奔走，为《华侨商报》复刊请求援助。[①] 于长城的夫人杨绫瑞甚至变卖首饰，作为《华侨商报》复刊的资本。1946 年 4 月 15 日，即于以同就义纪念日这一天，《华侨商报》复刊。刚复刊的《华侨商报》财力捉襟见肘，前两三年里，《华侨商报》发行量只有几百份，资金周转艰难，于家的日常开支费用全靠大嫂变卖嫁妆来维持。[②] 面对当时的中国政局，于长城选择了中国民主同盟的政治主张，经常请张东荪、梁漱溟、马寅初等著名人士为商报撰稿。[③] 在于长城兄弟的苦心经营下，《华侨商报》成为菲律宾华文报业史上发行量最大的报刊。

《前锋日报》是“二战”前国民党创办的报纸，该报前身为菲律宾华侨青年特别工作总队宣传组在战时发行的抗日油印小报——《前锋报》。1945 年 2 月，《前锋日报》公开出版发行，早期报纸的发行任务全由大队队员承担，直至正式营业才雇用菲报童卖报。《前锋日报》初期日发行量 3 000 份，后来应读者需求，逐渐增至 4 000 ~ 5 000 份。此后，日发行量始终维持在 6 500 ~ 7 000 份。后由于报社收支不平衡，经济上难以维持，1946 年底，该报停刊。[④]

20 世纪 50 年代，菲律宾民族思潮高涨，排外情绪激化，旨在排斥华侨经济的系列菲化案不断涌现。许多华侨无奈之下纷纷转行，凭着中国人坚忍不拔的顽强精神，在这个岛国继续生存下来。《华侨商报》、《新闽日报》、《大中华日报》和《公理报》四家报刊，作为华侨社会的喉舌，在抗争菲化案中发挥了舆论阵地的作用，也提升了华侨社会教育和文化的氛围。

《华侨商报》的版面有国际新闻、本岛新闻、副刊、经济版、体育版等，内容十分丰富，尤其是国际新闻报道有声有色，获得了读者的称赞。为了提高该报的层次和质量，《华侨商报》引进了中国大批青年才俊，如林适然、陈振贤、薛

---

① 《于长庚先生访谈录》，见张存武等编：《菲律宾华侨华人访问纪录》，台北：中央研究院近代史研究所，1996 年，第 324 页。

② 《商报创办八十二周年暨复刊十五周年纪念特刊》，马尼拉：菲律宾《商报》编辑社，2001 年，第 60 页。

③ 于长庚：《于长城——海外华裔典范》，马尼拉：于以同基金会，1997 年，第 13 页。

④ 《中国魂——菲律宾华侨青年战时特别工作总队地下抗日工作史》，马尼拉：菲华青年战时特工总队同志会，1990 年，第 206 ~ 211 页。

约翰、杨炜华、陈华嶽、洪树民等。[①]《新闽日报》是中华商会出版的报纸，这家报纸宗教色彩极浓，每天都有一定的篇幅刊登基督教的消息，这是报主吴半生信仰基督教的缘故。于是，该报成为在基督教圈子内极有影响力的报刊。《大中华日报》是国民党势力的报刊，因政治色彩浓厚，而菲华社会又有远离政治的倾向，所以销路不是很好，必须靠台湾当局在经济上扶持。但该报在国民党的帮助下，汇集了各方面人物，负责党务和宣传，俨然是中国国民党在菲律宾的宣传机构。《公理报》在四家中文报刊中历史最为悠久，最初是孙中山为宣传革命思想而创办的，后来成为国民党的党报。

60 年代，由于菲律宾社会的发展，作为新闻总汇的中文报纸的质量也随之提高，无论内容还是版面都比以前有了很大进步。《华侨商报》增加了新的刊载内容，并开始出版《岷里拉华侨工商名录》。这是一本记录首都地区和近郊华侨工商业机构的名录，对促进工商业活动起了一定的作用，同时，该名录还陆续刊发主张华侨争取菲律宾公民权、走同化道路的多篇文章。《大中华日报》从台湾请来原来在上海的"江南才子"邢光祖，还有专搞党务的柯叔宝和文艺界的施颖洲。但是由于路线和政策方针不为华侨大众所接受，结果该报发行量没有多少进展。《公理报》为了竞争的需要，在庄铭渊的主持下，引进了一批文化人，包括刘芝田、蔡景福，还开辟了一个"菲岛风光"的专栏，撰写一些风花雪月的文章吸引读者，这成为该报的特色和"亮点"。

70 年代后，《华侨商报》、《新闽日报》、《大中华日报》和《公理报》四家报刊的内容都有长足的发展。《华侨商报》发行量仍然在中文报刊中排在首位。它长期以来与国民党"较劲"，不受台湾势力控制，一直强调自己是当地的中文报纸，与其他政党报刊迥然不同，这是该报的立场与风格。《新闽日报》还是居于第二位，该报除了具有宗教色彩外，还与菲主流社会较为接近，每年出版的年鉴都是用英文撰写的，因此该报与华侨社会关系不深，但在教会里有一定影响力。《大中华日报》和《公理报》都是国民党的报纸，前者开辟文艺专栏，在华侨青年学生有一定读者；而后者一直在中文报业处于"跟跑"的地位。

（四）华文报刊的暗淡

1970 年 3 月 23 日，菲律宾移民局在海外记者会上拘捕了于长城，又在华侨商报社拘捕了于长庚，并以"煽动罪"和"违法汇率罪"的罪名指控两兄弟。这是因为《商报》报道菲青年学生运动时曾作出以下述评："菲青年学生们有着敢于斗争……是天不怕、总统不怕……广大菲民众（特别是青年）已日益从宗

① 赵振祥等：《菲律宾华文报史稿》，北京：世界知识出版社，2006 年，第 168 页。

教羁绊下解放出来，他们再也不信上帝耶稣。他们只相信民众团结起来的无穷尽的威力。”[①] 结果《华侨商报》的对手把这段中文述评翻译成英文交给《大中华日报》后，该报马上将此文转给马科斯总统，并诬告《华侨商报》支持煽动学潮和工潮，企图推翻他的政权。马科斯能容忍主流报刊对他的抨击，但决不能容忍寄人篱下的华侨对他的政权加以指责。于是，马科斯下令移民局局长雷耶斯与军方情报处人员查办这件事。最终，《华侨商报》被定性为共产党报，于氏兄弟也被强行遣送到台北。在国际舆论压力下，兄弟两人分别被判两年半监禁和三年半徒刑。获释后，于长城到美国定居，于长庚则赴加拿大寄居。于氏兄弟的遭遇得到广大华侨的同情和支持，《华侨商报》不但没有关闭，而且发行量不降反升，达到1.7万余份，这是菲律宾百年来中文报刊发行量的最高纪录。[②] 第二次“《华侨商报》案”发生后，《大中华日报》没有得到任何好处，相反，由于他们在这次遣送于氏兄弟的事件中扮演了不光彩的角色，在侨社受千夫所指，报格荡然无存。1972年9月，菲律宾“戒严法政府”实施后，这四家中文报刊均被查封。1973年2月1日，《大中华日报》和《公理报》合并，并更名为《世界日报》。在“戒严法政府”军事管制两周年前夕，一家名为《东方日报》的中文报创刊。自此，马科斯政府军事管制近20年期间，菲律宾只有两家报刊，这是华文报刊最为暗淡的时期。

由此可见，菲律宾华文报刊的发展走过了不平凡的历程。第一，华侨民族意识的觉醒为创办华文报刊提供了前提，而经济实力和华文教育程度是制约华文报刊发展的关键因素。第二，作为菲律宾华侨的舆论阵地和沟通华侨情感的桥梁，华文报刊同样成为国共势力争夺的焦点，而国民党借助菲政府反共的“有利”条件，对华侨进步人士进行无情的打击。第三，华文报刊的迅速发展表明，菲律宾华侨虽身在异域他乡，但仍关注祖国前途和命运，体现了华侨社会的进步和教育文化程度的普遍提高。第四，作为内外互助和相互协作推动华侨社会的教育支柱，华文报刊和华文教育都是传承与捍卫中华文化的重要手段，华文报刊是华校之外的一种教育形式。华文教育的发展推动了华文报刊的繁荣，而华文报刊的繁荣提升了华侨的教育文化修养，一定程度上促进了华文教育的发展。第五，华文报刊的萎缩，表明华侨社会融合进程的加速。华文教育为华文报刊提供了读者，而华文报刊可提高华文教育的水平。华文教育走向低谷而日渐式微，无疑对华文报刊的生存产生重大的影响。

① 《华侨商报》（菲律宾），1970年2月21日，第7版。

② ［菲］于长庚：《论华文报沧桑》，《渊泽永怀》，马尼拉：庄渊文教基金会，2004年，第140页。

二、华文新文学运动之嬗变

菲律宾华文新文学的形成与发展离不开其生长的环境，它不仅是在菲律宾特有的自然、人文环境中形成的，而且是菲律宾华文教育和中菲文化交流与融合的结晶。移居菲律宾的华侨为了立足于菲岛这块土地，一方面必须更好地保持自己的民族文化，使中华文化薪火相传，以便同祖国维系骨肉情缘；另一方面要吸取菲律宾土著民族文化的精华，凝结出独特的多元文化来适应当地的发展。因此，菲华社会为了守望民族精神家园，产生了保持和发扬中华文化的独特方式：先后将华文教育、华文报刊和华文文学作为菲华文化的三大支柱，然后三者相互支持，共同促进菲华教育文化的进步。①

（一）菲律宾华文新文学的形成

早期的华文教育和华文报刊，为菲华新文学的产生和发展提供了前提，特别是华文教育在薪传中华文化的同时，也在培养潜在的菲华新文学读者。华文教育和华文报刊对促进菲华新文学的形成起到了非常重要的作用，同样，菲华新文学的进步也促进了华文教育的发展。

20 世纪 20 年代初，菲律宾华文报刊已开辟文学副刊版，并相继出版了《小说丛刊》② 和《艺术月报》③ 等期刊。这些华文报刊所登载的作品，除了转载中国小说等文艺作品外，绝大多数是言情小说和风花雪月之类的旧体诗词，《艺术月报》还登载了一些“五四”运动前后的新剧等文艺作品。迈进 30 年代以后，一些辟有文艺副刊的华文报纸或专门登载菲华新文学的杂志，为菲华新文学的成长和发展提供了平台。登载的新文学作品的内容、文体、语言等均在不同程度上受到了中国文化和新文学潮流的影响。

“七七事变”爆发后，中国的抗日战争成为推动菲华新文学发展的有力因素。菲律宾的广大华侨与祖国人民同仇敌忾，掀起了声势浩大的抗日救国运动。菲华文艺工作者更是励精图治、奋勇当先，在马尼拉就有嘤鸣社、国防剧社、八一三话剧社和前进剧社等文化、文艺机构，他们经常组织抗战题材的宣传演出，目的是动员侨胞发扬爱国精神，筹集资金支援祖国抗日。这些文艺宣传演出很好地带动了菲华文艺的发展，对菲华新文学的形成有很大的促进作用，也提升了华

① 庄钟庆等编著：《东南亚华文新文学史》，北京：人民文学出版社，2007 年，第 503 页。

② 《小说丛刊》在 1922 年发刊，由陈菊依、林籁余主编。

③ 《艺术日报》在 1926 年发刊，由新剧研究社杨华魂编。

侨社会的文化水平。

菲律宾遭受日军侵略的空前浩劫，使菲华社会也受到重创。华文教育几乎停滞，华文报刊被禁止发行，处于萌芽状态的菲华新文学也遭受摧残，菲华文坛一片沉寂和荒凉。但是，菲华抗日地下组织创办的报刊却非常活跃，这些报刊都是以宣传抗战为主，同时也发表部分以非抗战为主题的文学作品，在激发华侨爱国热情、关注抗战时局的同时，以文学作品提升读者的教育文化修养。[①] 施颖洲的《海外的卖报童》，白刃的《问明月》、《灵魂的呻吟》都是以新诗的形式表现了菲华侨胞对祖国抗战的支持和同胞命运的关心。[②] 同时，还出现许多民族抗战内容的戏剧演出，这些戏剧也同样表现了菲华新文学与社会现实生活的紧密相连。菲华新文学在兴起过程中的进步性，除了体现在思想上外，还体现在形式内容上，出现了现代小说、散文、新诗、话剧等新体裁；语言也从文言文、半文言文逐步发展为白话文。在艺术上给人淳朴、友善、引人入胜的感觉，并且富有南洋特色，特别是拥有吕宋风情，突显出华侨华人无论是民族意识上，还是教育文化上都有很大的提高。

（二）菲律宾华文新文学的发展

“二战”后，菲华社会百废待兴，因战争被关闭的华校逐步开始复课，华侨社会经济的崛起为创办华校提供了保障，推动了华文教育的发展，菲华新文学也在苦难中复苏，并得到新的发展契机。被迫停刊的报纸先后复刊，继而又有《大中华日报》、《民族日报》等几家华文报纸相继创办。这些报纸都先后开设了文艺副刊来扶植文艺创作，组织文艺活动。这些有影响的副刊主要包括《公理报·晨光》副刊、《前锋日报·北望》副刊、《华侨导报·笔部队》副刊、《大中华日报·长城》副刊和《中正日报·文艺工场》副刊等。战后菲律宾华文教育异常繁荣，营造了浓厚的文化氛围，致使菲华新文学出现了新的景象。

1946 年，施颖洲主编的《文艺年选》出版，这是菲华第一本文艺选集。1949 年，《公理报·晨光》副刊发表了篇幅简短、富有创造意味的新诗，深受菲华青年的青睐。1950 年 5 月，《大中华日报·长城》副刊主编柯叔宝邀请各界文艺工作者举行夏季交谊会，会中决定组织菲华文艺工作者联合会（以下简称

① 如菲律宾华侨青年战时特别工作总队的《前锋报》，血干团的《导火线》，华侨抗日义勇军的《大汉魂》，抗日锄奸拍击团的《扫荡报》，华侨文艺青年抗日反奸同盟的《野草》、《燎原》、《黎明》、《野火》，妇抗的《地下火》和学抗的《铁流》等刊物，均在菲律宾各地广为流传。

② 如司马文森的《归来》、李成之的《碧瑶集中营》、潘葵邨的《达忍三年》、吴重生的《出生入死》、洪学深的《菲律宾逃难》、桂华山的《菲律宾狱中回忆录》等。

“文联”)[①] 并决定以“联合华侨文艺同工，发挥集体创作精神，推进华侨文艺运动，谋求同工福利”为文联宗旨。为此，文联发起“菲律宾的一日”的征文活动，以推动菲华新文学创作的开展。[②] 巧合的是，先前无意中被确定的这天（2月5日）正好是中国的除夕，因而除夕生活的题材引起了菲律宾各地华侨的极大兴趣。投稿者通过除夕这天的亲身所感，表现了菲律宾各地华侨华人丰富多彩、酸甜苦辣的生活感受，取得了意想不到的效果，由此，菲华华文新文学引起了华侨社会的广泛关注。这次征文活动无疑是对菲华文坛的绝好宣传，对于正在复苏中的菲华新文学起到了鼓舞作用。1953 年至 1960 年，文联先后举办三期青年文艺讲习班，主要聘请本地富有创作经验的作家担任讲师。自 1961 年起，不少台湾的知名作家、诗人和文艺理论家应邀到讲习班讲学，如王蓝、余光中、覃子豪、纪弦、谢冰莹和尹雪曼等。讲习班以促进文艺创作为主旨，培养了一批像李惠秀、林泥水、姚冷、施约翰和张灿昭这样的优秀学员，他们成为菲华文坛的生力军。这些活动为菲华新文学的发展奠定了基础。

这一时期出版的个人文学作品集有庄顺昭的散文集《平屋存邮》（1956）、许冬桥的新诗《船》（1957）、许希哲的《骆峰集》（1958）和《心旅集》等。其他形式的文学作品集有王罗绮的译著《现代寓言》（1958）和云鹤的新诗集《忧郁的五线谱》（1959）等。以文学团体专集或综合集为主体的作品，有《大中华日报·长城》副刊出版的《钩梦集》、《海》、《芳草梦》三部作品集等。菲华文联的《文联季刊》前后出版了十二期，其中最多的是诗歌，还有短篇小说、文学评论、文艺创作等体裁。“商报丛书”是《华侨商报》从 1954 年到 1957 年刊登在《新潮》和《华侨周刊》上的短、中篇小说优秀作品集。这些作品大多以华侨社会的现实生活为题材，因此除了其本身的文学价值以外，这些作品还能够帮助读者了解华侨社会的实况，以及华社今后所面临的问题。20 世纪 50 年代的作品内容丰富而深刻，展现了菲华新文学在“百花齐放的蓬勃时期”的成就。[③]

（三）菲律宾华文新文学的动荡

20 世纪 60 年代以来，菲律宾政府推行排除华侨的“菲化运动”，那些成长中的菲华青年作家受“菲化运动”和融合的影响，其创作思想也产生新的变化。1972 年 9 月，马科斯总统宣布成立“戒严法政府”，施行军事管制，禁止言论自

① 庄钟庆等编著：《东南亚华文新文学史》，北京：人民文学出版社，2007 年，第 516 页。

② 施颖洲：《菲律宾的一日》，《编辑的经过》，马尼拉：菲华文艺工作者联合会，1951 年，第 1 页。

③ 云鹤：《菲律宾华文文学的回顾与前瞻》，庄钟庆等：《东南亚华文文学与中国现代文学》，厦门：厦门大学出版社，1991 年，第 27 页。

由，封杀所有民间新闻媒体，菲律宾的华文报刊也在劫难逃。随后，菲政府对162所华校施行菲化措施，严格控制华文教育的内容。这种釜底抽薪的措施，使正在成长的菲律宾华文新文学遭遇挫折，尤其是其在“戒严法”期间对华文新文学的禁锢，破坏了华文新文学发展的连续性，由此造成的无形损失是难以估量的。

在“菲化运动”的冲击下，华侨社会处于梦魇般的动荡中。马科斯政府放宽入籍条件后，广大华侨如释重负，但仍有些华侨难以摆脱入籍后的困惑。由于对祖国故土和家乡有难以割舍的情怀，相当数量的华侨心里充满矛盾，特别是青年一代由于成长经历的不同，心理矛盾更显尖锐，而这种心理状况自然而然地在当时的文学作品中得到了表现。因此，这一时期文学创作的内容与题材有了新的变化，华侨作家们一方面在现实中发掘华侨胼手胝足、筚路蓝缕的奋斗生涯，寄托思乡之情，另一方面采取更加多样的创作形式和方法，广泛地吸收西方现代思想和文化，着力表现旅菲华侨的心态和扭曲的形象。①

旅菲华侨受菲化浪潮的影响，处境艰难，乡愁乡思的表现仍是这时文学作品的重要主题，但出现了两种不同的题材，即移民思乡情怀的倾诉和华裔后代寻觅故土的情感。② 不可忽视的是，菲华文坛土生土长的新生代华人作家正在崛起，他们不同程度地受到了中国文化的濡染。20世纪50年代，他们在华侨学校受到了良好的华文教育。60年代，他们参加文艺讲习班学习。70年代，他们经历了华文教育菲化的蜕变过程。宗亲意识与生存环境的矛盾、传统文化与严峻现实的矛盾是这一代作家面临的问题，他们在抉择和扬弃中成长变化，其作品表现更多的是内心的苦楚和彷徨，是极端的不平衡和无定向的渺茫。作为在菲律宾当地生长的新诗人代表，云鹤的经历足可窥见当时菲华文坛的状况。③ 这位年轻的诗人以卓越的创作实绩和独特的诗风，奠定了在菲华诗坛的重要地位。60年代，正是现代主义文学诗歌风行台湾的时期，当时的台湾文坛与菲华文坛关系比较密切，台湾现实主义文学思潮也对菲华文坛产生了深刻的影响，特别是菲华文联相

① 庄钟庆等编著：《东南亚华文新文学史》，北京：人民文学出版社，2007年，第528页。

② 如林涛的散文《龙眼》以故乡的龙眼树为素材，写出由龙眼串拾而成的童年故事。吴澈云的《故乡的回忆》是由常年如夏的岛国联想到四季分明的故国秋天的可爱，并在对故国秋天的种种令人赏心悦目、心旷神怡的自然景色的描写中注入了浓浓的乡思。还有蔡剪荒的《围湾渔火》，庄垂明的《唐人街》、《宠物店》、《拱门下》，都描述了华人在海外的处境与心态，他们对中国几千年的古老文化有着优美的记忆，但现实让他们感到无奈和沉重。年青一代的作家则是在长辈怀念的中华文化中寻找寄托，寻找逝去的那份感情，抒发热爱祖籍国、怀念故土的情感。如施柳莺的《机房往事》、蓝菱的《碎石路上的烟尘》等。

③ 云鹤12岁时就在菲华诗坛崭露头角，17岁就由菲律宾以同出版社付梓新诗集《忧郁的五线谱》（1959），继后的三年时间里又在以同出版社先后出版三部诗集，即《秋天里的春天》（1960）、《盗虹的人》（1961）和《蓝尘》。

继邀请台湾著名作家、诗人和文艺理论家到讲习班讲学。菲华文坛也因此染上现代主义文学的流行色。在这样的时代背景和文学氛围中，云鹤自觉选择了从事现代主义诗歌的创作，使其在这一时期的诗歌创作，从内容到形式上都蒙上一层浓厚的现代派色彩，有些作品随处可见的是冷寂凄凉的景物和忧郁悲伤的情绪。[①] 60年代中叶以后，由于菲律宾政治形势日益严峻，华文教育菲化案风起云涌，受此影响的菲华文学陷入低谷，这严重挫伤了年轻诗人的激情。与许多文豪一样，云鹤等诗人被迫离开钟爱的诗坛。

纵观菲华新文学的产生、发展和变迁，显而易见，菲华新文学的根基是华文教育，而华文教育的退化导致华文作家的匮乏和文学读者群的萎缩。因此，华文教育的衰落是造成菲华文学后继无人的根本原因。华文教育的式微是对菲华新文学的挑战，加上热浪滚滚、蜂拥而至的西方文化，更使菲华新文学步履艰难。菲华文艺界充分认识到了处境的危险，力图在创作中坚持自己的民族风格，立足于本土化的融合态势，努力寻找文化共性方向，保持菲华新文学的生存和发展。以华文文艺辅助华文教育，开放文艺园地，鼓励菲华新生代从事写作；同时，以华文教育推动华文文艺的进步，培养不同群体的作者和读者。有学者认为，以华文文学的传播功能代替华文教育的培育功能，只是权宜之计，不能从文化环境和社会意识层面根本解决华文文学未来发展的问题。菲华新文学是从侨民文学或华侨文学发展到本土文学，只要不过分强调华文文学的本源意识，不断消除政治观点的对立与分歧，发扬中华文化精神，保持华文教育的持续性，菲华新文学就完全有可能有新的发展。不同文学派别共同发展，着眼于华文文学的本土化融合，就有可能使菲华文学在菲律宾多元文学的框架中占据属于自己的发展空间。[②]

三、华侨图书馆、广播的建立

（一）华侨公共图书馆

世界各地的华侨集居地区，总是社团林立、商会云集，但设有图书馆的华社却是凤毛麟角。在“唐人街”行走时，浓重的商业气息比比皆是，却闻不到书香味道。在菲律宾的“八连”也是如此，偶有两三家书摊，也都是报纸和时尚杂志等刊物，形同文化荒漠。较大规模的侨校虽拥有图书馆，但其藏书也不能提

① 如《沉默》、《疯》、《秋夜》、《枯叶》、《剑的悲哀》、《我有忧悒》、《伤感》、《冷漠》、《孤独》、《落枫》、《落云》、《沉舟》、《秋烬》、《尸》、《夜虹》等。

② 庄钟庆等编著：《东南亚华文新文学史》，北京：人民文学出版社，2007年，第561页。

供给校外人阅读，而且由于经费原因，书籍数量十分有限。菲律宾虽有国家图书馆和美国新闻处图书馆，但其中均无中文藏书。所以，关心华侨社会文化运动的教育学者都认为，没有华文公共图书馆是一个很大的缺憾。[①] 中华民族是一个拥有五千多年文明史的伟大民族，而现在它的后裔在菲律宾却过着一种几乎与中华文化无缘的生活，华侨子女的教育也缺乏一种起码的文化氛围，这不能不说是一种遗憾。

1953 年，台湾当局“驻菲大使馆”公使周书楷，以“‘黄色和赤色’书刊充斥华侨社会”和“防止华侨子弟被此等书刊所毒化”为由，邀请华侨文化社团领袖鲍事天、柯叔宝、李海若等 12 人进行商讨，筹组“文化辅导咨询委员会”，目的是在“大使馆”的领导下，展开中国文化“读书运动”。该委员会推举邢光祖和施颖洲撰写“书评”，并陆续发表在报刊上，希望以此来督促华侨子弟阅读“正当”书籍，养成读书风气。9 月 23 日，“大使馆”公使周书楷和“参事”田宝岱出席并主持了菲律宾华侨文咨会举行的第一次全体会议。在讨论过程中，陈忠戆提出“书评”仅是治标，治本之道莫若创办华侨图书馆，并提出图书馆可先办小型，将来逐渐扩大。周书楷对此表示赞同。此项提议获得与会人员的通过，陈忠戆被推举为主任，草拟创办计划。

为筹集建设图书馆经费，周书楷与菲华福利总会主席杨启泰前往美国驻菲律宾大使馆附设的“自由亚洲委员会菲律宾分会”，募集到 5 000 比索菲币作为华侨图书馆开办费。该委员会还划拨 20 000 比索，作为选购首批书籍之用。9 月 30 日，华侨文咨会举行第二次全体会议，周书楷汇报筹集经费情况，并称亚洲基金承诺将根据华侨社会筹募此项经费再捐助对等数目，但对等数目以 10 万比索为限。文咨会提议将图书馆定名为“菲律宾华侨公共图书馆”，馆址设在菲华福利总会，并依法向菲律宾政府申请立案，延聘薛育立律师为义务顾问，成立“选购图书”5 人小组，推举田宝岱为召集人，陈忠戆、陈国全、施颖洲、潘葵邨、邢光祖为委员。11 月 5 日，文咨会举行第四次全体会议，宣布华侨图书馆为“非营利有限公司”组织。股本定为10 万比索，分1 000 股，每股100 比索，先由亚洲基金认捐 2 万比索，等华侨社会认捐后，再由亚洲基金会捐对等数目。杨启泰当场率先认捐 1 000 比索，陈国全认捐 500 比索，周书楷等其他人各认捐 100 比索。5 人董事会成立后，推选杨启泰为董事长，周书楷、施颖洲、陈忠戆及伍乾滋为董事。另设 7 人管理委员会，推举田宝岱为管理委员会召集人。菲律宾华侨中缺乏图书馆管理的专门人才，只能采取招聘的方式录用了 2 位图书管理人员。图书馆选购中、英文两种书籍，中文组由陈忠戆等 3 人负责，英文组由田宝岱等

① ［菲］陈烈甫：《菲律宾华侨教育》，台北：海外出版社，1958 年，第 233 页。

3 人负责。[①]

1954 年 4 月，华侨图书馆期刊阅览室先行开放，前来阅读的不仅有华侨子弟青年，也有菲律宾土著青年。从 10 月开始，图书馆聘请华侨教育界和文化界知名人士，主编《书刊评介》，在四大中文报上刊载。11 月，聘请四大中文报主编及华侨文化人士作评委，举办首次“华侨学生读书论文竞赛”，借以提高华侨读书兴趣，营造华人社会的文化氛围，提高华人族群的修养和素质。此时，图书馆的股东不断增加，如洪采年、陈炎水、蔡文华各认捐 1 000 比索、庄万里认捐 500 比索等。12 月，周书楷与杨启泰发动 30 位侨领组建“筹款委员会”，为图书馆发起募捐运动，总共筹集资金 6.6 万比索。

1955 年初，华侨公共图书馆董事会由于经费难以筹集和维持费用巨大，几经协调和商讨后，最终由菲律宾华商联合总会接管，商总理事长兼秘书长邓英达同意由商总福利文教基金划拨经费用以维持图书馆日常费用。2 月 22 日，商总理监事联席会议予以追认并决议图书馆由商总接管。3 月 23 日，商总福利委员会召开第七次会议修正通过《商总福利委员会接管华侨公共图书馆办法》，扩大了图书馆董事会的规模，从福利委员会中再遴选聘用 6 人，与原来的五人组成 11 人董事会。管理委员会设正副主任，委员也增加到 11 人，由鲍事天兼任主任。4 月 1 日，商总正式接管了图书馆。至 1964 年，华侨图书馆书籍增至 2 万余册。其中，中文书籍 1.6 万余册，英文书籍 5 000 余册。书籍中以文学类最多，约占总额的 30%；社会科学类次之，约占 20%；史地类约占 15%；自然科学及应用科学类约占 12%；哲学、宗教及美术类等合占约 11%。[②]

（二）华语广播电台

广播与报纸一样，都是报导消息、发表言论的重要舆论工具，同时也是一种社会文化的教育机构。“二战”后，在广播事业发达的国家，广播事业的重要性及其影响力都在不断提高。截至 1958 年，马尼拉有四家中文广播社，分别是大东、长城、中菲和国泰。这四家广播社由于规模有限，都不能自己建立电台，只能租用菲律宾人的电台，租用时间少的每天只有 1 个小时，多的每天可达 4 个小时。广播事业的维持需要经费，而经费的来源主要是广告费用，致使广播内容含有大量的广告。为吸引更多的听众，广播也配有华侨喜闻乐见的娱乐节目。此外，还有时事述评、华侨问题论述和讲故事等栏目。[③]

---

① 萧曦清：《中菲外交关系史》，台北：正中书局，1995 年，第 587 ~ 589 页。

② 邝国雄：《菲律宾华侨公共图书馆》，《菲华年鉴》（1964—1965），马尼拉：菲华商联总会，1965 年，第 O-68 ~ 72 页。

③ ［菲］陈烈甫：《菲律宾华侨教育》，台北：海外出版社，1958 年，第 232 页。

大东广播社曾每晚专门设置成人补习教育 1 小时，对象以家庭成年妇女为主。菲律宾华侨社会效仿香港的广播事业，创办了两个有线广播电台：海艺和万国，这两个电台都各有千户以上的固定听众。马尼拉的华侨人数不及香港的 1/10，因此维持两个有线电台的费用成本较大。这两家有线电台曾一度合作，但由于存在某些弊端，后又不得不分开独办。有线广播电台的广播时间较长，自上午 7 点起至晚上 11 点结束，广播内容以讲故事和流行音乐为主，其中章回体小说较受听众欢迎。此外，还开办了教育性的广播——家庭教育及社会教育，其中部分材料由台湾当局和美国新闻处提供。每逢节日或纪念日，有线电台与无线电台都播放特别节目，包括演说、歌曲、音乐、朗诵及戏剧等，由各学校、各社团组织分担。节目内容虽不一定精彩，但至少可以增添节日色彩，进一步渲染华侨社会的文化氛围。

华语广播事业为华人社会提供了有效的受教育空间和沟通情感的桥梁。华语电台拥有多阶层的听众群体，有成年人，也有儿童；有博学多才的文化人，也有目不识丁的文盲。丰富多彩的节目满足了不同华侨群体的喜好，提高了华侨自身的修养和文化素质。传统的文艺节目又唤起华侨对祖国悠久、灿烂文化的记忆，这对于华侨社会的团结和凝聚以及华文教育的开展都具有重要的推动作用。

社会教育具有多方面的功能。知识的社会教育，其主旨在于灌输民众以知识；情意的社会教育，其主旨在于安慰民众的精神，修养民众的德性；体育的社会教育，其主旨在于增进民众的健康。社会教育的意义，就是将教育事业的范围扩大，使之民众化，借家庭及学校以外的环境，提高社会民众的教育程度，促进社会的发展进步。

第四节　华文教育体制之利弊

菲律宾在终结了外国殖民统治、实现“菲人治菲”之后，很快便在经济上采取措施排挤华侨，以提高其国民生活水平。菲政府把目标首先瞄准了华侨的经济领域，华侨社会由此逐渐陷入生存艰难的境况。而在教育政策上，由于菲政府认识到美国统治时期的民主、自由和宽松的社会环境给菲岛带来的益处，因此，独立后的菲律宾继续施行美统时期的教育模式。《中菲友好条约》签订后，条约中的教育条约更为华文教育的发展提供了有利条件。因此，“二战”后的菲律宾华文教育得以迅速发展。

一、菲政府有利的华侨教育政策

中国国民政府与菲律宾共和国签订了《中菲友好条约》中有关教育的条款，为“二战”后的菲律宾华文教育的发展提供了有力的保障。因此，华侨学校纷纷设立。从“二战”后到1957年，华侨学校的数量由34所骤增至150所，拥有教师1 620人，学生4.8万人。① 华侨学校的中文部通过使领馆向台湾侨务委员会立案，接受使领馆的监督。而菲律宾私立学校教育局则监督英文部，对中文部的课程设置和师资标准并不过问。中文部采用台湾的教科书、课程和师资授课，属于台湾教育模式和体制的华文教育。而菲律宾在“二战”后的十年间，无论是侨校的华文教育，还是社会教育的华文报刊、华文文学等，都没有受到菲政府的干扰，这个阶段是华文教育发展的“黄金时期”。但在“菲化运动”的泛滥下，华文教育也未能幸免，华侨学校受到冲击，连续不断的菲化浪潮逐渐把华文教育逼近绝路。

二、华侨学校的教育“半督察”制度

依照台湾当局的教育法令，行政院侨务委员会是海外华侨学校的监督机关。因此，全菲的华侨学校都要受到侨务委员会和驻菲使领馆的监督。侨校创立时都要依章组织校董会，并呈报使领馆转报侨务委员会备案。侨校在呈请立案时，在筹建校舍、设备、经费以及师资各方面都要达到规定的标准。使领馆负责对侨校检查，并附具其办学条件的评估意见，作为侨务委员会决定是否准予立案的参考。符合标准的侨校，由侨务委员会颁发立案证明书后，即可招生、教学。待学生毕业时，毕业证书要由学校呈报使领馆验印，毕业生方可升入菲律宾的其他侨校，或回台湾升学。

菲律宾华侨学校绝大多数兼有中文部和英文部。人们通常认为这是一所学校设置的两个部门，实际上在菲律宾特殊的教育背景下，两个部门相当于两所学校。中文部向国民政府侨务委员会立案，受驻菲使领馆督察；而英文部则向菲律宾教育部私立学校教育局立案，受教育局所派督学的督察。② 1910年，美国殖民

① 《菲律宾华文教育综合年鉴》（1995—2004），马尼拉：菲律宾华教中心，2008年，第140页。

② 颜长城、黄端铭：《菲律宾华文教育的演变》，《菲律宾华文教育综合年鉴》（1995—2004），马尼拉：菲律宾华教中心，2008年，第117页。

当局成立私立学校督察处，该处的主要任务是对全菲律宾的私立学校进行监督。[①] 一般来说，英文部立案条件比中文部更为苛刻和复杂。侨校英文部在申请立案的过程中，即使校舍华丽、设备完善、经费充足，也要经过一番复杂的审批程序。

即便前来视察的督学认为学校符合政府规定的标准并作出对之有利的报告和推荐，学校英文部也只能拿到为期一年的许可证（Permit）。此后督学每学期到校视察，假如学校在办学经费、教育设施、师资力量及课程标准等方面，能一直符合政府规定，那么依据督学的报告，办学许可证可以延用一年期限。如果经过几次的延用，也就是说每次督察都符合要求，华校英文部即可取得正式的立案证书（Certificate）。[②] 华侨学校立案后，必须保障办学质量，不能随意降低标准，包括硬件设施的标准。私立学校教育局的督察，每年都要到侨校视察几次，如果发现不符合规定之处，就会发出黄牌警告，问题比较严重的还有被吊销立案证书的危险。曾经就有一些设备简陋、办学不善的侨校被吊销立案证书。

“驻菲使领馆”对于申请立案的华侨学校历来只作一般性的视察，只要大体过得去，就会向侨务委员会推荐准许立案。而侨务委员会只要接到“使领馆”的报告，就会马上向侨校颁布立案证书。放宽侨校审批标准的原因，是由于创办海外华文教育已经受到当地各种条件的制约。如果在办学资格问题上过于严格，就会阻碍侨校的发展，弱化传播祖国文化于海外的本意和宗旨；如果标准过于宽松，则会造成降低教育水准、贻误青年子弟的后果。因此“使领馆”曾一度命令马尼拉少数设备较差、管理不善的侨校停办，直至其整改并达到基本条件之后才准予其继续招生办学。

菲律宾的华侨学校，除了外省规模较小的学校外，都要依据菲教育部规定兼办英文部。因此，所有侨校的英文部要接受菲律宾教育部的全面督察，每学期要填报各种报告表，详细汇报办学的相关情况。同时，督察员还要对学校进行定期或不定期检查。按照菲政府的规定，督察只限于英文部，可是英文部和中文部在同一校舍内，督察的事项有些是互相关联的。普通督学到校所视察的，不外乎校舍、设备、师资和课程等。比如视察校舍的建筑及环境是否安全并符合卫生条件，就等于同时视察了中文部；再比如督学视察图书、仪器、体育以及医药的设备是否达到法令要求，那么除中文部另有中文图书外，其他事项都与中文部直接相关。菲教育局对于师资与课程的督察相当认真严格，尤其对于教师资格，不符

① Yolanda V. Javier, *The Filipinos: Their Education Yesterday and Today*, Manila: Ernest Printing, 2005, p. 35.

② ［菲］陈烈甫：《菲律宾华侨教育》，台北：海外出版社，1958 年，第 51 ~ 52 页。

合条件和要求的，决不允许通融和敷衍解决。凡非师范学院或师范学校出身，不管受过怎样的高等教育，都不能担任教师。合格的教师不一定就是优秀的教师，但无论如何，经历过专业训练且具有合格的教师资格是教学起码的保障。菲政府认为，教师是重要的职业，与工程师、医生、会计师和建筑师一样，都需要严格的专业训练，但是教师需要专业训练及教师的重要性，尚未得到华侨界的普遍认同。[①] 通常，一些人总以为凡是读书识字的人，都可以担当教师。商店的店员、机关的秘书，只要拿起粉笔就可以成为教书先生。由于华侨社会的这种不正确的观念，再加上侨校在人事问题上的种种弊端，师资短缺的问题在相当长的一段时间内无法得到根本的解决。“使领馆”因为没有专设教育人员，在这方面也难以逐一审查。对于各学校所呈报的师资，“使领馆”总是全部准予备案。从来没有侨校申请备案的教师因为资历不够而未被批准。师资水准既然有高有低，那么学生的中文水平自然参差不齐。所以，侨校的督察要点还是应放在师资方面。从1956年开始，华侨学校要经过台湾“大使馆”的严格审查，申请备案的人要在达到合格标准并取得证明书后，才能有资格被聘为教师。

三、华侨学校双重学制的弊端

东南亚各国教育政策迥异，致使华侨教育状况也差异较大，都存在其特殊的问题和难题。就菲律宾而言，华侨教育中最严重且最不易得到合理解决的，莫过于双重学制问题。所谓双重学制，就是每位侨生通常要同时接受“中国式”和“菲律宾式”两种中小学教育。[②]

菲律宾早期创设的侨校，大多只依祖国的教育法令开办汉文课程。其后，为适应学生以后有可能在当地工作生活的需要，另开辟英文课程，双重学制由此形成。在双重学制创设之初，华校未能对菲律宾华侨教育进行深入研究，也没有考虑过此种学制可能造成的不良影响。“以后新设立的侨校，无不如法办理，分设汉文及英文两部，于是双重学制竟成为菲侨校的特制”[③]。在双重学制之下，侨校都要向“两国”教育部门备案，获得承认后才能开课。而在施教方面，既要符合华侨社会的要求，教授中国传统的文化知识，学生不仅要懂得中国的文化、历史和语文，还要保持中国人的气质，又要教授居住国教育当局规定的课程。因此，所有侨校的教育体制，既要遵照中国的课程标准，使用中国课本，以中文教

① ［菲］陈烈甫：《菲律宾华侨教育》，台北：海外出版社，1958年，第55页。

② 郁汉良：《华侨教育发展史》，台北：国立编译馆，2001年，第698页。

③ ［菲］陈烈甫：《菲律宾华侨教育的双重学制问题》，《华侨教育》1958年第2期，第3页。

授各种课程，又要遵循菲律宾的课程标准，用英文教授各种课程。

每天学生半日上中文课程，内容与国内中小学相同，只是减去外语；半日上英文课程，内容与菲国中小学相同，除了用英文讲授之外，还有菲律宾国语。大多数侨校均将中文课排在上午，英文课排在下午，这可能是学校认为中文课程较难的缘故。马尼拉部分教会学校则将中文课程安排在下午，也许是校方认为在海外谋生，英文较为实用，故应多予重视。由此可见，侨校必须兼顾两种课程标准和两套课程。教师尚可有两套人马，轮流授课，学生却分身乏术。所以，在课程安排方面，一般情况下，上午四节课（每节45分钟）为中文课程，下午三节课为英文课程。因时间限制，不能安排中、英文的全部课程。为保主要科目，只好减掉体育、音乐、美术、劳作，或缩减其课时。于是，学生便整天在课堂里，轮番学习中、英文，或重复学习同一课程，如算术、地理、历史等。学生因负担过重，经常处于极度紧张状态。学习生活枯燥，身体健康受影响，学习质量也因而难以保证。对于学校来说，为备两套教员，不得不聘请菲律宾人、美国人当英文教师，这又加重了学校的经费开支。

在双重学制下，学生同时要接受两个体系的教育，使用两套教材和两种语言。但是有些课程内容重复，如数学、自然、卫生学、科学概论等。小学课程重复较少，中学课程重复较多，如中学数学中的普通数学、代数、几何，自然科学中的生物学、物理学和世界历史等都有重复。在这种情况下，学生的学习负担过重，学习时间过长，对学生的身心健康不利。① 一个小学生每天要上课6~7个小时，中学生7~8个小时，从早晨到傍晚，差不多全忙于上课学习。学生在中文部学习中国的语文、历史和地理后，又在英文部再学习菲律宾的语文、历史和地理。除了课时较长之外，两种语言的教学、学习更是学生面临的严峻问题。学生身体疲惫，致使有些学生对学习逐渐失去兴趣。因此，学习效果不佳是很正常的事。单就中文水平来说，菲律宾侨校的小学毕业生要比国内小学毕业生差一年，而初、高中毕业生要差一年半。因此，侨校中那些打算回国升学的毕业生又面临中文难过关的问题。②

华侨学生在小学毕业时，家长往往只会让子女在中文教育和英文教育中选择一种作为中学阶段的学习方向。华侨学校小学毕业生中继续升入初中的约占2/3，初中毕业生升入高中的约在1/2。选择一种教育的原因：一是家庭负担重，二是大多数家长觉得子女无法承受双重学制下的课程，可能造成两种教育都学不好的结果。从培植国家民族意识着想，家长会让子女接受中文教育；从在当地谋生便

① 周聿峨：《东南亚华文教育》，广州：暨南大学出版社，1995年，第226页。
② ［菲］陈烈甫：《菲律宾华侨教育》，台北：海外出版社，1958年，第126页。

利的考虑，家长就会让子女专受英文教育。在大多数情况下，国家民族的意识虽重要，但比较抽象，不如谋生之道直接而现实。所以，选择英文教育的华侨学生居多。①

双重学制十分不合理，学生在时间和精神上都难以应付，往往顾此失彼。②为此，学生家长和在校的学生对双重学制都颇有微词。许多中国国内来菲视察的教育行政人员，或路经菲岛的专家名流，几乎都主张应该改革双重学制。至于旅菲的华教人士，虽有人认为双重学制是无奈之举，却无人能够从理论上为这种学制辩护。这种不合理学制能够长时间实行的主要原因是：

（1）学制改革的实行不是一所学校的力量所能做到的，必须由全菲所有侨校共同行动。所以，欲改革这种双重学制，只有通过侨校组织的联合团体，或者由主管侨教的使领馆来推动。在 1957 年以前，菲律宾侨校只有区域性的组织，没有统一的主管部门。而侨校负责人大多职务繁重，或认为这项工作不是通过几个人就能解决的，对学制改革的问题也都缺少整体而深入的研究。使领馆工作的重点也不在侨教，对于侨教亦只能作大体的督导，自然难以提出整套的改革意见。

（2）侨校施行双重学制，中文部依中国教育法令办理，英文部依据菲国法令办理，各自为政，互不干涉。如果侨校改制，势必要变更全部课程内容，而此举必须由中菲双方教育机关核准。侨务委员会了解到海外特殊环境下的侨校处境的艰难，也有调整课程的想法。但菲国教育部认为本国教育制度完善，如果调整侨校英文课程，确实困难重重，这也使那些热心主张改制的人望而却步。

（3）菲侨校当初施行双重学制，是特定历史条件下的产物，但长久以来人们已经形成心理定式，何况教育改制除政治因素外，在操作中还有诸多困难。如要把两部课程合并，则有许多教员面临失业。又如中菲学制不同，小学皆为六年制，而中学英文部是四年制，中文部则是六年制。小学合并还有可能，至于中学就有难度了。在菲律宾的华文教育工作者，大多认为双重学制是不合理的，但进行改革却感到无能为力。③

所谓“无侨教即无侨务”，一百多年来，用以维系海外侨胞的心的，不是可以宣扬的强盛的国威，也不是有力的外交斡旋，而是华侨教育的辛勤耕耘，以其强烈的责任感和文化力量，灌输儿童青年以深厚的国家民主思想，使他们有强烈的向心力。一个华侨子弟受到充足的中国教育，不管他以后处境如何，其中国人

---

① 周聿峨：《东南亚华文教育》，广州：暨南大学出版社，1995 年，第 227 页。

② 萧曦清：《中菲外交关系史》，台北：正中书局，1995 年，第 699 页。

③ ［菲］陈烈甫：《菲律宾华侨教育的双重学制问题》，《华侨教育》1958 年第 2 期，第 5 页。

的本质是可以长久保持的。反过来说，尽管是华侨的子女，可是不受中国教育或只受很肤浅的中国教育，不通中国语文，不认识中国的悠久历史与深博文化，读的是英文，受的是菲律宾式的教育，那这种青年，虽有中华民族的血统，却缺少作为中国人的精神。菲律宾华侨青年由于不堪双重学制下的课程负担，而放弃读中文，无形中被“菲化”，这确实是国家民族的巨大损失。①

第五节　繁荣发展的菲律宾华文教育

菲律宾独立后，大力扶助和发展教育。在恢复遭受破坏的华侨学校的同时，为适应华文教育的发展，有些地区纷纷创办设立新的华侨学校。至1957年，华校已由90所增至150所，学生人数达48 000余名，可谓是华文教育的“兴盛时期”。1957年4月，全菲侨校在马尼拉召开首次代表大会，建立全菲律宾的联合总会，开始注重华侨教育的整体发展。在这种有利的局面下，侨教各方面均突飞猛进，高中学校数量迅速增加，学生人数也因华侨人口之群体增长而上升，学校系统以最高学府之创设而日臻完善，因此这一时期被称作华文教育的“进步时期”。

一、华侨学校教育的蓬勃兴盛

“二战”后，菲律宾华侨人口迅速增加，学龄儿童也逐年增多。民国政府又在宿务、纳卯（Davao）两大地区设立领事馆，除了护侨之外还大力推行华侨教育。友好条约签署后，华侨学校获得了合法地位，在此种有利条件下，各地侨社纷纷创设新侨校，扩建校舍，华文教育呈现出蓬勃发展的良好态势。至1956年，华侨社会共设立新学校79所，复校20所，共计99所华校。具体统计如下：②

年别	岷黎	北吕	中吕	南吕	美骨	西未	中未	东未	北棉	南棉	西棉	统计
1946	1											1
1947	1	1	2	6	4		2	5	7	1	1	30
1948	2	1		2		3	3	1	3	2	1	18
1949	2	2		2				1		1	1	9

① ［菲］陈烈甫：《菲律宾华侨教育》，台北：海外出版社，1958年，第128页。

② 王瑞芳：《七十年来菲律宾华侨学校之发展》，《马尼拉中西学校七十周年校庆纪念特刊》，马尼拉：中西学校，1969年，第321～322页。

（续上表）

年别	岷黎	北吕	中吕	南吕	美骨	西未	中未	东未	北棉	南棉	西棉	统计
1950	5	1	1				1				1	9
1951	2	3		1		2			1		1	10
1952		1	2	2				1		1		7
1953	1	1								1		3
1954				1			1					2
1955	2	1	1	1			1					6
1956	1			1		1					1	4
合计	17	11	6	16	4	6	8	8	11	6	6	99

1957 年 4 月召开第一次侨校代表大会时，全菲侨校共计 150 所，包括 1 所师专。[①] 学生人数共计 4. 8 万余名，包括师专学生百余名，高中学生 2 582 名，初中学生 6 275 名，小学生 33 173 名，学前生 5 974 名，比“二战”前增加了一倍。华侨学校教师有 1 649 人，其中中文华侨教师 1 515 人，菲籍华人教师 105 人，英文教师 29 人。随着华侨学校学生人数的逐年增加，师资也面临巨大压力，尤其是菲政府改变移民政策，从 1950 年开始停止接收中国大陆的移民，使华文教育重要的师资来源被中断。为了解决菲律宾没有华文教育的师范院校的问题，在台湾当局的扶植下，中正中学创办师专培养本地师资人才来补充侨校教师的不足。1955 年 6 月，华侨师专成立。十年间，入学的学生达 500 ~ 600 名，完成学业毕业的学生有 269 名。[②]

《中菲友好条约》的签订，对菲律宾华文教育的发展起到了保障作用，同时华侨社会的进步也推动了华文教育的快速发展。但随着菲律宾民族主义的抬头，“菲化运动”愈演愈烈，华侨的生存受到严重威胁，最终导致菲政府对华侨学校进行全面督察，华侨教育的发展也受到极大的影响。

二、儒家文化在菲律宾的影响

中国具有悠久的历史和灿烂的文明，早期的中国人移居菲岛，主要是为获得贸易利润，而非传播中国思想和文化。但随着华侨与当地土著人进行广泛和深入的接触，他们的文化习俗也不断影响着当地土著人，中国商人和移民把本民族的

① 《菲律宾华文教育综合年鉴》（1995—2004），马尼拉：菲律宾华教中心，2008 年，第 140 页。

② 王瑞芳：《七十年来菲律宾华侨学校之发展》，《马尼拉中西学校七十周年校庆纪念特刊》，马尼拉：中西学校，1969 年，第 321 ~ 322 页。

语言、习俗、饮食、服饰等带入了菲律宾，也影响了菲律宾人的生活习惯。同时，中国传统文化更深层次的内涵也日渐渗透到菲律宾社会的各个方面，甚至渗入菲律宾社会本土文化中的伦理道德。这客观上为菲律宾华文教育的发展和中华文化的传播创造了条件。

中国传统文化传入之前，菲律宾并非“文化荒漠”，中国传统文化在菲律宾传播的过程中，菲律宾人也根据自己的需要对其进行加工、取舍、改造和利用。古代菲律宾群岛是以土著部落和马来族移民为主体构建的割据王国，岛屿之间的海上交通比较落后，各岛之间处在相对隔绝的状态。菲岛在政治、经济和文化等方面都远落后于中国。有学者认为，菲律宾国家中有些民族与华人同根同源，中菲民族相同的文化特质多达63种，其中包括：以鼻箫取悦情人、独柄风箱的使用、服役婚的通行、少女试婚制等。[①] 因此，说菲岛民族的先世多半来自中国大陆，应该是极有可能的。有学者甚至进一步指出，菲律宾伊戈律族与中国南部的古代部族革佬族和台湾高山族同属于一个民族，伊戈律族大约是秦汉时代开始直接从中国大陆经台湾岛移居菲律宾的。[②] 由于地缘的便利，华人陆续来到菲岛。“华人初抵菲时，菲人尚浑噩无知，荆棘未辟，农艺未兴，度其穴居野处，追飞逐走的原始生活。华人乃输入农具，教以耕种，教以建屋，并输入种子家畜，布帛丝缕，教以收刈，以及烹饪之方法，历书之使用，此可由他加禄语汇中证实古代华人启发菲岛之事迹”[③]。随着当时中国海上航运的快速发展，大量的华人移民不断涌入菲岛。所以，西班牙人踏上菲律宾宿务岛时就发现有中国人，即把华人称作 Sangley，闽南语为“商旅”或“生意人”的意思。[④] 西班牙殖民者占领菲律宾之前，中国人可以自由往来菲岛与中国，具有东方特色的传统文化以及中国儒家思想开始相继传入菲律宾群岛。随着两国贸易的不断发展，有些华人逐渐扎根定居并融入菲律宾社会，还有的华人与当地人通婚生下混血儿。这不仅直接影响了菲律宾的社会结构，而且他们把中国的风俗习惯、伦理道德和文化移植到菲律宾，菲律宾在接受中国文化的同时，也有利于中华文化在菲律宾的传播。

第一，中国儒家文化中的“官本位”、“重人情”思想，对菲律宾政党政治的家族化、个人化和人情化都产生了重要影响。尽管菲律宾被称为亚洲最西化的国家，也是美国在东方输出和培植的“民主橱窗”，且菲律宾的政党政治经过数十年的运行已呈现出现代民主的景象，但在一定程度上，这只不过是具有了表面

① 刘芝田：《菲律宾民族的渊源》，香港：东南亚研究所、菲华历史学会，1970年，第30~57页。

② 刘芝田：《菲律宾伊戈律族》，香港：东南亚研究所、菲华历史学会，1971年，第258~260页。

③ 刘芝田：《中菲关系史》，台北：正中书局，1965年，第66页。

④ 林惠阳：《菲律宾华人社会之研究》，（台湾）私立中国文化学院民族与华侨研究所硕士学位论文，1977年，第49页。

形式而已，在其政党政治的骨髓中，还铭刻着许多的传统内涵，特别是政治的家族化倾向。在菲律宾社会中，民众普遍对政治感兴趣，这不是一般意义上的政治参与，而是隐含传统文化借由政治权力实现经济利益的渴望。有学者评论道："对菲律宾人而言，政治乃是一种最大企业。政治是通往权力的大道，后者则是通往财富的捷径……借着政治影响力之助，比采用其他任何方法更能在短时间内赚取大钱。"① 由此看来，菲律宾社会的大家族热衷于参与政治竞选，努力赢得胜利以便掌握权力，是由经济利益目的驱动的。即便是家境贫苦的民众，也试图通过家族的关系进入辐射面和政治圈以获得益处。假如某一家族有人登上了政治权力高位，就会想方设法发展势力范围，促使其家族权力和利益的最大化、永久化。因此，菲律宾的政党政治从选举到执政都打上了家族烙印。独立后的菲律宾政坛，要么是来自名门望族，要么是家族在经济上占据垄断地位。由于受中国传统的"官本位"、"重人情"等儒家思想的影响，菲律宾政党政治彰显出人情化的特点。而家族关系在菲律宾政治运行中的介入，使菲律宾政府难以制定公正的政策。现代社会的政治发展应该是合乎法理，而不是情理，这种情况导致了官员贪污腐败和行政效率低下，成为菲政府长久以来难以克服的顽疾。

第二，中国传统思想对菲律宾的社会文化也产生了深刻影响。在菲律宾社交活动中，要根据尊卑、长幼等规矩排定座位，一般是尊者、长者坐上位，这与中国的"入席原则"十分相似。按照菲律宾的礼仪，入席时要尽量表现得儒雅和谦让，此举大有中华文化风范。中国人在收到朋友送来的礼物时，一般不会像西方人那样当面"开包"之后立即表达赞美和感谢，菲律宾同样如此。他们很忌讳别人当众展示他送的礼物。按照菲律宾的习俗，当面打开礼物会让客人感到难堪。礼物一旦被展示，众人就会在心里估量它值多少钱，并将它和别人送来的礼物加以比较，这样会让送礼人心里感到极不自在。菲律宾这些习俗折射出中菲两国在社交文化心理上的相似性。

第三，菲律宾家庭伦理思想的一个集中反映，就是家族主义观念。在菲律宾社会中，人们从小就受到尊敬长辈、孝从父母的伦理教育，并要求尽可能帮助亲戚，以建立良好的家庭个人关系网络，通过血缘和婚姻扩大个人的社会圈子。家庭是社会生活和政治活动的起点、核心，这与中国传统思想中的"家国同构"、家庭是社会的细胞、家的稳定是社会和谐的基础等理论有异曲同工之处。这些伦理风俗不同程度地表现出中国文化习俗之特征或痕迹。② 汉谚云："求忠臣于孝

① 崔运武、胡恒富：《论菲律宾政党政治的特点及其与政治文化的关系》，《南洋问题研究》1998 年第 2 期。

② 赵康太、李英华：《中国传统思想道德与东南亚伦理》，北京：中国社会科学出版社，2007 年，第 243 ~ 252 页。

门。”只有在家孝顺父母和长辈的人，才能在外效忠国家。菲律宾人把“孝顺”作为衡量一个人的品质修养的重要标准，在诸多品质中，孝顺的价值定位最高，特别是对男人来说，孝顺更是极为重要的衡量因素。通过这些比较，我们可以体会到中国的儒家伦理思想给菲律宾文化带来的影响。而中国的传统思想道德，如“君权”、“忠君报国”、“忠孝”等威权主义思想，对后来菲律宾传统政治文化的形成发展更是起到了重要的启蒙作用。

第四，“父慈”、“子孝”、“兄良”、“弟悌”、“夫义”、“妇听”、“长惠”、“幼顺”、“君仁”、“臣忠”等中国传统思想，也在菲律宾产生了深刻的影响。菲律宾的父母竭尽全力供养孩子读书，希望孩子过得好。菲律宾男人看重自己的声誉，喜欢人们称赞他是给孩子留下多少家产的“好父亲”。父亲是一家之主，他除了表现慈爱的一面外，还要求晚辈们在日常生活中表现出对他的恭敬和服从，这和中国儒家思想的“君君、臣臣、父父、子子”极为相似。母亲为家务劳动和子女的教育而辛苦操劳，她们给丈夫精神上和物质上的支持，管理好家庭和孩子。丈夫通常不理家务，不管孩子的成长与发展，这些都是为人妻子的责任，做兄长有教育弟、妹的责任，如果家庭经济困难，通常是哥、姐辍学打工来补贴家用，供弟、妹上学，这与中国的情况也十分相似。中国儒家文化对菲律宾文化影响是深刻的，早期的儒家文化也可能是菲律宾社会的一种时尚。正是由于菲律宾这种文化背景，华人文化在某种程度上不仅没有受到排斥，还得到借鉴和欢迎。当中国人与菲律宾人交往时，不仅不会感到陌生，还有似曾相识的感觉。同样地，菲律宾人对华人的礼仪也觉得“亲近”。这种文化氛围，为中华文化的传播和华文教育的发展提供了良好的条件。

许多菲律宾华人有一定的经济实力，菲律宾人认为这是他们汲取中华文化的精髓和神奇的智慧所致。儒家文化的“以人为中心”、“勤俭节约”、“家族团结”、“以和为贵”等优良传统，对华侨华人经济的发展确实起到重要的作用，特别是老一代华人。[①] 这些美德对家庭和睦、提高商业竞争力以及族群的凝聚力，都具有积极的影响。儒家文化助推了华人经济的发展，而华人取得一定经济实力后，会更加重视华文教育。与此同时，儒家文化本身的“重视教育”、“有教无类”、“因材施教”等传统，特别是“庶、富、教”的思想推动了华文教育的发展和进步，并提升了华人社会的综合竞争力。而菲律宾人崇尚西方文化，却把东方文化作为根本，这培植了适宜中华文化的土壤。

① 世华：《勤俭与华人经济》，《融合——菲律宾华人》，马尼拉：菲律宾华裔青年联合会，1990 年，第 214 页。

第四章　“菲化运动”与侨校危机

菲律宾独立后，民族主义者开始实行限制或夺取外侨经济的政策，以此来提高本国人的经济地位，试图实现由菲律宾人垄断和掌控国家经济命脉的目标。①在经济菲化的同时，菲律宾政府却对华侨加入菲律宾国籍实行严格控制，使华侨被排斥在社会的边缘。在罗哈斯、季里诺、麦格赛赛、加西亚四位总统执政时期，每年的“百日国会”，议员们提案最多的就是菲化案，几乎涉及各行各业。②在“菲化运动”的后期，菲律宾政府在政治上和教育上推行菲化政策，特别是教育菲化，成为菲律宾“国策”。教育菲化案最终得到菲律宾政府的强制执行，华文教育课程被迫调整，“双督察”制度得以滥觞。马卡帕加尔就任总统后，把打击华侨经济转为利用华侨资本，期望借助华人经济推动菲律宾经济的发展。菲律宾华文教育也在融合进程中，不断发生着变迁。

第一节　菲律宾政府的“菲化运动”

美国殖民统治菲律宾期间，为转移菲律宾独立斗争的矛头，满足人民提升经济地位的强烈愿望，频频制定菲化案，限制华侨的经营范围，抑制华侨经济的发展。菲律宾自治政府成立后，承袭了美国统治时期的菲化政策，致使新的菲化案不断出现。菲律宾独立后，以罗哈斯总统为首的狭隘民族主义者把“菲化运动”推向高潮，风起云涌的各种菲化案给华侨社会以沉重的打击。广大华侨抗争无果后，被迫转移或者退出所从事的商业经营行当，华侨社会处在惶恐不安之中。

一、经济国家主义的产生

作为新兴的独立国家，菲律宾政府同样把发展经济建设摆在国家战略的首

① 华侨占外侨的90%以上，人数次之的美国、西班牙侨民享有几乎与本地人同等的权利，实际上菲化政策主要是排斥华侨。

② 菲律宾的国会期从每年的1月中旬开始，到5月底结束，历时4个半月，又称“百日国会”。见［菲］陈烈甫：《菲律宾的资源经济与菲化政策》，台北：正中书局，1969年，第205页。

位。但是，菲律宾政府没有制订有效的经济发展计划，而是把目标对准外侨（实际上是针对华侨），试图通过排斥外侨来实现菲人掌握国家经济的目标。如果说，“二战”前菲律宾民族主义运动主要是为争取政治上的独立，那么“二战”后初期菲律宾民族主义情绪高涨，在很大程度上是针对外侨实现经济“独立”的“诉求”。长期经历殖民统治的菲律宾人对掌管国家缺乏信心，尤其是在发展经济方面更是顾虑重重，认为华侨既有经验又有资金，甚至已经控制了菲律宾的经济命脉。此后，华侨的处境与在变化无常的西班牙统治时代一样大为不稳。① 菲政府主要通过立法手段和社会舆论，为华侨社会制造恶劣的环境，使华侨感到难以生存而不得不自动撤退。为此，他们布下重重荆棘，营造压抑气氛，使华侨在社会和经济上受到束缚，甚至连气都喘不过来，迫使其在死亡与撤退中作出选择，这才算是菲化政策的完成。②

“二战”前，菲律宾华侨在经济上占有重要地位，但尚未达到控制菲岛经济的地步。要控制像菲律宾这样的殖民地的经济，必须有几个先决条件，即土地的大量拥有，政治上的控制权力和关税特权。③ 当然，菲律宾华侨从来就不曾有这样的条件，菲人才是其经济的掌有者。华侨经营的主要范围偏重于商业，这就容易引起菲人的误解。华侨的经济实力显赫，完全是凭借诚实守信、勤俭耐劳和艰苦奋斗逐渐积累发展起来的。正如米尔斯（Lennox A. Mills）所说：“在殖民时期结束时，东南亚之繁荣是西方列强的管理与资金、中国人的进取和勤勉共同造就的结果。”④ 在西班牙统治菲岛时期，华侨忍辱负重，苦心经营并获得稳定基业。相比之下，土著人懒散而又不重视信用，只知据天时经营农业，而不知从事商业。⑤

华侨能在海外成就一番经济事业，首先是由于他们在不同的团体内相互帮衬，如宗亲会、同乡会、行业公会等都是华侨商业活动的“场所”。他们在海外高度结合，密切相依，互相协助，依靠这些社团人的支持来积累资本。华侨的这种社会特征，正是菲律宾土著人所缺乏的。其次是由于华侨在经营各种行业时，在同行和不同行之间，彼此都极力保持信用，这种信用不仅维持了自己的生意，同时也维持了同行、同乡或同宗全体的利益。⑥ 因此，武断排斥华侨是不公正的，这对菲岛经济的发展也是毫无益处的，相反，国家要帮助土著人学习借鉴华

---

① ［英］巴素著，郭湘章译：《东南亚之华侨》，台北：正中书局，1966 年，第 959 页。

② 刘芝田：《中菲关系史》，台北：正中书局，1956 年，第 677 页。

③ 陈台民：《论现阶段的菲律宾华侨》，《南洋文摘》1961 年第 2 卷第 3 期，第 2 页。

④ Lennox A. Mills, *Southeast Asia*, Minneapolis: University of Minnesota Press, 1964, p. 110.

⑤ ［菲］陈烈甫：《菲律宾与中菲关系》，香港：南洋研究出版社，1955 年，第 14 页。

⑥ 李亦园：《东南亚诸国现代化的若干问题》，《思与论》1965 年第 3 卷第 4 期，第 5 页。

侨商业成功的经验，制订实施经济复兴计划，改进农业生产，发展轻工业，扩展运输企业，谋求减少失业与增加国民所得等，这样才能使人民尽快走上富裕之路。而宪法突出的经济国家主义，当权者急功近利地通过各种菲化案，以立法手段排除外侨的经济地位，使菲人获得经济上的控制权，这些措施的最终受害者只能是菲律宾人民。

二、加西亚的“菲人第一”理论

1959年，菲律宾国民党总统候选人卡洛斯·加西亚（Carlos P. Garcia）在竞选运动中提出了“菲人第一”理论，这迎合了那些民族主义者的思想，并助其顺利当选菲律宾独立后的第四任总统。“菲人第一”理论的基本内容是：菲律宾是菲律宾人的菲律宾，不是美国人、西班牙人、中国人、日本人的菲律宾，菲律宾应该为菲律宾人所有。① 因此，一切资源的开发、财富的拥有、商业的经营，菲律宾人应比外侨优先，绝不允许有喧宾夺主的情形。②“菲人第一”理论宣称，每一个人都有他自己的国家，政府对于人民有善加保护的职责，使人民在本国领土内有广阔的谋生机会。虽然此理论遭到自由党的反对，但没能阻挡这股由狭隘思想引发的潮流。③“菲人第一”理论是菲律宾民族主义者长期宣传和蓄意排挤外侨的必然结果。在麦格赛赛总统任内就有人发出过这样的声音，到了加西亚执政时期，这种声音更加甚嚣尘上，甚至堂而皇之地在公开场合提出。1960年1月25日，加西亚在演讲中说道：“这是一项国家性政策，旨在使菲律宾人在自己国家的经济中获得主要的、占优势的参与。”④ 于是，菲律宾政界要人也随声附和，希望得到群众的认同，并博得所谓爱国主义者的“美誉”。

按照加西亚的思想，菲律宾民族主义的实践，其目的在于让菲人完全担负起本国经济和政治的责任，免受外部势力影响。⑤ 加西亚曾在多次演讲中直截了当地说：“菲国政治独立以后，经济尚未独立，事事为外侨控制，在经济上倚赖外侨，此为菲国社会安全的最大威胁。所以，要实行菲人第一政策……只有如此，才可以保持菲国的独立和尊严……使菲律宾商业能优先获得合法的经商和工业投资，直到他们获得相对的利润。”⑥ 这种狭隘的民族主义思想一直笼罩着菲律宾

① 超森：《“菲人第一”的滥用》，《华侨周报》（菲律宾），1960年3月13日。

② ［菲］陈烈甫：《菲律宾的资源经济与菲化政策》，台北：正中书局，1969年，第208页。

③ 《大中华日报》（菲律宾），1959年11月5日。

④ K. H. Hwang, "The 'Pilipino First Policy' as I See It", in Shubert S. C. Liao, *Chinese Participation in Philippine Culture and Economy*, Manila: University of the East, 1964, p. 299.

⑤ 《加西亚总统在菲工商协会餐会上演讲辞》，《华侨商报》（菲律宾），1959年12月1日。

⑥ 刘家驹：《菲律宾菲化运动之研究》，香港：学津书店，1983年，第70页。

政坛，政府也通过实施排挤华侨政策，转移菲律宾人对国家经济发展的不满。

由“菲人第一”引发的“菲化运动”使许多华侨被迫改变商业经营方式，对华侨社会产生了巨大的冲击和影响。正如华侨商人蔡联发所言：“华侨的处境日趋困难，在商业上有点地位，无政治力量作后盾是难望与美商竞争的。美国操纵垄断菲国经济命脉……都是由华侨商业在中间作媒介……而菲人是真正的消费者。这种居中地位时常招来菲政客之恶意诬蔑，称之为华侨操纵经济。……独立后，菲政客为美傀儡，遂想掩遮事实而仇视华侨。”① 菲律宾自由党也逐渐认识到，“菲人第一”理论实际上不仅抑制了华侨经济，也吓走了想在菲律宾投资的其他外国人，这与菲政府鼓励外商来菲投资的政策背道而驰。② 时任马尼拉市长的陆逊指出：“菲人第一政策所带来的是，外侨企业以至于整个国家经济的牺牲，所换取的只是数百菲人拥有公司的利益。”③ 的确，“菲人第一”理论受损的是菲律宾国家，获益的只是少数菲律宾人。众议员马舍斯也指责这是少数菲商为个人造富的工具。④

三、“菲化运动”的缘起及菲化案

（一）“菲化运动”的产生

菲律宾迫切想实现经济由菲律宾人掌控的目标，他们错误地认为，必须采取立法手段来排斥外侨，保护本国人，这样才能有效发展本国经济，“菲化运动”由此产生。“菲化运动”是“二战”后实施菲律宾经济政策的主题，是为本国人的经济发展提供最大限度的法律支持与保护，只允许菲人经营某些行业而限制外侨涉足，逐步扩大这种行业领域，最终取代外侨的经济优势地位。具体而言，他们认为不实行零售商菲化，零售业将永远为外侨所控制；不实行米黍业菲化，米黍业将永远为外侨所掌控，其他行业的情形也是如此。

1960 年 1 月，加西亚在国情咨文中说：“这项菲化政策是针对争取经济独立，务求菲律宾人达到争得在经济活动上占大多数的目标。”⑤ 该理论提出后，国会议员纷纷提出各种菲化案，形成“菲化运动”浪潮。考察“二战”后东南亚各国，类似情形多有发生，而受影响最大的同样是华侨，如泰国的“泰化运

① 萧文增：《华侨在菲律宾》，《南洋商报》（新加坡），1955 年 7 月 25 日。
② 《华侨商报》（菲律宾），1960 年 8 月 10 日。
③ 《公理报》（菲律宾），1960 年 2 月 15 日。
④ 《新闽日报》（菲律宾），1960 年 4 月 30 日。
⑤ 《加西亚在第四届第三次国会开幕式发言的国情咨文》，《新闽日报》（菲律宾），1960 年 1 月 25 日。

动”、缅甸的“缅化运动”、印度尼西亚的“印化运动”、越南的“越化运动”等，内容和手段大同小异，而目的则基本相同。与其他国家的民族化运动相比，“菲化运动”最显著的特点是，菲律宾政府一边推行“菲化运动”，一边又严格限制外侨的入籍归化，不像泰国的“泰化运动”，使外侨较容易加入泰籍。“菲化运动”常使一些华侨陷于无路可走的窘境。①

倡导“菲化运动”的政客所举出之理由，归纳起来有以下几点：①如果缺少法律的特殊保护，菲律宾人将无法在经济上与外侨竞争；②许多经济行业，与国计民生密切相关，断不可操之于外侨之手；③“菲化运动”可以使外侨向新的经济领域开发，对菲律宾经济有帮助和促动作用；④“菲化运动”有利于社会失业问题的解决；⑤“菲人第一”就得排挤外侨；⑥限制华侨力量的膨胀，可安定菲岛的民主宪政；⑦华侨使菲官员贪污腐败；⑧华侨任意囤积食物，抬高物价。②

菲律宾民族主义者还以华侨社会是“国中之国”、“社会中之社会”作为极力推行菲化政策的理由，宣称要将华侨的下一代彻底同化。菲律宾历史文物保存会（The Historical Conservation Society）主席小阿方索·菲利克斯（Alfonso Felix Jr.）说：“造成这一排华的运动，乃是文化问题。”③ 此见诚有道理，文化差异的确使华侨与土著人难以调和，并引发其他的矛盾冲突。

（二）菲政府制定的系列菲化案

1934年7月，菲律宾召开制宪大会，除了制定自治时期的宪法、刑法等国家法律外，还在许多法律条款中涉及菲化案，其中包括：自然资源、土地与公共企业等菲化案。零售业、劳工、米黍与簿记菲化案的提议虽没有被通过，但对菲律宾华侨社会的影响是深远的。

菲律宾自治时期，奎松总统领导的民主党就曾极力反对排斥华侨的菲化案。奎松曾有这样一番讲话：

在我执政之下，一个重要目的就是要给予菲人以各种便利，提高其在商业活动中的地位。这种决策是基于理智，而不是起源于狭隘与激进的民族主义。国家的经济如不是建立于人民的智慧、勤劳与毅力的基础上，将不能获得稳定力量。但人民不可以希望政府将予以特殊权利，此种权利与公共的利益相抵触，并忽略

---

① ［菲］陈烈甫：《菲律宾的资源经济与菲化政策》，台北：正中书局，1969年，第207页。

② 刘家驹：《菲律宾菲化运动之研究》，香港：学津书店，1983年，第67页。

③ Alfonso Felix Jr.，How We Stand：The Chinese in the Philippine（1570－1770），*The Historical Conservation Society*，1966，Vol. 1.

了外侨在菲合法经营商业的权利。外侨在菲除国籍法律所加以保障的权益外，尚有受平等与公平待遇的权利。因为他们在岛民尚不知从事商业时，曾经协助了菲国经济的开发。菲国商人所能指望政府，亦即政府所能供给他们的，乃过去他们所未曾享受的便利。例如银行制度、贸易与交通的便利，从事生产事业的机会。换句话说，政府给予菲人从事较多工商业的便利与鼓励，但菲人必须善为把握这种机会。他们必须以真挚的态度、明智的努力与坚定的意志去开拓他们的前程，并须准备接受竞争，只有在公平竞争下，他们才能有权利希望得到政府的保护。所以，我们不可能而且也不应该采取一种政策，以使人误会为排斥外侨。我并不相信商业的菲化，也反对生产与支配日用品的措施，这将给国家带来更大的灾难。①

从中不难看到奎松总统的智慧与远见。他一再忠告菲人不要为菲化的“美名”所陶醉，应当善待外侨，与外侨作公平互竞，以谋共存共荣，他在任期间大批容纳中国难民来菲寄居的做法，更是高瞻远瞩。②

独立后的菲律宾狭隘的国家民族主义喧嚣乍起，为迎合部分菲化主义者的“民意”，巩固其政权的稳定，罗哈斯总统签署了一系列经济领域的菲化案，这些法案对于华侨社会的发展产生了极其不利的影响：

（1）公共菜市摊位菲化案。此案早在美国统治时期就有人提出，但未获通过。1946年10月，罗哈斯批准该法案，成为菲律宾国家行政法令，亦即第一个正式成为法律的菲化案。这意味着华侨必须退出马尼拉各菜市的摊位。

（2）银行与专门职业之菲化。1948年，菲律宾国会通过银行法，规定在菲律宾设立的任何银行机构，其股本至少有60%应为菲律宾公民所有，董事会至少2/3的成员应为菲律宾公民，所接受全部存款不得以任何方式投资于菲国境外。

（3）进口统制与外汇统制。1951年6月，国会通过650号法律，规定所有进口商都要把进口货物的50%以上保留售予菲人零售商，其余的才能分销给其他顾客。③ 在进口统制实施后，菲律宾中央银行于1949年12月颁布第12号通令，施行外汇统制。1953年6月，中央银行又颁布第44号通令，规定仅菲、美两国公民可申请成为新进口商，享有分配进口使用外汇的权利。进口统制与外汇

① Ramon M. Velago, *Philippine Citizenship and Naturalization*, Quezon City: Central Book Supply, Inc., 1965, p. 30.

② Shubert S. C. Liao, *Chinese Participation in Philippine Culture and Economy*, Manila: University of the East, 1964, p. 274.

③ 刘家驹：《菲律宾菲化运动之研究》，香港：学津书店，1983年，第29页。

统制对于菲律宾人的经济发展来说是有利的，但对华侨贸易而言却意味着极大的冲击。进出口货物到中央银行申请外汇时，只要是中文姓名的都予以拒绝。①

（4）零售商业菲化案。1954 年 6 月，麦格赛赛总统签署了第 1180 号法案——零售商业菲化案。自治政府时期的总统奎松（Manuel Qurzon）、奥斯敏纳（Sergio Osmena）和独立后的总统罗哈斯（Manuel Roxas）、季里诺（Elpidio Quirino）都曾否决过这一法案。

在零售商业菲化案通过前听取意见时，马尼拉商会主席威京逊（Gerald Wilkinson）就表示：“如果采取法律手段强制剥夺华侨产业，其后果如何？菲律宾的国民能真正地得到利益吗？我很怀疑。因为商业的成功十分之九是由相对持久的努力得来的。如果用赏赐就能创造成功，那是很少见的。在若干情况下，赏赐只是使商业衰颓。……总之，为什么华侨在某些商业上比较卓越呢？……有人说华侨朋友太奸猾，有人说我们的华侨朋友太苦干……你不认为主要原因是这些人，在那些商业中经过长期而多次实践而得到更多技术吗？我确信这正是问题的根源。”②

由此看来，许多有远见卓识的菲律宾政界人士，对于推行“菲化运动”是有异议的。零售商业菲化对于许多在菲律宾祖辈都是从事零售业的华侨而言是个巨大的打击，面对这一部如此宽泛、彻底的法案，一部分华侨男子试图通过迎娶菲律宾女子或是使用她的名字进行注册，以便能够保留他们在龙基略（Ronquillo）大街的面包店和在利未苏利亚（Divisoria）市场上的服装地摊。③

第二节　教育菲化案与侨校危机

1955 年初，菲律宾众议院反菲活动委员会宣称：“南岛的华侨学校被共产党渗透，有些学生组织‘读书会’来从事反菲活动；宿务的华侨学校也有共产党‘潜伏’，并传播其思想。”④ 此后，菲律宾社会媒体就不断渲染此消息。8 月 4 日，《马尼拉时报》及《纪事报》都高调报道了反菲活动委员会的“调查”，并呼吁关闭所有华侨学校。其他报纸也随波逐流，相继刊登此类报道，菲化案最终

---

① 张存武等编：《菲律宾华侨华人访问纪录》，台北：中央研究院近代史研究所，1996 年，第 197 页。

② 《大中华日报》（菲律宾），1954 年 5 月 11 日。

③ Santos G. Mena，SJ.，Luceat Lux：The Story of Xavier School，*The Desautels Years*（1956 - 1967），Manila：Kadena Press Foundation，Inc.，2005，p. 236.

④ *Report of the Board of National Education*，*1955 - 1957*，Philippine Department of Education and Culture，Manila.

还是波及了华文教育领域。从此，华侨学校成为菲律宾社会议论和抨击的众矢之的，菲化华侨学校遂成为中菲外交关系中一连串争论的焦点。[①]

菲律宾朝野的别有用心者还大做文章，指责侨校灌输中国民族主义思想，导致华侨学生认同中国而不认同菲律宾，阻碍了政府同化政策的实行。菲军事当局也提出所谓的防止共产党“渗透”侨校的计划，其中包括：立刻停止核准新设立的华侨学校；华侨学校要将其课程送到教育部审查；菲律宾教育部协助监督华侨学校等。[②] 麦格赛赛总统也发表讲话称：“抵御共产党的活动不仅包括击败其武装力量……更应该从思想上抵制其错误的信条……这就是在教育方面抵制共产主义的战役。”[③] 菲律宾政府还成立了一个专门委员会，由私立学校教育局局长裴必南（Jesus E. Perpinan）负责，就侨校的经营、管理以及共产党渗透等问题进行调查。[④] 突如其来的事变使菲律宾华侨社会风声鹤唳，华侨学校处在风雨飘摇的危难边缘。

一、台湾“大使馆”对侨校案的反应

面对菲律宾社会关闭华侨学校的舆论，台湾“驻菲大使馆”代办周书楷感觉事态严重，即发表声明称全体侨校在“大使馆”监督之下，均效忠于“中华民国”，绝无被共产党渗透的可能。如果有偶发事件，那也仅是个案，不能全盘打击。同时，菲律宾情报联络署（NICA）也开始调查侨校，在全国135所华人学校中，查出有51所未向菲教育部备案（可能因为这些学校只开设中文班，无需向教育部备案）。菲私立学校教育局就这些未立案的华侨学校的监督权问题进行研究，认为侨校即使未立案，菲政府也有监督权。各侨校即使仅有中文部，菲私立学校教育局也要增聘通晓中文的督学，监督所有华侨学校。

1955年8月6日，菲律宾国家教育委员会就华侨学校的经营、管理、监督等方面进行研究，并讨论共产党渗透侨校的可能性问题。[⑤] 与会人员中，菲移民局局长维莫（Vemmer）明确主张封闭侨校，其他委员则认为要慎重处理这件事。会上还设立了“五人小组”委员会，即由私立学校教育局局长裴必南任主席，

---

① 萧曦清：《中菲外交关系史》，台北：正中书局，1995年，第675页。

② 《菲藉口防共匪渗透建议不准新设侨校》，《中央日报》（中国台湾），1955年8月9日。

③ Eufronio M. Alip, *Ten Centuries of Philippine-Chinese Relations*, Manila: Alip & Sons, Inc., 1959, p. 163.

④ Jesus E. Perpinan, “New Controversy over Chinese Schools”, in Shubert S. C. Liao, *Chinese Participation in Philippine Culture and Economy*, Manila: University of the East, 1964, p. 333.

⑤ 菲律宾国家教育委员会（National Board of Education）系全国最高教育机构，由私立学校教育局局长裴必南（Jesus Perpinan）任主席。

远东大学校长、天主教学校联合会会长、基督教学校协会会长及外交部法律司司长4人为委员，专门研究侨校问题。实际上，华侨学校严格遵循教育部的课程要求，仅部分课程允许汉语教学，其他课程与私立学校完全一样，这与菲律宾人普遍认为华侨学校只开设培养中国传统课程是不相符的。在教育部门的密切监管下，华侨学校开设了菲律宾历史、政府和公民的课程。① 即使这样，一位菲律宾汉学家还撰文指出：“华侨学校阻碍菲律宾的统合……华侨学校菲化就是把那些学校的所有权应毫无疑问地掌握在菲人手中。”②

8月10日，“五人小组”委员会召集中正学校校长鲍事天、侨中学校校长黄澄秋、曙光学校校长潘葵村、爱国学校校长刘芝田等4人到教育部，并向他们通报了委员会对侨校的不利意见。鲍事天校长据理力争，向委员会阐述了如下立场：过去菲岛开办侨校完全自由，并没有任何限制，菲政府也未要求华校立案登记，办学经费都由华侨负担，这为政府节省了大量教育经费；侨校的中文教育是根据中国文化伦理道德培养青年学生，使其成为良好公民，这对菲律宾有利无害；菲律宾的入籍法十分严格，华侨子弟如果入籍不成返回中国，学习中文对于谋生比较容易；根据《中菲友好条约》，允许华侨在菲律宾社会开展华文教育，如果菲律宾人在中国办校，也享有同等待遇。③

尽管鲍事天等人的陈述得到了与会人员的理解，但多数人仍有狭隘的民族主义思想，坚称华侨学校必须遵守菲律宾的法律规定。在菲律宾教育委员会讨论侨校问题的同时，台湾“驻菲大使馆”代办周书楷也同菲律宾教育部部长赫兰蒂示和副总统兼外交部部长加西亚进行沟通和协调，力争使侨校问题得到合理解决。赫兰蒂示的态度虽比较偏激，但仍表示菲方暂时无意关闭侨校；加西亚则表示一定会谨慎处理这一问题。9月2日，3人在菲律宾外交部再次进行会谈，最终达成下列三项意向性协议：所有侨校均须向私立学校教育局立案并接受督察，教授菲政府所规定的标准课程；侨校可按照台湾“教育部”规定的标准，自由教授中文课程；菲律宾和台湾组成联合委员会，执行督察华侨学校事宜。④ 此后不久，裴必南忽然改变了态度，声称对侨校进行“全权督察”的协议中有共同督察之意，会侵犯菲律宾的主权，拒绝在协议上签字。为此，双方围绕着督察权再次产生分歧，并持续争论数月。后经双方协调和商讨决定，在协议中暂不涉及

① Jaime Batnag, “To Close or Not Close the Sino Schools Problem”, in Shubert S. C. Liao, *Chinese Participation in Philippine Culture and Economy*, Manila: University of the East, 1964, p. 354.

② Charles J. McCarthy, S. J., Chinese Schools in the Philippines, *Asia Philippines Leader*, 1972, p. 9.

③ 《四十年前抗争菲化侨校的艰苦历程》，［菲］鲍事天：《养浩集》，马尼拉：菲律宾中正学院诗田文教基金会，1996年，第57页。

④ Jesus E. Perpinan, “New controversy over Chinese Schools”, in Shubert S. C. Liao, *Chinese Participation in Philippine Culture and Economy*, Manila: Unrversity of the East, 1964, pp. 334 – 335.

侨校的督察问题，且降低了联合委员会的职权，使其仅仅作为一个咨询性质的机构存在，而没有了决策权。①

12月20日，台湾新任“驻菲大使”陈之迈抵菲后，即向菲律宾政府递交了“国书”，第二天便与加西亚副总统举行会晤，就恢复“侨校督察问题”进行谈判。23日，双方签署了“关于侨校问题”的协议，承认菲教育部依据菲律宾法律，对侨校有全面督察权。② 所有菲国境内的侨校学生，必须修读符合菲律宾私立学校所规定的必修课程，至少达到其最低标准。华侨学校在教授菲国法定最低标准的课程之外，根据《中菲友好条约》可以自由教授中方规定的中文课程。③ 联合委员会由原来的“决策机构”转变为“技术性工作小组”。协议签订后，加西亚发表讲话，称联合委员会只是一个技术性工作委员会，并非临时咨询机构。陈之迈也强调联合委员会是永久性的，但菲律宾教育部部长赫兰蒂示始终坚称该委员会只是临时机构。新学年开学在即，双方还是决定根据既定协议，共同委派代表设立联合委员会。委员会共有9名委员，菲教育部派出私立学校教育局正、副局长及3位督学任委员，台湾由“驻菲大使馆”指派刘振鹏参事、孙瑞荃秘书、中正学校校长鲍事天、曙光学校校长潘葵村等4人担任委员。因此说，如果双方就某个问题产生分歧而需要表决的话，菲方显然处于有利地位。但事实上，菲教育部始终认为联合委员会只是临时咨询机构，教育部有权修改或否决所有决定，而且台湾是无法改变菲方决定的。④

为讨论中文课程问题，双方召集有关人士再次进行商讨。关于英文课程，菲方认为应按照菲律宾教育部的规定执行；中方则认为英文课程时间过长，影响中文授课的时间。菲方主张侨校增加英文课程，中文课程只留历史和地理就足矣，结果双方无法弥合分歧，没能达成一致意见。刘振鹏“参事”认为新学年在即，此事僵持过久会影响下学年各校的教学，于是设法与赫兰蒂示部长沟通，并顺利通过了中英文课程的标准与时数。中文教员资格由“大使馆”审定，向菲教育部推荐发给许可证，获准后才能正式任教。菲方经过精心策划争取到了全面督察权，可以说是获得“胜利”。至此，经过4个多月的激烈争论和“讨价还价”，轰动一时的侨校事件告一段落，但无论是华社和侨校都已受到严重冲击。《侨情周报》报道，这次事件的发生主要有以下原因：一是菲律宾国会例会行将结束，

① 萧曦清：《中菲外交关系史》，台北：正中书局，1995年，第687页。

② Gerald A. McBeath, *Political Integration of the Philippine Chinese*, Research Monograph No. 8, Center for South and Southeast Asia Studies, University of California, Berkeley, 1973, p. 96.

③ Eufronio M. Alip, *Ten Centuries of Philippine-Chinese Relations*, Manila: Alip & Sons, Inc., 1959, pp. 129 - 130.

④ 《四十年前抗争菲化侨校的艰苦历程》，［菲］鲍事天：《养浩集》，马尼拉：菲律宾中正学院诗田文教基金会，1996年，第59页。

军部可以借此向国会要求增加军事经费；二是菲律宾政府向东南亚公约国家组织邀功，同时借口防止“共产党渗入”，严加控制华侨。[①]

1956年5月16日，私立学校教育局颁布第三号通令。菲私立学校教育局增设侨校科，加聘中文督学2人，专门负责督察侨校。[②] 从新学期开始，华侨学校要全部按照新规定实施，即各侨校所有中文课程表，教职员资格与授课时数，以及各年级学生人数与学生国籍必须于开学前送交私立学校教育局批准。此例一开，侨校即进入初步菲化的阶段，陈之迈“大使”后来表示此协议之签订是件痛苦的事，可以想见今后的变化仍未可预料。[③] 自1957学年起，中文课程科目、时间表、教职员及学生名册，均得呈报菲私立学校教育局核准，所有华侨学校的监督权全部交给菲政府。为此，华侨社会举行游行抗议，虽然菲政府一再表示华文教育的合法，但持续的抗议表明这种合法化逐步遭受侵蚀。[④]

二、侨校联合总会的奋力抗争

（一）“校总”的成立

在第三号通令的谈判过程中，陈之迈“大使”、刘振鹏“参事”感觉到菲方态度的坚决，认为此后华侨学校问题定会衍生出民事问题以及枝节事件，“驻菲大使馆”不便出面交涉。侨校应有统筹机构，专责疏解协商的工作，担负起菲律宾华校代言人的角色。因此，“驻菲大使馆”和菲律宾华文教育界一致认为，成立菲律宾华侨学校联合总会（以下简称“校总”）势在必行。[⑤]

1939年时，菲律宾华侨社会就已经成立“马尼拉华侨学校组织联合会”。太平洋战争期间，华侨学校联合总会的会务工作陷于停顿。1946年，“马尼拉华侨学校组织联合会”恢复工作，该会所管辖的学校和学生总数占了全菲的大部分，有关侨教的问题都由其出面交涉解决。为推动菲律宾华侨教育的发展，一些地区性的校联会相继组建，以解决华侨学校的外部冲突和内部矛盾。在台湾“驻菲大

① 《最近菲律宾逮捕华侨共嫌案综合报导》，《侨情周报》1955年第133期，第1～3页。

② Eufronio M. Alip, *Ten Centuries of Philippine-Chinese Relations*, Manila: Alip & Sons, Inc., 1959, pp. 131－135.

③ 《四十年前抗争菲化侨校的艰苦历程》，［菲］鲍事天：《养浩集》，马尼拉：菲律宾中正学院诗田文教基金会，1996年，第60页。

④ Gerald A. McBeath, *Political Integration of the Philippine Chinese*, Research Monograph No. 8, Center for South and Southeast Asia Studies, University of California, Berkeley, 1973, p. 97.

⑤ 《四十年前抗争菲化侨校的艰苦历程》，［菲］鲍事天：《养浩集》，马尼拉：菲律宾中正学院诗田文教基金会，1996年，第61页。

使馆”的积极努力和协助下，菲律宾西、中、东米沙鄢以及南北棉兰老等五个校联会也相继成立。1957 年 2 月，台湾“驻菲大使馆”致函马尼拉校联会，要求尽快提出组建“菲律宾华侨学校代表秘书处”的方案，以协助“大使馆”策划校总之事宜。

1957 年 4 月 15 日，华侨学校召开第一次全菲侨校大会，包括菲律宾 54 省市 10 个地区 131 名代表出席此次大会，会议一致通过了成立校总的决定。校总的宗旨是“团结华侨学校，发展华侨教育”。台湾方面拟订《菲律宾华侨学校联合总会章程草案》，校总负起与教育部及菲社会方面的联络与沟通事宜。

校总从成立到因华校执行菲化政策停止活动，历时 20 年。在此期间，几乎每日报上均刊载不利于侨校的消息，菲化浪潮对侨校造成的不良气氛和影响，使侨界处在惶恐不安之中。特别是菲律宾国会众议院不断提出教育菲化问题，有些议员认为侨校为华侨同化之绊脚石，有的主张废除华文课程，有的主张修改《中菲友好协定条约》，有的甚至主张立即关闭侨校。校总则代表华侨学校与菲国会、教育当局及媒体方面积极协调，争取菲律宾各界对华侨教育的理解和支持。尤其在菲律宾经济民族主义思潮高涨时期，校总总是想尽各种方法疏解有关侨校的事端。

（二）国会关闭侨校的辩论

1960 年新年，菲律宾国会会议开幕，反菲小组委员会主席贝礼示提议，要调查侨校的反菲活动。他声称接到报告：许多侨校未严格规定教授菲律宾的历史、政治及公民等科目；若干侨校聘请入籍外侨来教授英文课程，而菲律宾政府规定只有土生菲人才能教授英语课程；侨校在升旗时，中菲国旗同时升起，而华裔学生只唱中国国歌，不唱菲国歌，该委员会联合教育小组要求马尼拉校总的四侨校校长到国会作证。① 1 月 25 日，菲国会即将闭幕，在众议院移民归化委员会的座谈会上，部分应邀到会的菲人认为，华侨既然打算在菲律宾永久居留，就应送子女到菲校学习，学习菲人的文化和风俗习惯才合情合理，不应该自立门户，并力主封闭全菲所有华侨学校，以加速华侨同化进程。于是，众议院据此提出“关闭华侨学校”的议案。而教育部则坚决反对采取过激行为关闭侨校，理由是《中菲友好条约》中“最惠国条款”在菲华文学校和美国人办的学校享有平等的权利，如果不关闭美国人的学校，那么也不应关闭华文学校。② 菲教育界也有人

① 《四十年前抗争菲化侨校的艰苦历程》，［菲］鲍事天：《养浩集》，马尼拉：菲律宾中正学院诗田文教基金会，1996 年，第 62 ~ 63 页。

② Pao Shih Tien, “Should the Chinese Schools be Abolished”, in Shubert S. C. Liao, *Chinese Participation in Philippine Culture and Economy*, Manila: University of the East, 1964, p. 347.

认为，倘如此举只针对华侨学校，而避及欧美人士所办学校，不仅违反《中菲友好条约》，而且是一种种族歧视行为，也与菲政府倡导的“加强亚洲文化交流”背道而驰。[1]

菲律宾有许多著名大学，如圣托马斯大学等都是由外籍人士开办，若关闭所有外侨学校，势必将影响到菲律宾整个教育体系。菲政府公办学校接收这些外侨学校学生，在财政上会造成严重困境。“关闭华侨学校”的议案在菲教育界的干预下，最终未能通过。2月初，众议院“反菲委员会”又提出华侨学校所排课程时间不当，教师非土生菲人，未遵守私立学校教育局第三号通令，有些议员对此强烈不满。众议院教育委员会随即谴责华侨学校，有许多土生菲人或归化的外侨子女反而被侨校培养成“中国化”。2月9日，私立学校教育局局长白彬迎建议效仿泰国的做法，只准华侨小学每周教授6小时中文，全菲华侨学校只允许小学开设中文，中学一律不准教授中文。5月26日，该两委员会向国会提出七点建议，内容包括：调查侨校办学经费来源；修改侨校监督第三号通令中有关侵犯菲国主权的部分；要求侨校将教科书送菲教科书委员会审查；从严审查外侨开设新校的申请；增加侨校督学人员；针对侨校师生采取同化措施；建议菲国会立法，禁止各国驻菲使馆以外的任何机构悬挂外国国旗。[2] 8月4日，菲私立学校教育局通令，将第三号通令中第六条“侨校中文课程的教员由中国人担任，其资格应根据“中华民国”的教育行政法的规定”予以废止。

与此同时，菲众议院移民、归化委员会也举行了会议，讨论华侨移民问题。与会的一位计顺省法官力主关闭所有华侨学校，论调同样是华侨在菲居留，应学习菲国语言、风俗习惯，将其子女送入菲校受教育，华侨学校实无存在的必要。在场的两位前任移民局局长贝礼示与黎拉戈律示均赞同封闭侨校。新任教育部部长罗慕洛（Rómulo）赞成设法鼓励外侨学生入菲校读书，但不赞成关闭侨校的偏激行为。私立学校教育局局长白彬迎也表示支持罗慕洛的主张，反对关闭侨校。他说除非侨校触犯菲律宾的教育法规，否则关闭侨校违反“中菲两国”签订的督察侨校的协定。

（三）好政府委员会主席的意见

教育部部长与私立学校教育局局长表态之后，侨校问题复杂化，教育部与国会公开对立争辩不休。10月初，菲众议院移民归化、教育、反菲和廉政等四个委员会提出联合议案，声称在有关督察侨校的备忘录中，由外国人来监督菲境内

① 萧曦清：《中菲外交关系史》，台北：正中书局，1995年，第690页。
② 萧曦清：《中菲外交关系史》，台北：正中书局，1995年，第691页。

的学校违反了宪法主权至上的原则，应立即予以作废。廉政委员会更是指责菲政府未能加快同化外侨步伐，以致菲律宾成了唯一容许侨校存在和华侨问题久悬未决的国家；侨校招生不限国籍，菲籍学生日渐增多，菲人反而被华侨训练成中国人；加入菲籍的华人，仍担任华侨社团首领，违反了入籍誓词，对菲律宾国籍法形同侮辱。此时，私立学校教育局宿务办事处主任也提出报告，称侨校对菲籍教师待遇不公，菲籍教师的工资比华人教师低。又有邦加蜂兰省督学报告称，侨校聘用华人教英文而不用菲人，是违法的行为。于是，私立学校教育局提出调查侨校。

10月4日，作为众议院好政府委员会主席的罗细示发表谈话，主张采取行动关闭所有侨校，以利于将华人尽快同化入菲律宾社会。他还指责政府过去实施以政治法律途径解决华侨问题的错误政策，而未从根本上着手，采用社会的方法来融合华侨，所以一些土生华人未能有效融入主流社会。

罗细示的表态引起国会的关注，众议院反菲、教育、廉政和移民归化四个委员会共同发表声明，主张全盘检讨督察侨校的协定，并一致主张关闭侨校。罗细示也一再发表谈话坚持他的主张，理由是：菲律宾是东南亚唯一未采取明确步骤去解决华侨问题的国家，菲律宾有归化律，但只是一种政治与法律的形式，而政府未真正采取同化政策；菲国是东南亚唯一仍容许侨校存在的国家；东南亚各国政府都承认华人为当地文化、经济所作的贡献，都尽量接纳华人的同化，而菲国则以华人为二等公民，有时甚至威胁吊销他们的菲籍；侨校收容菲人子弟入校就读，实际上只是一种借口，这样菲人子弟反被侨校同化；若干入籍华人仍担任华人团体的职员，这无异侮辱菲国籍的神圣。罗细示措词强硬的谈话，一方面批评政府执行同化政策不力，另一方面责备华人加入菲籍不够诚意，蔑视菲律宾国籍的尊严。

（四）教育部长的表态

1960年10月8日，菲教育部部长罗慕洛就侨校问题的严峻形势发表谈话，他提出，华侨在菲律宾开办学校，是教导子女传承祖国的悠久文化，如果关闭这些华侨学校，是否美侨、西侨所开办的学校也要同时被关闭？如果只关闭华侨学校，那是极端的种族歧视。他还提出，华侨学校的教学和设备具有极高水准，本学年中学毕业生会考，华侨学校学生成绩比一般的菲校优秀；华侨学校对菲国社会文化活动与公益事业的积极捐助，均超过菲律宾学校；菲国一向倡导亚洲是亚洲人的亚洲，亚洲各国应加强亚洲的文化交流，若关闭侨校，何以自圆其说？

教育部部长表示反对关闭侨校后，众议院反菲委员会主席贝礼示立即指责罗慕洛仍有殖民地主义思想，为外侨利益辩护。众议院多数党领袖助理文旦洛议员出面调解，并呼吁政府慎重对待华侨学校问题，不要肆意关闭，但教育部应严加督察，对守法的华侨放宽入籍，以便于将他们归化为菲公民，从根本上解决侨校问题。[①] 罗慕洛反对关闭侨校的声音，在狭隘的民族主义浪潮中显得越来越微弱了。

三、侨校危机与教育菲化政策的形成

（一）教育部停发部分华校许可证

1960 年 10 月 14 日，当议会与教育部关于侨校问题争论不休时，菲律宾有三个青年激进团体加入论战，要求政府关闭华侨学校，这一行动使侨校问题变得更加复杂。为此，华侨社会再次陷入慌乱之中，有人提出了华文教育转向当地的说法。《中国周刊》也发表社论说：“唯一解决在菲华人问题的办法是，使当地的华侨社区最终融入菲律宾国家。”[②] 菲政府教育部对 10 所华侨学校停发办学许可证，私立学校教育局取消了“驻菲大使馆”审批中文教师的资格，同时通令华侨学校禁止华人教授英文课程。移民局也到各侨校调查教职员移民证件及国籍，直至 1962 年。这些调查此起彼伏，使华侨学校如惊弓之鸟，精疲力竭。菲公民似乎对华校的存在有大量的误解，有人认为在菲运营的华文学校不教菲律宾文化课，像历史、地理和公民等，这样华校会使中菲友好关系产生隔阂，甚至使华人对菲的统治权产生侮辱。[③] 教育部停发部分华校的办学许可证，以及一些无稽之谈对华文学校是非常不利的，极大地制约了华文教育的发展势头。

（二）众议院无端指责侨校

1962 年 2 月 29 日，众议院在武六干省众议员麦加洛推动下，通过一个临时议案，组织特别委员会调查“侨校从事共产活动”。麦加洛议员发表演说，主张禁止外侨在菲国境内设立专门教育外侨子女的学校。在采取此行动之前，菲政府应先废除督察侨校协定，并修改《中菲友好条约》。他又特别强调，各侨校教材侧重中国文化历史，宣扬民族主义思想，形成相对隔离的华人社会，主张菲政府对此进行调查。一批平素排华激烈的议员随即附和，指责全菲 165 家侨校，大多数有共产党活动，以侨校作为宣传共产思想的场所。于是，众议员又纷纷提出议

---

① 《四十年前抗争菲化侨校的艰苦历程》，［菲］鲍事天：《养浩集》，马尼拉：菲律宾中正学院诗田文教基金会，1996 年，第 66 ~ 69 页。

② 《华侨商报》（菲律宾），1960 年 11 月 27 日。

③ Pao Shih Tien, Chinese Schools in the Philippines, *Fookien Times Yearbook*, Manila, 1961, p. 185.

案调查或禁止开办新的侨校。1958 年 3 月，礼智省众议员未鲁素曾提出议案，禁止外侨学校教授外国语文，强调菲国公用语文为菲语、英语及西班牙语，此三种语文为政府所规定通用的，如侨校教授外文不仅阻碍同化，同时在中菲两民族间划出一道鸿沟。①

本年度国会开会后，三宝颜林洛西杜参议员提出议案，呼吁政府制定华侨政策及关于侨校问题的法规，巴礼尼示参议员提议修改中菲两国友好协定。3 月 7 日，众议院数名主张排华的议员，提案设立一个小组，调查侨校一切活动。4 月 5 日，众议院酝酿关闭华侨学校的法规，教育部部长罗慕洛对此表示坚决反对，并强调中菲两国毗连，虽历史往来关系悠久，但两国了解还不够深入，过去两国文化交流不够，彼此认识肤浅，今后应加强两国文化交流，增进两民族友谊。

在众议院明确主张关闭华侨学校的境况下，华校形势变得越来越严重。8 月 18 日，一向对华侨友善的马尼拉众议员罗细示（教育部部长罗慕洛之堂兄）突然向国会提出建议，要求政府下令减少侨校中文课程，增加英文课程，以符合同化政策。他又建议入籍华侨退出菲华商联总会，加入菲律宾商会，以表示归化的诚意，并无利用入籍来赢得商业上的便利。12 月，马尼拉《公理报》刊载消息称，马卡帕加尔总统鉴于难以阻止归化的菲籍华裔仍送子女接受侨校教育，妨碍同化进程，拟下令改革侨校学制，俾作釜底抽薪之计。② 但根据《中菲友好条约》的明确规定，在菲律宾政府要求的法定课程之外，侨校可以教授中国政府所规定的课程，改革侨校也并非易事。1963 年 1 月 7 日，马卡帕加尔总统宣布，改革华侨学校，将通过外交途径解决。③

（三）移民局局长主张关闭侨校

1964 年初，移民局局长美莫于发表态度强硬的谈话，主张关闭所有华侨学校，认为这将是解决所有华侨问题的最佳途径。④ 有些人声称在菲律宾建华校显然违反了菲律宾的宪法，还有人指责华文学校在这个国家的存在是“对国家利益的损害”，其构成“同化过程中的巨大障碍”。这些辩称者得出的结论是，出于菲律宾的国家利益，在菲律宾的华文学校应该被关闭。⑤ 然而，有的菲律宾媒体并不认同这种观点，反而认为政府比较合理的是认真深入地研究本地华侨问题，

① ［菲］鲍事天：《诗田言论选集》，马尼拉：菲律宾中正学院诗田文教基金会，1991 年，第 129 ~ 134 页

② 《公理报》（菲律宾），1963 年 1 月 24 日。

③ 《新闻日报》（菲律宾），1963 年 1 月 7 日。

④ Jesus Perpinan, New Controversy Over the Chinese Schools, *Examiner*, 1964, p. 12.

⑤ Pao Shih Tien, “Should the Chinese Schools be Abolished”, in Shubert S. C. Liao, ed., *Chinese Participation in Philippine Culture and Economy*, Manila: University of the East, 1964, pp. 342 - 343.

而不是不分青红皂白把华侨学校关掉。①

1965 年 4 月 29 日，私立学校教育局局长出席国会会议时表示，华侨学校的课程遵循中国的生活方式和爱国主义，这给菲律宾同化中国人带来了阻碍，赞成在 10 年内菲化全菲外侨学校，以利于同化外侨。同年 12 月，移民局配合私立学校教育局开始检查全菲侨校，检查项目有：侨校师生的移民证件；管制外侨学生，包括临时移民来菲的证件；侨校学生人数，包括国籍与居留身份；加紧管制以雇员身份来菲任教的华人。1966 年 1 月，移民局局长美莫于再次表态，主张坚决关闭菲律宾的所有华侨学校。他强调，菲律宾目前面临的严重问题之一是，侨校把华侨的儿童教成另一种特殊的典型，威胁菲国家的安全，阻碍国家的进步；华侨子弟读外国书，升外国旗，有害国家主义精神，令人愤慨；如要使华侨子弟成为我国的一员，共同致力建国事业，则关闭侨校是目前最重要的工作。② 理论上，侨校的菲化是同化进程的一个步骤，然而有人主张彻底采取极端种族政策，也有人主张通过保留华文教育来保留华人族群文化特征，致使同化问题的争论更为激烈。③ 菲律宾一位著名的评论家指出，“实际上，大部分在菲律宾出生的华侨，都热望归化为菲籍，融入菲律宾社会的洪流，但繁琐而苛刻的要求，使许多华侨无所选择……他们只好放弃在菲立业的想法。他们被迫加强与祖国的联系，只得屈从为求生存所面临的冲击，他们送子女进入华侨学校，为的是有朝一日不能在菲永久居留时仍有所倚靠……华侨送其子弟入侨校教育，是华侨要归化过于困难所造成的，而不是华侨难以同化的原因”④。

（四）校总郑重表明立场

1966 年 3 月 20 日，菲司法部总检察官巴尼道也发言，赞成菲化华侨学校，又提出入籍的外侨应脱离一切外侨社团活动，否则就吊销其入籍的资格，其态度之强硬，惊动菲国朝野。当时华侨社会数名领袖人物与企业家，如杨启泰、庄清泉、陈新智等人都被公布在报刊上，并威胁如再参加华社活动就吊销其菲籍。

1966 年 5 月 20 日，校总举行全体理事会议，主要是力争化解菲政府对华侨社会的一些误解，并郑重表明立场：关于同化问题，赞成文化交流的自然融合与

---

① 《正确报导华侨学校真实状况》，《前驱周刊报》（菲律宾），1964 年 5 月 24 日。

② 《四十年前抗争菲化侨校的艰苦历程》，［菲］鲍事天：《养浩集》，马尼拉：菲律宾中正学院诗田文教基金会，1996 年，第 73 页。

③ Theresa C. Carino, “State Ideology, Policies and Ethnic Identity: The Case of the Chinese in the Philippines”, in Teresita Ang See and Go Bon Juan, eds., *The Ethnic Chinese*, *Proceedings of the International Conference on: Changing Identities and Relations in Southeast Asia*, Manila: Kaisa Para Sa Kaunlaran, Inc., 1994, p. 153.

④ Jo Villarba, Chinese Schools in the philippines, *Examiner*, 1966, p. 28.

自由意志的发展，侨校正是文化交流和自然同化的平台；不少归化的华人对菲国有重大贡献，并得到菲国朝野的尊重，其中许多人都是侨校培育的人才；在入籍法未放宽以前，贸然关闭侨校，不但违反《中菲友好条约》，且剥夺华侨子女接受中国基本教育的权利；侨校教授中文，并不影响菲华融合；中华文化历史悠久，而且蕴含兼容并蓄的理念，国内各种语言并行，欧美许多国家同样也通用多种语言，其进步繁荣显而易见；中华文化精神以“四维八德”为其经纬，侨校师生都在中华文化的熏陶之下，所谓侨校有“共党渗透”只是谣传。5月30日，宿务省众议员俞文向记者发表谈话，反对关闭侨校，他列举以下理由：如指侨校有“共党渗透”予以关闭，那么许多菲校也有“共党渗透”之嫌，是否同样要被关闭？如我们不准5万余名侨生转入菲校就读，那就显然剥夺了他们学习民主自由生活的机会，这是宪法上所不允许的，关闭侨校是既不实际，又对菲国有害的举动。[①] 华校是依据菲律宾的法规和条例建立的，并且是在菲律宾教育部私立学校教育局的严格督查下运作的。华校开设的课程、采用的教学方法和教具、使用菲律宾的教材、聘请菲律宾的老师、安排的课外活动等都无异于菲校。这样的教育使华校的中国学生了解菲律宾的生活方式，他们中的多数可能成为菲律宾公民。[②]

（五）总统令查侨校现况

1966年2月，菲律宾教育部颁发第二号通令，以进一步同化入籍华人的子弟，要求各华侨学校自动改制，将中文课程改为选修科目。如遵行此通令者，即可报告私立学校教育局，自下学年开始调整课程。但此令公布后，仅有市郊数间教会学校同意改制，绝大多数的侨校没有任何反应。4月19日，众院移民归化委员会主席巴里建议严禁双重国籍，并主张关闭侨校，许多入籍华人仍送子女就读侨校，这显然有违同化政策。

1967年，教育菲化浪潮相对较为平稳，华侨学校得到久违的喘息。但在1968年初，正当华校沉浸在安静的教学氛围时，《马尼拉时报》专栏作家描仑西亚发表短评指责侨校，并称侨校设立分校或开办新校，使侨校的数量大增。也有议员随波逐流称，“华人族群是一个难以被同化的文化群体”[③]。于是，众议院教

---

① 《四十年前抗争菲化侨校的艰苦历程》，［菲］鲍事天：《养浩集》，马尼拉：菲律宾中正学院诗田文教基金会，1996年，第76页。

② Pao Shih Tien, “Should the Chinese Schools be Abolished”, in Shubert S. C. Liao, *Chinese Participation in Philippine Culture and Economy*, Manila: University of the East, 1964, pp. 347 – 348.

③ Antonio Isidro, *Trend and Issues in Philippine Education*, Quezon City: Alemar Publishers, 1968, p. 214.

育委员会召开会议，专题讨论侨校问题，并认为现行法律需要重新修改。邦加丝兰众议员渥描渊尼提议，此案应交由全国教育委员会商讨，以彻底修改侨校的教育管理体制。为此，台湾“驻菲大使”杭立武与菲方进行紧急磋商，说明侨校的性质和办学情况，并提出侨校现状和制度不宜轻易改变的意见。6月1日，马科斯总统命令教育部严查侨校增加的状况，同时代理教育部部长柯布斯也下令私立学校教育局，停止批准新开办侨校。为此，有5所华侨学校小学拟开办中学、1所菲校拟开办中文班，都被否决。7月3日，菲律宾《马尼拉时报》专栏记者对侨校提出公开指责，指责侨校不顾当局明令禁止，仍然公开地开设新课程。[①] 12日，私立学校教育局又发布第56号通令，要求各华校报告在校学生的国籍情况。10月间，新任私立学校教育局局长亚巴拉辛（Narciso Albarracin）召集全菲校总常务理事开会，马尼拉校联常务理事也到私立学校教育局开会，他们一起讨论了侨校的相关问题。亚巴拉辛局长态度十分温和，强调侨校教职员也应有退休制度与待遇规定办法，却没有涉及关闭侨校问题。但他在呈报教育部的报告中指出，“菲律宾教育体制中最引人诟病的，无疑是华侨学校的体系”[②]。虽关闭华校的危机表面上得以缓和，但华校蕴藏的菲化趋势已无法扭转。

（六）教育菲化政策的形成

1969年，菲律宾工业委员会主任维拉泰（Cesar Virata）在参加众议院反菲运动委员会时说：“因为菲政府准许华侨自设学校，使华侨子弟的教育与菲社会脱节，使华侨的同化工作进行困难。”众议院有关“菲化外侨学校”议案指出，“菲化所有的华侨管理的私立学校，将可加速菲政府同化华侨政策的推行，进而解决菲国外侨问题。菲化外侨学校议案一旦获得通过，即可确保所有在菲律宾出生的子女，都可纳入菲人社会的洪流”[③]。然而，菲律宾社会也有许多人发表言论，阐述菲教育部的所有教育法和其他法规条例，是把华校规定为与私立学校相同的水平和范畴的。[④]

至1971年初，有7所菲律宾华侨学校的行政部门和教职员已经按照政府的要求全部实行菲化。4月，台湾“驻菲大使”孙碧奇指出，华文学校是根据《中菲友好条约》的规章设立的，被置于菲律宾法律和规章制度之下；华文学校强调汉语教学，汉语是联合国五种官方语言之一，世界五分之一的人口说汉语，日

---

① Teodo'o Valencia, Over a Cup of Coffee, *The Manila Times*, 1968.

② Narciso Albarracin, Foreign Students and Chinese Schools Division, *Annual Report of the Foreign Students and Chinese Schools for the Fiscal Period, 1967 - 1968.*

③ House of Representatives, Explanatory Note, 3rd Session, 7th Congress, R. P. 1971.

④ Gregorio C. Evangelista, Should the Chinese Schools be Closed, *The Chronicle Magazine*, 1969, p. 4.

语、韩语和越南语都是在汉语基础上演化而来的，掌握汉语是非常有用的，许多国家都花大力气鼓励学习汉语；菲是一个多民族的国家，每一个民族都对菲律宾文化作出过贡献，并且华族也为菲民族文化作出了他们的贡献。[①] 在一份关于华校问题的建议中，一位菲律宾学者也提到，“长期定居的华侨子女是中国公民，他们的父母通过华文学校来教育他们无可非议。菲化华校并不是消除他们的手段，越来越多的菲人需要人们能够讲汉语、阅读汉语和理解汉语，否则在处理华人问题时会变成瞎子和哑巴，对外国的文化遗产也是熟视无睹”[②]。

在 1971 年至 1972 年菲律宾修宪大会所提出的决议案中，至少有 10 项与关闭外侨学校有关，其中有 4 项决议案提议关闭所有华侨学校，4 项决议案提议菲化所有华侨学校，2 项决议案提议所有私立学校国家化。至 1972 年上半年，很多华侨学校菲化案同时在菲国会被提出。[③] 可见，教育菲化已处于风口浪尖的态势，同时也是修宪和国会的焦点问题。1972 年 3 月 2 日，菲教育部宣布：菲教育部亦已草拟一项菲化华侨学校、废止 1947 年《中菲友好条约》的法案，并将此案向菲国会提出。马尼拉《每日镜报》报道说，此项法案中提出了华侨学校的菲化项目，包括行政、教职员、课程及教科书等问题。[④] 5 月 9 日，在一次新闻发布会上，菲外交部部长罗慕洛表示，菲人决心使全国所有学校菲律宾化，并尽全力达到这一目标。罗慕洛表示外交部将全力支持教育部的菲律宾化提议。[⑤] 此前，罗慕洛作为教育部部长曾极力反对教育菲化案。由此可见，教育菲化案已酝酿成熟，无论是菲政府，还是社会舆论，对华侨学校菲化的意见是基本一致的。华校菲化形势无法挽回，颁布总统菲化令势在必行。

第三节　教育菲化案对侨校的影响

教育菲化案作为文化层面的同化法案，是菲政府系列菲化案中最迟出炉却实

---

① Patrick Pichi Sun, Cooperation and Common Responsibilities, Speech Delivered before the Baguio Rotary Club on April 24, 1971, Quoted in Hsiao Shi-Ching, *Chinese-Philippine Diplomatic Relations, 1946 - 1975*, Quezon City: Bookman Printing House, 1975, p. 295.

② Robert Tsai (Professor of business Administration, University of the Philippines), A Proposal to Solve Sino Schools Problem, *The Manila Times*, 1972.

③ New Policy Affects Sino Schools, *The Manila Times*, 1971, p. 9; Also in C. C. Cagahastian, Sino Schools Bow Out, *Philippine Herald*, 1972, p. 1.

④ Hsiao Shi-Ching, *Chinese-Philippine Diplomatic Relations, 1946 - 1975*, Quezon City: Bookman Printing House, 1975, p. 289.

⑤ Office of Press and Public Affairs, RP DFA Press Release, Series E, No. 8/72, May 9, 1972.

施最为彻底的菲化案。与排斥、限制华侨的经济菲化案相比，教育菲化案是菲政府为加快民族融合进程而出台的同化政策。通过对华侨学校进行“双督察”、减少华文课程、提高英文课程标准等，为华人族群走上同化道路拉响了前奏。菲律宾政府试图通过教育菲化逐步使华人淡化对中华文化的认识，最终达到同化华人的目的。

一、侨校的“双督察”教育政策

1955年12月22日，菲副总统兼外交部部长加西亚与台湾“驻菲大使”陈之迈举行会谈，商讨有关菲律宾华侨学校问题。双方同意，尚未登记立案和未来将设立的华侨学校，必须向菲国教育部私立学校教育局登记立案，并在取得许可证后才允许办学。菲律宾政府有监督其境内本国人或外国人所开设的公立和私立学校的权力。[①] 同时，中菲双方商定，所有菲国境内华侨学校的学生，都必须修满菲律宾公立和私立学校规定的必修最低标准。根据《中菲友好条约》，华侨学校在教授菲律宾法定的最低课程标准之外，可教授中文课程，所授课程应符合菲律宾的法律和政策。

台湾与菲律宾双方同意设立联合委员会，共同制定各校中文课程的标准和审查中文教师资格，为菲律宾教育部提供参考，委员会由菲律宾教育部和台湾“驻菲大使馆”所派代表组成。至此，华侨学校不仅接受台湾“驻菲大使”的教育督察，而且还要接受菲律宾教育部的督察。[②]

二、华文课程的被动调整

菲律宾华侨教育创建之时，主要有三个目标：一是传播祖国文化。华侨青年大多出生在菲岛，对家乡的风土人情知之甚少。若不懂得中国语言文字，不知晓祖国的历史文化，就会缺乏中国伦理道德。接受中国教育，以发扬中华文化的传统精神。二是培养谋生技能。以前，华侨渡海南来，凭借勤俭劳碌，就可以立足菲岛。但时过境迁，菲律宾人经商的能力逐渐提高，经验和方法日臻成熟。华侨青年必须学习科学方法，尤其是掌握现代的生产技能以适应社会的需要。三是促进文化交流。华侨子弟生长在菲岛，熟悉本土文化和风土人情，如能肩负起传播

---

① Eufronio M. Alip, *Ten Centuries of Philippine-Chinese Relations*, Manila: Alip & Sons, Inc., 1959, pp. 129 – 130.

② Eufronio M. Alip, *Ten Centuries of Philippine-Chinese Relations*, Manila: Alip & Sons, Inc., 1959, p. 183.

中菲文化的责任，使菲人深入了解中国文化，则是利在千秋的事业。[①] 为此，“二战”后华侨学校的课程实现了这样的目标制定。随着菲化浪潮的蔓延，华文教育的目标不断改变，华文课程也被迫调整。1955 年，菲律宾国会规定西班牙文为中等以上学校的必修课，华侨学校也不例外。菲律宾政府颁布此项决策，也许是延续过去 300 多年西班牙在菲律宾的文化，也有人说是要救济许多失业的西班牙语教师。但不管怎样，这项措施本来就已经使华侨学生透不过气来，再学习西班牙文更是疲于应付，心力交悴。[②] 菲律宾私立学校教育局根据协议，向华侨学校发出第三号通令，要求从 1956 年至 1957 年开始，菲国华侨中小学的中英文与菲文课程进行大规模调整；中英文课程在上下午混合上课，如有改变必须经教育局局长的许可；中学的英文课程为四年制，毕业后升入菲国各大学；侨校中文部高中二、三年级不得开设英文大学课程；侨校英文课程的教员应聘用菲人，而菲国公民、历史、社会、经济、政府等课程，则必须由土著菲人教师担任；侨校开设的中文课程标准和师资，要依照中国政府的规定；一切有关侨校行政手续，要遵照教育局颁发的《私立学校指南》办理；侨校应与菲政府有关机构密切配合，使以上措施得以充分实施。[③]

1956 年 7 月 6 日，菲教育局又颁发了第六号通令，对第三号通令进行了补充，要求华侨学校督导英文教学的英文主任，必须聘用土生菲人担任，其资格要符合《私立学校指南》第 64 款规定的条件；华侨学校对上述条款也必须严格执行。从此，第三号、第六号两项通令成为菲岛华侨学校办学的教育法令。尽管如此，这些改变仍然是表面的，只是在形式上改变，华侨学校很少尽力达成宪法规定菲律宾化的目的，培养和改变学生成为真正的菲律宾人。此时华侨学校仍然是培养他们的华人意识，为他们的文化传统感到骄傲和自豪，而不是成为菲律宾人。[④]

三、华文教育陷入逆境

菲律宾最早的宪法是 1898 年反西班牙殖民统治时期，在武六干省马洛洛教堂制定的《马洛洛宪法》。1935 年，为了成立自治政府，在殖民政府奎松参议长

---

① ［菲］鲍事天：《菲律宾华侨教育概况》，《菲华年鉴》（1964—1965），马尼拉：菲华商联总会，1965 年，第 O - 39 页。

② ［菲］陈烈甫：《菲律宾华侨教育》，台北：海外出版社，1958 年，第 125 页。

③ 刘芝田：《中菲关系史》，台北：正中书局，1956 年，第 866 ~ 870 页。

④ Teresita Ang See, “The Chinese in the Philippines: Assets or Liabilities”, in Teresita Ang See, *The Chinese in the Philippines: Problems & Perspectives*, Vol. 1, Manila: Kaisa Para Sa Kaunlaran, Inc., 1997, p. 124.

的主导下召开制宪会议，通过了新宪法，最终获得美国罗斯福总统的批准。菲律宾独立后，随着菲民族主义思潮的不断升温，菲化浪潮不断蔓延。菲政府对华侨学校进行了全面改制，在菲华融合进程中加速了华文教育的变迁。

（一）制宪代表征询意见

1970年，菲律宾朝野人士认为自治宪法完全仿效美国政体，已经不符合时代要求，因此纷纷倡议制定新宪法。① 1971年，菲律宾政府召开制宪会议，由前总统加西亚担任议长，正式制定新宪法。制宪会议的各小组在讨论宪法草案时进行了激烈的争论，教育委员会有关侨校问题是最受瞩目的热门问题，主要是提到关闭在菲的华文学校，为把华人同化成菲律宾人做准备。②

制宪会议开幕不久，会议代表安格拉致函菲律宾中正学院院长鲍事天，征询他对菲律宾教育改革的意见，同时向鲍事天了解华侨学校现状。鲍事天阐述如下意见：侨校均系合法立案，经教育部正式承认，董事会主管各学校，聘用教职员，董事会组织约有60%以上为菲籍；各侨校不分国籍或宗教信仰招收学生，菲律宾中正学院学生有30%以上为菲籍，外省侨校许多学生是中菲混血儿，菲籍比例在50%以上；侨校的课程均符合教育部的规定，英文课程包括英语、菲语、菲历史、菲政府、菲社会生活及经济课程，与其他公私立菲校相同；中文科目系在英文课程之外加授者，包括中国语文、历史、地理等科目；各教师都是在中菲大学毕业，他们深信中菲文化交流是促进两民族友谊的理想途径，都能以此宗旨执行其任务。③ 菲律宾教育委员会在阐释有关教育政策时指出：“使这些学校菲律宾化，包括教导全体教员掌握重要的社会科学课程，其目标是很明显的。一个外国人将难以履行一个基于我们的理想、文化、社会需求以及国家目标的计划。他可能会更加认同自己国家的利益，即使这些有悖于菲律宾自身的利益。”④

制宪会议期间，制宪会议教育委员会表示，在侨校问题上已听取了各方的建议并形成了以下意见：侨校董事会董事应由菲籍人士担任；学校行政管理须由菲

---

① ［菲］鲍事天：《养浩集》，马尼拉：菲律宾中正学院诗田文教基金会，1996年，第77页。

② Gregorio C. Evargelista, “The Crucial Test of Filipino-Chinese Relationship”, in *Commencement Address Delivered at the Philippine Chinese High School*, Manila, 1971. Quoted in Hsiao Shi-Ching, *Chinese-Philippine Diplomatic Relations, 1946–1975*, Quezon City: Bookman Printing House, 1975, p. 276.

③ DEC Readies Policy on Foreign Schools, *The Times*, January 30, 1973; Alien Schools: Only Three Years to Operate, *The Times Journal*, 1973, Quoted in Hsiao Shi-Ching, *Chinese-Philippine Diplomatic Relations, 1946–1975*, Quezon City: Bookman Printing House, 1975, pp. 290–291；［菲］鲍事天：《诗田言论选集》，马尼拉：菲律宾中正学院诗田文教基金会，1991年，第151页。

④ Gregorio C. Evangelista, *Filipinization of Alien Schools: Its Implications to National Goals*, Official Document of Philippine Bureau of Private Schools, 1973, p. 4, Quoted in Hsiao Shi-Ching, *Chinese-Philippine Diplomatic Relations, 1946–1975*, Quezon City: Bookman Printing House, 1975, p. 291.

人掌管；中文课程减至极少限度，作为选修科目；华生不得超过学生总数的1/3。[①] 这是菲律宾侨校菲化最严重的议案，为同化华侨教育铺平了道路，对华侨学校造成致命伤。[②]

（二）通过教育菲化条款

1972年初，制宪会议教育委员会接受了教育与移民归化等委员会的建议，宪法规定："教育机构，除由宗教单位、教会宗派与慈善组织所设立者外，须全由菲籍公民或菲人占有资本60%以上之公司，或联合会所拥有。教育机构之管理与行政须由菲籍公民主管。教育机构不得专为外侨所设。外侨学生在任何学校内不得占学生总数的1/3……"[③] 1973年4月16日，马科斯总统根据新的宪法条款，迅速公布了第176号总统令，规定自1976—1977学年开始，华侨学校必须完全履行宪法新条款，并只给侨校3年的调整期。[④]

随后，教育部召开联席会议，出席者有教育部部长孟卫尔、次长沙西多、私立学校教育局局长亚巴拉辛、法律科长等人，外交部有参事沙哈尼夫人，司法部代表为一检察官。华侨学校出席的代表为校总常委鲍事天、潘葵村、庄材保、杨式榜、潘明展等人，马尼拉校联代表有汪土星、吴美玉、潘肇英等人。教育部部长孟卫尔当场宣布新宪法条款，自1976年起，华侨学校逐渐变成菲校，并且校名均须改换，不得有中华、中国及华侨等代表国家意识或民族认同的校名，各校的立案证书全部作废，等各校新校名确定后，再正式报告私立学校教育局，申请发给新立案证书。[⑤] 华侨学校20多年的菲化抗争尽付东流，很多侨界领袖的奔走呼吁没能阻止菲律宾政府的教育菲化案的实施。

（三）校总紧急交涉

马科斯总统颁布第176号总统令后，校总连续召开会议为延缓华侨学校教育菲化作最后的抗争。为此，校总组成了执行委员会专门研究应对方案和措施。委

---

① Teresita Ang See, "Chinese-language Education in the Philippines: Problems and Prospects", in Teresita Ang See, *The Chinese in the Philippines: Problems & Perspectives*, Vol. 2, Manila: Kaisa Para Sa Kaunlaran, Inc., 1997, p. 97.

② Gregorio C. Evangelista, *The Crucial Test of Filipino-Chinese Relationship*, Commencement Address Delivered at the Philipin Chinese High School, Manila, 1971.

③ 颜长城、黄端铭：《菲律宾华文教育的演变》，《菲律宾华文教育综合年鉴》（1995—2004），马尼拉：菲律宾华教中心，2008年，第118页。

④ Gregorio C. Evangelista, *Filipinization of Alien Schools: Its Implications to National Goals*, Official Document of Philippine Bureau of Private Schools, 1973, p. 4.

⑤ ［菲］鲍事天：《养浩集》，马尼拉：菲律宾中正学院诗田文教基金会，1996年，第80页。

员会由鲍事天任主席，其他委员为杨式榜、潘葵村、庄材保和潘明展四位校长，并决定将委员会的备忘录交由教育部部长孟卫尔，请其转呈总统特别批准将侨校转型期延长至5年。在这5年当中，侨校学制、行政管理和中文课程仍按旧制执行，等到5年期满后，逐渐改变为新的教育体制。备忘录理由如下：华侨学校的中小学学生应允许其完成正在教授的课程，如中途修改或停止这些课程，将损害其教育合法权益；华侨学校有中文教师2 000余人，均系专业教师，如立即取消中文课程会使他们面临失业的危险，容易造成社会问题；华侨学校中英部学生受教育程度不同，如编在同一班级学习，应给予较长的时间调整；在《中菲友好条约》和1955年督察侨校协议的框架下，如果华侨学校改制，应先由教育部与中国大使馆协商决定。

（四）教育菲化政策的执行

校总备忘录呈交后，菲教育部仍根据新宪法及总统176号行政令，公布了多项条款，命令各华侨学校必须遵照执行。1976年至1977年，各侨校的显著变化是：各校所有权全部菲化；各校的行政管理人员由菲籍人士担任，学校董事会、校长和各部主任等全为菲籍公民；全部课程均执行教育部规定，各校中小学的中文课程全被取消，但各校可加授中国语文第一、二册。为此，过去中文课程的高中部自动撤销，学生的中文课程时间减少两年至三年；各侨校外籍学生不得超过1/3，自马科斯总统下令放宽入籍后，外侨学生大都变为菲籍公民；各侨校纷纷将中华、中国和华侨等英文校名改变，中文校名大都照旧，但有的学校中英文名全改。

自1976年学年开始，全菲侨校均遵行新宪法，接受了全面菲化，幸运的是马科斯总统预见各校在执行上必困难重重，又颁布了第1379号新行政令，放宽入籍，使绝大多数华侨均顺利变为菲籍民，其子女亦随父母转籍，所以对侨校行政管理与学生人数比例影响不大。但中小学中文课程减少与中学六年制缩短为四年制，课程也只有文、史、数三门中文科目，各校学生学习气氛完全改变，出现学生中文程度低下、各校教员缺乏等问题。不过，虽然学校的学制、课程都菲化了，但还是在努力地保存中华文化的特色，只是没有以往那么鲜明。①

① 张存武等编：《菲律宾华侨华人访问纪录》，台北：中央研究院近代史研究所，1996年，第196页。

第四节　华社动荡与认同的转向

作为全菲最高华人社团机构的华商联合总会（以下简称“商总”），在带领广大华侨抗击菲化案的过程中严重受挫，致使一些华侨不满，华社内部出现分歧，商总的影响力一度下降。面对“菲化运动”的压力和恶劣的社会环境，许多华侨无所适从，生存状况十分堪忧。为了适应在菲律宾社会生存的要求，华侨社团调整了功能和宗旨，由主要服务于华社转为服务于全菲社会。为表明华社与菲政府合作的态度，菲律宾华商联合总会更名为“菲华商联总会”，服务的范围不仅局限于华社，这标志着华侨社会的认同开始倾向于当地化。

一、华侨社会的内外冲突

菲律宾华商联合总会成立后，一方面积极为会员服务，另一方面始终为全民谋福祉，不局限于工商业，而以增进相互理解和友谊为准则。① 商总首要职责还是与“菲化运动”进行斗争，缓和菲华矛盾，解决华侨社会发展的难题。麦格赛赛总统意外罹难，加西亚就任总统后，变本加厉地提出“菲人第一”理论，使华社的处境更加艰难。商总在带领华社抗击业菲化运动过程中未能取得明显成效，马尼拉中华商会便借机对商总大加指责，导致华侨社会内部冲突再度激化。同时，菲国会在赢得零售商业菲化案后，菲化提案的数量逐年递增，几乎达到“无案不菲化”的地步，华侨社会与菲政府不断产生新的冲突。

（一）华社的内部矛盾

1954 年 5 月，菲国会通过了零售商业菲化案，引起华侨社会的震惊。其实，在菲律宾国会举行会议期间，商总和台湾“驻菲大使馆”已经开始做“工作”，得到了有些当事主要官员的“理解”，他们为此感觉良好。所以，也乐观估计此次国会不会通过零售商业菲化案。然而，菲律宾此次国会却出乎意料，在国会闭幕的前两天，以“闪电之势”迅速将零售商业菲化案列为“紧急要案”，经参众两院异常快速地表决通过。按照菲律宾的立法程序，参众两院通过的议案，最后还要经过总统的签署才能成为法律，华社只能把希望寄托在麦格赛赛总统对该法案行使否决权上。于是，商总立即联络各国驻马尼拉商会，台湾“驻菲大使”

① 《菲华商联总会简介》，《第十届世界华商大会》，马尼拉：菲华商联总会，2009 年，第 32 页。

陈质平也向麦格赛赛陈情，但菲总统最终还是签署通过此法令，即“菲律宾共和国第1180号管制零售商业业法令”，这标志了此次抗争阶段性失败。①

至此，零售商业菲化案已完成立法程序，给华侨社会唯一的补救机会就是通过司法程序向菲最高法院起诉，请求其宣布菲化案违宪，达到阻止该法律实施的目的。为此，商总聘请了最高法院法官奥塞沓（Ausset）为律师，并以薛育立、计顺敏和商总律师斯宾诺莎（Sepidoza）配合辩护，与零售商业菲化案作最后的抗争。② 7月26日，刘维强代表华商以零售商业菲化案对其产生影响为由，对菲财政部提起控诉，提出零售商业菲化案的不合法性。马尼拉市检察官代表、财政部部长出面答复，辩称该项法律并不违宪，并请求菲律宾最高法院撤销该项诉讼。商总提出再次使用抗争西簿文案的方法，于是华商杨卯、许可甜“以身试法”，同时商总律师团紧急请求最高法院颁发禁令，然而华商此次没能如愿以偿。菲律宾最高法院没有受理此案，杨、许二人还因违反法律身陷囹圄。这个历经广大华侨20余年奋力抗争的菲化案，终于还是在菲政府的行政干预下得以通过。可以说，商总抗争零售商业菲化案的彻底失败，对整个华社是沉重的打击。

零售商业菲化案的最终通过，使许多华侨对商总感到失望。1960年6月，商总第三次代表大会上，奎松省的华侨米麦商人发表意见说：“我们再不能只依靠商总了，各地的商会应该自发自觉地起来，展开抗争工作！”怡朗中华商会在提案中也指出：“商总外交工作未能使人满意……”商会负责人则表示：“靠金钱说话不是办法，搞好国民外交才是正确手段。”《华侨商报》则公开表明了对商总的不满：“零售商业菲化案的惨痛经验，使我们无法安心，当时零售商业菲化案被国会通过后，等待总统采取行动时，因为相信有关抗争当局的否决保证，结果在他们的要求下，我们始终保持了沉默。然而，零售商业菲化案却在我们的沉默中被批准施行了。”③ 针对《华侨商报》的指责，商总在议程中列入谴责《华侨商报》的提案，反击它“滥用新闻自由，刊发谬论，歪曲事实，分化侨社，阴谋推翻商总”。对此，《华侨商报》发表了《谁在阴谋分化侨社?》的文章对商总进行反驳，并呼吁：“用我们唯一的武器——笔杆，来激发、发动全侨的力量，跟当局配合，积极加强和推动我们的抗争工作。”商总大会随后又通过了一个名为“严正声明、以正视听”的议案。《华侨商报》则随即对商总大会通过的针对

---

① 朱东芹：《冲突与融合：菲华商联总会与战后菲华社会的发展》，厦门：厦门大学出版社，2005年，第66页。

② 张存武、王国漳：《菲华商联总会之兴衰与演变：1954—1998》，台北：中央研究院近代史研究所，2002年，第55页。

③ 《谁在阴谋分化侨社》，《华侨商报》（菲律宾），1960年6月26日。

该报的提案斥为“不合议事程序，非法通过”①。对于双方的纷争，《侨报》发表了题为“由商总商报不愉快事件论批评与自我批评”的社论，阐明新闻自由的准则和侨社领袖应有的雅量，只有这样，社会才能进步。

菲国会1960年7月通过米黍业菲化案，1961年1月又通过劳工菲化案。《华侨商报》总编辑于长庚以“超森”为笔名发表了《束手待毙》、《争取修改不是办法》和《再谈劳工菲化》等文章攻击商总。商总秘书长邓英达则撰文反驳，双方展开激烈笔战。后来，于长庚又发表了《修改是自取灭亡》和《我不做邓英达的帮凶》，邓英达指责其“试问良心何在”？商总和商报的争论使华社的分歧不断升级，成为华侨社会轰动一时的新闻。菲律宾华文报刊曾对此进行过详细报道。后来《侨报》全文发表另一篇题为“论商总秘书长与商报主笔之笔战”，署名为“严重”的文章，指出商总和商报的争论已经不再属于正常的讨论，而沦为了谩骂和相互攻讦。②

由于商总在维护华人社会权益中不断失败，很多人发出了“商总是否有必要存在下去”的声音，而始作俑者就是马尼拉中华商会。在商总酝酿成立之初，马尼拉中华商会便从中作梗，直到最后才不得不同意组建商总，但对商总要其成为会员的要求始终未予正面答复，这表现了马尼拉中华商会不甘心落败于商总的心态。于是，在商总抗争菲化案中频频失利的状况下，马尼拉中华商会借机煽风点火，不断制造事端。同时，菲律宾工商部严厉执行零售商业菲化案，“新例初行难免疑问繁多，相关条文更不乏不明确的地方，惟举凡公司改组、迁移店址、转业经营及店东死亡的清理店务等问题欲又皆受此律规范，不少华商无所适从，只好纷纷求助商总”③。而此时商总正陷于内外交困的境地，面对众多纷繁复杂的事务，难免出现一些纰漏。因此，许多未能从商总得到帮助的华侨便怨声载道，整个华社也处于分崩离析的危险之中。面对华社指责的声音，面对抗争菲化案一再受挫的事实，甚至有人提议，要求商总向台湾“驻菲大使”段茂澜集体辞职，将护侨的责任转交给大使馆。

（二）华社的外部冲突

1960年初，菲律宾的“百日国会”刚刚开始，包括木材、食品、渔业、劳工、教育等在内的各种菲化案纷至沓来。尤其是当时适逢菲律宾遇到天灾，造成粮食歉收而导致米价上涨，米黍业菲化案就成了众矢之的。菲国会议员对于米黍

① 《侨报》1960年第3卷第5期，第5页。

② 《侨报》1961年第4卷第2期，第4页。

③ 张存武、王国漳：《菲华商联总会之兴衰与演变：1954—1998》，台北：中央研究院近代名研究所，2002年，第55页。

业菲化案的看法和意见也不尽相同，19名众议院议员联名提出米黍业菲化案后，就有许多议员表示质疑，这其中包括当时身为参议员的马科斯（后竞选成为菲律宾总统）。他质问“政府当局是否有经济政策，不要胡乱菲化，以免吓走外资”①。针对菲国会内部对此案存在的分歧，商总遂决定采取因势利导和主动出击的策略，加强与反对菲化的议员进行沟通交流，而对倡导菲化的议员进行说服，尽量使其改变主意。经过商总的积极运作和华社侨领的不懈努力，米黍业菲化案有了缓和的迹象。就在此时，台湾当局邀请菲律宾政府组团访问，菲方也积极回应。5月2日，加西亚总统赴台湾访问，临行前他还公开表示不赞成米黍业菲化，华社也认为短时间内不会通过此案。但出乎人们的意料，加西亚回国后不久，参议院就迅速通过了该菲化案，没有给华社以喘息的时间，② 搞得商总措手不及，只能设法阻止众议院立案。为了通过此次米黍业菲化案，主张菲化的议员们作了精心的策划。他们知道商总会利用“国民外交”做工作，就事前放出风声，称华侨正企图以巨资收买议员。结果“受贿”的罪名无形中钳制了部分议员的正义，使得米黍业菲化案在众议院通过。由于参议院与众议院的此项法案内容不同，不能进入立法程序，而此时本届国会即将结束，因此，华社侥幸地认为这项菲化案不会通过。然而，与零售商业菲化案如出一辙，加西亚迫于各方的压力，在国会闭会前两天将该案再次列为“紧急要案”，咨请国会通过。但是商总并没有放弃努力，联合米业商会继续上书总统，陈述利弊关系以获得否决。6月21日，加西亚终在这一法案中行使否决权。而在随后的国会特别会议上，参议员小奥斯敏纳发言暗指加西亚总统之所以行使否决权是因为接受了华商的贿赂，③ 于是，国会重新对该提案进行讨论，经此“一劫”的加西亚为免遭非议，便在8月2日签署了米黍商菲化案。零售商业菲化案和米黍业菲化案的通过，致使许多经营此行业的华侨在贫困线上痛苦挣扎。

1960年，菲律宾政府颁布了加入菲律宾国籍的外侨不得再参加外侨侨团活动的禁令，此项法令主要是针对华侨来颁布的。按此禁令，入籍的华侨如果继续参加华侨社团的活动，将可能被取消菲国公民权，其外汇配额也会被全部取消。④ 此令一出，华侨社会顿时陷入一片惶恐之中。当时无论是在商总还是在各地商会的理事中，已有很多人加入菲律宾国籍。此后各地中华商会的理事长和理事迫于生存的危机，不得不辞去华社职务，商总理事和监事也人人自危。这项禁

---

① 邓英达：《我在商总三十年》，马尼拉：菲华商联总会，1988年，第22页。

② 张存武、王国漳：《菲华商联总会之兴衰与演变：1954—1998》，台北：中央研究院近代史研究所，2002年，第57页。

③ 《待变前夕的菲律宾华侨社会》，《星洲日报》（马来西亚），1960年11月28日。

④ 邓英达：《我在商总三十年》，台北：菲华商联总会，1988年，第116页。

令对商总影响颇大，当时商总召开会议往往达不到法定人数。商总被推上了风口浪尖的危险境地，而华侨社会也处在不知命运将何去何从的困顿之中。

二、马卡帕加尔的华侨政策

加西亚的“菲人第一”理论和仅部分解除外汇管制的政策引起了美国的不满。在1961年总统选举时，美国政府转而支持菲律宾自由党总统候选人、副总统马卡帕加尔。美国的报刊、杂志都大肆褒扬马卡帕加尔，其本人也周游全国的城镇和乡村，用微笑和诺言树立起自己的威信，就连群岛最北端的小岛都亲履其地，据说他在竞选期间曾和半数以上的菲律宾人握过手。他对民众宣称，如果他对全体选民有所期望的话，就是希望他们能够选出第一个真正的穷人担任总统，砸烂先生们的政府。①

马卡帕加尔执政后，认识到菲律宾经济上的当务之急不是推行菲化政策，而是发展生产，摆脱穷困。他在第一次向国会提交的国情咨文中强调：公平对待外侨，避免激烈菲化案，守法之外侨应受合理的保护；推行经济建设，加紧扶助生产事业，实行土改，提高人民生活水准。② 马卡帕加尔强调，菲律宾所施行的零售商业菲化法和米黍业菲化法，已充分保护了菲律宾人的利益，不可再有其他菲化法律。随即菲律宾国会通过总统的国情咨文。③ 马卡帕加尔对参众两院议员提出的各种与菲化有关的法案全部搁置否决，以配合他的新经济政策。次日，泛亚社通讯报导了马卡帕加尔的新政策，即吸引外资，扶助国内工商业；不硬性规定“菲人第一”主义；采取经济外交，而非政治外交立场。④ 1961年9月18日，马卡帕加尔在菲华商会第四次代表大会讲话中重申：

> 我祝贺你们第四次代表大会，并感谢你们今日的邀请，给我一次机会以讨论一些应该尽可能明白的事情。第一，阐明我们外国友人在推行国家经济方案中的适当角色；第二，这个国家的公民及那些选择这个国家作为他们居留及贸易的外国友人与本国公民的关系。……我们要求接受经济学者所熟悉的比喻，即关于蛋糕的理论。对于增加一个人取得的份额有两个办法，一个是夺取那块蛋糕的他人

---

① Geoffrey Bocca, *The Philippines: America's Forgotten Friends*, New York: Parents' Magazine Press, 1974, p. 154.

② 《菲华年鉴》（1964—1965），马尼拉：菲华商联总会，1965年，第G-72页。

③ 刘芝田：《菲国的外交政策对华问题》，《菲华年鉴》（1964—1965），马尼拉：菲华商联总会，1965年，第O-66~67页。

④ 刘家驹：《菲律宾菲化运动之研究》，香港：学津书店，1983年，第89页。转载自《工商日报》（中国香港）的泛亚社通讯，1962年2月20日。

份额，这种办法的坏处是一人得利他人受损；另外一个办法是做一块更大的蛋糕，而给每一个有增加获益的机会。因此，一个人的得利将不等于他人受损。我们选择第二种办法，当我们的公民在争取增加他们自己的份额以及生产财富，逐渐分散给我们人民，我们希望以不抢夺别人的合法权益，这是宪法所不容的。……在过去五年中，自1957—1961年，华侨的投资总数达1.756亿比索，占总额的17.4%；而菲律宾人占78.8%；美国人占1.6%；其余占2.2%。我们外国友人的储蓄及投资，对菲律宾的经济发展作出巨大贡献。……在这些外侨的投资中，大部分属于华侨。单以同时期的外侨投资来说，华侨在个人投资中占75%，在合伙投资中占94%，在公司投资中占86%。去年，全菲登记的零售商占96.4%。……国家将永远保持为欢迎合法商业的地方，即欢迎那些协助和加速国家经济发展而又在法律范围内的经济活动。①

12月，在马卡帕加尔的运作下，反傀儡律通过了辅助决议案，使外侨零售商免受禁雇令的限制，使12 592名受雇于华侨零售商店的职员不致失业。1963年初，马卡帕加尔为配合五年社会经济方案的实施以及吸引外资，又咨请国会修改两项主要针对华侨的法案。第一项为修改反傀儡律，准许外侨与菲律宾人联合投资经营企业；第二项为修改零售业菲化律，准许外侨零售机器设备。② 3月15日，菲律宾众议院通过零售律修正案，将菲律宾人资本由100%，改为60%即可经营零售业；外侨零售店主死后，其后裔可继续经营；资本5 000比索以上的制造商与加工制造商，如将制成品直接售予消费者，仍可经营零售业。③

马卡帕加尔政府在这一时期不仅没有签署一个菲化案，而且为解决菲华矛盾与华侨领袖进行了广泛的接触。为表明菲政府对华侨的态度，马卡帕加尔还提议在马尼拉捐建一座中国公园。④ 马卡帕加尔在接见8位华侨领袖时称，菲律宾政府对菲居民，不论外侨还是本地人，同样给予机会，使他们能够平等分享国家经济带来的利益。⑤ 马卡帕加尔就职以来，数度召见华侨商会领袖，就稳定经济问题与其交换意见，并亲赴市场调查情况，继后赞扬华商合作之表现。⑥ 在菲华商联总会第五次代表大会上，马卡帕加尔表示：

① 《五年社会经济建设商总负重大使命》，马卡帕加尔在菲华商联总会第四次代表大会演讲，1962年9月18日。

② 何若庸：《菲化十二年与华侨》，香港：东南亚研究所，1966年，第37页。

③ 刘家驹：《菲律宾菲化运动之研究》，香港：学津书店，1983年，第90页。

④ 王萍、官曼莉：《杭立武先生访问纪录》，台北：中央研究院近代史研究所，1990年，第56页。

⑤ 刘家驹：《菲律宾菲化运动之研究》，香港：学津书店，1983年，第91页。

⑥ 《新闻日报》（菲律宾），1962年1月31日。

我们可向美国学习，这个国家曾经从一片荒地而成立，是集中了各种民族的世界上伟大的国家，同化显然是解决国内外侨问题的一个方案。如果华侨同化，则排外的紧张气氛会消失，而菲化案就不需要了。……当然，同化的行动……菲籍不应被当作一种法律的观念，也不得作为商业的便利。一个真正的菲律宾人的行动，是相信且支持菲律宾人的生活、思想及愿望。一个外侨成为一位菲律宾人，其心情和行动，可能比天生的菲律宾人更加菲人。……一个华侨经过法律途径而得到菲籍后，继续将儿女送到专为华侨而设且不参加菲律宾人的团体，或学讲菲律宾的语言，严格及真正说来，不是一位良好和真正的菲律宾人。①

1963年7月，菲律宾内阁组织了一个华侨问题特别委员会，研究推动同化问题。但是，菲律宾狭隘的民族主义者并未真正地彻底接受华侨。1964年2月7日，司法部部长马仁纽建议修改归化律，其条件相当之苛刻，即由10年连续居住延长至20年；入籍申请人须知晓菲律宾历史、地理、政治及社会；入籍成为菲人后，其子女要到大部分为土著菲律宾人的学校就读；申请前两年不得为侨社会员；与菲律宾女子结婚的外侨，须是在五年前就已经结婚；提高收费700比索等。5月7日，移民局局长美莫于再度提出关闭华侨学校以便菲律宾政府同化政策得以顺利推行。虽然这两项提案未被采纳，但这仅意味着菲化运动的缓和，并非终止。②

三、商总更名与华社认同的转向

作为菲华全侨最高领导机构，菲律宾华商联合总会成立以来，对内凝聚华人力量，团结、协调和解决华侨社会事务，维护华人在菲律宾主流社会的合法权益，谋求华社的进步与发展；对外商总配合中菲国策，加强两国友好，增进当地经济繁荣。实际上，商总是在菲律宾民族主义思想高涨、菲化案迭出、菲华社会人心惶惶的背景下产生的，当时商总和华社的处境极其艰难，菲政府一面推行菲化政策，一面严格限制华侨加入菲籍，使华侨陷入无路可走的境地。在这样双重夹击之下，华侨为了继续生存下去，选择了不同的发展道路：有财力的华侨，大多走上了归化之路；也有一些人与菲籍且有资本的华人合作经营，由菲籍华人出面投资，原来的经营者则变成雇员，但实际上负经营之责；而与菲律宾人有亲属关系的华人则邀请亲戚与之合作，由其出面经营；另外，许多小本经营的华侨采

① 《菲华年鉴》（1964—1965），马尼拉：菲华商联总会，1965年，第F-35页。
② 刘家驹：《菲律宾菲化运动之研究》，香港：学津书店，1983年，第92页。

用雇菲律宾人为傀儡的方式，让他们充作店东，自己则暗中掌控生意，以至于菲律宾制定了反傀儡律来对付这种做法；还有不少华侨与菲律宾女子通婚或同居，由妻子一方出面领取执照经营。① 华侨运用以上办法虽可以渡过难关，但有些毕竟是权宜之计，不能改变华侨社会的不安定状况。

在冷战的背景下，中国政府没有与菲律宾政府建立正常的外交关系，使持有中国护照的侨民无法得到应有的保护。而大多数持有台湾护照的华侨，也得不到强有力的外交保护。禁侨案发生时，这些所谓的“逾期旅客”，时刻有被遣配和驱逐的危险。由于菲律宾政府减少乃至停止中国移民配额，不少华侨家眷便以短期旅游的身份来菲，并一再延期，成为合法入境的违法居留者。当时，“逾期旅客”的人数曾多达 2 745 人。② 菲律宾一贯坚持反华立场，双方在没有建交的前提下，按照惯例菲律宾是不能向中国大陆遣送华侨的。而菲律宾把华侨遣送到香港的要求又遭到港英政府的断然拒绝。至于遣配台湾的要求，也被台湾当局婉言拒绝。于是，菲律宾不得不对华侨进行重新登记，让华侨以按时缴纳保证金的方式不断延期。菲律宾政府的这种做法对华社的心理造成了严重的负面影响。菲华著名学者施振民认为：“禁侨案可说是百年来菲华社会最严重的一次灾难。”③ 菲化案的陆续实施，禁侨案的悬而未决，致使旅菲华侨成为无根无叶的边际族群和无法扎根的漂泊群体。“菲化运动”滥觞之时，华侨整天提心吊胆，惶恐不安，他们毕竟已经适应菲律宾的生活，害怕有朝一日被赶出菲岛。正如菲华诗人云鹤在诗《野生植物》中写道：④

有叶/却没有茎/有茎/却没有根/有根/却没有泥土/那是一种野生植物/名字叫华侨

1954 年 3 月，商总成立大会曾邀请麦格赛赛总统参加理事长就职典礼，当时麦格赛赛对商总及侨社给予了鼓励，敦促其支持当局的政策。此后商总召开第一（1956 年）、第二（1958 年）、第三（1960 年）次代表大会时，由于“菲化运动”处于激化时期，就没有邀请总统出席。⑤ 商总带领华社抗争菲化案、禁侨案遭遇的挫折，反映出华侨社会在当时正处于最低潮和最不稳定的时期，就连商总

① 郭梁：《试论战后菲律宾政府的华侨政策》，《华侨华人历史研究》1986 年第 3 期，第 25 页。

② ［菲］陈烈甫：《菲律宾的历史与中菲关系的过去与现在》，台北：正中书局，1968 年，第 326 页。

③ ［菲］洪玉华：《华人移民——施振民教授纪念文集》，马尼拉：菲律宾华裔青年联合会、拉剎大学，1992 年，第 187 页。

④ 庄钟庆等编著：《东南亚华文新文学史》，北京：人民文学出版社，2007 年，第 545 页。

⑤ 邓英达：《我在商总三十年》，马尼拉：菲华商联总会，1988 年，第 118 页。

理事长也无人愿意担任。为此，杨启泰不得不勉为其难，违反商总章程一再连任。1960 年，杨启泰第三届任期结束，但仍无人愿意接任，杨启泰只好再做一任。受菲化浪潮的影响，华社的处境更为艰难。当时菲政府禁止入籍外侨继续参加侨团活动，而商总理监事中有很多人已经加入了菲籍。因此，平时开会总有人以各种理由缺席，理事长职位自然也成了“烫手的山芋”。1962 年 7 月，商总第四次代表大会召开时，杨启泰干脆拒绝出席会议。

马卡帕加尔强调，“菲律宾将永远保持那些守法商人的权益，使其可获得宽容大量的待遇”，并敦促商总“以其领导地位，积极与菲人合作，特别是提出建设性的发展意见”。菲律宾众议长维拉诺在演讲中也指出，商总是“领导商人的有力组织”，对“菲国的全面稳定与繁荣负有很重要的工作”。[①] 菲律宾新政府的态度无疑给当时处于不利局面的华价以巨大鼓舞。对于菲政府对华侨态度的转变，商总也作出了积极的回应。为配合菲政策的经济发展政策，商总将“菲律宾华商联合总会”更名为“菲华商联总会”，这充分显示了华社促进菲华融合的态度，并“忠诚于全菲人民最大利益的精神”[②]。

上述可知，商总的社会功能、经济功能和政治功能已趋向整个菲律宾社会，而不仅囿于华侨社会，这是一个相当重要的功能转换，也标志着菲华社会与主流社会的逐步融合，华侨社会的认同发生了本质性的转化。

第五节　侨校华文教育的蜕变

教育菲化案是属于文化层面的同化政策，在菲化浪潮中虽出笼最晚，但执行最为坚决和彻底。教育菲化政策的施行对于华文教育的冲击是全面的，并导致了菲律宾华文教育的蜕变。至此，华侨学校转变为华文学校，学校体制、教育目标、课程内容和授课时间等都发生变化。在诸多不利因素的影响下，华文教育日渐式微，呈现出江河日下的颓势。

一、华侨教育体制与目标的转轨

菲律宾华侨学校全面菲化后，华文教育出现前所未有的变化，华侨的教育体制和教育目标都发生了转变。

---

① 《商总第五次大会召开》，《华侨商报》（菲律宾），1962 年 9 月 19 日。

② 知心：《今后菲华资金去路的探讨》（上），《星洲日报》（马来西亚），1962 年 10 月 16 日。

首先是华侨学校教育体制的改变。1956 年中菲签订《侨校督察协定》作为教育菲化政策的前奏曲，菲律宾政府取得华侨学校的督察权后，逐步减少侨校的华文课程、干预华校的聘用教师国籍等，更以禁止华侨学校增校、增班的手段，限制华侨学校的发展。1973 年 3 月，马科斯总统下达第 176 号总统令，贯彻执行教育菲化政策。在菲政府放宽外侨入籍条件的情况下，大量华校的教育工作者纷纷入籍，缓解了教育菲化案对校董、行政主管和学生国籍严格限制的困扰。在教育菲化案一紧和放宽入籍条件一松的“组合拳”政策之下，华侨学校全部转变为菲律宾政府管辖下的私立学校，它的法律地位与菲律宾一般的其他学校相同。

为了防止华校保留华侨教育的传统，使菲化政策更加彻底，菲律宾教育部要求华校只用英文校名，并禁止使用中文校名，使其不再具有中国的痕迹，从而丧失华文教育的环境。同时规定所有华文学校不准有“中国”、“中华”和“华侨”等字样。为此，菲律宾中正学院院长鲍事天出面代表华校据理力争，他强调菲律宾政府既然准许使用圣汤玛斯（SANTO TOMAS）、拉刹（DE LA SALLE）等外国人名作为大学的校名，当然也应允许使用孙中山等伟人的名字来为学校命名。在华文教育界的强烈反对下，菲政府遂不再坚持必须执行。有许多华文学校纷纷将中华、中国、华侨等英文校名改变，但中文校名大都照旧，但亦有中英文校名全改者。①

菲化后华侨教育转变为华人教育，华侨学校也转变为华文学校。正如于长庚先生回忆说：“记得在华侨中学读书的时候，校长对我们勉励说：‘你们现在在这里受教育，目的是在学业完成后回祖国升学，报效国家，国家兴亡，匹夫有责。’”② 当时华校教育的目的并不是要学生在菲律宾继续升学，而是要衔接国内教育。华侨学校是受中国使领馆、侨委会和教育法令的管辖，华侨教育的对象是华侨，尤其是华侨的下一代子女，是华侨为使其子女学习中国语言文化和科学知识而建立的学校。华侨学校虽同时也招收外族子女，但只占少数，其教育对象仍以华侨为主体。③ 华侨学校以华语为教育媒介，以中华文化为主要教学内容，灌输中华民族意识，培养德智体全面发展的中国人才。华侨教育不仅教授中国语言与中华文化，而且还按照中国的道德标准塑造学生。华侨教育从属于中国教育，并且成为中国教育的海外延伸。因此，华侨学校的办学形式不论是私塾、书院、学堂还是学校，均遵循中国教育，办学体制与国内相同，其教育内容、教学管理也仿照中国的教育体制，形成一个兴办于异国的中国式学校群，亦可称华侨学校

① ［菲］鲍事天：《诗田言论选集》，马尼拉：菲律宾中正学院诗田文教基金会，1991 年，第 370 页。

② 《于长庚先生访谈录》，张存武等编：《菲律宾华侨华人访问纪录》，台北：中央研究院近代史研究所，1996 年，第 315 页。

③ 林蒲田：《华侨教育与华文教育概论》，厦门：厦门大学出版社，1995 年，第 3 页。

是以华文教育为中心的中国式学校。[①]

相比之下，菲化后的华文教育则是以菲律宾人和菲籍华人为主的教育（华文学校还有许多未加入菲国籍的华侨学生），是以英语和当地语言为媒介的教育，而教育内容是本土化的文化和风俗习惯，还包括在政治上效忠于当地的教育。华文学校在体制上已经发生改变，成为以教授华文课程为特色的菲律宾私立学校。按照菲政府的规定，改制后的华文学校必须向菲律宾政府注册备案，并严格接受菲律宾政府和教育法令的监督、管辖，而中国政府和教育法令已经不能涉及菲律宾华文学校的管辖权。华文学校实施多种语言来教学，教育内容也更趋当地化，课程设置兼顾中西文化。也有华文学校是以当地主流语言教学，完全倾向于本土教育，仅是每周安排较少时间来教授华文课程。还有的华文学校是利用课余时间教授华语语言文化，这是与华侨教育的不同之处。

由此可见，教育菲化后首先改变了由华侨社会自己集资兴办、学历得到中国的承认、华侨子弟可以回国升学并且华侨教育是属于中国教育的一个组成部分的办学模式。同时，原本华侨学校的学生是华侨学生的身份，因为华侨加入菲律宾国籍，华侨学生随之成为菲公民身份的华裔学生。因此说，不仅学校性质和体制发生了改变，在校学生的身份也在发生改变。

其次是华侨学校教育目标的改变。教育菲化前，华文教育的目标是要培养海外华侨青年，使他们成为具有中华文化特质的中国人。所以，他们要学习中国的语文、历史、地理，了解中国的风俗习惯与传统文化，把他们教育成为完全的中国人。另外，华侨教育就是要避免华侨子弟数典忘祖。有许多华侨与菲国女子结婚所生的子女，虽然具有华人血统，但由于所受的是十足的菲律宾教育，因此变成了地道的菲律宾人。而且自菲岛独立以来，因为担心华侨及其子女轻易取得菲国国籍，在法律上与菲人处于平等地位，继而垄断经济和获取政治权力，菲政府便规定国籍法采用血统主义，即以血统确定国籍，出台了歧视华人的规定：凡是菲国女子与华人正式结婚即丧失国籍，其所生子女，亦随其父的国籍而为华人；菲国女子若只是与华人同居，依然保留菲籍，而所生子女，也随其母亲之国籍而成为菲人。华侨与菲国女子结婚或同居者所生子女，在法律上可为华籍或菲籍，但他们总希望以后能成为事实上的中国人。要使他们成为真正的中国人，唯一的途径就是使子女接受中国教育。尽管在法律上有菲籍和华籍的不同，但是在思想与生活习惯上却都是华人，这也是菲律宾创立华侨学校的一个特殊却很重要的目的。[②] 在马科斯总统放宽入籍条件之前，菲律宾政府对外侨入籍的限制十分严

---

① 林蒲田：《华侨教育与华文教育概论》，厦门：厦门大学出版社，1995 年，第 12 页。

② ［菲］陈烈甫：《菲律宾华侨教育》，台北：海外出版社，1958 年，第 11 页。

格，只有少数华侨加入菲籍。多数的华侨子弟仍旧是中国人，华侨教育的目的是要他们学习中华文化，了解祖国河山的壮丽与历史文化的悠久，进而培养爱国观念与民族精神，希望他们热爱祖国。华侨教育具有相当的成效，其中表现在抗日战争时期，有不少海外爱国青年回国从军，保卫祖国。

大批华侨选择归化入籍和教育全面菲化以后，由于教育的性质改变，教育目的和教育对象也随之改变。华人和菲律宾人通婚的情形也逐渐增多，以往华校学生以纯种华人为主的局面有较大的改变，取而代之，是菲华混血儿和纯种菲律宾人居多数，菲华之间的民族融合进程日益加快。华文教育内容与菲华社会现实状况严重脱节的情形日益突显出来，菲化后的华文教育遭遇这种困境，导致华裔学生学习华文兴趣不高，学生华文程度和水平逐渐降低。

教育菲化政策就是文化同化政策。华人要融入菲律宾社会，不只是成为菲律宾公民就能完全得到菲人的认同，因为民族文化之间的隔阂还是让菲人心存芥蒂。在教育菲化以前，有些菲国会议员就提出，华人虽已入籍菲国，却仍旧将子女送到华侨学校就读而不就读菲校，这样做不符合菲律宾的同化政策。① 华侨学校是传承华人文化最重要的机构，所以菲政府要积极将华侨学校菲化。海外华侨教育所处的环境与祖国完全不同，侨教应该因地制宜，各地侨校应该考虑当地环境的特殊情形和需要，制定适合于华侨社会的学制和课程。菲华社会既然存在与祖国不同的特殊情形，自然不能以祖国那一套教育制度硬塞进菲华社会里，而且还希望它能产生很好的教育效果。

自从 1976 年侨校全面菲化后，华文课程及上课时间被大量删减。侨校既然“菲化”成为菲校，与菲律宾私立学校享有同等待遇，仅在英文课程外增加了两个小时的华文课程，和以前“中”、“英”并列的地位不同，华文成了选修科目，我们也就必须重新审视菲化后华文教育的目的和存在的意义。

这些华侨子弟的身份已不同以往，他们大都已成为华裔菲籍。昔日华侨教育时期的教育的主要对象已是菲律宾公民，不论时空状态或社会现实皆不同以往，他们认为学习华文只是多学一种语言，在心理上及学习情绪上缺乏积极认真的心态，这也是造成华侨子弟华文程度降低的主要原因之一。② 如果华文教育的目的不适应现实的需要，就会严重制约华文教育的生存和发展。杨石泉教授曾一针见血地指出：“教育对象改变了，教学目的要求却没变；教学的性质变了，教学的方法却没变，自然不能收到好的教学效果。”台湾学者潘露莉教授则明确指出，

① ［菲］鲍事天：《养浩集》，马尼拉：菲律宾中正学院诗田文教基金会，1996 年，第 75 页。

② 汪土星：《华文学校今昔》，《华文教育言论集》，马尼拉：菲律宾各宗亲会联合会，1993 年，第 66 页。

在进行菲律宾华语教学改革之前，必须先为我们华族的身份、文化认同重新定位，才能决定华文教育的真正路向。[①] 华文学校如果还是用从前那一套教育方式与教育理念来经营华文教育，势必会产生与菲华社会现实脱节的问题。自从教育菲化后，菲华社会的环境使华人清楚地认识到，华文教育已不再是祖国教育的延伸，而应因地制宜突破现实困境并且选择新的发展道路。华文学校必须摆脱传统培养华侨子弟的教育目的，进而担负起为菲律宾本地栽培人才与传播中华文化的重大任务。

二、夹缝中生存的华侨学校

华侨学校的“双轨学制”、“双重课程”，以及第三号通令的施行，虽经过一些修改，但仍然是作为侨校师资、课程及办学之重要依据。菲政府督察侨校无形中促成了华侨学校的团结和成立华校联会总会的组织，使马尼拉侨校彼此之间的交流更为频繁和密切，曾因抗战而停顿的华校联合会，也在华侨教育界的共同努力下恢复，对促进侨教的复兴和发展作出巨大贡献。吕宋岛的华侨学校也仿效马尼拉的华校，自 1950 年至 1956 年，组设各区的“校联”，开展各种推动华文教育发展的工作。而外省州府的侨校，因分散在菲律宾群岛各地，以往都是各自经营，较少互相联络。中菲督察侨校之后，台湾“大使馆”为团结侨校共同抗争菲化政策对华侨教育的冲击，积极在菲岛各地筹划华侨学校联合会。1957 年 2 月，菲律宾十个区的校联会成立，具体设立的校联会如下：

区别	设立年月		参加华校	范围
马尼拉	1939		32	岷市及近郊
北吕宋	1956	1	15	东北吕加牙鄢河流域三省
中吕宋	1950	10	18	西北吕及中吕
南吕宋	1955	8	21	南吕、马仁愈计及东、西岷罗洛
美骨区	1955	7	14	美骨区、葛丹懋尼示、马示描地
西未狮耶	1956	11	8	班乃及西黑人省
中未狮耶	1957	1	10	宿务、东黑人省及武运

① 颜长城：《华教改革的誓师大会》，《菲律宾华校华语教学研讨会资料汇编》，马尼拉：菲律宾华教中心，1993 年，第 13 页。

（续上表）

区别	设立年月		参加华校	范围
东未狮耶	1957	2	9	礼智及三描
北棉兰老	1956	11	11	北棉兰老
南棉暨苏洛	1956	12	12	南、西棉兰老及苏洛

资料来源：王瑞芳：《七十年来菲律宾华侨学校之发展》，《马尼拉菲律宾中西学校七十周年校庆纪念特刊》，马尼拉：中西学校，1969 年，第 323 页。

菲岛各区的华校“校联”为联合号召华侨学校，抗争教育菲化运动起到了关键作用，“不仅于各校政之兴革，可以集思广益，于华侨文化之改进与普及，更可众擎易举”①。1957 年 2 月，在台湾“大使馆”的发动和策划下，菲岛各区校联会达成共识，组建全菲华侨学校联合总会，借以商议和谋划华侨学校发展的目的。1957 年 4 月 15 日，菲律宾华侨学校第一次代表大会召开，来自 54 省市的 131 所华侨学校参加了菲华教育界的空前盛会。大会充分表现了华侨学校和谐合作之气氛，提案 70 余件，分为学校行政规划、教学、训导和教师福利四大项目。这些提案先行分组讨论，再将各组意见提交大会，进行讨论并最终表决。华侨学校代表大会曾通过许多涉及侨教的重要议案，校总的成立是菲律宾侨教史上划时代的创举，在菲律宾民族主义高涨以及菲化运动冲击下的华文教育的生存和发展中扮演着至关重要的角色。会员代表大会作为校总的最高决策机构，凡有关商定会务、修改章程及改进侨教的重要方案和归化，均向大会提出讨论并作成决议案，交由理事会及常务理事会审议执行，一般日常会务及紧急事项则由常务理事会处理。历届召开代表大会统计如下：

届别	召开			地点	出席会员
	年	月	日		
一	1957	4	15	驻菲“大使馆”	131 校
二	1959	4	14		
三	1961	5	9		117 校
四	1963	6	14		110 校
五	1965	6	15		121 校

① 王瑞芳：《七十年来菲律宾华侨学校之发展》，《马尼拉中西学校七十周年校庆纪念特刊》，马尼拉：中西学校，1969 年，第 326 页。

（续上表）

届别	召开			地点	出席会员
	年	月	日		
六	1967	12	20	自由大厦	90 校

资料来源：王瑞芳：《七十年来菲律宾华侨学校之发展》，《马尼拉中西学校七十周年校庆纪念特刊》，马尼拉：中西学校，1969 年，第 324 页。

校总第一次代表大会后，侨校数量陆续增加，至 1959 年，在台湾“驻菲大使馆”和菲律宾教育部注册的华校有 154 所，华校的学生总数约为 52 395 人。① 1960 年 10 月，菲律宾青年激进团体要求政府关闭华侨学校，教育部对 10 所华侨学校停发办学许可证。私立学校教育局取消了“驻菲大使馆”审批中文教师的资格，同时通令华侨学校禁止华人教授英文课程。1962 年 2 月，众议院中平时激烈排华的议员也借机指责侨校是宣传共产主义思想的场所，提出议案调查或禁止开办新的侨校。自 1961 年以后，新校设立近乎停顿，8 年来新设立的学校仅有计顺菲华 1 所（1964 年）。此期间各侨校及学生（包括幼稚生）情况如下：

年份	学院暨附中	师专	完全中学	完全中学暨附小	初级中学	小学	女职	校数	生数
1957		1	2	16	27		2		52 310
1958		1	2	17	27		2		60 000
1959		1	2	22	23		2		60 671
1960		1	2	24	22		2		54 423
1961		1	2	24	22		2		64 649
1962		1	2	24	23		2		66 074
1963		1	2	26	21	109	2	161	67 880
1964		1	2	22	22	106	2	155	63 132
1965	1		1	25	18	105	2	152	62 752
1966	1		1	25	18	105	2	152	62 364
1967	1		1	28	15	105	2	152	62 908

① Eufronio M. Alip, *Ten Centuries of Philippine-Chinese Relations*, Manila: Alip & Sons, Inc., 1959, p. 127.

（续上表）

年份	学院暨附中	师专	完全中学	完全中学暨附小	初级中学	小学	女职	校数	生数
1968	1		1	28	17	103	2	152	61 646
1970		1	2	59		116		178	66 000

资料来源：王瑞芳：《七十年来菲律宾华侨学校之发展》，《马尼拉中西学校七十周年校庆纪念特刊》，马尼拉：中西学校，1969 年，第 325 页。

据 1968 年的统计，全菲侨校学生人数共计 61 646 名，包括大学生 172 名，高中生 3 430 名，初中生9 462名，小学生 38 663 名，女职学生 201 名，幼稚生 9 718名。华侨学校的增设虽受严格的限制，但教育水准却大幅提高，并且华侨学校在本校广设高中，创办学院。在不增加学校的情况下，增设初、高中部，虽为无奈之举，但也顺应了华侨教育发展的需要，也是当时华侨兴学的特色。增办高中的 22 所侨校如下：

时间	创立的华侨学校
1957	菲律宾中山、描戈律大同
1958	宿务建基
1959	礼智兴华、株艺芽菎启明、圣军、光启、圣心中学、圣心女中
1960	蜂省大同、义德、拉牛坂德兰、尚一（新设）
1963	碧瑶爱国、那牙耀华
1965	罗申那同和、苏洛当仁、怡省毓侨、描戈律华明
1967	黎牙实备中华、淡描戈培青、独鲁万鸣远

资料来源：王瑞芳：《七十年来菲律宾华侨学校之发展》，《马尼拉中西学校七十周年校庆纪念特刊》，马尼拉：中西学校，1969 年，第 323 页。

以上 22 所华侨学校之中，属于天主教会的学校有 9 所，基督教会的学校 1 所，加上基督教会此前设立的 4 校，即圣公会、培元、嘉南、灵惠，兴办小学、初中和高中完全学校的教会学校增至 14 校，其校务的规范和教学质量，以及学生数增加的速度，远超过一般的公立学校。其中光启、义德、圣心中学、圣心女中、务建基五校分别于 1964 年、1965 年改办成菲制四年中学（海星小学亦于 1964 学年改菲制并增办四年制中学）。至此，全菲 152 所侨校之中，兼办高初中者30校，专办初中者17校，女职2校，合计49校（1969学年增办初中两校未计算在内）。此期中等教育之发达，实为此前数十年未曾有的景象。

1965年7月，中正中学与华侨师专合并扩升为中正学院，并经台湾当局和菲政府立案。初创时为两年制初级学院，翌年改为四年制独立学院，设师范教育及商业两科，下分中国文史、教育、会计、企业管理、银行财务等学系，毕业则授予学士学位。菲岛侨校已发展至成熟阶段，上至大学，下至幼稚园，建立起一个完整系统。中正学院之创设，可谓菲华教育进步的又一里程碑。

台湾“驻菲大使馆”出于政治因素的考虑，积极策划并推进侨教的发展，采取的主要措施有：①加强侨校视导工作；②鼓励组团回台考察进修；③举办暑期文教研习会；④保送侨生回台升学；⑤指导校总及各区校联推广会务；⑥提高师资，奖励资深教师；⑦推荐代表出席海外华文文教会议；⑧组设中小学计划委员会，研究学制课程，改进教科书；⑨推行函授教育，辅导中华函校联合会；⑩救济侨校，排解纠纷；⑪提倡国语教育，加强体育及童军训练；⑫推行中华文化复兴运动；⑬促进中菲文化交流；⑭指导菲各大学华生会；⑮督促各校充实图书、仪器设备；⑯协助延聘台湾教师，尤其每遇菲方提出关闭侨校或不利于华侨教育之重要方案，立即予以交涉疏通，消弭于无形。[①]

至1969年，菲律宾华侨共创立了250余所华侨学校，遍布菲律宾群岛各地，虽历尽艰辛和惨淡经营，一路筚路蓝缕，但仍造就了辉煌的成就，并被誉为海外侨教的典范。1970年，菲律宾华侨教育有学院1所，中学26所，职业学校2所，小学152所，合计181所。[②] 一年之内减少了约70所学校，由此可以看出当时华文教育的困境和艰难。在1973年宪法实施后，马科斯总统又颁布了第176号总统令，在菲的154所华侨学校逐渐执行菲化的条款。[③] 在此漫长的岁月里，有许多华侨学校合并或停办，但仍阻挡不住华文教育发展的洪流，华文教育在华侨华人有识之士的推动下，仍然奋力前行。

---

① Eufronio M. Alip, *Ten Centuries of Philippine-Chinese Relations*, Manila: Alip & Sons, Inc., 1959, pp. 131-135；王瑞芳：《七十年来菲律宾华侨学校之发展》，《马尼拉中西学校七十周年校庆纪念特刊》，马尼拉：中西学校，1969年，第323页。

② 郁汉良：《华侨教育发展史》，台北：国立编译馆，2001年，第701页。

③ Teresita Ang See, "The Chinese in the Philippines: Assets or Liabilities", in Teresita Ang See, *The Chinese in the Philippines: Problems and Perspectives*, Vol. 1, Manila: Kaisa Para Sa Kaunlaran, Inc., 1997, p. 123.

第五章　菲华融合进程中的华文教育

万隆会议后，中国政府取消“双重国籍”政策，鼓励华侨融入当地社会，提倡华文教育的本土化。但“文革”期间中国政府华侨政策的偏差，导致了海外华侨对新中国的疑虑，促成了菲律宾华侨落地生根的观念。随着菲律宾外交政策的转变，马科斯政府积极改善与中国的关系，同时对华侨实行同化政策，接纳大批华侨加入菲律宾国籍，华人处境也随之改善。这些因素加速了华人与当地社会的融合，他们的国家认同发生了转变，也直接影响到了华文教育的发展。同时，在教育“菲化运动”的制约下，引发了华人文化的变迁，使华人文化认同步入艰难的“十字路口”。菲律宾华人文化的融合，是在华文教育菲化的前提下进行的，对华人社会同化是有利的，也是菲华社会发展的必然结果。

第一节　华人族群的加速融合

20 世纪 50 年代后期，根据国际形势的需要，中国政府鼓励海外华侨与居住国人民和平相处，积极融入当地主流社会。但“文革”时期中国政府执行了错误的华侨政策。70 年代中期，为与中国建立外交关系，马科斯总统改善对华侨的态度。华侨社会向华人社会转变的过程，带动了华人经济的腾飞和政治地位的提升，并创造了比较稳定的华人生存环境，加速了华人的同化进程。

一、中国政府华侨政策的调整

新中国成立后，中苏两国签署了《中苏友好同盟互助条约》。意识形态是当时两国结盟的重要依据，也构成了隐含在同盟关系之中的一种分裂因素。[①] 朝鲜战争结束后，在国际问题上以及中国国家利益上，两国产生分歧和矛盾。赫鲁晓夫访问联邦德国时，对阿登纳提及了他对中国的担忧，甚至要求西方国家帮助他

---

① 沈志华：《毛泽东、斯大林与朝鲜战争》，广州：广东人民出版社，2003 年，第 290 页。

对付中国。[①] 而美国则通过与亚太地区的国家进行双边或多边条约，来孤立和遏制新中国的发展，中国的国际环境极其恶劣。[②] 日内瓦会议期间，周恩来总理与世界政要广泛接触，阐述新中国对外友好、发展与和平的主张，赢得了多数国家的理解与支持。此次会议后，中国政府敏锐地捕捉到国际新形势的变化，决定调整外交战略，冲破西方国家的封锁，走独立自主的和平发展道路，特别是加强与亚非国家的友好与合作。

（一）万隆会议对菲华社会的影响

在冷战的国际形势下，新中国与东南亚国家的外交关系十分复杂，加上台湾问题的国际化，新中国的外交和侨务工作更加困难。于是，中国政府对亚非拉国家的外交工作主要是从三个方面展开，即解决边境争端；放弃华侨“双重国籍”；提供经济领域的援助。同时，中国政府把改善周边国家的良好安全环境，奉行睦邻友好的和平外交政策，作为新外交战略的前提和基本条件。为此，中国政府着重解决与这些国家之间的敏感和争议问题，特别是政治上的分歧。“二战”以后，东南亚国家相继摆脱殖民统治获得独立。在致力于本国经济建设时，华侨与土著民族的矛盾渐渐呈现出来，当地政府担心华侨在政治上效忠中国，成为“红色政权”向海外输出革命的载体，恐惧共产主义在本国的“蔓延”；“双重国籍”也加重了政治疑虑，严重影响了东南亚国家与中国的关系。

20 世纪 50 年代初，中国在海外的华侨约有 1 200 万人，其中的 90% 集中在东南亚国家，具有“双重国籍”的东南亚华侨占半数以上。[③] 广大华侨在东南亚国家已经适应了当地的生活，为所在国的民族解放和经济发展作出了巨大贡献，成为当地社会的重要组成部分。1955 年 4 月，在印尼万隆召开的亚非会议上，中印（尼）两国政府签订了《关于“双重国籍”问题的条约》，其中规定：凡属同时具有中国和印尼国籍的人，根据本人意愿只能选择一种国籍，也就是选择了一个国籍就自动丧失另一个国籍。此后，在与东南亚国家建交中，涉及“双重国籍”问题时，中国政府均主张遵循上述原则。中国政府通过调整华侨政策，展现

① 程希：《侨务与外交关系研究——中国放弃“双重国籍”的回顾与反思》，北京：中国华侨出版社，2005 年，第 72 页。

② 1950 年至 1955 年，美国分别与韩国、日本、南越、菲律宾、泰国、新西兰、澳大利亚、巴基斯坦等国家签订军事同盟条约，从政治、经济、军事、外交和文化等方面对中国进行全方位的遏制。美国还特别把韩国、中国台湾和印度划为“抵御共产党中国侵略”的三个重要保护区。至此，美国及其盟友形成了对中国的半包围战略，即从朝鲜半岛到日本列岛、菲律宾群岛、马六甲海峡、西联南亚次大陆的“月牙形”之势，或称“弧形封锁链”。

③ 廖承志：《在党的八届三中全会上的发言》（1957 年 4 月 30 日），国务院侨办编：《党和国家领导人论侨务工作》，1992 年，第 224 页。

出积极发展与周边国家友好关系的姿态，争取东南亚国家善待入籍的华侨，并希望华人与土著居民享有同等的权利。同时，积极鼓励华侨归化和融入当地主流社会，继续为所在国的社会、经济发展作出贡献。

对于出生在菲律宾的华裔青年来说，转变国家认同并不是一件难事，毕竟他们已经适应当地的生活，且他们的基业在本地。但对于从中国来此的“新客”来说，转变国家认同却是一件十分痛苦的事情，因为这有悖于中国文化所倡导的“忠”的品德。中国政府支持华侨加入所在国国籍，减轻了华侨背负的沉重心理压力，以及“大逆不道”和“背叛祖国”的道义负担。万隆会议时期，菲律宾华侨社会还是以“新客”为主，汹涌澎湃的菲化浪潮冲击着华侨社会，侨社抗争零售商业菲化案出师不利，使众多华侨生活深受影响，甚至失去维持生计的饭碗。马尼拉中华商会借机发难，引发华侨内部的严重分歧。在“菲化运动”中尝到甜头的菲政府变本加厉，各种菲化案层出不穷，使华侨社会的生存面临危机，华侨移民观念发生动摇。在这种情况下，有些旅居菲岛的华侨解除放弃祖国国籍的心理障碍，开始主动加入当地国籍，融入当地主流社会。

许多华侨开始脱离中国政治的影响，积极转向面对当地生活的发展道路。他们一改过去对菲律宾文化、习俗和政治冷漠的态度，尝试着以新的角色走进这个既熟悉又陌生的菲岛。至马科斯总统放宽入籍条件前，菲律宾华侨华人大多数精通菲语和英语，许多较年轻的华人愿意就读于主流社会大学，他们的文化倾向、生活习俗和政治意识逐渐趋近菲律宾化，为融入当地主流社会奠定了基础。可以说，中国政府鼓励华侨加入侨居国的国籍，加速了华侨认同当地、融入菲律宾主流社会的进程。至此，菲律宾华侨确立了路向，一改过去树高千尺、落叶归根的想法，将侨居地变为自己的“家”，主动融入当地主流社会！[①]

（二）华侨教育政策的调整

文化大革命期间，受极左思潮的影响，我国外交工作呈现出浓厚的意识形态色彩，致使整体上出现严重失衡，陷入了一种险恶的国际环境之中。与美苏对抗的同时，中国与某些第三世界国家也产生了分歧，尤其是与东南亚部分国家产生隔阂，使侨务工作陷入困境。“文革”初期，侨务工作主要围绕宣传开展，包括鼓励华侨定居并融入当地主流社会、主动参与当地经济的建设、支持当地人民的进步事业、号召华侨加快当地化进程。中侨委主任廖承志曾强调，“希望广大侨

① 方人也：《菲华社会的转变和路向》，《第十届世界华商大会》，马尼拉：菲华商联总会，2009 年，第 56 页。

胞团结爱国，互助互济，和当地人民友好相处”①。但海外华侨工作日趋意识形态化，特别是强调侨务工作要“突出政治”，“必须把侨务工作放在准备对付美帝国主义要早打、要大打的基点上”②。

在政治风潮迅速席卷全国的影响下，“文革”小组刻意要求第三世界国家明确支持中国反对美苏霸权主义的立场，并将一些没有积极回应的国家斥为“帝国主义的走狗”，导致部分第三世界国家，特别是东南亚国家与中国关系紧张。为此，侨务工作也受到重大影响，甚至被指责鼓励海外华侨在侨居地和睦相处、遵守侨居地法律、尊重侨居地风俗习惯等是“放弃了阶级斗争”，是“国外侨务工作中的投降主义”等。③“文革”小组以愈演愈烈的狂热参与海外华侨社会活动，特别是鼓动华侨参加当地的“革命运动”。例如在1966年6月，极左分子在北京的缅甸大使馆组织大批群众发表声明，支持“缅甸人民的革命斗争”，指责缅甸政府“与帝国主义勾结”，导致中缅关系的破裂。④ 在柬埔寨也发生了华侨进行“红卫兵”式的活动，西哈努克亲王指责中国政府干涉柬埔寨内政事务。中国政府出于政治斗争的需要，不仅在海外华侨中宣传革命热情，还过分强调社会主义祖国是海外华侨的后盾。东南亚国家担心中国的红色浪潮波及海外华侨社会，这无疑对中国发展外交关系极其不利。

1969年1月，尼克松就任美国总统后，开始考虑改善中美关系。3月，苏联出兵挑起了珍宝岛事件后，建立所谓的“亚洲集体安全体系”，拉拢中国周边的一些国家，形成反华包围圈，孤立和敌视中国。面对国际政治和形势的新情况，中国政府提出建立与美国、中东、西欧和日本等国家的正常外交关系，同时发展与周围邻近国家的友好外交关系。为实现上述目标，华侨问题成为必须妥善处理的关键问题，也成为东南亚各国十分敏感的问题。1967年，周恩来总理谈话时强调：“国外的华侨学校，学习汉语而不学当地语言，这是保守思想的做法。华侨不懂当地话，这种保守思想不能原谅。”⑤ 在“文革”的干扰和破坏下，中国政府没有行之有效的华文教育政策，失去了争取海外华侨向心力的良好“抓手”和平台。

1973年7月，周恩来总理指示：“我们应考虑到东南亚各国政府对华侨的担忧，怕华侨回来祖国学习后，回去搞不利于他们的事情。所以，华侨学生学习完

---

① 《福建侨乡报》，1966年1月13日，第1~2版。

② 《侨务报》1966年第1期，第39页。

③ See Stephen Fitzgerald, *China and the Overseas Chinese: A Study of Peking's Changing Policy, 1949–1970*, London: Cambridge University Press, 1972, pp. 172–179.

④ Jay Taylor, *China and Southeast Asia: Peking's Relations with Revolutionary Movements*, New York: Praeger, 1975, pp. 191–221.

⑤ 国务院侨办《侨务工作研究》编：《党和国家领导人论侨务工作》，1992年，第32页。

回侨居国后不要多宣传……我们不鼓励采取大量动员他们回来的方针，应鼓励他们同当地人民结合起来，鼓励他们在当地学习，学习外国人好的东西。”①

二、马科斯政府华侨政策的改变

1965 年，马科斯就任总统后，继续执行马卡帕加尔制定的“回归亚洲”的外交政策。1971 年，东盟的外长会议确定了同中国的友好关系。1973 年，菲律宾政府提出在美、日、苏、中之间求得平衡的政策，并建立“多极”的灵活外交政策，脱离其长期遵循美国外交政策的传统轨道。1975 年 6 月 9 日，菲律宾与中国正式建立外交关系。

（一）马科斯的“外侨入籍归化法”

中菲两国建交，对移居菲律宾的广大华侨来说，意味着在与故土疏远多年之后，重新对祖国燃起浓厚的感情。对菲律宾政府来说，妥善解决这个现实问题，就要改变过去那种排斥华侨经济、限制华侨成为菲公民的政策，加速华侨融入当地主流社会的进程，提高华人对菲律宾国家的认同感。马科斯总统制定了全新的华侨政策，即利用华侨经济来发展国家经济、放宽华侨入籍条件使其尽快同化、彻底菲化华侨教育等三个主要方面。事实证明，马科斯总统的政策给华侨社会创造了比较稳定的生存环境，推动了华侨社会向华人社会的转变，推动了华侨经济和族群社会的发展，极大地加快了华侨的同化进程。

马科斯总统执政不久，就在菲华商联总会第六次代表大会的演说中，肯定了华侨对菲律宾国家建设的贡献，提出在发展菲律宾社会经济计划中，“要重视华侨扮演的重要角色”②。20 世纪 70 年代，菲律宾华裔中大部分是在菲律宾出生和长大的，由于他们对传统文化保存相对较少，对于他们而言，没有成为当地公民和随之而来必须承担的权利和义务，所谓的归化就毫无意义。因此，关键问题是给予华侨以菲律宾公民身份，并通过修改宪法和入籍法来实现。③ 为此，马科斯相继签发三项法令，以加快华侨加入菲国籍的进程。

1975 年 4 月 11 日，菲律宾政府发布了第 270 号总统令，宣布放宽外侨入籍条件，简化外侨入籍程序，并成立“特别归化委员会”，专门负责接受外侨申请

---

① 《关于华侨学生上山下乡问题的请示报告》，周恩来在政治局讨论会上的讲话，1973 年 7 月 25 日。

② 《南洋文摘》1966 年第 7 卷第 12 期，第 813 页。

③ Theresa C. Carino, “State Ideology, Policies and Ethnic Identity: The Case of the Chinese in the Philippines”, in Teresita Ang See and Go Bon Juan, eds., *The Ethnic Chinese*, *Proceedings of the International Conference on: Changing Identities and Relations in Southeast Asia*, Manila: Kaisa Para Sa Kaunlaran, Inc., 1994, p. 153.

入籍事宜。[①] 1976 年 12 月 3 日，菲律宾政府为解决获得永久居留权的外侨的入籍问题，颁布了第 836 号外侨入籍令。这一法令在承认第 270 号入籍归化法令的前提下，对申请入籍的条件与资格进一步放宽，同时规定对已加入菲律宾国籍者的妻子、儿女的国籍处理原则。12 月 29 日，菲律宾政府又发布了第 491 号总统令，该法律对第 270 号入籍归化法令再次进行了简化。

这三项入籍归化法令，对华侨融入菲律宾起到了至关重要的作用。这是华人历史上一个非常有意义的转折点。对边缘地带的华侨来说，阻碍他们进入菲社会的绊脚石被搬开了，且对他们大多数人来说，对祖国忠诚的誓言是发自心底的。[②] 菲律宾的一位著名评论家也阐述："实际上，大部分在菲律宾出生的华侨都热切渴望加入菲籍，融入菲国社会的洪流，但有关归化的法规烦琐而苛刻，使许多华侨望而兴叹。倘若菲国籍法采取出生地主义作为归化的原则，同化华侨的问题将不至于这般困难，许多国家如美、英、泰、越等都甚为成功。因此，这些华侨将何去何从？他们只好放弃将来在菲立业成家的想法。他们被迫加强与祖国间的联系，他们只得屈从为求生存所面临的冲击。他们送其子女进入可增长智慧及技能的华侨学校，旨在有朝一日不能在菲永久居留时有所倚靠。"[③] 这三项法律、法规缓解了菲律宾主体民族与华侨少数族群的冲突和矛盾，逐渐消除了入籍的华侨政治认同的困惑，为华侨逐步走向菲律宾化、融入主流社会创造了客观条件。

（二）"戒严法"对华社的正面影响

马科斯在竞选时就许下诺言，要澄清吏治、抑制贪污、打击走私，并把发展经济摆在优先位置。马科斯在就职演说和给国会的国情咨文中强调，菲律宾的经济处在危机之中，他的首要任务就是要拯救菲律宾经济，使其免于崩溃。[④] 但是，马科斯政府力图发展经济的计划却受到资金短缺的困扰。为改变恶劣的经济形势，马科斯政府制定了《投资奖励法》，宣布鼓励外国投资是菲的基本国策。然而，菲律宾经济的不断恶化、持续加剧的社会动乱、日渐悬殊的贫富差距以及与日俱增的犯罪活动，致使民众对政府失去信心，导致马科斯政权出现严重危机。1969 年马科斯连任总统后，"虎克党"和新人民军在中吕宋的活动、马尼拉

---

① 《联合日报》（菲律宾），1975 年 4 月 22、23 日。

② Teresita Ang See, "Changing Views and Perceptions of the Chinese in the Philippines: Some Observations", in Teresita Ang See, *The Chinese in the Philippines: Problems & Perspectives*, Vol. 1, Manila: Kaisa Para Sa Kaunlaran, Inc., 1997, p. 112.

③ Jo Villarba, Chinese Schools in the Philippines, *Examiner*, 1966, p. 28.

④ 胡才：《当代菲律宾》，成都：四川人民出版社，1994 年，第 85 页。

工人发动系列罢工斗争、大批中吕宋的农民涌到马尼拉街头抗议地主剥削、知识分子和青年学生举行政治示威游行等，直接危及马科斯政府的统治。

1972 年 9 月 21 日，马科斯签署命令，以“虎克党威胁”为借口，宣布菲律宾处于紧急状态，实行军事管制，成立“戒严法政府”。按照菲律宾的宪法，总统不能第三次连任，马科斯要想任满后继续合法地执政，唯一的途径就是修改宪法。为此，马科斯精心筹划和缜密部署，利用戒严政府修改宪法，利用民主程序确保其继续连任总统。菲律宾实行全国戒严而没有发生流血事件，所以被称为“微笑的戒严”。[①] 戒严法实行以后，马科斯一再强调，戒严的目的除了应对左派颠覆活动之外，还要建立一个合理公平的新社会。同时，新社会应该是吏治廉明、清洁整齐、治安良好，能使人民有秩序地生活。

从整体上来看，在戒严法执行初期，菲律宾全国人民对马科斯的戒严法持支持的态度，尤其支持马科斯政府颁布的维护社会秩序、消除犯罪的法令。的确，社会实现了安定，犯罪率大幅降低，自平均每周 1 800 次降为 48.5 次。[②] 生活必需品价格有所下降。大批撤免贪官污吏，政风已较清明。[③] 在严格的军事统治下，左派分子受到严重的打击，社会治安显著好转，旅游业大为进步，土地改革也较为积极，青年人生活习气得到改善，经济状况明显好转，社会秩序趋于稳定。应当说，戒严政府在恢复秩序方面是卓有成效的。

自从马科斯总统宣布戒严令后，当地华侨的商业仍照常进行，戒严法的实施对华侨并无不利的影响。[④] 相反，因华侨在菲岛主要是谋生致富，并无政治目的与野心，戒严法的实施对他们的商业发展来说反而成了有利因素。针对华侨的勒索和绑架行为受到遏制，社会治安的稳定使得华侨能够安居乐业；戒严法期间无经济菲化案的提出，华侨经济得以发展；公平对待华侨，无排华事件；解决了逾期游客的悬案，使他们可以在菲合法地居留。

马科斯对待华侨比较友善，特别是能尊重华侨的合法地位，这也与华侨支持马科斯有一定的关系。[⑤] 对整个菲华社会而言，近 10 年的戒严法政府是华人族群经济发展的黄金时期。

---

① 邓山雨：《菲律宾戒严两年来》，《新闻天地》1974 年第 1389 期，第 10 页。

② 《联合报》（中国台湾），1972 年 10 月 9 日。

③ 尚湘蓉：《菲律宾戒严一月来》，《新闻天地》1972 年第 1291 期，第 13 页。

④ 《中央日报》（中国台湾），1972 年 9 月 25 日。

⑤ 王萍、官曼莉：《杭立武先生访问纪录》，台北：中央研究院近代史研究所，1990 年，第 55 页。

三、华文教育在菲华融合的作用

1900年以前，来到菲律宾群岛的华人族群，我们笼统地把他们称为“第一代移民”。他们背负“背弃祖宗庐墓”、“天朝弃民”的骂名，远离故土在异域寄人篱下，饱受欺凌就是为了挣得比国内丰润的收入，回来赡养家口和改变家庭贫困的状况。如果幸运的话，他们可以在取得显赫的经济实力后，回归故里，让家族和宗亲感觉荣耀。出于种族的自豪感和文化的感召，第一代的华侨千方百计阻挠二代华侨申请成为菲律宾公民，担心年青一代转化后将丢弃中国根。他们的理由是中国人不应该放弃祖国而转入其他国籍，生为中国人则永远为中国人，他们甚至将改变国籍视为“变节”和“叛逆”。[①] 所以，菲律宾华侨很难接纳土著文化或被西班牙殖民者所同化。正是由于华侨不愿皈依天主教，殖民者便抑制华文教育。虽然没有华文教育，他们却移植了本民族的宗亲观念，也挟带了中国文化的包裹，并将其搬运到他们的新家，勇敢地在新环境里重建他们的宗族社会。可以说，中国人是所有民族中传统观念、宗亲观念和种族观念最强的民族。[②] 这就造成了华侨在海外居住多年以后，仍然更愿意回到家乡度过晚年的岁月。华人移民从不剪断与中国家乡的联系，有些成功人士还会刻意不辞辛苦，时常往返于中菲两地，以显示他们经济上的成就。西班牙殖民者采取的同化政策，造成了华侨的逆反心理，使华侨徘徊在主流社会之外。教育文化是保持民族特性的根本，倘若西班牙殖民者允许华人族群发展华文教育，反而不会使广大华侨产生隔阂感，在思想和文化的兼容并蓄中，中华文化的优越感会被削弱，对促进民族融合会产生有利的影响。

美国统治时期，把1882年和1902年制定的针对华侨的移民法案移植菲岛，对华侨出入境和移民进行不同程度的限制。但来菲的华侨仍不断增加，而且是以商人为主，并造就了华侨社会明显的商业特征。在移民数量不断增加的情况下，华侨为保留族群认同便建立起不同层次的华侨机构，如家庭、宗族、村庄和地区协会等，所有这些组织都保持华侨对传统地域的忠诚和信仰。华侨报纸刊载着中华文化和乡土信息，华文学校则薪传华人的习俗和文化，试图使年青一代的华侨保持属性和身份的认同。

---

① Antonio S. Tan, *Changing Identity among the Philippine Chinese, 1946 - 1984*, Paper Presented at the Symposium "Changing Identities of the Southeast Asian Chinese since World War II", The Australian National University, Canberra, Australia, 1985, p. 13.

② ［菲］德里西塔·昂·西著，冬青译：《融合和认同：二次大战后菲律宾华人社会的社会变化》，《南洋资料译丛》1989年第3期，第53页。

20世纪20年代开始，国民政府依然继续努力地培养菲律宾华侨对其母国的政治忠诚，这种观念强烈禁锢着华侨的教育思想。华侨学校教育学生把中国作为自己的祖国，并让学生受到中国爱国主义的熏陶，这让很多年轻人像他们的长者一样，开始积极卷入“祖国”的政治事务。直到40年代初期，华侨仍然极力坚持着故土的语言、文化和习俗。在马尼拉、宿务、怡朗等地，华侨主要与华侨为邻或群居而住。如在马尼拉的华侨社区，华侨小孩只能在华侨医院出生，只和华侨小孩玩耍，嫁娶和交友都是在华人族群内进行，去华侨社交俱乐部活动等。他们局限于自己的社会，周旋于自身的圈子，与菲律宾人之间主要限于生意上的往来和必要合作。文化教育尤其是效忠意识的束缚阻碍或延缓了他们被菲律宾社会同化的进程，他们不希望被同化，并在其共有的习俗中获得了对民族优越文化的满足感。

许多华裔子弟在菲律宾一出生，就面临教育和生存的重大问题。他们在“双重学制下”接受华文教育的同时，也在接受本土文化和西方文化的熏染，文化结构发生了变化，尤其是散居在其他省份的华人族群，更容易受到菲律宾生活方式、处事态度和价值观的影响。他们的行为方式渗入了异文化因素，甚至在学习说中文之前便学习说当地的方言。他们参与当地的节日活动，接受菲律宾人的洗礼方式和婚俗，还与菲律宾人通过其他许多方式互相影响。

在菲律宾的华文教育过程中，华裔青年受到本土文化潜移默化的影响，维系家族的传统文化纽带逐渐松弛。即便华裔子弟从小在华文学校学习，教给他们最多学识、对他们影响最大，并使他们出人头地、有一技之长的，恐怕还是菲人教师而不是华人教师。[①] 菲人教师在不知不觉中，播下了中菲人民之间互相了解与友好的种子。据统计，1964年时，菲律宾有华侨学校162间，菲人教师约有2 500名，而华侨教师只有1 000名左右。华侨学校不仅为帮助解决国家失业问题而雇用菲人教师，显然也帮助菲律宾政府促进华侨同化。[②]

第二节　菲律宾华文教育的调和与适应

在华人社会与当地主流社会的融合过程中，中菲文化的碰撞与融合也在进行，特别是在教育菲化之后，华文教育走入艰难境地，教育体制和目标发生了根

① 《我们的菲律宾老师》，《融合——菲律宾华人》，马尼拉：菲律宾华裔青年联合会，1990年，第103页。

② 《正确报导华侨学校真实状况》，《前驱周刊报》（菲律宾），1964年5月24日。

本变化。为适应华人社会的发展需要，华文教育在不断调和。

一、华人社会国家认同的转变

由于马科斯推行平等的民族政策，华人族群的政治地位较之过去也迅速上升。面对民族主义立法的压力，出于他们现实的需要，华侨意识到菲律宾才是他们的“家园”。同时，他们还受到新中国政府改变的影响，开始主动加入菲律宾国籍。由此，华人的国家认同发生了改变。这主要有以下几方面因素：

（一）华人社会处境的改善

从历史上来看，早期移居菲律宾的中国人具有极大的流动性，这主要是客观条件和主观意识的结果。客观上，殖民统治者的排斥和屠杀，使得到菲律宾的华侨除了钱财之外，对菲律宾很少有所依恋。主观上，当时的菲律宾经济、政治和文化较为落后，中国人形成了一种“大汉族主义”的观念。① 因此，绝大部分菲律宾华侨不想在此建立永久家园，让子孙后代变成“番仔”。许多华商即便是到了老年也要回到家乡颐养天年，享受天伦之乐。总而言之，早期的华侨并没有产生一种世代相继的以菲律宾为家乡的浓郁的乡土观念。② 由于华侨移民的频繁往返与交替更新，新移民的数量在华侨人口的总数上占很大的比例。

太平洋战争爆发前，为使遭受日本侵略的中国难民，特别是妇女和儿童来菲避难，经菲律宾中华商会的请求，菲律宾自治政府同意他们进入菲律宾境内，于是有 5 656 名中国妇孺来到菲律宾，③ 从而使因美国先前施行排华法禁止华人妇女入境而造成的华人妇女奇缺的情况得到改善。一些华侨家庭借此机会实现团聚，他们可以在异域安居乐业。菲律宾华侨土生人口繁衍的速度因此得以加快，第三代华裔青少年的数量也迅速增加，这部分“易同化”群体的扩大，为菲华社会同化于当地的进程注入了催化剂。从 1940 年开始，华侨移民数量每年被限制在 500 名以内，至 1949 年更减少到 50 名，一年后菲律宾不再允许所谓的“新客”入境。1950 年以后，除了政府官员外，能够来菲的华人只限于短期的游客、定期居留的传教士、留学生及预聘雇员。由于往来于中菲之间的华侨越来越少，菲律宾华侨社会由流动性趋于定居性。

由于菲律宾政府始终没有连续性的政策去推动华人族群融入到菲律宾社会当

---

① 陈台民：《论现阶段的菲律宾华侨》，《南洋文摘》1961 年第 2 卷第 3 期，第 2 页。
② 陈烈甫：《菲律宾的历史与中菲关系的过去与现在》，台北：正中书局，1968 年，第 322 页。
③ 《菲律宾岷里拉中华商会七十周年特刊》，马尼拉：岷里拉中华商会，1974 年，第 29～30 页。

中，因此，这期间在法律上残留的华人少数族群构成了菲律宾人所说的“华人问题”，而且在经济、文化、社会和政策等领域都有所体现。许多菲律宾人对华侨的看法是：华侨在经济方面是占优势的；外来文化使华侨的行为怪异；华侨的宗族社会致使他们在社交上表现出冷淡；华侨是不忠诚的，因为他们在政治上不可靠。这些虽然都是菲人对华侨的偏见，但同时有些政治家也指出，华侨很难获得菲律宾的公民身份，也导致了他们难于被同化。①

马科斯着力开展对华侨政策的修改工作，这对华侨经济的转型起到了促进作用，华侨社会正所谓“失之东隅，收之桑榆”。有些华侨企业引入现代化经营理念，打破华侨社会以传统的血缘、地缘为基础的组织方式，积极寻求国外资金与菲律宾资金的合作，这使华人经济得到飞速发展。不仅如此，前一阶段因菲化政策而使华侨社会陷入困境的局面得到根本缓解，华侨经济和华侨社会绝处逢生。如果没有马卡帕加尔和马科斯高瞻远瞩地阻止“菲化运动”，如果菲律宾没有采取大规模利用华侨资本发展工业化的政策，华侨可能真的会陷入走投无路的境地，华侨经济绝不可能获得如此大的发展机会。受此影响，菲律宾华侨与土著民族的关系日趋友善，华社外部冲突和矛盾逐步缓解，华侨社会的处境得到极大改善。

（二）华人社会地位的提升

广大华侨也通过官方和民间渠道，致力于发展与主流社会的友好关系。在华文教育的推动下，华侨社会的竞争力和自身形象有了很大的提高，加快了当地社会对其接受和接纳的过程。

1966年8月，菲律宾侨领高祖儒被华侨社会推选为菲华商联总会第七任理事长。高祖儒就任商总理事长后，凭借与马科斯总统私交甚笃的关系，积极加强华社与政府的沟通和合作。一方面，为使菲政府更多地了解华社的立场，增强与华侨合作的信心，高祖儒率商总理事会向马科斯递交决议书，表明华侨对新政府应尽责任和承担义务的诚意。在诸多华社活动的场合中，高祖儒经常呼吁：“菲律宾的华侨华人绝大部分从事各种工商业，希望努力配合菲律宾的各种经济发展战略，来促进国家经济发展。只有整个国家取得经济的进步和发展，华侨才能获得工商业上的利益”，华侨与菲律宾政府“均应推诚相与，共同力行，只有菲律宾经济繁荣，社会安定，华侨的事业才能获得保障与发展”。② 与此同时，商总也

---

① Antonio S. Tan, *Changing Identity among the Philippine Chinese, 1946 - 1984*, Paper Presented at the Symposium "Changing Identities of the Southeast Asian Chinese since World War II", The Australian National University, Canberra, Australia, 1985, p. 1.

② 庄炎林：《世界华人精英传略 · 菲律宾卷》，南昌：百花洲文艺出版社，1997年，第203页。

努力推进华侨与主流社会的关系，在繁荣菲律宾经济的环境下，增进菲华民族的理解与友谊。如1967年，菲律宾遭受农业自然灾害，粮食减产造成米价上涨。商总召集华侨米业经营者商议，决定放弃自己的利润来平抑米价，帮助政府维护社会稳定。① 1970年，菲律宾银行实行浮动汇率制，致使许多商品的生产成本增加，引起物价快速上涨。为此，商总再次出面协调，建议华商尽其所能帮助政府平抑物价，并得到华商的响应。商总还积极支持总统的增税政策和节约运动等，这些积极的行动都受到马科斯的赞扬和嘉奖。②

随着华社与菲律宾主流社会之间良性互动的增多，菲政府官员更加关注和了解华侨社会，族群关系进一步融洽。在这些有利因素的影响下，商总的护侨工作十分顺利。如经过商总出面与政府协商，废除了蔬菜、报业和银行等领域的菲化案，也取消了禁止菲律宾公民参加外侨团体活动案等多项法案。如果菲华民族关系融洽，主流社会排华暗流自然就没有生存环境，那些试图依靠排华来赢得政治资本的人也难以得逞。鉴于民间交流在促进菲华关系中的重要性，商总采取多项措施和办法来大力推动这项工作。

华侨社会时常遭遇菲化冲击和受到不公正待遇，虽然台湾“驻菲大使馆”也为此作了很多努力，但由于台湾政治的不确定性以及菲律宾和台湾政治关系的不断冷淡，台湾当局的护侨工作并没有取得多大成效。③ 面对这种情况，商总提出了拓宽渠道发展“国民外交”的建议，即通过民间途径开展“联络”工作，来达到融洽华侨社会与主流社会关系的目的。早期的“国民外交”方式，通常是稍有财力的华侨结交几位菲律宾政要，希望在遇到困难之时能得到他们的疏通和帮助，但这种方式的作用仍有一定的局限性。为扩大“国民外交”的范畴和提高实效，华社开始转向社会关注的慈善事业，如对防治传染病、消防救灾、农村校舍、风灾水灾、火山喷发等的捐助和救助。捐助当地的慈善事业，是缓解菲律宾人对华侨嫉妒和偏见的有效办法。“国民外交”势必会使华侨受到经济损失，但两害相权取其轻，经济上的些许损失比任由事态恶化要好得多。④ 为达到增进华菲友好的目的，商总还带领华社提供大量的社会服务，借此消除土著人对护侨工作的排斥。1965年6月，为避免火灾造成危害，华侨社团成立菲华防火协会（即现在的菲华防火福利联合总会的前身），还成立了护侨志愿消防队，通过

① *Daily Express*, February 26 , 1974, p. 4.

② Traders to Stabilize Prices, *Daily Express*, 1974, p. 1.

③ Teresita Ang See, “Integration and Identity: Social Changes in the Post WWII Philippine-Chinese Community”, in Teresita Ang See, *The Chinese in the Philippines: Problems & Perspectives*, Vol. 1, Manila: Kaisa Para Sa Kaunlaran, Inc. , 1997, p. 4.

④ ［菲］陈烈甫：《菲律宾的历史与中菲关系的过去与现在》，台北：正中书局，1968年，第354～356页。

与当地的消防局密切合作，减少火灾频发带来的损失，更好地为华社及主流社会提供服务。[①] 在菲律宾华侨社会为改善菲华民族所提供的社会服务中，“捐建农构校舍运动”可以说成就最大，并被菲律宾人普遍接受。

从1961年运动开始至1966年的六年间，华社为主流社会共兴建了34座校舍。1966年到1970年四年间共建成73座校舍。而从1972年10月到1974年3月底，此项运动进入高潮时期，在不到两年的时间里，共计建成校舍88座。[②] 1961年至1975年，商总先后捐款800万比索来建学校。[③] 应该说，此项活动获得了意想不到的效果。虽然“二战”后菲律宾经济取得快速发展，但投入到教育方面的资金还是有限的，尤其是在农村仍缺少许多校舍。菲律宾社会无论是政治议员，还是平民百姓，对华社捐建校舍都是充分赞许的。

在政治方面，战前菲律宾华侨不参与菲政府国家的政治生活，被排除在菲律宾国家政治生活之外。华侨的“过客心态”和菲化案的风起云涌，不断冲击着华侨社会，华侨对菲国政治不抱任何希望。因此，当时的菲律宾华侨也不愿意关注菲律宾政治。虽然华侨不愿意参与当地的政治，但菲律宾当局却屡屡找华侨的“麻烦”，于是，入籍的华人也有意识地参与有限的政治活动。新中国政府从最初推行培养华侨国民意识的政策，逐渐转为鼓励华侨入籍居住国，效忠当地政府，并且希望与东南亚国家建立友好外交关系。因此，在菲律宾国内的政治压力和中国政府侨务政策转变的影响下，特别是马科斯政府解决了大部分华侨入籍问题之后，菲律宾华人的社会责任感增强，政治参与热情不断高涨，菲律宾才真正出现了华人政治，并出现了许多华裔政治家，他们在菲律宾国家的政治生活中扮演着重要的角色。

华侨入籍成为菲律宾公民后，就与其他民族享有平等的待遇，不再受到歧视，不像印尼华侨那样，即使入籍成为其公民，也是二等公民，受到各种政治和职业限制，这使菲律宾华人产生强烈的归属感。正如华人问题学者廖建裕先生所说，“同印尼有别，菲律宾人是以文化而不是种族来决定一个人是否是菲律宾民族。中菲混血儿以及纯中国血统的华人，如果在文化上已经与菲律宾人认同，那么他或她就被当成是菲律宾人……”[④] 菲律宾的极端主义者曾鼓吹要把菲公民分成两等，即原住民为一等民族，享有政治、经济、文化等方面的特权；华人等非

---

① 王萍、官曼莉：《杭立武先生访问纪录》，台北：中央研究院近代史研究所，1990年，第54页。

② 邓英达：《我在商总三十年》，马尼拉：菲华商联总会，1988年，第58~59页。

③ More Barrios Now Have Schoolhouses, *Bulletin Today*, November 12, 1974. Also See Antonio Roxas Chua, Speech Delivered at Luta del Sur, Malvar, Batangas, 1974.

④ Leo Suryadinata, " Government Policies Towards the Ethinc Chinese in Asean States: Comparative Analysis", in Teresita Ang See and Go Bon Juan, eds., *The Ethnic Chinese*, *Proceedings of the International Conference on: Changing Identities and Relations in Southeast Asia*, Manila: Kaisa Para Sa Kaunlaran, Inc., 1994, p.73.

原住民为二等，限制他们的各种权利，使他们无法与原住民公平竞争，以此来保护土著民族。这种主张曾经有一段时间在菲律宾甚嚣尘上。[①] 这是因为，自西班牙人占领菲律宾开始，殖民者就把居住在菲律宾的居民分为三类：西班牙人、土著和华人。1741 年，华人混血儿的族籍归属和社会地位问题得到解决后，殖民当局在纳税问题上将当地居民分为四类：免于纳税的西班牙人和西班牙混血儿、土著、华人混血儿、华人。[②] 可见，华人曾一度是居于菲律宾社会最底层的族群。美国殖民统治期间，为了扶助当地人经济，支持菲化政策，华侨华人的地位仍相当低下。菲律宾这种极端的民族主义因受到马卡帕加尔和马科斯的反对而未能成为菲政府的国家政策，这是菲律宾华人的幸事。马科斯总统曾驳斥过这种主张，并指出："菲律宾只能有一种公民。将公民分成两等，不合天主教的精神。"[③] 至此，华人已经走出受歧视的历史阴霾，成为真正的菲律宾主人，他们享有与土著居民同等的权利和自由，族群关系呈现和睦发展的态势，华人的社会地位也显著提升。

（三）华人社会国家认同的转变

20 世纪 70 年代中期前，华侨学校有理由反对菲化措施，因为在当地华侨学生根本没有菲律宾的公民身份时，培养他们对菲律宾的忠诚被认为是不公平的，一旦这项公民法律被颁布，大部分学生和他们的父母就获得了菲公民身份，华侨学校应该改变他们原来的态度。[④]

马科斯推行外侨归化政策之前，由于华侨入籍条件苛刻和手续繁琐，能够顺利加入菲律宾国籍的华侨很少。1969—1974 年间，申请归化的 579 户华侨中，只有 330 户获准入籍。[⑤] 华侨的身份使得他们在经济、政治、文化和社会各方面都受到歧视，被看作是二等公民，地位的卑微使得他们很难对当地产生认同。华侨的地位也得不到合法的承认和保护，他们处在被"边缘化"的境地。每当菲律宾政府出台针对外侨的不利法案，华侨就首当其冲地成为打击的目标。马科斯政府华侨政策的转变，也是争取华人对菲律宾国家认同的一种手段。

20 世纪 70 年代中期，菲律宾许多华侨持有台湾护照。中国与菲律宾建交，

---

① 薛君度、曹云华：《战后东南亚华人社会变迁》，北京：中国华侨出版社，1999 年，第 212 页。

② 陈守国著，［菲］吴文焕译：《华人混血儿与菲律宾民族的形成》，马尼拉：菲律宾华裔青年联合会，1989 年，第 6 页。

③ ［菲］陈烈甫：《马可仕统治下的菲律宾》，台北：台湾商务印书馆股份有限公司，1983 年，第 305 页。

④ Teresita Ang See, "The Chinese in the Philippines: Assets or Liabilities", in Teresita Ang See, *The Chinese in the Philippines: Problems & Perspectives*, Vol. 1, Manila: Kaisa Para Sa Kaunlaran, Inc., 1997, p. 124.

⑤ ［日］松本国义：《从菲律宾华侨看同化》，厦门大学南洋研究所编：《资料选编》1976 年第 2 期。

菲政府势必坚持“一个中国”的政策，那么持有台湾护照的华侨在菲岛便会成为无国籍居民，这给他们造成了极大的心理压力。中菲建交之后，中国政府采取谨慎和不卷入、不干预当地华人事务的立场。由此，华侨意识到其生存并不能只依靠中国，还要依赖于菲律宾的未来，他们的利益同菲律宾社会的利益是密不可分的。[①] 所谓的“华人问题”只能在菲律宾社会内部加以解决，只有同菲律宾人一道为全菲的民族利益而不是为狭隘的本民族利益工作，华人的未来才有保障。[②] 于是，就出现了华侨积极融入菲律宾大社会的倾向。许多华侨在获得了国籍的权利所带来的安全感之后，便迅速选择了归化的道路。转化后的华人对菲律宾产生了亲近感，也即把其作为自己的祖国，而遥远的中国只是自己的祖籍国。命运多舛的华侨在成为菲律宾公民之后，理所当然地要以主人翁的姿态为菲律宾服务，尽管这种新的国家认同某种程度背离了中华文化的传统道义，经历了痛苦的转变过程，甚至发生了认同困惑和危机。在这种情况下，大部分的华人获得了菲律宾社会的接受，成为公民的华人不再成为受歧视的对象，也有许多菲人政要宣称有中国血统。华人开始以菲律宾利益为最高利益，站在菲律宾民族的立场行事。[③] 那些限制性法规常常被宽松的法律所取代，有些菲律宾的政治精英也考虑从华人那里获得竞选的支持，华人处境得到改善，国家认同发生了改变。[④]

华侨被接纳为菲律宾社会的一部分，菲律宾人就不会对华人的成就心存妒忌，因为这也是菲律宾的成就。华人经济的发展会促进菲律宾社会的发展，菲律宾社会的发展反过来又会对华人经济的发展有利。只有菲律宾真正接纳了华人，华人的形象才会在菲律宾人心目中变好。华人对菲律宾的归属感增强，使他们在分担菲律宾国家建设时具备了更多的责任感。华侨融入主流社会无疑是有进步意义且符合历史发展潮流的选择。

二、菲化后华文教育的发展障碍

菲政府提出种种限制措施，制约华文教育的发展，甚至使华文学校面临被关

① Teresita Ang See，“Integration and Identity：Social Changes in the Post WWII Philippine-Chinese Community”，in Teresita Ang See，*The Chinese in the Philippines：Problems & Perspectives*，Vol. 1，Manila：Kaisa Para Sa Kaunlaran，Inc.，1997，pp. 2－3.

② ［菲］德里西塔·昂·西著，冬青译：《融合和认同：二次大战后菲律宾华人社会的社会变化》，《南洋资料译丛》1989 年第 3 期，第 54 页。

③ 立菲：《菲民族主义与华人》，《融合——菲律宾华人》（第二集），马尼拉：菲律宾华裔青年联合会，1997 年，第 13 页。

④ Theresa C. Carino，“State Ideology，Policies and Ethnic Identity：The Case of the Chinese in the Philippines”，in Teresita Ang See and Go Bon Juan，eds.，*The Ethnic Chinese*，*Proceedings of the International Conference on：Changing Identities and Relations in Southeast Asia*，Manila：Kaisa Para Sa Kaunlaran，Inc.，1994，p. 154.

闭的危机，虽经华社各界奋力抗争都于事无补。最终，华文教育体制转轨，并日渐式微。影响华文教育发展的诸多因素中，主要有以下几个方面：

菲化后的中文课程授课时间大幅度缩减，严重影响了华文教育的质量。1956年1月，菲教育部发布法令规定，华侨学校英文课程小学每周1 100～1 175分钟，中学1 200～1 400分钟；中文课程小学每周800～870分钟，中学900～1 000（分钟）。[①] 从菲律宾华侨学校中小学课程表中我们可以看出，中文部和英文部在菲化之前的课程内容与上课时数的差异。

菲律宾华侨小学课程（ELEMENTARY CURRICULUM）

Subject in English（英文课程）	Number of Minutes per Week					
Grade	Ⅰ	Ⅱ	Ⅲ	Ⅳ	Ⅴ	Ⅵ
1. Arithmetic（算术）	150	150	150	150	150	150
2. Language and Spelling（文法与会话）	200	200	200	200	200	200
3. Reading and Phonics（读本与发音）	250	250	200	200	200	200
4. Filipino Language（菲国语）	100	100	100	100	100	100
5. Social Studies（社会科学）						
——Philippine Home Life（菲家庭生活）	125	125				
——Philippine Home Geography（菲国风土）			175			
——Philippine Geography（菲国地理）				175		
——Intermediate Geography（初级地理）					200	
——Philippine History& Government（菲历史与政府）						200
6. Writing（书法）	75	75	75	75		
7. Music（音乐）	100	100	100	100	100	100
8. Health & Physical Education（卫生与体育）	100	100	100	200	200	200
Total	1 100	1 100	1 100	1 200	1 150	1 150
Subject in Chinese（中文课程）	Number of Minutes per Week					
Grade	Ⅰ	Ⅱ	Ⅲ	Ⅳ	Ⅴ	Ⅵ
1. Chinese Language						
——Reading（国语）	200	200	200	200	240	240
——Language（文法）	120	120	120	120	120	120
——Writing（书法）	80	80	80	80	40	40

① 《菲律宾华文教育综合年鉴》（1995—2004），马尼拉：菲律宾华教中心，2008年，第118页。

（续上表）

Subject in Chinese（中文课程）	Number of Minutes per Week					
Grade	Ⅰ	Ⅱ	Ⅲ	Ⅳ	Ⅴ	Ⅵ
2. Chinese Social Studies					80	80
——Civic（公民）						
——History（历史）	120	120	160	160		120
——Geography（地理）					120	
3. Review Arithmetic（Chinese terms）（算术）	80	80	150	150	150	150
4. Manual Work			40	40	40	40
——Drawing（图书）						
——Handwork（手工艺）	120	120	40	40	40	40
5. Chinese Music（汉乐）	80	80	40	40	40	40
Total	800	800	830	830	870	870

资料来源：［菲］陈烈甫：《菲律宾华侨教育》，台北：海外出版社，1958 年，第 141 ~146 页；
刘芝田：《中菲关系史》，台北：正中书局，1956 年，第 867 ~869 页；
萧曦清：《中菲外交关系史》，台北：正中书局，1995 年，第 696 ~698 页。

华侨小学中英文上课时间统计（每周上课时间以分钟计算）

科目/年级	一年级	二年级	三年级	四年级	五年级	六年级
中文科目	800	800	830	830	870	870
英文科目	1 100	1 100	1 100	1 200	1 175	1 175
合计	1 900	1 900	1 930	2 030	2 045	2 045

资料来源：［菲］陈烈甫：《菲律宾华侨教育》，台北：海外出版社，1958 年，第 146 页。

菲律宾华侨中学课程（SECONDARY CURRICULUM）

Subject in English（英文课程）	Number of Minutes per Week					
Grade	1	2	3	4	5	6
1. Filipino Language（菲律宾国语）	200	200	200	200	100	100
2. English（英语）	200					
——Literature（读本）						
——Composition（作文）	200					
——Literature & Composition（文艺与作文）		200	200	200		
——Filipino Literature & Eng. Composition					100	100

（续上表）

Subject in English（英文课程） Grade	Number of Minutes per Week 1	2	3	4	5	6
3. Sciences：World History（世界史）	200					
U. S. History & Oriental History（美国史、东方史）		200				
Philippine Social Life（菲国社会生活）			200		100	100
Philippine History & Government（菲国历史与政府）				200	100	100
Elementary Economic（初级经济学）				200		
Economic Conditions in the Philippines（菲国经济）					100	100
4. Mathematics ——Algebra（代数）	200					
——Geometry（几何）		200				
——Advanced Algebra & Review Arithmetic（高级代数与算术复习）			200			
5. Natural Sciences（自然科学） General Science（科学概论）		200				
Biology（生物学）			400			
Physics（物理学）				400		
6. Health & Physical Education（卫生与体育）	200	200	200	200		
合计	1 200	1 200	1 400	1 400	500	500
Subject in Chinese（中文课程） Grade	**每周课时量 1**	**2**	**3**	**4**	**5**	**6**
1. Civics（公民）	50	50	50	50	50	50
2. Chinese Language（中国语文）	350	350	350			
Chinese Literature（中国文学）				350	300	300
3. Chinese History（中国历史）		100	100			
——Chinese Modern History（中国现代史）				100		
——Western Modern History（西方现代史）					100	
4. Chinese Geography（中国地理）	150					
World Geography（世界地理）						100

（续上表）

Subject in Chinese（中文课程）	每周课时量					
Grade	1	2	3	4	5	6
5. Mathematics（数学）——Arithmetic（算术）	200					
Geometry（Chinese terms）（几何）		150				
Algebra（Chinese terms）（代数）			150			
Plane Geometry and Trigonometry（平面几何、三角）				250		
Advanced Algebra（高级代数）					150	
Analytical Geometry（解析几何）						150
6. Natural Science（自然科学）	150					
Chemistry（化学）		150			250	
Biology（Chinese terms）（生物学）				200		
Physics（Chinese terms）（物理学）			150			
Physics（物理）						250
7. Chinese Literature（中国文学）					150	
8. Education 教育学						150
9. Music（音乐）	50	50				
Drawing（书画）		50	50			
Industrial Work（手工艺）			50			
合计	950	900	900	950	1 000	1 000

资料来源：［菲］陈烈甫：《菲律宾华侨教育》，台北：海外出版社，1958 年，第 141 ~ 146 页；
刘芝田：《中菲关系史》，台北：正中书局，1956 年，第 867 ~ 869 页；
萧曦清：《中菲外交关系史》，台北：正中书局，1995 年，第 696 ~ 698 页。

由上述三表可见，华侨学校的中文课程大量减少，而英文、自然科学和艺术类课程大量增加，华文教育逐渐被轻视，而本土化教育则越来越受到重视。早在 1971 年 9 月 16 日，一家马尼拉报纸就指出：由于菲政府计划在 1972—1973 学年实行教育同化政策，一些华侨学校纷纷改制，154 所华侨学校中已经有 4 所按菲律宾改制运行，有 8 所华侨学校汉语课程为选修课。[①] 1973 年 6 月 7 日，大马尼拉的 35 所华侨学校的校长报告称，虽然大部分学校的招生数量有很大幅度的增加，但在大马尼拉的华侨学校招生人数与上学年相比，却下降了约 10%。[②] 在华

① New Policy Affects Sino Schools, *The Manila Times*, 1971, p. 9.

② Rolando Fernandez, Chinese School Have Lower Enrolment This Year, *Philippine Evening Express*, 1973.

侨学校里，菲律宾人编写的课本优先被采用。同样，在学校节目和形体课中，菲社会舞蹈被强调以重现；在学校里说菲律宾语是被提倡的，菲律宾英雄和伟人在教育中传播宣传爱国主义等。1973—1974 年，没有建立新的华文学校。①

抗日战争爆发后，大批中国的学者和教师来到菲律宾避难，有效地补充了当地华文教育的师资。“二战”后初期，菲律宾由于没有华侨师范学院，造成了当地师资培养匮乏。而华侨社会是重商社会，许多华侨青年多数愿意子承父业从事传统商业，这也是华侨学校师资缺乏的另一原因。因此，华侨学校的教师仍然大多来自中国。随着华侨学生的激增，华侨学校的数量也快速增加，教师的需求量也自然增多。新中国成立后，菲律宾站在以美国为首的西方阵营，国家意识形态的差异，使菲律宾政府以防止“共党渗透”为名，大量减少中国移民配额，以至于在朝鲜战争爆发后，完全停止从中国大陆移民，也中断了输入中文教师的通道。于是，菲律宾华侨社会只好就地取材，创建华侨师范学校。②

20 世纪 60 年代后，华侨经济快速发展，生活水准普遍提高，然而教师的待遇并未随之提升，反而低于一般商业雇员。许多教师纷纷打退堂鼓，尤其是第二批受过专业培训的教师。③ 以华侨师范专科学校为例，从创立到合并再到改名为中正学院，曾培养出 300 余名华文教师，但他们大多数弃教从商，这对于华校的华文教育影响是巨大的。当时坚守教育岗位的少数教师，成为日后菲律宾华文教育的中坚力量。由于教师的待遇太低，华文教师甚至被视为是一种没有前途的职业，没有人肯立志做华文教师，或选择就读中文教育系。④ 同时，菲华社会素有“好男不从教”的观念，师范教育职业对华侨青年缺乏吸引力，师资缺乏成为华校发展的难题。⑤ 随着教育菲化案的施行，华校的华文课程受到严格限制，原本用华文上课的科目都被取消。菲政府还规定，凡是英语和菲语科目及自然科学科目的教师，都必须聘用菲律宾人，众多华文教师因而面临失业的危险。所以，很多华文教师主动寻找出路，大多转行到薪金丰厚的商业领域工作或义无反顾地投资商业，这也是华文教育师资后继乏人的原因。1960 年至 1975 年，华侨学校不

---

① Rolando Fernandez, Local Chinese Schools Make Progress in Integration, *Philippine Evening Express*, 1973, p. 3.

② ［菲］鲍事天：《菲律宾华侨教育概况》，《菲华年鉴》（1964—1965），马尼拉：菲华商联总会，1965 年，第 45 页。

③ 陆建胜：《菲律宾华校的华文教育》，（台湾）国立暨南国际大学硕士学位论文，2001 年，第 83 页。

④ 李宏谋：《提高教师待遇，挽救华文教育》，《菲律宾华校华语教学研讨会资料汇编》，马尼拉：菲律宾华教中心，1993 年，第 90 页。

⑤ 卜克：《团结、改革，才有出路》，《华文教育言论集》，马尼拉：菲律宾各宗亲会联合会，1993 年，第 2 页。

但进展较慢，而且均在艰苦情境下挣扎。[①]

教材是华文教育的重要媒介，无论学校要灌输什么样的思想观念、民族精神和科学知识，都必须通过教材来传授给学生。菲律宾的华文教育自诞生以来，一直都是使用中国的教科书，“二战”前采用的是商务印书馆出版的复兴教科书，“二战”后初期则采用国立编印馆的国定版教科书。国民党政府退据台湾后，由于政治、文化等方面的因素，仍然支持和扶植菲律宾的华文教育，教科书也改用正中书局的南洋教科书，最后又更换了正中书局的菲律宾版教科书。[②] 台湾编印的教科书主要是宣扬中华文化的特质和爱国思想，结果教材内容除了有灿烂的中华文明外，还有很多丧权辱国、割地赔款的内容，使学生顿生疑惑，祖国的伟大何在？尤其是公民课本仍以台湾或抗战前的大陆社会为背景，与菲律宾华侨社会没有任何关联。[③] 最严重的是初、高中课本尽是文言文，而学生学习白话文已经很困难，还要死记硬背地学文言文，这更使学生感到乏味和厌烦。曾经在菲律宾任教 20 余年的蔡景福先生认为，与其叫生长在菲律宾的侨生研读生硬的文言文，不如让学生多读几篇现代中国作家所创作的比较现代且能给人亲切感的散文，后者更能让学生有所感动。[④] 在菲律宾民族主义高涨的情况下，华文教材的爱国思想俨然是对菲律宾国家主权的“蔑视”。随着菲律宾菲化政策的陆续推行，继续沿用台湾的教科书也成为菲律宾政府的心理忌讳。于是，菲律宾教育部禁止华文学校使用台湾编印的教科书，从此菲律宾华文教材的来源中断。

在此情况下，菲律宾华侨学校联合总会（校总）组织人员编写教材，以满足华侨学校的需求。由于菲律宾华侨社会传统文化、习俗的改变以及客观环境的变迁，华校的教材陈旧和不能适应时代需要的问题逐渐突显出来。广大华侨希望能够重新编写教材，使教材既有中华文化的内涵，又符合菲律宾的国情社会，最重要的是要能提高学生学习华文的兴趣。[⑤] 在台湾学者的帮助下，经过 7 年的时间，有关人员编写了《菲律宾新编华语课本》，全套 12 册，采用注音符号体系和繁体字。[⑥] 但教材仍然是注重历史文化，而且在教材教法上偏向第一语言教学，

---

① 郁汉良：《华侨教育发展史》，台北：国立编译馆，2001 年，第 701 页。

② 潘肇英：《七十年来的中西学校概况》，《马尼拉中西小学校七十周年校庆纪念特刊》，马尼拉：中西小学校，1973 年，第 422 页。

③ 周虎林：《菲律宾华语文教学的过去与未来》，《东南亚华人教育国际研讨会论文集》，屏东：国立屏东师范学院，1995 年，第 56 页。

④ 蔡景福：《中菲问题纵谈》，台北：展望杂志社，1983 年，第 105 页。

⑤ 朱荣智：《菲律宾小学华语课本的重编与审修》，《东南亚华人教育国际研讨会论文集》，屏东：国立屏东师范学院，1995 年，第 77 ~ 78 页。

⑥ ［菲］施约安娜：《菲律宾华文教育现况》，《第五届世界华语文教学研讨会论文集》，台北：世界华语文教育学会，1997 年，第 15 页。

并且缺乏寓教于乐的内容，还是难以适合菲律宾华文教育的发展。

菲律宾华侨华人社会是高度发达的商业社会，华侨华人80%以上经商和从事贸易。华侨华人把子女送到学校读书，主要还是希望他们获得知识，提高谋生的技能和本领。但是华校的教育体系和课程难以满足他们的现实要求，因此许多家长把子女送入菲校求学，华校的生源开始出现流失。在菲化浪潮的蔓延下，为了生存和发展，许多华侨加入菲籍，与异族通婚率迅速提高。在中国与菲华社会几乎隔绝的状况下，新一代的华裔青年的文化认同和心态也发生了变化，与中国政治和中华文化日渐疏远，对祖籍地的感情及中华文化的风俗习惯也逐渐淡化和陌生。相比之下，他们的语言习惯、思想感情更趋于本地化，生活方式也更接近于当地社会。同样，他们的宗教意识、价值取向等方面也与祖籍地中国迥异，他们更加关心自己居住地的生存和以后的发展，华文的使用范围也越来越小，只局限于华侨华人社会。选择加入菲籍的华人，主要还是考虑在当地如何谋生，实现与主流社会的融入和结合。对于接受当地教育的华裔青年来说，必须学好本土文化才能适应当地生活，才能使融入主流社会成为可能。由于缺乏使用华文的环境，华侨华人社会普遍感到英文、菲文比华文更加现实和重要，华人已经开始积极融入菲律宾社会。有些富裕的家长希望子女学好英文，将来还可以出国留学，有更高的发展。菲律宾华裔青年说英语、菲语成为时尚，甚至有华人羞于讲华文，华文的应用越来越少成为不争的事实，华文教育呈现江河日下之势。“华文无用论”所起的客观作用，对华文教育的发展是一种致命的打击，并不亚于菲政府制定教育菲化案对华文教育的影响。在某种意义上，这种“自我腐蚀”所起的作用，甚至比外界或人为的限制和破坏要更为深远。①

1970年，罗伯特·蒂尔曼（Robert Tilman）在对中国学生进行的一次调查中发现，学生对于中文的阅读和写作存在不同程度的困难，学生除了学习汉语教材之外，很少阅读中文报纸、期刊和其他出版物。与中国普通话相比，华人学生更多地受到英语、菲律宾语和其他方言的影响，甚至在他们交谈时也会觉得使用菲律宾语比用闽南方言更有家的感觉。他们出生在菲律宾，在菲律宾的社会环境中被菲律宾化了的父母养大，甚至在说中文之前已经会说菲律宾语和当地的方言。随着马尼拉和其他省份的华人数量日益增多，越来越多的年轻华人进入菲律宾的各级学校学习。与菲律宾同学和朋友之间的相处、交流，使这些华人学生接受了社会主流的生活习惯、处事态度和价值观念。他们适应了菲律宾人的生活方式，认为自己像菲律宾人，正如说话方式和穿着像某人一样。这些年轻人在成长的过

① 周南京：《菲律宾与华人》，马尼拉：菲律宾华裔青年联合会，1993年，第291页。

程中对中国文化的了解越来越少，而对菲律宾文化、历史和政治的了解却越来越多。[①]

三、华人族群对华文教育的依赖

在通常情况下，华人族群移居海外异域，出于语言文化、风俗习惯、宗亲观念和守望相助的需要，往往倾向于聚集居住。这种现象在世界各地都非常普遍，如国外的唐人街，就是华侨华人在海外的小社会。西班牙殖民统治菲律宾时期，华侨大部分聚集在马尼拉居住，而马尼拉的华侨又几乎集中在“八连”内居住，这使华侨仍能感受到中华文化的氛围，守护本民族的文化特性。因此，在马尼拉华人族群社区内，中国文化的影子随处可见，无论街头景观，还是生活方式，都保持着较浓厚的中国特色。华侨的宗亲意识相对较浓，华文教育成为他们的文化堡垒。在菲长大的华人如果没有接受中华文化的教育，就会逐渐被菲律宾化，我们从混血儿“米斯蒂佐”便可窥见一斑。

“米斯蒂佐”（Chinese Mestizo）是移居菲律宾的华侨与当地民族通婚之后繁衍的后代。[②] 早期移居菲律宾的多是华侨商人，由于贸易的繁荣和经商的需要，有些华侨渐渐定居下来。受到中国传统观念的影响和迁移条件的限制，华侨商旅极少携带女性来到菲岛定居。有些华侨来菲久居不归，便与当地人通婚。西班牙统治菲律宾时期，利用宗教来改变华侨的信仰，极力使华侨成为虔诚的天主教徒，鼓励华侨与土著教徒通婚，以达到彻底同化华侨的目的。由于商贸和宗教的作用，华侨与菲人通婚的现象已越来越普遍。1574 年，林凤远征队攻打马尼拉失败后逃到凌牙鄢湾，残余人员则同当地的依戈律人和丁义安人通婚。1603 年，马尼拉西班牙殖民者屠杀华人，致使许多华人避难到邦邦牙，并同当地妇女结婚。1738 年，约有 5 000 华人混血儿住在岷伦洛。1787 年，凌牙鄢地的居民共有 6 498 人，其中 2 793 人是混血儿。1810 年，在 239. 567 万的人口中，有 12. 162 万人是华人混血儿。1850 年，华人混血儿增至 24 万。到 19 世纪末，菲律宾的华人混血儿有 500 万人，其中有 4. 6 万人居住在马尼拉。[③] 华侨同土著妇女的继续通婚，导致华人混血儿继续增多，类似的华人混血儿社区随之在各地发展起来。

---

① Antonio S. Tan, *Changing Identity among the Philippine Chinese, 1946 – 1984*, Paper Presented at the Symposium “Changing Identities of the Southeast Asian Chinese since World War II”, The Australian National University, Canberra, Australia, 1985, p. 19.

② 陈守国著，［菲］吴文焕译：《华人混血儿与菲律宾民族的形成》，马尼拉：菲律宾华裔青年联合会，1989 年，第 6 页。

③ 陈守国著，［菲］吴文焕译：《华人混血儿与菲律宾民族的形成》，马尼拉：菲律宾华裔青年联合会，1989 年，第 5 ~6 页。

20世纪初，“米斯蒂佐”成为菲律宾社会最有实力的中坚阶层，但他们在国家认同上毫无疑问地倾向于当地。他们在菲岛出生和成长，并接受当地的文化教育，其宗教信仰、文化背景、政治倾向以及社会行为等方面都与纯正的华裔青年迥然不同。有些“米斯蒂佐”已历经几代的繁衍，对“祖籍国”这一概念非常模糊。也有些“米斯蒂佐”缺乏中华文化的教育，甚至会因为中国的贫弱而羞于承认自己具有中国血统，还会成为排斥华侨的“精英”。菲国父何塞·黎刹就是一个“米斯蒂佐”，是一位纯粹的华人子孙，但其以马来族的骄傲著称，至死不承认自己有华人血统。[①] 如果“米斯蒂佐”接受中国教育，受中国文化的熏陶，那么将来长大便会成为地道的中国人。相反，他们过菲人的生活，一切思想和观念都将菲化，缺少中华文化的熏陶，且对中国的传统文化和教育产生藐视之心，最终丧失了中华文化的实质部分。应该说，“米斯蒂佐”不是特殊的菲律宾华人，而是一种特殊类型的菲人。或者说，混血儿是一种“新菲律宾人”[②]。

族群文化是由一个民族经过几千年的发展演变而来的，是这个民族得以维系和生存的基础，而教育是保留文化领地的最重要武器。不论华侨的政治倾向如何，他们当中许多人还是不计代价地捍卫子女的华文教育权利。他们所怀的希望只有一个，那就是他们的子孙后代能够保留华人特性，并牢记自己是中国人的后裔。[③] 对海外的中国人来说，他们既有保存传统的中国化的一面，又有为适应生存环境而“非中国化”的二重性。早期寓居菲岛的华侨，由于强烈的移民意识，以及同祖国所保持的联系，彰显出中国化的特征。但是，许多在菲律宾出生的华裔年轻人接受了当地教育，当他们在习俗和文化上更适应菲律宾之时，就会逐渐淡化中华文化的特质，丧失华人优秀的传统品质。

第三节　华文教育的理性与客观性

在华侨社会过渡到华人社会的过程中，作为保持民族属性要素的华文教育时过境迁，发生了根本性的改变。面对新形势，华文教育既要为华人社会提供服

① 1896年，何塞·黎刹被西班牙殖民者宣判死刑时宣称：“我不同意。这是不公正的。有人说我是一个混血儿，这是不对的。我是一个纯粹的土著。”见［菲］洪玉华、［菲］吴文焕：《华人与菲律宾革命》，马尼拉：菲律宾华裔青年联合会，1996年，第5页。

② 施雪琴：《中菲混血儿认同观的形成：历史与文化的思考》，《南洋问题研究》2000年第1期，第46页。

③ Teresita Ang See, “Integration and Identity: Social Changes in the Post WWII Philippine-Chinese Community”, in Teresita Ang See, *The Chinese in the Philippines: Problems & Perspectives*, Vol. 1, Manila: Kaisa Para Sa Kaunlaran, Inc., 1997, p. 5.

务，又要适应菲律宾社会发展的需要，为当地社会培养人才。为此，华文教育的定位也是关键问题。纵观菲律宾华文教育的发展历程，华文教育只有正视华人的现实和生存的实际，遵循客观规律，才有发展的前景和未来。

一、华文教育的去政治化定位

1948 年，陈继修在其发表的《华侨与寄土教育》一文中，对于华侨教育的目标提出了前所未有的新观点，即建议华侨接受居留地的教育。[①] 他指出，教育的意义就是为适应生活。华侨现实的生活受居留地拘束，向来关心华侨教育的人士都只注意让华侨不忘祖国、保持中华文化，而忽略了华侨适应侨居地生活的需要。当欧美华侨接受英语教育时，国人多予认可，而南洋华侨若接受当地教育，则遭非议，这种见解实际上含有轻视南洋土著的心理，并不符合民族主义中视一切民族一律平等的真意。过去，华侨从未深入研究侨居地的文化、语言和民族，一旦逢土著民族独立，即遭排华厄运，流离失所，这是不重视寄土教育的结果。因此，他主张应有新的政策，使华侨都“落地生根”，在当地发展共存共荣的经济基础，达成大同世界。他特别强调，这并非要废除华侨的祖国教育，而是要使祖国教育与寄土教育并存。

这是较有远见卓识的华文教育本土化的观点，华侨生活在异国他乡，为方便生活就要学习当地本土文化，如果要长久居住更应知晓当地文化，只有这样才能适应当地的生活和社会环境，才能融入当地主流社会。历史发展证明，了解和热爱寄居文化是民族融合的前提条件，是与当地土著居民和平相处的重要因素。保留中华文化和学习当地文化并不矛盾，通过文化交流来增进理解和友谊，甚至用悠久灿烂的中华文化来丰富寄居文化的内涵，是华人除经济之外对当地更大的贡献。

20 世纪 50 年代中期以后，许多华侨开始脱离中国政治的影响，积极转向面对当地生活的发展道路。他们一改过去对菲律宾文化、习俗和政治冷漠的态度，尝试着以新的角色走进这个既熟悉又陌生的菲岛。1960 年，菲律宾政府规定，华侨在取得菲律宾国籍之前，必须放弃中国国籍，并出示退籍证明。[②] 至马科斯总统放宽入籍条件前，除了 50 岁以上并出生在中国的华侨外，菲律宾华侨华人大多数精通菲语和英语，较多华裔青年愿意就读于主流社会大学，他们的文化倾向、生活习俗和政治意识逐渐菲律宾化。可以说，中国政府的华侨政策鼓励华侨

① 陈继修：《华侨与寄土教育》，《华侨月刊》1948 年第 3 期，第 11 页。

② 黄明滢：《从侨民到公民：战后菲律宾华人社会地位的提升》，《东南学术》2003 年第 2 期，第 69 页。

融入当地，由效忠和认同祖国，转变为支持华侨加入侨居国的国籍，加速了华侨认同当地、融入菲律宾主流社会的进程。

60年代末，菲律宾人的政治敏感性不断增强，认为台湾是造成菲华社会难以融入菲律宾主流社会的“始作俑者”，一个“同盟政党”在本国的存在，越来越令其难以忍受。① 根据私立学校教育局局长裴必南（Jesus Perpinan）的描述，华校的历史、地理、公民以及写作用中文进行传授，以便培养中国民族主义。换句话说，菲律宾教育机构并不是反对学习华文，而是反对培养对菲律宾国家的不忠诚。②

由此可见，“二战”后初期，菲律宾华文教育的发展夹杂了过多的政治因素，不仅使海外华侨深感痛苦，也导致了菲政府的疑虑和不安，并成为教育菲化案和华校危机的主要原因。虽然菲政府最终没有关闭华校，但华校的体制和性质被改变，也使华文教育元气大伤。这极大地削弱了华文教育的发展原动力，也使华文教育失去了生存的文化环境，成为华文教育日渐式微的主要根源。因此说，菲律宾华侨社会转化为华人社会后，必须以华人的共同利益为准则，摒弃政治影响，自己掌握命运，使华人社会成为菲律宾大社会中的有机元素。③

近年来，许多国家愈加重视通过推广本国文化来影响他国，同时也谨慎接受外来文化在本国的传播。中国文化软实力逐步增强，在汉语国际推广的文化战略中，要符合海外华人所在国的文化土壤和教育环境，尤其要避免在华人社会越俎代庖，包办华文教育内容的各种“环节”。以培育师资、教材本土化为主，将华文教育师资的“输血变为造血”，这样不至于引起所在国产生“中国欲借推广汉语之机搞文化扩张”的疑虑。特别是菲律宾华人较多，华文教育仍十分敏感，教育菲化政策还在约束华文教育。如果中国政府援助的汉语推广宣传太浓，容易让对方“怀疑”掺杂政治因素或某种“企图”，或引起对方对“大中国圈”的恐慌，这将得不偿失。华文教育不能仅局限于华人社会，还要扩展至主流社会，让更多当地青年了解中国文化的博大精深。同时，不断提升现代中国的政治、经济和文化感染力，提高社会文明风尚。菲律宾华文教育只有营造良好的文化环境和浓厚的文化氛围，并培植宽松和自由的文化土壤，才有其发展的前途，否则就会失去菲政府的支持，甚至还会成为菲政府排华的借口。

---

① Antonio S. Tan, *Changing Identity among the Philippine Chinese, 1946 - 1984*, Paper Presented at the Symposium “Changing Identities of the Southeast Asian Chinese since World War II”, the Australian National University, Canberra, Australia, 1985, p. 13.

② Santos G. Mena, SJ., Luceat Lux: The Story of Xavier School, *The Desautels Years (1956 - 1967)*, Manila: Kadena Press Foundation, Inc., 2005, p. 238.

③ Victor Go, “Resolve Our Own Destiny”, in Teresita Ang See and Lily T. Chua, eds., *Crossroads: Short Essays on the Chinese Filipinos*, Manila: Kaisa Para Sa Kaunlaran, Inc., 1988, pp. 150 - 151.

二、华文教育与华人的生存结合

“二战”前，菲律宾的华文教育是华侨教育，其教育宗旨是培养具有中华文化特质和中华民族意识，并拥有祖国观念的华侨。菲律宾华侨学校是按照国内模式创办的，无论是教学内容，还是教学方法都与国内相同，甚至连教科书都使用国内的教材。教育菲化后，华文教育也成为多元文化的民族教育，成为菲律宾教育的组成部分，不能脱离社会实际情况而独立存在。一位华裔学者认为，华文教育旨在帮助青年学生成为恪守法律的有用之才。[①] 诚然，我们既然鼓励华人融入菲律宾主流社会，希望他们视居住国为自己的祖国，与当地人民友好相处并融入菲律宾大家庭当中，“就像我们所住的房子，改善它，使这个国家强大是我们的责任。使它强大不仅使我们自己更富裕，而且给予我们的兄弟们受教育的机会，以及分享这个国家的果实”[②]。因此说，华人的利益和这个国家紧紧联系在一起，华文教育必须兼顾菲律宾的国情、社情、政情和侨情，也就是说，必须切合菲律宾的实际，作为菲律宾民族语言和文化的一部分，才能在菲律宾存在和发展。[③] 华文教育要适应外部环境的变化，及时调整教育结构和内容，传授华人学生现代知识，培养实践技能，提高他们的生存能力和竞争力，促进其在当地的发展，使其具有创造力和生命力。由此带来了华文学校授课内容的多样化，既教授中文课程，也教授当地教育课程，以提升华人族群的文化素质，提高学生的谋生本领。

华文教育为形势所迫，也调整了教育内容，但课程结构不尽合理，以至于中文课程出现被人为弱化的倾向，甚至有些华校把中文课程作为选修课来学习。这样就造成了华人学生主观上轻视华文教育，并逐渐丧失了对华文教育的兴趣。即使是缩减的华文课程教学内容，也只局限于语言教育，枯燥乏味得难以让学生产生兴趣，这种状况直接导致许多华裔子弟中华文化特质逐渐淡化。中华文化是海外华侨华人成功的关键因素，是华人得以存续和发展的精神支柱与智慧源泉。华文教育不仅要薪传语言衣钵，还要传承五千年中华文化的精髓。对华文教育问题不够重视的原因，从某种程度上说，是由于商业气息掩盖了文化氛围，这也是制约华文教育发展的另一因素。应该承认，第三代华人势将融入菲律宾大社会，成

---

① Bi Chin Y. Uy, *Chinese Education in Philippine Society: An Analysis of its Structure and Implications*, Unpublished, The Doctor's Dissertation of Philippine Women's University, 1969, p. 21.

② 曾焕福：《华裔青年的社会责任》，《融合——菲律宾华人》，马尼拉：菲律宾华裔青年联合会，1990 年，第 24 页。

③ 投石：《中华文化与菲律宾人》，《融合——菲律宾华人》，马尼拉：菲律宾华裔青年联合会，1990 年，第 177 页。

为菲律宾民族的一员，这是历史潮流，它增进菲华之间的相互了解，促进菲华融合，要用中国文化中符合本地实际情况和需要的东西来启发他们，让他们保持中国文化的优良传统。[①]

菲律宾华文教育把华人的生存作为前提，在走本土化教育道路的同时，继续传承和发扬中华文化的精华。本土化不意味着全盘菲化，传承也不是排斥菲律宾文化，而是使华文教育成为民族特色与时代精神相结合的文化，推动华人族群更好地为菲律宾社会服务。同时，华文教育不仅是学校教育，也包括报刊、图书、传媒等社会教育。在调整华校华文教育的定位之后，社会教育也要与之相辅进行，使多样的教育手段得以协调配合，达到相得益彰的效果，并以此来共同推动华文教育的发展和前进。华人社会对华文教育缺乏长效的规划，“有心人”无财力，而有财力者未必用心于教育。华人社会所谓的重视华文教育只是“呼吁”而已，华文教育在广大华人的叹息中逐步衰弱。许多人把华文教育衰弱的原因归咎于“菲化运动”，这是极其片面和不客观的。华人社会要正视华文教育对华人族群的价值，而中华文化蕴含的优良传统和伦理道德为华人的生存与发展提供了有利的因素。菲律宾社会发展已趋于多元化，华文教育也应顺应潮流，更趋开放，这无疑将成为新时期海外华文教育的一个重要方面，并且要坚持以中华文化为主的人文教育与科学教育相结合。[②] 因此说，菲律宾华文教育是在融合中发展，在发展中优化。

三、华文教育要面向社会

在菲华融合进程中，华文教育不仅仅是面对华人社会，而且还应面对当地、面向其他民族。华文学校的大门不应只向华裔子弟开放，还应向菲律宾社会的各族子女开放。[③] 华文教育不单具有民族性，更要有社会性。要跳出华人族群的圈子，把民族性和社会性有机地结合在一起，使多元文化相互交流，为菲律宾社会服务。教育菲化后，华校已是教授华文的菲校了，菲籍学生大幅度上升，尤其是个别山顶州府的华校，绝大多数是纯菲人血统的学生。从教育的质量来看，那些从华校毕业后继续在菲律宾公立和私立大学读书的学生并不落后，甚至还优秀于

---

① 怀青：《彷徨的第二代》，《融合——菲律宾华人》，马尼拉：菲律宾华裔青年联合会，1990 年，第 16 页。

② 蔡聪妙：《未来社会发展与华教使命》，《春华秋实——计顺菲华中学创校四十周年纪念特刊》，马尼拉：计顺菲华中学，2004 年，第 21 页。

③ 赵和曼：《略论海外华文教育的多样性》，张存武、汤熙勇主编：《海外华族研究论集》，台北：华侨协会总会，2002 年，第 120 页。

那些从非华校毕业的学生。因此，华校已经成为菲律宾教育系统中不可缺少的重要一环。[①] 既然华校的学生主要是菲人，那么菲政府给予华校与菲人私立学校平等的法律地位，就显得尤为重要。也就是说，菲政府把华文教育纳入法律体系范畴内保护，即便没有得到财政上的支持也是十分必要的。在法律上，华校的法律地位仍受菲化案限制。虽然菲政府并没有严格执行这一规定，但华校实际的法律地位还是受限制的。

华人族群有传承自己语言和文化的正当权益，如果政府能放开这种限制，华校的特色将更加明显，对华校的发展也更有益处。此外，华校还要解决好董事会和学校行政之间的关系。菲律宾华校大体上分为开放型和闭锁型两种，山顶州府的华校属于开放型，马尼拉的华校则多属闭锁型。开放型华校为当地所有华人所拥有，由董事会聘请校长，它的优点是全体华人都热心支持学校，获得的捐助较多。缺点是董事会过于干预学校行政。闭锁型的华校是由少数华人所拥有，董事会不是由选举产生，校长则是由董事长推荐。由于这种华校没有向社会公开，也得不到广泛支持和援助，就有图利的商业化倾向，最终教育水平就会弱化。[②] 因此，走开放型的道路，面向全社会并处理好董事会和学校行政之间的关系，是菲律宾华校发展的较好途径。

第四节　多元文化架构下的华人文化

世界上任何一个民族文化的形成都有其独特的环境。纵观菲律宾的发展历史，我们可以看到，中世纪以后菲律宾与印度、阿拉伯国家和中国联系密切，而后又经历了西班牙、美国的殖民统治。菲律宾以马来人为主体的民族中，融合了这些国家的民族元素。因此，菲律宾文化也必然成为兼容东西文化、绚丽多彩的“并蒂莲花”。其多样宗教、多种语言和多元文化，彰显出东西方文化水乳交融的特点。华人族群在融合进程中，其文化无疑会因受到影响而发生变迁。

---

① Jaime Batnag, To Close or Not Close the Sino Schools Problem, *The Philippines Herald Magazine*, 1964, pp. 24 – 25; Also in Shubert S. C. Liao, *Chinese Participation in Philippine Culture and Economy*, Manila: University of the East, 1964, p. 355.

② Victor Go, "A Second Look at the Chinese Language Education in the Philippines", in Teresita Ang See and Lily T. Chua, eds., *Crossroads: Short Essays on the Chinese Filipinos*, Manila: Kaisa Para Sa Kaunlaran, Inc., 1988, pp. 50 – 52.

一、菲岛多元文化对菲华社会的冲击

菲律宾有55个民族和137种方言。[①] 同时，菲律宾有82.9%的人信奉罗马天主教，7.6%信奉独立后天主教，2.3%信奉基督教新教，5%信奉伊斯兰教。[②] 按照1973年菲华商联总会的统计，华侨、华人只不过占当时菲律宾总人口的1.5%，不仅赶不上泰国华侨华人比例的10%、马来西亚的40%，甚至也不及印度尼西亚的3%。[③] 因此，在菲律宾这样多元文化的社会中，作为极少数的华人族群，受到主流社会文化的冲击和影响是非常大的。

（一）菲律宾多元文化的形成

菲律宾群岛被太平洋所环绕，为太平洋和印度洋海上交通的必经之路。独特的地理优势，为菲律宾的对外贸易和文化交流提供了有利的条件。古代海上贸易传载的文化，深刻地影响了菲律宾的历史文化特征和发展。在菲律宾巴朗盖时期，菲律宾深受印度、中国和阿拉伯文化的影响。印度文化是借助与菲律宾以南的室利佛逝（Srivijaya）和满者伯夷（Majapahit）两个商业古国的贸易交流传入菲律宾的；中国文化主要是由来往于中国和菲律宾的商人及朝贡使节传播到菲律宾的；而阿拉伯文化是由东亚商人通过伊斯兰教传入菲律宾的。这些外来文化对菲律宾早期的伦理文化也产生了一定的影响，它们在政治上都有以君主专制为核心的特点，提倡君主的个人权威和臣民的服从传统。13世纪末，阿拉伯人已经在菲律宾南部建立了定居点，并开始广泛传播伊斯兰教。但是巴朗盖时期在领土范围、人口规模等客观因素上并不具备建立君主专制的条件，而个人权威思想却在菲律宾伦理文化中扮演着重要的角色。

在麦哲伦来到菲律宾宿务岛之前，菲律宾还没有形成统一的国家。菲律宾在吸收外来文化的过程中，并不是原封不动地使用外来的文化，而是选择这些文化中的核心和精华内容，并将其与当地文化进行融合。菲律宾文化呈现的多样性，就是其不断融入外来文化的结果。这从菲律宾文化的地区差异性和语言的多样性就可窥见一斑，菲律宾是东南亚地区使用语言最多的国家之一。

殖民统治时期，西班牙、美国殖民者所带来的文化，使菲律宾社会的生活、风俗习惯、宗教信仰以及东西文化缤纷多彩。菲律宾除了绝大多数人信仰天主教

① Otleg Beyer, The Earliest People of the Philippines, *Manila Bulletin*, 1950, p. 4.

② ［菲］格雷戈里奥·F. 赛义德著，吴世昌译：《菲律宾共和国历史、政府与文明》，北京：商务印书馆，1979年，第31页。

③ 郭梁：《试论战后菲律宾政府的华侨政策》，《华侨华人历史研究》1986年第3期，第17页。

以外，伊斯兰教、基督教新教、原始宗教、独立教和佛教等都在菲律宾有一定的信奉者，这些都决定了菲律宾文化不可能对一国文化进行全盘的接受。菲律宾史学泰斗科斯塔（Fr. Horatiode La Costa）神父曾指出，菲律宾文化不像中日两国文化已经定型，是一种发展中的文化。同时，他认为对文化发展可以有两种看法，一种是削减式的观点，另一种是附加式的观点。削减式观点认为，将外来文化一层一层地剥下去丢掉，相信最后保存下来的会是地道的菲律宾文化。科斯塔神父认为，保持这种观念将找不到结果，因为菲律宾文化就像一颗洋葱，是由不同文化层次构成的，如果逐层剥去，最终根本找不到核心。他的另一种观点则是承认和保存外来的文化成分，将它和菲律宾原有的文化融合，这个附加而成的结合体便是菲律宾文化。① 用附加式的发展观点来看待菲律宾社会文化是合理的，因为菲律宾是一个多元民族社会，其独特的历史势必会形成多元的文化。

（二）菲律宾文化对华人社会的冲击

中国文化有五千多年的悠久历史，其灿烂的文化也是世界文明的组成部分，为人类社会的发展进步作出了巨大贡献。中华民族创造了在当时领先于世界的科技工艺，以及独特的语言、文字、文化和艺术，还有充满神秘智慧的军事理论、深邃的儒家思想和伦理道德等，其辉煌的成就足以让中华民族引以为荣。近代以来，西方国家率先在科技领域突飞猛进，工业革命引领了世界潮流，而东方的“天朝上国”在自我陶醉中渐渐落伍了。西方发达国家利用自己的科技优势，对外殖民扩张，并将本国文化快速传播到世界各地。如美国凭借经济和技术优势，将以好莱坞、迪斯尼、麦当劳、CNN 为代表的大众文化，通过工业化的方式大批生产和复制，迅速流传至世界各地，使其成为大多数人，特别是年轻人文化消费的主要内容，成为超越国界的时尚文化。菲律宾也受到了这种影响。在融合了多元文化的菲律宾，人们信奉天主教，说着英语，青年人穿着牛仔裤、抽着万宝路、出入歌舞厅、观看好莱坞电影等。毫无疑问，西方文化占据了菲律宾文化的主导地位，也影响着菲律宾人的精神生活。

移居菲律宾群岛的华侨携带的文化“包裹”里，那些陈腐落后的日常习俗，如长辫、裹脚、跪拜以及不讲卫生的毛病等，在现代文明的冲击下和当地人鄙视的目光中逐渐褪去，但与此同时，华人深层次的优秀传统文化精髓也在不断削弱。尤其是在菲律宾出生的华人后裔，他们生长在这片土地上，受到当地的教育，浸润在社会文化之中。很多华裔青年在国家认同变迁的前提下，也加入西方

① Teresita Ang See, “Integration Is Not Extinction”, in Teresita Ang See and Lily T. Chua, eds., *Crossroads: Short Essays on the Chinese Filipinos*, Manila: Kaisa Para Sa Kaunlaran, Inc., 1988, p. 10.

文化的洪流中，成为地道的菲律宾人。同样，从整体上讲，华人社会的语言、艺术、伦理，以及思维方式、价值取向、宗教信仰、审美情趣等都受到了主流社会的影响，在无声无息中发生着变化。

二、华人社会文化的传承与改造

“二战”后，菲律宾华侨社会可谓进入了多事之秋，经历了“菲化运动”的动荡和洗礼，直到60年代后期，菲律宾华侨才过上了相对安定的生活。在教育菲化案顺利实施之后，华人的文化进入了一个不断与主流文化协调发展的阶段。在菲律宾出生的华人，其文化的营养更多地取自当地社会，而非中国故土。华人生活在菲律宾这个大家庭中，共同的地域、共同的经济环境、共同的政治认同，都默默地改变着华人社会的文化属性，华人文化与中国文化也逐渐从主干与分支的关系转为源于同根而又各自独立发展的关系。

（一）菲律宾华人对当地文化的影响

华人移居菲律宾群岛后，自然会把中国的传统文化移植到这里。由于地缘的接近，华人移民把闽、粤社会的生产技术带到移居地。通过华人的引进，先进的生产技术已成为菲律宾人民生产方式的组成部分，起到了不可替代的作用。如铁犁的引入大大地提高了粮食的产量；一些蔬菜、水果和药用植物的优良种子被带到菲律宾；制糖、酿酒、肥皂以及蜡烛等制造工艺的引进和木工、石工、铁工、纺织、染布，以及面条、米粉、豆腐等食品加工技术也为菲人所掌握。菲律宾出版的第一本书就是由华人使用刻着罗马和古代他加禄字母的木版印制的。菲律宾的第一代印刷匠是华人和华菲混血儿，他们出版了许多书籍，丰富了菲律宾人的文化生活。[①] 依照中国传统的组织原则建立起来的华人社会，其地缘组织、血缘组织和秘密会社等具有闽、粤社会特色的组织，对于菲律宾的家族政治产生了深刻的影响。华人移民在所在地传播民间的宗教和语言，菲律宾开始有人信仰妈祖，他加禄语也引入了许多汉语成分。

（二）当地文化对华人文化的影响

菲律宾华人移民带来的祖籍地文化，可视为闽粤文化在当地的延续和发展。华人移民为适应移居地的生态和社会环境，对原有文化也会进行调整和适应，再

① ［菲］吴文焕、［菲］洪玉华：《文化传统：菲华历史图片》，马尼拉：菲律宾华裔青年联合会，1992年，第70~71页。

加上族群互动等因素促使不同文化的接触和融合，这就使得华人移民原有的文化发生变异。这主要体现在以下几个方面：

1. 宗教的融合

早期移居菲律宾的华人族群，或为经商赢利，或为谋求生路。无论出于何种目的，他们都渴望平安和健康。因此，当时在没有中国政府保护的情况下，面对殖民者的虐待、生活条件的恶劣和医疗技术的落后等不利因素，华侨只能祈求神灵的保佑。因此，传播中国民间信仰就成为他们生活中的一部分。随着华侨与土著人共同开发和建设当地社会，华侨的宗教必然会受到当地风俗文化的影响，从而使菲华民间信仰出现某些融合型的变异。例如，马尼拉南部描东岸（Batangas）市的妈祖天后宫，神龛正中供奉的却是一尊身着天主教服饰的神像。[①] 这尊神像是描东岸省沓亚（Taal）社天主教堂神像的仿制品。据说这座神像是1603年沓亚社渔民在打鱼时捞到的，而且传说她真的曾经显灵，当地人民遂为她建造教堂，把她供奉起来，称她为Birgen Kaysasay（因为与这个神像一起被打捞上来的还有一只叫做Kaysasay的鸟）。可是，当年描东岸省的华侨却认为这个打捞上来的神像是中国的妈祖，便即刻把她作为妈祖来膜拜。

20世纪70年代后期，描东岸省市的华侨华人在当地建起了一座中国式的宫庙，称“妈祖天后宫”，把沓亚社天主教堂神像的仿制品供奉在里面。[②] 于是，便出现了同一尊神像，菲律宾人把她作为天主教神像来膜拜，而华侨华人却把她当作妈祖奉祀的奇特现象。

如果说描东岸沓亚神像是由于传说偶然造成的交叉信奉的话，那么菲华社会各地寺庙中普遍供奉的多种宗教神像，则应该是理性的选择了。如在大千寺中同时供奉着基督教的耶稣、伊斯兰教的穆罕默德、佛教的观音等，还有关帝、玉皇大帝、玄天上帝、包公王等，共计65尊神像。此外，在绝大部分华侨华人所建的其他宫庙中也都或多或少地同时供奉着与各种宗教有关的神明。其中，一尊最为常见并被称为“山道妮妞”的孩子神，据称是发源于宿务。尽管这座孩子神源自于本地，但很多华侨华人的商店、企业和住宅都供奉着该神。同样，一些祭祀仪式和生活习俗方面也有混合交融的情景。如描东岸市妈祖天后宫在庆祝妈祖诞辰时，既烧香点烛、抽签问卦、祭祀烧金，又请天主教神父主持弥撒；既向妈祖连敬三天传统中国戏，又在庆典的最后一晚举行天主教式的花车游；宫中丝竹之乐悠扬，花车游街由西洋乐队开路；善男信女在宫中写香烛钱，神父弥撒也收

① 李天锡：《华侨华人民间信仰研究》，北京：中国文联出版社，2001年，第198页。

② ［菲］洪玉华：《宗教的融合——描东岸妈祖和KAYSASAY》，《融合——菲律宾华人》，马尼拉：菲律宾华裔青年联合会，1990年，第235～240页。

教会的弥撒钱；签书写的是华文，神父讲的是菲语等等。[①] 其他宫庙中也有类似"多元宗教文化"的现象，而在日常生活中，这种文化多元化的表现形式更是屡见不鲜。华侨华人除了保留着择偶看生辰八字、择日查凶吉和建房看风水等习俗外，也接受了当地天主教的一些风俗习惯。如孩子必须进教堂洗礼、结婚必须在教堂由神父主持婚礼、盖房落成或店铺开张必须请天主教神父来祝福等。

神是人类创造的，神的融合是族群融合的缩影，族群融合是神的融合的前提。在漫长的历史发展进程中，华侨华人与菲律宾人民和睦相处，相互学习，共同劳动，一起建设当地社会，已经逐渐有意识地融入当地主流社会。菲华社会供奉"山道妮妞"等多种宗教神明的现象，表明菲律宾华侨华人已理性地吸收了当地宗教文化，并将其用来重整本民族的民间信仰，这也是他们与当地社会发生渐进融合在文化上的一种体现。[②] 宗教文化的融合是双向的，是两种文化相互碰撞、相互吸引、相互影响和相互渗透的结果，华人族群的信仰与菲律宾人宗教文化的相互借鉴和融合正是这一观点的充分证明。在华侨华人社会供奉居住地宗教神明的同时，当地居民也到华人宫庙中求神拜佛、抽签问卜。有些不懂汉语的当地人，便请华人为其当翻译。他们对此深信不疑，即使是一些天主教徒也莫不如是。许多菲律宾人在结婚、建房时也会邀请华人帮助查生辰八字，看风水和测良辰吉日。

2. 语言生态环境的变迁

在能够充当文化载体的诸多工具中，最重要的是语言。目前除了马来西亚华人族群仍将汉语作为一种文化载体外，其他东南亚国家的华人主要把汉语作为一种语言工具，而非文化载体来学习。族群的互动势必造成语言的相互影响，使用汉语的机会日益减少，华人的汉语运用能力也越来越低。从民族学的观点来看，体现民族心理状态的民族文化具有相当的稳定性，而语言是文化的重要基础。[③] 海外华人社会中不同文化之间发生冲突和碰撞是不可避免的，广大华人为适应当地的生活，就必须首先适应本土文化。在文化适应中，语言是其他适应的前提条件。从一般意义上说，语言的适应程度与文化适应和融合程度呈正比关系，对其他族群语言掌握能力的提高，会加快融入这个群体的速度。1969 年，研究菲律宾华人问题的学者杰拉尔德·麦克贝斯（Gerald Mcbeath）就指出，菲律宾的华人青年已经日益被同化了，在语言和文化方面的表现尤为突出。为了解这些华人学生和他们父母使用语言的情况，麦克贝斯对马尼拉和外省华文学校的 3 100 名

① ［菲］洪玉华：《宗教的融合——描东岸妈祖和 KAYSASAY》，《融合——菲律宾华人》，马尼拉：菲律宾华裔青年联合会，1990 年，第 236 页。

② 李天锡：《华侨华人民间信仰研究》，北京：中国文联出版社，2001 年，第 199 页。

③ 庄国土等：《二战以后东南亚华族社会地位的变化》，厦门：厦门大学出版社，2003 年，第 42 页。

学生进行了问卷调查，调查结果表明，大部分华人学生已经不能流利地说汉语，更不能使用华文读写了。①

华人学生及其家长使用语言情况表（1969 年）

使用菲律宾语的情况	熟练（%）	半熟练（%）	不懂（%）
父亲	23	56	21
母亲	12	48	40
学生	36.4	63	0.5
使用英语的情况	熟练（%）	半熟练（%）	不懂（%）
父亲	33	62	5
母亲	44	51	5
学生	60	39.4	1

以上数据表明，华人学生使用菲律宾语（他加禄语）和英语的能力，比父母使用这些语言的能力强得多。毫无疑问，这种现象与他们在当地的生活环境和受到的教育有直接关系。此外，据杰拉尔德·麦克贝斯的调查，有 47% 的华人主要阅读英文报纸或菲律宾报纸，有 33% 的华人是英文、菲文和华文报纸都阅读，仅有 11% 的人只阅读华文报纸。相比之下，对于年青一代的华人来说，接受当地文化教育和交菲人朋友，在语言上自然会趋同于当地。可见，菲律宾华文教育的式微，可以从华人文化，特别是语言方面彰显出来。语言是民族文化的守护者和保护神，如果身处异邦族群使用的语言发生了变化，其族群文化结构必然产生松动，文化内涵也会随之改变。

3. 族际婚姻的增加

海外华人社会中，族际通婚被认为是衡量文化适应程度的另一个重要的指标。族际之间通婚者越多，表明异族互信度越高。文化适应程度越高，民族融合程度也越高。在菲律宾社会中，华菲通婚的情况早在西班牙殖民时期就已存在。当时移民菲岛的华人多为男性，出于商业的便利和身处异域的孤独，华菲通婚随之发生，并发展成为极为普遍的现象。到了 20 世纪 30 年代，随着来到菲岛的华侨女性移民的增加，华侨社会内部成婚率提高。同时在大汉族主义的影响下，菲华通婚大幅下降。按照儒家思想的“量度”，异族通婚还被认为是不光彩的事。

① Charles J. Mccarthy, S. J., “The Chinese in the Philippines”, in *Philippine-Chinese Profile: Essays & Studies*, Manila: Pagkakaisa Sa Pag-un-lad, Inc., 1974, p. 5.

随着融合进程的加快，这种情况有很大改善。①

1960—1970 年华菲通婚情况一览表

年份	华人男子娶菲律宾女子（人）	华人女子嫁给菲律宾男子（人）	新婚夫妇双方均为华人（对）
1960	120	76	225
1962	449	86	285
1964	99	150	290
1969	137	271	300
1970	1 745	1 474	432

由此可以看到，1970 年的华菲通婚比例急剧上升。这种情况出现的原因是多方面的。但在“菲化运动”的冲击下，华侨为了生存的便利而与菲人通婚是主要原因。20 世纪 60 年代，华侨入籍还非常困难，而层出不穷的菲化案禁止华侨从事许多行业和职业，已经涉足这些行业的华侨面临破产的危险。华侨如果与菲律宾人结婚，便可以继续经营他们的生意，也有利于子女取得菲律宾国籍。当然，菲华通婚也有非商业目的的。大批华裔青年在菲律宾出生，他们接受菲律宾文化的教育，与菲律宾青年一起生活、学习和工作，已经大大减少了他们父辈那种对土著人的隔阂和成见。华裔青年与菲律宾青年拥有共同的语言、文化、价值观和宗教信仰，在同一空间和领域共同生活。在这种情况下，不同族群的年轻男女之间产生爱情是很自然的事情。至 70 年代，华裔青年女子嫁给菲律宾男子的现象已屡见不鲜。②

4. 教育的当地化倾向

根据菲律宾教育部的统计，1974 年的菲律宾华校共有 154 所，其中菲人和华人合办的有 147 所，占 95%，另外 7 所由华人独立创办。华校共有教师4 077人，学生 68 505 人，而学生中 55% 为菲律宾籍，中国籍学生仅占 45%。③ 由此可见，菲律宾的华文教育已经从过去的面向华侨学生，向面向菲律宾籍学生转变。为了适应华侨华人在菲岛生存发展的需要，华校教育目标和内容也作了适当调整，华文教育朝着“多元文化并存、促进民族融合”的方向发展。自古中华民族就有

① Republic of Philippine of Census and Statistics, Department of Commerce and Industry, Vital Stastics Annual Report, *Philippine Statistics*, 1972; Special Release of the Same Bureau, 1970, Marriage in the Philippines.

② Lily T. Chua and Nancy C. Herrin, “Filipino-Chinese marriages”, in Teresita Ang See and Lily T. Chua, eds., *Crossroads: Short Essays on the Chinese Filipinos*, Manila: Kaisa Para Sa Kaunlaran, Inc., 1988, p. 90.

③ 《菲律宾新一代华人的动向》，《南洋资料译丛》1978 年第 4 期，第 58 页。

重视教育的传统，菲律宾华侨华人同样把子女的教育问题摆在家庭生活中的首位。他们哪怕节衣缩食或者减少商业投资，也要创造条件供孩子读书。菲律宾华侨华人社会还有这样的风气，即尽可能让子女接受高等教育，否则会被外人看作父母没有尽到责任。因此，30 岁以下的华裔青年，有 80% 以上的都是大学毕业。[①] 而华侨学校的毕业生中，越来越多的华裔青年选择在当地继续深造。如 1962 年，仅有 32 人进入台湾高校深造，1966 年减少至 19 人，1968 年减少至 16 人，1969 年减少至 12 人，1970 年减少至 11 人，而这一数字在菲律宾华侨学校毕业生中所占的比例更是微乎其微，绝大多数华侨学校毕业生都进入菲律宾大学深造。[②] 1970 年，在菲律宾的东方大学、国立菲律宾大学、远东大学、马尼拉大学、拉萨大学、圣伯达大学及菲律宾女子大学等深造的华侨华人学生达 15 000 人之多。[③]

5. 职业范围的扩大

菲律宾华人社会是一个商业社会，但华人的职业范围在不断扩大，已经从单纯的商业领域扩展到各行各业。许多华裔青年进入社会参加工作，不再愿意子承父业，继续从事狭窄的商业活动，而是根据自身的兴趣，发挥他们的聪明才智，在经济、政治、社会和文化等领域发展。一位菲律宾华裔学者写道："现在，我们不但有了大批的华人的医生、牙医、护士、公共会计师、建筑师、电脑工程师、电工、机械和化学工程师，而且有了不少华人的律师，美术、音乐、雕塑的艺术家，英菲文作家，新闻工作者，以至华人的社会工作者、军官及神学修道士。我们年青一代，已经不对生活感到单调呆板，他们充满活力，有广泛兴趣，勇于接受挑战，不再像我们先辈那样，只满足于赚钱及物质生活的富裕。他们更希望生活多姿多彩，能以自己的一技之长表现一番，为社会作出一点有益的贡献。"[④]

6. 风俗习惯的趋同

许多菲律宾华人有用菲律宾文起的名字或用西班牙文起的名字，但往往在这些名字后面还加上其中国姓，如 Yap、Lim 等。在着装方面，华人一般不穿中国式的服装，如女性的旗袍、男性的长袍马褂。大多数华人都喜欢穿菲律宾式的服装，如巴隆或西装等。在家具方面，王彬街以外的华人家庭与菲律宾家庭已经没

① 薛君度、曹云华：《战后东南亚华人社会变迁》，北京：中国华侨出版社，1999 年，第 204 页。

② Charles J. Mccarthy, S. J., Chinese Schools in the Philippines, *Examiner*, 1972, p. 9.

③ Charles J. Mccarthy, S. J., *Philippine-Chinese Integration*, Manila: Pagkakaisa Sa Pag-un-lad, Inc., 1971. Quoted in Hsiao Shi-Ching, *Chinese-Philippine Diplomatic Relations, 1946 – 1975*, Quezon City: Bookman Printing House, 1975, p. 300.

④ ［菲］洪玉华：《融合——菲律宾华人》，马尼拉：菲律宾华裔青年联合会，1990 年，第 28 页。

有多大差别，很多华人家庭就地购买菲律宾的木制家具，只是在买回家之后的摆放布局上略有些差异。在饮食方面，菲律宾越来越多的华人家庭喜欢使用刀叉和汤勺，尤其是在有菲人参加的正式场合更是不使用筷子。华人家庭也逐渐开始食用菲律宾食品。1969 年，美国华人问题研究学者麦克贝斯曾描述道："菲律宾华人多数家庭都雇菲律宾女佣做饭，因此大多吃菲律宾菜。除了华人家庭主妇做中国菜以外，中国餐馆就算是这部分中国文化的唯一陈列室了。"① 菲律宾著名华人问题学者洪玉华女士也认为："制作中式点心的华人饭店已放弃原来的经营品种而出售快餐包、松软馅饼之类的食品。以唐人街为中心半径一公里的范围内，人们至少可以找到 5 家汉堡和快餐连锁店，现在年轻人喜欢汉堡包和可口可乐胜于包子和中国菜。"② 在日常礼仪方面，华人家庭接待客人时不再用中国式的传统礼节，而是用菲律宾当地的礼仪和习惯。总之，菲律宾华人的风俗习惯已逐渐"菲律宾化"，尤其在生日、婚姻和丧事礼仪方面，菲律宾习俗已成时尚。

菲律宾华人融入当地主流社会后，文化的交流和碰撞随之日益频繁，文化适应和文化涵化问题也突显出来。所谓文化适应，是指具有不同文化的群体因长期接触和交流，而使其中的一个或多个群体的文化模式和特征发生改变的现象。当文化适应发展到一定程度时，就出现了文化涵化。所谓文化涵化，就是指两种或两种以上的文化相互接触、影响而发生的变化过程。具体来说，就是因不同文化传统的社会互相接触而导致诸如语言、习俗、信仰、手工制品等方面的改变。文化涵化是文化适应的高级阶段或必然结果。可见，在文化适应中发生变化的元素，在涵化中已转化成新的成分。菲律宾华文教育的发展说明，"二战"后菲律宾华人文化对主流社会文化的态度，正经历了从文化适应到涵化的过程，即一个从接受文化到改造文化的过程。

三、菲华社会文化认同的变迁

许多华侨在成为菲律宾公民后，虽然解决了政治认同问题，但在文化认同上仍然处于"十字路口"。在菲华融合的背景下，华人究竟应选择怎样的文化价值体系才有利于自身的生存和发展，而客观环境又给予华人文化什么样的影响呢？

为了维护自己的生计和生存，在不断加剧的菲律宾民族主义浪潮压力下，很大部分的华侨开始考虑归化为菲律宾人。事实上，这个过程是非常艰难的，华侨

① ［美］杰拉尔德·麦克贝斯：《菲律宾华人的政治融合》，伯克利：南亚及东南亚研究中心，1973 年，第 108 页。

② ［菲］德里西塔·昂·西著，冬青译：《融合和认同：二次大战后菲律宾华人社会的社会变化》，《南洋资料译丛》1989 年第 3 期，第 60 页。

为此付出了巨大的代价。到了 20 世纪 50 年代末，申请归化的华侨数量有了稳步的增长，从 1946—1948 年的年均 154 人，发展到 1957—1959 年的年均 905 人。[①]这些成为菲律宾公民的华人，把归化视为一种解脱，以摆脱那场“身份危机”。然而，那些通过某种谋生的方式菲律宾化了的第二代华人，他们仍然保留着中国传统文化和习俗。因此，归化使他们很容易卷入两种文化之间的冲突。他们成为法律上正式的菲律宾人，主要是为了确保他们经济上的安全，这可以理解的，因为任何人的心中都有经济动机。他们在认同感的问题上有时会产生一种觉得自己既不是菲人也不是华人的烦恼和彷徨。在生活上，他们往往已同菲人打成一片，对生长于斯的菲律宾产生了一定的感情，在一定程度上视其为自己的国家，但是他们的外貌、他们的父母、他们的中国姓氏却告诉他们，他们毕竟与菲律宾人是不同的，而他们的菲律宾朋友也是这样认为的。他们虽然知道自己的“中国根”，但对他们来说，中国的一切又是那样遥远和陌生。要他们认同自己为华人，他们会感到有些别扭，因为自己对华人的习俗不但说不出个所以然来，而且有时甚至会感到厌烦，他们可以说是生活在华菲之间的夹缝之中。[②]

华人族群政治认同的变化，是整个华人社会发展过程中最根本的变化，同时也是推动其他认同变化的主要动力。菲律宾政府准许华侨集体转籍的最大目的亦即争取这份认同。[③] 在这个过程中，文化认同也发生着变化，正如罗马帝国强化了罗马文明，阿拉伯帝国塑造了阿拉伯文化一样。因为作为族群成员无法回避政治认同，这种政治认同也必然会一定程度上在文化倾向中表现出来。[④] 一般来说，菲律宾华人文化是由华侨文化转化而来的，而华侨文化是中国文化的海外延伸。在“物竞天择，适者生存”的法则下，移居菲律宾的华人为了生存，就必须顺应社会现实的潮流，走与当地主流文化融合发展的道路。在菲律宾这样一个多民族国家里，族群之间的政治环境基本平等，不同民族的相互交往和合作逐渐增多，民族意识渐渐淡化，共同促进了社会经济和文化发展，最后在“多元”的基础上逐步形成“一体”的框架。华人族群与土著民族的关系朝着日益和睦、融洽的方向发展，文化的融合也与之同步前行。但文化融合并不是全盘抛弃华人固有的中华文化，正如菲律宾华文教育家邵建寅先生所讲，“我们主张应在政治

① Antonio S. Tan, *Changing Identity among the Philippine Chinese*, *1946 – 1984*, Paper Presented at the Symposium “Changing Identities of the Southeast Asian Chinese since World War II”, the Australian National University, Canberra, Australia, 1985, pp. 10 – 11.

② 怀青:《彷徨的第二代》,［菲］洪玉华:《融合——菲律宾华人》，马尼拉：菲律宾华裔青年联合会，1990 年，第 15 页。

③ ［菲］施振民:《文化与政治认同》,［菲］洪玉华、蔡丽丽:《十字街头：菲华社会文集》，马尼拉：菲律宾华裔青年联合会，1988 年，第 25 页。

④ 庄国土等:《二战以后东南亚华族社会地位的变化》，厦门：厦门大学出版社，2003 年，第 30 页。

上认同地主国，遵守菲律宾国家政策，享有同等权利和义务，以地主国利益为重。在文化上仍可认同祖籍国，保留中华传统伦理，并将勤劳俭朴、勇敢进取的美德融入菲律宾文化，以期彻底改造人性，作为菲律宾国家建设的动力，二者可以并行但并不相悖”①。

20世纪60年代，“二战”后在菲律宾出生的华人逐渐成为华侨社会的中流砥柱。由于历史原因，这些华裔青年几乎都是在菲律宾长大的。与上一代华侨相比，他们有特殊的经历。在当地接受文化教育时，他们的第一语言不是他加禄语便是英语。他们对于中国和中国社会很少或根本没有直观的印象，认为菲律宾才是自己的故乡。在充当“边际人”和饱受失落感对他们造成的巨大心理创伤后，允许加入菲律宾国籍又为他们献身和认同于当地社会扫清了道路。

1970年，杰拉尔德·A. 麦克贝斯认为，超过75%的华人居民年龄低于30岁，其中95%出生于菲律宾，而超过30岁的华人中仅有15%出生在菲律宾。1973年，50万华人中有85%的人口出生在菲律宾，这些人口中95%的年龄低于25岁。在过去的1/4世纪中，第三代华裔出现在菲律宾历史舞台。② 如果第二代华裔还有身居异域的艰难困苦，以及成为菲律宾公民后的彷徨和困惑，那么第三代华裔则完全适应了菲律宾的生活，他们在这里土生土长，真正融入到菲律宾社会之中。族群认同是文化认同的基石，而文化认同又是族群认同的表征；没有族群认同就无法产生文化认同，但文化认同乏力，也无法强化族群认同。③

1975年中菲建交以后，菲律宾华人社会最深刻的变化是社会和文化方面的演变，尤其是本地出生的华裔青年在语言、文化、教育、生活方式、价值观念和宗教信仰等方面都趋同于当地社会。如果单纯从生活方式、宗教信仰和日常的风俗习惯等方面来看，已经很难区分谁是华人、谁是菲律宾土著。越来越多的华人已经跳出华人社会的圈子，积极参与当地的非民族性社团组织。据塞西莉亚（Ma. Cecilia Gastardo-Conaco）和皮拉尔（Pilar Ramos-Jimenez）等人的调查，只有15%的华人其亲密朋友仅限于在本民族内部。有80%以上的华人既有本民族的亲密朋友，也有其他民族的亲密朋友。此外，还有许多华人参加诸如青年会、扶轮社、明星俱乐部等以菲律宾人为主的社会组织，许多专业团体也有大批华人知识分子，如菲律宾作家协会、菲律宾医学协会、大学生联合会、菲律宾商

---

① ［菲］邵建寅：《鲑鱼情结与茉莉花情结》，《世纪华文教育》2007年第1期，第17页。

② Antonio S. Tan, *Changing Identity among the Philippine Chinese, 1946 - 1984*, Paper Presented at the Symposium "Changing Identities of the Southeast Asian Chinese since World War II", the Australian National University, Canberra, Australia, 1985, p. 15.

③ 何懿：《菲律宾华教透视和思考》，马尼拉：菲律宾华教中心出版部，2006年，第278页。

会等。[①]

中华文化作为华人族群的主要标识，在海外华人社会的传承过程中，因教育的分化和演变，呈现出复杂性和多样性，华人文化逐渐演变成为适应当地的混合文化。但是，这种变化并不可怕，可怕的是华人文化彻底失去原有属性，消失在当地文化的海洋中。文化可以感染和振奋一个民族的精神，正如英国前首相丘吉尔所说："我宁可失去一个印度，也不愿失去一个莎士比亚。"因此，华人应当保持自己的民族特性，决不能一概否定和抛弃，否则华人就会失去民族根基，而成为找不到方向的民族。保留中华文化特质就是捍卫中华民族的魂魄，这对于华人移民来说是十分重要的。

融合文化和存留固有文化并不矛盾，如果说融合是为了发展，那么保持是为了进一步丰富多元文化的内涵。华人文化应立足当地，在继承中华文化的同时，又积极与菲律宾本土文化相融合。马科斯总统曾经强调说："国际政治、经济和社会之间发展应兼顾少数民族。"他还宣称："新社会对于少数民族的政策与旧的有所不同，旧的政策是少数民族应同化于国家主流，但新的政策是鼓励少数民族保留其古老文化及生活方式。"他又说："一个不为自己的文化传统感到骄傲的民族是没有精神的力量，没有根和命运的民族。"[②] 这为菲律宾华文教育的发展和华人文化的走向提供了难得的土壤与有利的条件。因此，菲律宾华人为了适应社会环境而逐渐融入当地主流社会，华人自身的语言、信仰、习俗、价值观和生活方式等文化要素都在发生变迁，这是生存的客观需要，文化融合也是历史发展的必然结果。华人应将文明和美德，作为他们对丰富菲律宾文化的持久贡献。[③] 华人在政治上和法律上认同并效忠于所在国，在文化上保持本民族传统和特性的同时，应力图促进自身与所在国原住民之间的相互接近、理解、交流、提高和发展，以达到和谐相处和共同繁荣的目的。[④]

① 薛君度、曹云华：《战后东南亚华人社会变迁》，北京：中国华侨出版社，1999 年，第 222 页。

② ［菲］邵建寅：《中正五年》，马尼拉：菲律宾中正学院校友会，2008 年，第 21 页。

③ Jesus E. Perpinan, "New controversy over Chinese Schools", in Shubert S. C. Liao, *Chinese Participation in Philippine Culture and Economy*, Manila: University of the East, 1964, p. 337.

④ ［菲］吴文焕：《华人的文化适应和文化改造》，马尼拉：菲律宾华裔青年联合会，2000 年，第 6 页。

结 语

有海水的地方就有华侨，有华侨的地方就渴望有华文教育。早期移居菲律宾的华侨尽管处境艰难，但对中华文化仍有深厚的依恋和强烈的认同。尽管这时的大多华侨受到的传统教育很少，而且是以商人为主，但正是这种“乡土气息”的启蒙教育，形成了华侨对中华民族文化的依依之情，使他们感受到作为中国人的自豪感，并积淀凝结成浓厚的中华文化情结。因此，一些菲律宾华侨先辈们在饱受苦难、经商致富而有了一定条件之后，总是首先慷慨解囊，想方设法薪传本族文化。于是，组织华侨社团、出版华文报刊、兴办华文学校蔚然成风，他们把弘扬中华民族的传统文化视为义不容辞的责任。

近代以来，由于菲律宾资源丰富和地缘战略的重要性，成为西方大国竞相鱼肉和殖民统治的对象。在菲律宾文化的历史发展进程中，无论是殖民当局还是菲律宾政府，都极力推行和发展本国的教育，把本国的政治、宗教和文化作为辅助国家“长治久安”的有力武器。菲律宾华文教育就是在这样的殖民文化背景下一路坎坷、披荆斩棘，不断孕育和发展壮大起来的。

为了维护殖民统治，西班牙在殖民时期采取了文化和宗教扩张的战略，极力推行辅助殖民统治的文化，以天主教来征服其宣称的“未开化”的落后岛国。在西班牙殖民政府看来，菲律宾华侨从古老的中国带来民族文化和风俗习惯，成为其皈依天主教的障碍，因此极力阻挠并限制其发展。在美国殖民统治时期，美国政府以提高民智为教育宗旨，对私立学校的民族教育采取不干预政策。伴随华人经济迅速崛起和强烈民族意识的呼唤，华侨深知欲想保持商业上的优势，并竞存于菲岛社会，其当务之急就是振兴华文教育。于是，菲律宾华文学校应运而生。华文教育不仅是语言教育，还是维系华人与祖籍国情感的纽带，以及传播中华文化的有效介质。太平洋战争爆发后，日军占领菲律宾，建立了法西斯殖民统治。所有华校被关闭，许多教育工作者被杀害，华文教育遭受严重摧残。

“二战”后，菲律宾华文教育在复苏中呈现平缓发展趋势，但华侨学校的处境越来越艰难。教育菲化案、“双督察”政策、限制华文教育课时、减少华文课程等，也使菲律宾华文教育陷入泥泞之境。至 1973 年，全菲华侨学校共有 154 所。[①] 同年 4 月，马科斯总统发布法令，全菲的华侨学校都要实行菲化。法令规定，1976 年华校同菲律宾的教育体制实现一体化。中菲建交之前，马科斯总统连续发布三项法令，放宽外侨入籍条件，大部分华侨及其子女加入了菲律宾国籍，菲律宾政府先前规定的华侨学校菲化目标最终得以实现。菲律宾华文教育性质也发生了根本变化——由华侨教育转向华人教育。在菲华民族融合的背景下，华文教育日渐式微。华人政治认同逐渐转向当地，但文化认同走入“十字路口”。虽然他们减少了对祖籍地中国的明显倾向性，但绝大多数的华人仍带有民族文化认同，这使得他们在归属居住国后，仍坚定地保留民族文化特质，即使在艰苦的环境下还执著地推动华文教育，以此来传承自己的民族文化，顽强地在多元文化的新世界里保有自己的地位。[②] 华文教育史从侧面折射出华人移民的发展史，也是一部光辉灿烂的中菲文化交流史。

纵观“二战”后 30 余年菲律宾华文教育的发展，可以看出其经历了跌宕起伏的变迁，从中得出如下结论：

第一，中菲两国关系是菲律宾华文教育发展的推动力。“二战”前，无论是中国的晚清政府，还是国民政府都与美国殖民统治下的菲律宾保持外交关系。中国政府十分重视侨务工作，对华文教育也给予了大力的支持和扶助，而菲律宾的华侨在政治和文化上都认同于中国。至 20 世纪 40 年代初，随着菲律宾华侨社会民族文化的发展，华文教育已经成为中国教育体制的海外扩展和延伸，华侨学校的教学内容、教科书、教学法、教学管理等都未受到菲政府的干预。华侨接受来自祖国中华文化的熏陶、风俗习惯的薪传、宗教信仰的继承等诸多方面都实现繁荣。虽经第二次世界大战的摧残，但菲律宾华文教育的深厚积淀，使战后华文教育得以迅速复苏。“二战”后，中国作为战胜国成为联合国常任理事国，国际地位大幅提升，海外华侨民族自豪感也空前高涨，更加激发了他们保持中华文化和兴办华文教育的兴趣。菲律宾摆脱美国的殖民统治后，走上了民族独立发展的道路。独立后的菲律宾即与中国签订了《中菲友好条约》，其中的教育协定为华文教育的发展提供了保障。新中国成立后，由于中国和菲律宾分属不同意识形态阵营，两国并未建立外交关系。而菲律宾却与台湾当局保持密切关系，国民党势力仍旧支配菲律宾华侨社会。随着台湾当局在菲律宾外交战略地位的降低，菲华社会也不断受到冲击，具体的表现就是针对华侨的“菲化运动”。“二战”后十年

① 颜长城、黄端铭：《菲律宾华文教育的演变》，《菲律宾华文教育综合年鉴》（1995—2004），马尼拉：菲律宾华教中心，2008 年，第 118 页。

② 李定国：《对东南亚地区华文教育发展道路几个问题的思考》，《华侨华人历史研究》1996 年第 2 期，第 18 页。

间的"菲化案"还未涉及教育领域，华文教育在菲化浪潮的夹缝中得以生存和不断发展进步。华人族群怀着对祖国灿烂文化的强烈依恋，凭借坚忍不拔的民族精神，传承和发展着菲律宾华文教育。可以说，中菲两国关系是菲律宾华文教育发展的"风向标"，而华文教育的发展又是两国关系的"晴雨表"。

第二，菲律宾华文教育发展的内在动力是华侨社会的进步。"二战"后，华侨经济快速增长，华侨社会的凝聚力迅速增强，为华文教育的发展提供了有力保障。菲华商联总会作为菲华社会最高机构成立后，加强了与菲律宾主流社会的沟通和联系，华侨社会的重大事件均由其出面斡旋和协调。特别是商总在抗争"菲化运动"的同时，还推动华侨内部的团结与进步，增强华社内聚力，支持菲律宾国家的建设，促进当地经济繁荣，努力改变菲人对华侨的轻蔑和歧视态度。在商总的引领下，以血缘、地缘和业缘作为组织原则的宗亲会、同乡会与行业公会顺应华社的变迁及进步，捐助公益事业，加强自身文化和教育建设，尤其注重提高华侨的文化素养和移民形象，大力发展华文教育事业。作为移民社会的华侨社团同心协力，通过各种途径和措施，创办华侨学校、华文报刊、华语广播以及创建华侨图书馆、华侨读书社等，学校、家庭和社会在教育上各具功能，密切协作，营造中华民族文化的氛围，推进华文教育的快速发展，使菲律宾华文教育呈现出兴盛和繁荣的局面。

第三，菲律宾政府的"教育菲化"使华文教育的性质发生了改变。"二战"后菲律宾华人的民族教育异常繁荣，菲人终于按捺不住对中国文化"不可同化"的疑虑和担心，最终还是把"菲化运动"的矛头指向教育，试图从文化根源上切断华人与祖籍国相连的纽带，使华侨教育彻底融入当地主流社会之中。麦格赛赛政府以"共产党渗透华校"为名，严密管制华校，许多报刊、杂志等媒体趁势大造舆论极力抨击华校，甚至有些议员主张关闭华校。① 华校顿时人心惶惶，华文教育陷入危机。华文教育界、华侨社团的代表与菲律宾民族主义者进行激烈辩论和奋力抗争。虽经台湾"驻菲大使馆"的斡旋，也没能改变教育菲化案的蔓延。终于，菲律宾政府与台湾当局签订了《中菲督察侨校协议备忘录》，全面督察华侨学校并限制课程安排。② 从此，菲律宾华校被置于菲政府的监督之下，华文教育在夹缝中艰难生存。1967 年 1 月，菲政府教育部宣布停止成立新的华侨学校，继而限制教授华文课程的课时。至此，教育菲化政策逐步酝酿成熟，菲政府除了限制华侨学校招收华侨学生比例外，还严格控制华侨学校董事会的华侨比

① Narciso Albarracin, Foreign Students and Chinese Schools Division, *Annual Report of the Foreign Students and Chinese Schools for the Fiscal Period, 1967 - 1968*, p. 9.

② Eufronio M. Alip, *Ten Centuries of Philippine-Chinese Relations*, Manila: Alip & Sons, Inc., 1959, pp. 131 - 135.

例，从根本上改变华校的体制和教育目标。教育菲化案是菲政府出台最晚，但执行最彻底的菲化案，可见民族同化是菲律宾坚定不移的“国策”。

鉴于华侨对菲律宾社会的贡献，菲律宾政府认识到拒绝和排斥所有的华侨是行不通的，那么可行的理性办法就是接纳他们，让他们成为本国公民。同时，马科斯总统为着力发展与新中国的关系，决定放宽华侨入籍的条件，使绝大部分华侨转化为菲律宾公民。菲政府推行的外侨归化政策，是“二战”后华人社会发展变化的分水岭和转折点，加速了华人融入当地主流社会的进程。[①] 菲律宾的华文教育体制、目标、课程等诸多方面都发生了根本性的变化。“二战”后除了政治环境剧烈改变外，华侨也逐渐意识到居住地的重要。随着菲律宾华侨经济的快速发展，菲政府对华侨政策的宽松，民族矛盾相对缓和，这些因素都导致了华侨进一步归化当地。随着本地出生的华裔人群数量的增加以及国际环境和居住地客观条件的影响，许多华裔青年更有能力适应当地的生存环境，他们逐渐淡化了祖籍国的观念，对中国的传统文化和教育产生漠视倾向。相反，土生华人对当地产生了强烈的政治和文化认同感。华文教育受到严重的冲击，甚至有关中国的报道也不再是华文传媒的主要内容，本地新闻日益增多。同样，华人文化的主要形式，如文学、戏剧、诗歌和歌曲等也趋向本地化。更多的小说和戏剧反映了当地华人社会的诸多方面，华人文学成为菲律宾多元文化的有机组成部分。

第四，菲华民族融合直接影响到华文教育的发展走向。抗日战争胜利后，中国大地烽烟再起，海外华人陷入无以言状的痛苦之中，菲律宾华侨社会与中国的关系趋向淡泊和疏远。他们在困惑之余逐渐由“落叶归根”的过客心态，转变为“落地生根”融合于当地主流社会的思想，把居住国作为自己的家园，衣锦还乡和告老归田的想法已成历史陈迹。[②] 华侨社会由移民社会转化为定居社会，许多华社的服务宗旨也转向当地社会。当台湾当局借助菲政府对华侨社会的进步势力进行打击时，广大华侨更是深感困惑和痛苦。朝鲜战争爆发后，菲律宾取消了从中国大陆的移民配额，在中菲两国没有建立外交关系的情况下，华侨与祖国大陆的交流几乎被隔断，“华社就像一个断了脐带的婴儿，在社会成员和中华传统方面都失去了母体的补给，此后只能靠自身维持这两方面的存续。在菲华历史上，这种在观念上的根本性转变尚属首次，这为他们被同化或融入当地社会准备了主观条件”[③]。华侨们逐渐发现，中国的保护和支持不是想当然的。他们意识

① Teresita Ang See, “The Chinese in the Philippines: Assets or Liabilities”, in Teresita Ang See, *The Chinese in the Philippines: Problems & Perspectives*, Vol. 1, Manila: Kaisa Para Sa Kaunlaran, Inc., 1997, p. 122.

② 《于长庚先生访谈录》，张存武等编：《菲律宾华侨华人访问纪录》，台北：中央研究院近代史研究所，1996 年，第 329 页。

③ 黄滋生：《菲律宾华人的同化和融合进程》，《东南亚研究》1998 年第 6 期，第 49 页。

到自己的生存不是仰赖中国的强大而是菲律宾的未来，这种意识是促使融合进程加快的助推器。① 中国政府妥善解决“双重国籍”问题，也直接影响到菲律宾华侨的处境，华侨解除了放弃祖国国籍背负的“大逆不道”的心理负担，开始主动融入当地主流社会。可以说，中国政府的华侨政策鼓励华侨融入当地，加速了华人的融合进程。

菲律宾的华人能够自我融合与认同，不是出于自我意识的选择，而是由于菲律宾历史和社会文化发展的因素，因而形成了他们新的命运并决定了他们今天的生存状况。在这些因素当中，影响最为深远的便是菲律宾政府制定的“大众归化法”，它打开了通过行政方式获取公民权的大门。菲政府对华人的接纳是最好的融合手段，也是华人主动归化的重要因素，许多本地出生的第二代、第三代华人青年的政治认同逐渐转向菲律宾，对祖籍地的感情日渐疏远，中华文化及风俗习惯也逐渐淡化。他们生于斯、长于斯，且语言习惯、思想感情趋于本地化，语言文化、传统思想、宗教意识、价值取向也发生了显著变化，更加关心自己在居住地的生存和以后的发展前景。华文的使用只局限于宗亲和华人之间，范围也越来越小。由于缺乏使用环境，华文教育呈现不受重视而江河日下的趋势，甚至在华人社会出现“华文无用”的论调，它成为阻碍华文教育发展的严重心理障碍。在菲律宾有些华校还存在一种现象，就是菲律宾人的家长比较重视华文，反而华人的家长比较不重视华文。② 华文教育的地位不断降低，又导致了华校学生大量流失，华文教师严重缺乏等恶性循环的局面。

第五，语言文化生态环境的改变，使华文教育自然退化。语言是文化最重要的载体，是植根于民族灵魂中的文化符号，保留着自己的语言，就有了民族文化的守护神。在菲律宾出生的华裔青年，从进入幼稚园开始，就学他加禄语或英语，在记忆中留下的大多是当地社会的主体文化和习俗。还有家长为了孩子能够适应社会，无形中强化菲律宾语言文化和风俗习惯。更重要的是，孩子在日常交往中以菲律宾习俗和道德规范为准则，日常交流所使用的基本上是当地的通用语言，汉语也就随之而逐步弱化和退化。由于语言使用环境的变化，汉语在与新文化的接触中不可避免地受到冲击，新的环境甚至使传统语言没有能力表达新的思想和文化。语言的陌生逐渐导致对文字、文化的疏远，以致对文化认同的淡化和丧失。如先前新几内亚的许多小部落群体一般只有几百人，在现代文明的影响下，一些部落的青年离开了领地，走向城市或其他居民中心。到达新的领地后，

① Teresita Ang See, “Integration and Identity: Social Changes in the Post WWII Philippine-Chinese Community”, in Teresita Ang See, *The Chinese in the Philippines: Problems & Perspectives*, Vol. 1, Manila: Kaisa Para Sa Kaunlaran, Inc., 1997, pp. 2 - 3.

② 陆建胜：《施约安娜访谈录》，马尼拉：菲律宾中正学院，1999 年。

为了尽快适应生活，有些青年转而使用当地语言。随着留在部落的年长者逐渐谢世，这种语言在部落小社团中也不常使用，只有嫁到其他语言社团的妇女的若干后代还部分记得，但随着她们离开人世，这种语言也寿终正寝了。[①]

华文在海外的一个特殊困难，即缺乏华文语言环境以及学习一种语言的艰巨性问题。[②]“二战”后的菲律宾华侨社会无论在经济上还是文化上都具有优势地位。但是，在菲化浪潮的政治影响下，菲律宾华侨社会文化与当地多元文化的融合某种程度上破坏了华侨传统文化圈的氛围，华文教育也与菲律宾的社会发展现状脱节，甚至一些养尊处优的华侨子弟，因读中文艰苦又不肯刻苦，反而以负担课业重为借口，要求减轻中文课程；有些华侨对华校失去信心。[③] 华文使用的局限也会影响到对语言的态度，华侨为了在菲岛生存，获得经济利益，以及职业的便利和地位的提升，产生了学习菲律宾语言的欲望，这种意识促使他们忽视了本民族的语言，这一点在新生代年轻人身上表现得尤为明显。

菲律宾华人融入当地主流社会是自然的演化，任何力量都无法阻止它的行进，菲华融合是历史发展的必然结果。对华裔青年的华文教育而言，将其教育目标定位于“培养具有中华文化气质的菲律宾公民”是极具远见卓识的理念。[④] 华裔菲律宾人跨越了种族的界限，并把自己更多地界定为菲律宾人，他们的文化传统更大程度上也转变为菲律宾国家的传统。因此，无论菲律宾还是中国都可以从华人融入菲律宾主流社会中受益。[⑤] 菲律宾政府制定的“教育菲化案”，只是加速华文教育退化的进程，而不是华文教育日渐式微的根本原因，以至于后来有人说，“即使没有教育菲化案，我们迟早也是会自己菲化的”[⑥]。菲律宾华人作为菲律宾的公民，理应热爱菲律宾，视其为自己的祖国，关心菲律宾民族和国家的最高利益及繁荣富强。每一位炎黄子孙都应把传承中华文化视为己任，身在海外的华人更应摒弃党派成见，团结一致，共谋华人社会和当地主流社会的长远利益，真正融入菲律宾社会，同当地人民共建美好家园。同时，菲律宾华人应该丢掉民族沙文主义和文化优越感，共同繁荣当地本土文化。融合并不是要放弃华人文化

① ［菲］斯蒂芬·A. 温棣帆著，陆象淦译：《语言消亡的原因和环境》，《文化认同性的变形》，北京：商务印书馆，2008 年，第 213 页。

② ［菲］吴文焕：《华文在海外的实际使用价值》，《融合——菲律宾华人》（第二集），马尼拉：菲律宾华裔青年联合会，1997 年，第 168 页。

③ ［菲］鲍事天：《菲律宾华侨教育概况》，《菲华年鉴》（1964—1965），马尼拉：菲华商联总会，1965 年，第 O－46 页。

④ ［菲］邵建寅：《中正五年》，马尼拉：菲律宾中正学院校友会，2008 年，第 27 页。

⑤ Teresita Ang See，“Integration and Identity：Social Changes in the Post WWII Philippine-Chinese Community”，in Teresita Ang See，*The Chinese in the Philippines*：*Problems & Perspectives*，Vol. 1，Manila：Kaisa Para Sa Kaunlaran，Inc.，1997，p. 18.

⑥ 范启华、章石芳：《王宏忠先生访谈录》，马尼拉：菲律宾商总中国语言文化学院，2008 年。

的优良传统，相反地，优良的华人传统还可以增进发展中的菲律宾文化。[①] 也就是说，华菲融合也并不意味着华人要放弃自己固有的民族文化，而是要汲取菲律宾的民族文化营养，并用优秀的中华文化丰富菲律宾民族文化的内涵，以得到互通共赢的结果。不能让华文教育成为阻碍华裔青年同化的消极措施，而应通过华文教育展示中华文化的独特魅力，让博大精深的中华文化为当地社会的发展作出贡献，也进一步巩固和提升华人的社会地位。

菲律宾的文化是中西文化的一个交汇点。文明多样性是人类社会的基本特征，也是人类文明进步的重要动力。菲律宾文化就融合有中国的儒家思想和家族政治元素，语言中也有闽南语成分，只要能够有明确的政治认同，就能争取华人的民族地位、保持文化传统。也就是说，在政治上，我们是菲律宾人；在文化上，我们是菲律宾的华人。[②] 这既符合菲律宾的少数民族政策，也有利于华人族群的发展。华文教育的社会功能是推动和促进菲华族群的融合，融合与对中华文化的认同并不矛盾，华文教育应致力于培养菲律宾华人族群的中华文化特质，这种文化特质也正是菲华融合，即中华文化与菲律宾本土文化相融合的产物。华文教育的目标应该是培养出具有谋生技能、在本地能生存、又对本地有所贡献的人才，而这些人才必须具备中华文化特质。客观形势的发展和华菲的共同利益必将促进华菲进一步融合，华文教育也应该适应社会发展的需要，通过文化交流来增进两国的了解，拉近两国人民之间的距离，成为国家友好的纽带与桥梁。

中国和菲律宾是友好邻邦，都是有影响的发展中国家，发展两国关系符合两国的共同利益，有利于地区和平、稳定和繁荣，也有利于促进亚太地区的团结与合作。当前，随着中国综合国力的不断增强，中华文化的传播持续升温。但是中华民族的伟大复兴，不仅要提高物质文明建设，还要提升国家软实力。软实力是人类进步的精神财富，而中华传统文化作为软实力的核心内容，在国际政治、经济、文化和外交等领域的作用日益突出。中华文化不仅是民族凝聚力和创造力的重要源泉，也是政治价值和外交政策的重要元素，通过传播中华文化可以让世人了解中国，并提升国家的形象和亲和力。但是，无论是汉语的国际推广，还是海外华文教育，要使其持久地发展，就必须深入、系统地研究其发展规律。我们不仅要了解所在国的外在发展环境，还要了解文化传承存续的内在因素，这样才能行之有效地推动这项事业的发展。尤其是海外华人社会已经演变成为异质群体，其族群和文化认同不尽相同，甚至许多华人已完全认同和归化当地社会。邓小平

① Teresita Ang See, "Integration is not Extinction", in Teresita Ang See and Lily T. Chua, eds., *Crossroads: Short Essays on the Chinese Filipinos*, Manila: Kaisa Para Sa Kaunlaran, Inc., 1988, p. 9.

② ［菲］施振民：《文化与政治认同》，［菲］洪玉华、蔡丽丽：《十字街头：菲华社会文集》，马尼拉：菲律宾华裔青年联合会，1988 年，第 26 页。

曾指出："对外籍华人的政策和讲话要十分慎重，这是一个非常敏感的问题，特别是东南亚。"① 因此，在从事这项工作时，我们不应把华人当作华侨来对待，这样做会造成某些华人的反感，甚至使所在国政府以此为借口散布"大中华圈"的谬论。正如有些海外华人所讲，居住国是婆家，中国是娘家，他们时刻惦记娘家，也期盼娘家发展更好，但他们毕竟是婆家人，并已写入婆家的家谱。② 其实，在海外还是有许多华人对中国的发展富强感受强烈的，祖籍国的文明与强盛在某种程度上也是他们获得他人尊重的因素之一。

如今，中国的国际地位日益提升，要求了解中国和学习中国文化的外国人越来越多，这是中华文化传播过程中良好的外在推动力。在菲律宾的华校里，许多土著菲律宾人对学习华文也越来越感兴趣。特别是农村地区，菲律宾学生的人数甚至超过华人。有些菲律宾人有一种错觉，认为中国的强大归因于某些神秘的力量或者神秘的文化。因此，他们把孩子送到华校，希望通过与华人的交往吸收一些行善的准则。③ 在提升国家软实力和汉语国际推广的文化战略中，中华文化在传播的过程中要去"政治化"，避免"大轰大嗡，搞运动，宣传意味太浓，容易引起对方的怀疑和反感。这样做又恰恰违背软实力的基本特点"。④ 掌握华文教育的演变历程，深入研究多元文化架构下华文教育发展的趋势，决不能不顾所在国的教育政策和华文教育的现实状况盲目推广汉语，而应避免令所在国产生"中国欲借推广汉语之机搞文化扩张战略"这样的疑虑。"春风化雨，润物无声"，用悠久优秀的中华文化来感染对方，才是中华文化的传播之道。同时，在中外文化的交流与碰撞中，也要不断丰富中华文化的内涵，汲取世界各国文化的成就，更加主动地推进中华文化的发展和繁荣，让中华文化继续为人类文明进步作出贡献。

---

① 邓小平：《在外交部一同志来信上的批语》（1982 年 12 月 19 日），国务院侨务办公室、中共中央文献研究室编：《邓小平论侨务》，北京：中央文献出版社，2000 年，第 23 页。

② Chinben See, "Be a Good Chinese Mother-in-law", in Teresita Ang See and Lily T. Chua, eds., *Crossroads: Short Essays on the Chinese Filipinos*, Manila: Kaisa Para Sa Kaunlaran, Inc., 1988, pp. 145–146.

③ Teresita Ang See, "Integration and Identity: Social Changes in the Post WWII Philippine-Chinese Community", in Teresita Ang See, *The Chinese in the Philippines: Problems & Perspectives*, Vol. 1, Manila: Kaisa Para Sa Kaunlaran, Inc., 1997, p. 6.

④ 吴建民：《文化外交　润物无声》，《人民日报》（海外版），2007 年 7 月 27 日，第 1 版。

参考文献

一、英文部分

（一）论著

1. Aileen S. P. Baviera and Teresita Ang See, *China, Across the Seas: The Chinese as Filipinos*, Quezon City: Philippines Association for Chinese Studies, 1992.

2. Alfonso Felix Jr. ed., *The Chinese in the Philippines, 1570 – 1770*, Manila: Solidaridad Publishing House, 1966.

3. Alfonso Felix Jr. ed., *The Chinese in the Philippines, 1770 – 1890*, Manila: Solidaridad Publishing House, 1969.

4. Antonio Isidro, *Trend and Issues in Philippine Education*, Quezon City: Alemar Publishers, 1968.

5. Antonio S. Tan, *The Chinese in the Philippine, 1898 – 1935: A Study of Their National Awakening*, Quezon City: R. P. Garcia Publishing Co., 1972.

6. Antonio S. Tan, *The Chinese in the Philippines during the Japanese Occupation, 1942 – 1945*, Manila: University of the Philippines Press, 1981.

7. *Report of the Mission to the Philippines*, 28 July, 1949, Published by United Nations Educational, Scientific and Cultural Organization, Printed in France by Copyright, 1950, by UNESCO Publication.

8. Benigno Aldana, *The Educational System of the Philippines*, Manila: University Publishing Co., Inc., 1949.

9. Bernardita Reyes Churchill, ed., *An Assessment Philippine China Relations, 1975 – 1988*, Manila: De La Salle University Press, 1983

10. Charles J. Mccarthy, S. J., *Philippines-Chinese Profile: Essays & and Studies*, Manila: Pagkakaisa Sa Pag-un-lad, Inc., 1974.

11. Chiong Tan Chang, *Essays on Overseas Chinese Problems*, Taipei: Yung Shin Press, 1954.

12. David C. Cole, *The Growth and Financing of Manufacturing in the Philippines, 1948 – 1958*, Quezon City: Institute of Economic Development and Research University of the Philippines, 1962.

13. Edgar Wickberg, *The Chinese in Philippine Life, 1850 – 1898*, New Haven and London : Yale University Press, 1965.

14. Eufronio M. Alip, *Political and Cultural History of the Philippines*, Manila: Alip & Brion Publications, 1954.

15. Eufronio M. Alip, *Ten Centuries of Philippine-Chinese Relations*, Manila: Alip & Sons, Inc., 1959.

16. Francisco Benitez, *Educational Progress in the Philippines*, Prepared for the Institute of Pacific Relations, Manila, 1931.

17. Fortunato A. Battad, eds., *CLSU Heros of the Century*, Nueva Ecija: Central Luzon State University, 2007.

18. Gerald A. McBeath, *Political Integration of the Philippine Chinese*, Research Monograph No. 8, Center for South and Southeast Asia Studies, University of California, Berkeley, 1973.

19. Hsiao Shi-Ching, *Chinese-Philippine Diplomatic Relations, 1946 – 1975*, Quezon City: Bookman Printing House, 1975.

20. Jay Taylor, *China and Southeast Asia: Peking's Relations with Revolutionary Movements*, New York : Praeger, 1975.

21. Jennifer Cushman and Wang Gungwu, eds., *Changing Identities of the Southeast Asian Chinese since World War* II, Hong Kong: Hong Kong University Press, 1988.

22. John H. Romani and M. Ladd Thomas, *A Survey of Local Government in the Philippines*, Manila: Institute of Public Administration University of the Philippines, 1954.

23. Joseph Ralston Hayden, *The Philippines: A Study in National Development*, New York: The Macmillan Company, 1945.

24. Lennox A. Mills, *Southeast Asia*, Minneapolis: University of Minnesota Press, 1964.

25. Leo Suryadinata, ed., *Ethnic Chinese as Southeast Asians*, Singapore: Institute of Southeast Asian Studies, 1997.

26. Leo Suryakinata, *Pribumi Indonsians: The Chinese Minority and China*, Singapore: Heinemann, 1978.

27. Leo Suryadinata, ed., *The Ethnic Chinese in the Asain States*, Singapore: In-

stitute of Southeast Asian Studies, 1989.

28. Mc Carthy, *Philippine-Chinese Integration*, Manila: Pagkakaisa Sa Pagunlad, Inc. , 1971.

29. Patrick Pichi Sun, *Recollections of a Floating Life*, Manila, 1972.

30. Santos G. Mena, S. J. , Luceat Lux: The Story of Xavier School (Kuang Chi), Vol. 1 , *The Desautels Years (1956 – 1967)*, Manila: Kadena Press Foundation, Inc. , 2005.

31. See Stephen Fitzgerald, *China and the Overseas Chinese : A Study of Peking's Changing Policy, 1949 – 1970*, London: Cambridge University Press, 1972.

32. Shubert S. C. Liao, *Chinese Participation in Philippine Culture and Economy*, Manila: University of the East, 1964.

33. Somers Mary F. , *Southeast Asia's Chinese Minorities*, Hawthorn, Vic. : Longman, 1974.

34. T. Ruanni, F. Tupas and Bourdieu, *Historical Forgetting and the Problem of English in the Philippines*, Philippine Studies, 2008.

35. The Board of Educational Survey, ed. , *A Survey of the Educational System of the Philippine Islands*, Manila: Bureau of Printing, 1925.

36. Teresita Ang See and Lily T. Chua, eds. , *Crossroads: Short Essays on the Chinese Filipinos*, Manila: Kaisa Para Sa Kaunlaran, Inc. , 1988.

37. Teresita Ang See, *The Chinese in the Philippines: Problems & Perspectives*, Vol. 1 – 2, Manila: Kaisa Para Sa Kaunlaran, 1997.

38. Teresita Ang See and Go Bon Juan, *The Ethnic Chinese in the Philippine Revolution*, Manila: Kaisa Para Sa Kaunlaran, Inc. , 1996.

39. Theresa Chong Carino, *Chinese in the Philippines*, De La Salle University Research Center, 1985.

40. Theresa Chong Carino, *Chinese Big Business in the Philippines: Political Leadership and Change*, Singapore: Times Academic Press, 1998.

41. Victor Purcell, *The Chinese in Southeast Asia*, London: Oxford University Press, 1966.

42. Victor Simpao Limlingan, *The Overseas Chinese in Asia: Business Strategies and Management Practices*, Manila: Vita Development Corporation, 1986.

43. Yolanda V. Javier, *The Filipinos: Their Education Yesterday and Today*, Manila: Ernest Printing, 2005.

（二）论文

1. Alieen S. P. Baviera, Contemporary Political Attitudes and Behavior among Metro Manila-Based Chinese Filipinos, *China Currents*, 1993, Vol. 4, No. 4, and 1994, Vol. 5.

2. Edgar Wickberg, Some Comparative Perspectives on Contemporary Chinese Ethnicity in the Philippines, *Asian Culture*, 1990, No. 14.

3. Emma L. Chua, Hong Kong-Taiwan Relations after 1997: Implications for the Philippines, *China Currents*, 1994., Vol. 5, No. 1.

4. George H. Weightman, The Philippine-Chinese Image of the Filipino, *Pacific Affairs*, 1968, Vol. 40.

5. Jonathan Friedland, Lucio's King-size Luck, *Far Eastern Economic Review*, 1988, No. 142.

6. J. Cayce Morrison, Public Education in the Philippines—Footnote to the Future, *The Scientific Monthly*, 1953, Vol. 76.

7. Justus M. van der Kroef, Philippine Communism and the Chinese, *The China Quaterly*, 1967, No. 30.

8. Patricia G. Barnett, The Chinese in Southeastern Asia and the Philippines, *Annals of the American Academy of Political and Social Science*, Vol. 226.

9. Pauline Crumb Smith, A Basic Problem in Philippine Education, *The Far Eastern Quarterly*, 1945, Vol. 4, No. 2.

10. Pedro T. Orata, Philippine Education Today, *International Review of Education*, 1956, Vol. 2, No. 2.

11. Rigobert Tiglao, Chinese-Filipinos Create an Economic Power Base, *Far Eastern Economic Review*, 1990, No. 147.

12. Russell McCulloch, Story, The Problem of the Chinese in the Philippines, *The American Political Science Review*, Vol. 3, No. 1.

13. Sheldon Appleton, Communism and the Chinese in the Philippines, *Pacific Affairs*, Vol. 32, No. 4.

14. Sheldon Appleton, Overseas Chinese and Economic Nationalization in the Philippines, *The Journal of Asian Studies*, Vol. 19, No. 2.

15. Stuart A. Anderson, The Community School in the Philippines, *The Elementary School Journal*, 1956, Vol. 58, No. 6.

16. Theresa Chong Carino, Harnessing Philippine-Chinese Capital for Develop-

ment, *China Currents*, 1994, Vol. 5, No. 2.

17. Theresa Chong Carino, Visiting China Officially: A first for the Federation, *China Currents*, 1994, Vol. 5, No. 3.

18. Willy Lim Laohao, The Overseas Chinese and China's Economic Modernization, *China Currents*, 1992, Vol. 3 No. 4.

19. Willy Lim Laohoo, Filipinos Reactions to Philippine Chinese Investments, *China Currents*, 1993, Vol. 4, No. 4.

20. William R. Wood, Rebuilding the Philippine Schools, *The English Journal*, 1948, Vol. 37, No. 1.

二、中文部分

（一）会刊、华校纪念刊

1.《春风化雨——密三密斯光华中学七十周年校庆纪念刊》，密三密斯：光华中学，2006 年。

2.《春华秋实——计顺菲华中学创校四十周年纪念特刊》，马尼拉：计顺菲华中学，2004 年。

3.《菲华联谊会第四次全菲代表工作会议特刊》，马尼拉：菲华联谊会，1996 年。

4.《菲华年鉴》（1964—1965），马尼拉：菲华商联总会，1965 年。

5.《菲华商联总会红宝石银禧纪念特刊》，马尼拉：菲华商联总会，1994 年。

6.《菲华商联总会银禧纪念特刊》，马尼拉：菲华商联总会，1980 年。

7.《菲华一代教育家——纪念庄校长材保先生》，马尼拉：华侨中学，1988 年。

8.《菲律宾华侨善举公所百年大庆纪念刊》，马尼拉：菲律宾华侨善举公所，1978 年。

9.《菲律宾华侨善举公所九十周年纪念刊》，马尼拉：菲律宾华侨善举公所，1968 年。

10.《菲律宾华人——〈菲华时报〉创刊五周年特刊》，马尼拉：菲华时报，1988 年。

11.《菲律宾华文教育综合年鉴》，马尼拉：菲律宾华教中心，2008 年。

12.《菲律宾岷里拉中华商会七十周年纪念刊》，马尼拉：菲华岷里拉中华商会，1975 年。

13.《菲律宾岷里拉中华商会三十周年纪念刊》，马尼拉：菲华岷里拉中华商会，1936 年。

14.《菲律宾岷里拉中华商会五十周年纪念刊》，马尼拉：菲华岷里拉中华商会，1955 年。

15.《菲律宾中西学院百年纪念暨迈进新世纪纪念刊》，马尼拉：菲律宾中西学院，2009 年。

16.《拉允隆中华初级中学暨附小复校二十周年纪念特刊》，拉允隆：拉允隆文化书院，1967 年。

17.《马尼拉中西学校七十周年校庆纪念特刊》，马尼拉：中西学校，1969 年。

18.《荣神益人——嘉南中学创校六十周年纪念特刊》，马尼拉：嘉南中学，2006 年。

19.《三宝颜中华中学庆祝创校七十周年纪念特刊》，三宝颜：三宝颜中华中学，1989 年。

20.《商总廿年》（商总成立二十周年纪念特刊），马尼拉：菲华商联总会，1975 年。

21.《王故校长泉笙先生逝世五十周年纪念特辑》，马尼拉：王故校长泉笙纪念基金会，2006 年。

22.《小吕宋华侨中西学校三十周年纪念刊》，马尼拉：小吕宋华侨中西学校，1929 年。

（二）论著

1.［澳］王赓武著，姚楠编译：《东南亚与华人——王赓武教授论文选集》，北京：中国友谊出版公司，1986 年。

2.［澳］王赓武著，姚楠译：《南海贸易与南洋华人》，香港：中华书局香港分局，1988 年。

3.［澳］王赓武：《中国与海外华人》，香港：商务印书馆，1994 年。

4.［澳］颜清湟：《东南亚华人之研究》，香港：香港社会科学出版社有限公司，2008 年。

5.［菲］鲍事天：《诗田言论选集》，马尼拉：菲律宾中正学院诗田文教基金会，1991 年。

6.［菲］鲍事天：《养浩集》，马尼拉：菲律宾中正学院诗田文教基金会，1996 年。

7. 别必亮：《承传与创新：近代华侨教育研究》，石家庄：河北教育出版社，2001 年。

8. 蔡景福：《中菲问题论丛》，台北：展望杂志出版社，1983 年。

9. 曹云华：《变异与保持——东南亚华人的文化适应》，北京：中国华侨出版社，2001 年。

10. 曹云华等：《东南亚华人的政治参与》，北京：中国华侨出版社，2004 年。

11. 常大群：《对外汉语教学与中国文化》，厦门：厦门大学出版社，2003 年。

12. 陈碧笙：《南洋华侨史》，南昌：江西人民出版社，1989 年。

13. 陈传仁：《海外华人的力量——移民的历史和现状》，北京：世界知识出版社，2007 年。

14. 陈达：《南洋华侨与闽粤社会》，香港：商务印书馆，1994 年。

15. 陈鸿瑜：《菲律宾史——东西文明交会的岛国》，台北：三民书局，2003 年。

16. 陈鸿瑜：《菲律宾的政治发展》，台北：台湾商务印书馆股份有限公司，1980 年。

17. 陈怀东：《海外华人经济概论》，台北：黎明文化事业公司，1986 年。

18. 陈嘉庚：《南侨回忆录》，香港：草原出版社，1979 年。

19. 陈剑秋：《菲律宾华侨概况》，台北：正中书局，1988 年。

20. 陈荆和：《十六世纪之菲律宾华侨》，香港：新亚研究所东南亚研究室，1963 年。

21. ［菲］陈烈甫：《菲律宾的历史与中菲关系的过去与现在》，台北：正中书局，1968 年。

22. ［菲］陈烈甫：《菲律宾民治制度的理论与实际》，台北：正中书局，1969 年。

23. ［菲］陈烈甫：《菲律宾华侨教育》，台北：海外出版社，1958 年。

24. ［菲］陈烈甫：《菲律宾的民族文化与华侨同化问题》，台北：正中书局，1986 年。

25. ［菲］陈烈甫：《东南亚洲的华侨华人与华裔》，台北：正中书局，1983 年。

26. ［菲］陈烈甫：《华侨学与华人学总论》，台北：台湾商务印书馆股份有限公司，1987 年。

27. ［菲］陈烈甫：《菲律宾与中菲关系》，香港：南洋研究出版社，

1955 年。

28. ［菲］陈烈甫：《菲律宾对外关系》，台北：正中书局，1974 年。

29. ［菲］陈烈甫：《马可仕治下的菲律宾》，台北：台湾商务印书馆股份有限公司，1983 年。

30. ［菲］陈烈甫：《菲律宾的资源经济与菲化政策》，台北：正中书局，1969 年。

31. 陈荣岚：《全球化与本土化：东南亚华文教育发展策略研究》，厦门：厦门大学出版社，2007 年。

32. 陈台民：《菲律宾华侨史话》，香港：益群出版社，1961 年。

33. 陈台民：《中菲关系与菲律宾华侨》，香港：朝阳出版社，1985 年。

34. 陈文寿：《华侨华人新论》，北京：中国华侨出版社，1997 年。

35. 陈衍德：《对抗、适应与融合》，长沙：岳麓书社，2004 年。

36. 陈衍德：《现代中的传统：菲律宾华人社会研究》，厦门：厦门大学出版社，1998 年。

37. 陈正良：《中国“软实力”发展战略研究》，北京：人民教育出版社，2008 年。

38. 程希：《侨务与外交关系研究——中国放弃“双重国籍”的回顾与反思》，北京：中国华侨出版社，2005 年。

39. 崔贵强：《新马华人国家认同的转向（1945—1959）》，厦门：厦门大学出版社，1989 年。

40. 邓英达：《我在商总三十年》，马尼拉：菲华商联总会，1988 年。

41. 杜乃济：《增进中菲实质关系之研究》，台北：台湾商务印书馆，1984 年。

42. 范玉春：《移民与中国文化》，桂林：广西师范大学出版社，2005 年。

43. 方金英：《东南亚“华人问题”的形成与发展》，北京：时事出版社，2001 年。

44. 陈守国著，［菲］吴文焕译：《华人混血儿与菲律宾民族的形成》，马尼拉：菲律宾华裔青年联合会，1989 年。

45. 陈守国著，施华谨译：《菲律宾五百年的反华歧视》，马尼拉：菲律宾华裔青年联合会，1989 年。

46. ［菲］格雷戈里奥 · F. 赛义德著，吴世昌译：《菲律宾共和国历史、政府与文明》，北京：商务印书馆，1979 年。

47. ［菲］洪玉华、蔡丽丽：《十字街头：菲华社会文集》，马尼拉：菲律宾华裔青年联合会，1988 年。

48. ［菲］洪玉华：《华人——东南亚变化中的认同和关系国际会议论文集》，马尼拉：菲律宾华裔青年联合会，1994 年。

49. ［菲］洪玉华：《华人移民——施振民教授纪念文集》，马尼拉：菲律宾华裔青年联合会、拉剎大学，1992 年。

50. ［菲］洪玉华：《融合——菲律宾华人》（第一集），马尼拉：菲律宾华裔青年联合会，1990 年。

51. ［菲］洪玉华：《融合——菲律宾华人》（第二集），马尼拉：菲律宾华裔青年联合会，1997 年。

52. 美国新闻处：《菲律宾的过去、现在和将来》，1945 年。

53. 菲律宾华教中心编：《2004—2005 年度华语督导看华校华语教学》，马尼拉：菲律宾华教中心出版部，2005 年。

54. 《菲律宾华人问题文集》，马尼拉：《世界日报》“华人天地”编辑部，1985 年。

55. ［菲］吴文焕：《菲律宾华人社会经济实况（1948）》，马尼拉：菲律宾华裔青年联合会，2002 年。

56. ［菲］吴文焕：《华人的文化适应和文化改造》，马尼拉：菲律宾华裔青年联合会，2000 年。

57. ［菲］吴文焕、王培元：《纪念排华法一百周年》，马尼拉：菲律宾华裔青年联合会，2002 年。

58. ［菲］吴文焕：《血的教训——纪念一六〇三年大屠杀四百周年》，马尼拉：菲律宾华裔青年联合会，2003 年。

59. ［菲］赵多洛·A. 阿银丝溜著，［菲］吴文焕译：《菲律宾简史》，马尼拉：菲律宾华裔青年联合会，1996 年。

60. 高祖儒：《华商拓殖菲岛史略》，马尼拉：泛亚出版印务公司，1969 年。

61. 葛剑雄、安介生：《四海同根——移民与中国传统文化》，太原：山西人民出版社，2004 年。

62. 龚陶怡：《菲律宾华侨归侨爱国丹心录》，北京：华文出版社，2002 年。

63. 国家广播电影电视总局培训中心：《东盟广播电视发展概况》，北京：中国广播电视出版社，2008 年。

64. 郭梁：《东南亚华侨华人经济简史》，北京：经济科学出版社，1998 年。

65. 郭梁：《战后海外华人变化——国际学术研讨会论文集》，北京：中国华侨出版社，1990 年。

66. 何若庸：《菲化十二年与华侨》，香港：东南亚研究所，1966 年。

67. 何晓东：《菲律宾古代史》，台北：三民书局，1976 年。

68. 何懿：《菲律宾华教透视和思考》，马尼拉：菲律宾华教中心出版部，2006 年。

69. 贺圣达：《东南亚文化发展史》，昆明：云南人民出版社，1996 年。

70. 洪霞：《和平之途——当代世界移民问题与种族关系》，南京：南京出版社，2006 年。

71. 胡才：《当代菲律宾》，成都：四川人民出版社，1994 年。

72. 黄栋星：《菲华大班——陈永栽》，香港：明窗出版社有限公司，1999 年。

73. 黄昆章：《印度尼西亚华文教育发展史》，北京：外语教学与研究出版社，2007 年。

74. 黄明德：《菲律宾华侨经济》，台北：海外出版社，1956 年。

75. 黄滋生著，[菲] 吴文焕编：《菲华问题论辩——黄滋生教授论文选编》，马尼拉：菲律宾华裔青年联合会，1999 年。

76. 黄滋生、何思兵：《菲律宾华侨史》，广州：广东高等教育出版社，1987 年。

77. 暨南大学东南研究所、广州华侨研究会编著：《战后东南亚国家的华侨华人政策》，广州：暨南大学出版社，1989 年。

78. 暨南大学东南亚研究所编：《战后东南亚国家的华侨华人政策》，广州：暨南大学出版社，1989 年。

79. [加] 魏安国著，[菲] 吴文焕译：《菲律宾生活中的华人：1850—1898》，马尼拉：世界日报社、菲律宾华裔青年联合会，1989 年。

80. 贾莉：《美国华人移民子女语言社会化研究》，开封：河南大学出版社，2008 年。

81. 教育大辞典编撰委员会编：《教育大辞典》（第四卷），上海：上海教育出版社，1990 年。

82. 金应熙主编：《菲律宾史》，开封：河南大学出版社，1990 年。

83. 赖舶疆：《东南亚华文戏剧概观》，北京：中国戏剧出版社，1993 年。

84. 李长傅：《中国殖民史》，北京：商务印书馆，1998 年。

85. 李道湘、于铭松：《中华文化与民族凝聚力》，北京：中央编译出版社，2007 年。

86. 李国春：《本土与母土——东南亚华文诗歌研究》，香港：银河出版社，2008 年。

87. 李明欢：《当代海外华人社团研究》，厦门：厦门大学出版社，1995 年。

88. 李朴生：《我可佩的华侨朋友》，台北：正中书局，1958 年。

89. 李如龙：《东南亚华人语言研究》，北京：北京语言文化大学出版社，1999 年。

90. 李天锡：《华侨华人民间信仰研究》，北京：中国文联出版社，2001 年。

91. 李未醉：《中外文化交流与华侨华人研究》，北京：华龄出版社，2006 年。

92. 李亦园、郭振羽：《东南亚华人社会研究》（上册、下册），台北：正中书局，1985 年。

93. 李盈慧：《华侨政策与海外民族主义（1912—1949）》，台北：国史馆，1997 年。

94. 梁英明：《东南亚史》，北京：人民出版社，2010 年。

95. 梁英明、梁志明：《东南亚近代史》（上册、下册），北京：昆仑出版社，2007 年。

96. 梁英明：《战后东南亚华人社会变化研究》，北京：昆仑出版社，2001 年。

97. 梁志明：《殖民主义史》（东南亚卷），北京：北京大学出版社，1999 年。

98. 廖小健：《战后各国华侨华人政策》，广州：暨南大学出版社，1995 年。

99. 林金枝等：《华侨与中国革命和建设》，福州：福建人民出版社，1993 年。

100. 林蒲田：《华侨教育与华文教育的史和论》，厦门：厦门大学出版社，2008 年。

101. 林蒲田：《华侨教育与华文教育概论》，厦门：厦门大学出版社，1995 年。

102. 林懋义：《菲华集》，马尼拉：菲律宾华文教育研究中心，1998 年。

103. 刘浩然：《中菲关系史初探》，泉州：泉州市菲律宾归侨联谊会、泉州市刺桐文史研究社，1991 年。

104. 刘家驹：《菲律宾菲化运动之研究》，香港：学津书店，1983 年。

105. 刘芝田：《菲律宾华侨史》，台北：海外文库，1958 年。

106. 刘芝田：《菲律宾民族的渊源》，香港：东南亚研究所、菲华历史学会，1970 年。

107. 刘芝田：《中菲关系史》，台北：正中书局，1956 年。

108. 卢增绪：《菲华教育论丛》，台北：文史哲出版社，2003 年。

109. 马燕冰、黄莺编著：《菲律宾》，北京：社会科学文献出版社，2007 年。

110. ［美］贝丝·戴·罗慕洛著，李延凌等译：《菲律宾政坛回忆》，南宁：广西人民出版社，1992 年。

111. ［美］克莱德·M. 伍兹著，何瑞福译：《文化变迁》，石家庄：河北人民出版社，1989 年。

112. ［美］塞缪尔·亨廷顿特著，周琪等译：《文明的冲突与世界秩序的重建》，北京：新华出版社，2002 年。

113. ［美］沈已尧：《海外排华百年史》，北京：中国社会科学出版社，1985 年。

114. ［美］徐国琦著，马建标译：《中国与大战——寻求新的国家认同与国际化》，上海：上海三联书店，2008 年。

115. ［美］詹森著，［菲］吴文焕译：《美统时期的菲律宾华人：1898—1946》，马尼拉：菲律宾华裔青年联合会、世界日报社，1991 年。

116. 彭伟步：《东南亚华文报纸研究》，北京：社会科学文献出版社，2005 年。

117. 侨务委员会编：《十年侨务特刊》，重庆：侨务会。

118. 邱荣章等：《菲律宾华侨与抗日战争》，香港：荣誉出版有限公司，1999 年。

119. 任娜：《菲律宾社会生活中的华人（1935—1965）——从族际关系的角度所作的探索》，贵阳：贵州人民出版社，2004 年。

120. ［菲］邵建寅：《中正五年》，马尼拉：菲律宾中正学院校友会，2008 年。

121. 施良：《菲律宾研究》，上海：正中书局，1947 年。

122. 宋平：《承继与嬗变：当代菲律宾华人社团比较研究》，厦门：厦门大学出版社，1995 年。

123. 孙浩良：《海外华文教育》，上海：上海人民出版社，2007 年。

124. 孙晶：《文化霸权理论研究》，北京：社会科学文献出版社，2004 年。

125. 王澄讴：《中菲关系纪实》，马尼拉：世界日报社、菲律宾华裔青年联合会，2008 年。

126. 王海伦：《华文教育在东南亚之展望》，台北：中央日报社出版部，2000 年。

127. 王宏志：《菲律宾师范教育制度之研究》，台北：正中书局，1965 年。

128. 王列耀：《隔海之望——东南亚华人文学中的“望”与“乡”》，北京：中国社会科学出版社，2005 年。

129. 王萍、官曼莉：《杭立武先生访问纪录》，台北：中央研究院近代史研究所，1990 年。

130. 王寿南、陈水逢：《菲律宾外交政策》，台北：台湾商务印书馆股份有限公司，1987 年。

131. 王望波：《改革开放以来东南亚华商对中国大陆的投资研究》，厦门：厦门大学出版社，2004 年。

132. 王晓德：《美国文化与外交》，天津：天津教育出版社，2008 年。

133. 温广益主编：《二战后东南亚华侨华人史》，广州：中山大学出版社，2000 年。

134. 巫乐华：《南洋华侨史话》，北京：商务印书馆，2004 年。

135. 吴景宏：《菲律宾纵横谈》，台北：荣泰印书馆，1966 年。

136. 吴景宏：《中菲关系论丛》，新加坡：青年书局，2006 年。

137. 吴前进：《国际关系中的华侨华人和华族》，北京：新华出版社，2003 年。

138. 夏诚华：《民国以来的侨务与侨教研究》（1912—2004），新竹：玄奘大学海外华人研究中心，2005 年。

139. 萧曦清：《中菲外交关系史》，台北：正中书局，1995 年。

140. 许永璋：《菲律宾独立战争》，北京：商务出版社，1987 年。

141. 薛君度、曹云华：《战后东南亚华人社会变迁》，北京：中国华侨出版社，1999 年。

142. 杨建成：《菲律宾的华侨》，台北：中华学术院南洋研究所，1984 年。

143. 杨建成：《三十年代菲律宾华侨商人》，台北：中华学术院南洋研究所，1986 年。

144. 杨万秀、罗晃潮：《中华文化与海外华侨华人》，广州：广州出版社，1998 年。

145. 虞宝竹：《华人世界》（第二辑），北京：中国言实出版社，2000 年。

146. 郁汉良：《华侨教育发展史》，台北：国立编译馆，2001 年。

147. 曾少聪：《东洋航路移民——明清海洋移民台湾与菲律宾的比较研究》，南昌：江西高校出版社，1998 年。

148. 曾少聪：《漂泊与根植：当代东南亚华人族群关系研究》，北京：中国社会科学出版社，2004 年。

149. 张存武、王国璋：《菲华商联总会之兴衰与演变：1954—1998》，台北：中央研究院近代史研究所，2002 年。

150. 张存武等编：《菲律宾华侨华人访问纪录》，台北：中央研究院近代史研究所，1996 年。

151. 张西平、柳若梅：《世界主要国家语言推广政策概览》，北京：外语教学与研究出版社，2008 年。

152. 赵江林、孟东梅：《菲律宾——奇丽的岛国》，香港：香港城市大学出版社，2005 年。

153. 赵康太、李英华：《中国传统思想道德与东南亚伦理》，北京：中国社会科学出版社，2007 年。

154. 赵振祥：《东南亚华文传媒研究》，北京：世界知识出版社，2007 年。

155. 赵振祥等：《菲律宾华文报史稿》，北京：世界知识出版社，2006 年。

156. 郑良树：《马来西亚华文教育发展简史》，北京：外语教学与研究出版社，2007 年。

157. 郑一省：《多重网络的渗透与扩张》，北京：世界知识出版社，2006 年。

158. 中山大学东南亚历史研究所编：《中国古籍有关菲律宾资料汇编》，广州：中华书局，1980 年。

159. 周南京：《菲律宾与华人》，马尼拉：菲律宾华裔青年联合会，1993 年。

160. 周南京：《菲律宾与菲华社会》，香港：香港社会科学出版社，2007 年。

161. 周南京：《华侨华人问题概论》，香港：香港社会出版社有限公司，2003 年。

162. 周南京：《世界华侨华人词典》，北京：北京大学出版社，1993 年。

163. 周南京、凌彰、[菲] 吴文焕：《黎萨尔与中国》，香港：南岛出版社，2001 年。

164. 周南京主编：《华侨华人百科全书》，北京：中国华侨出版社，2000 年。

165. 周胜皋编：《海外华文学校教育》，台北：侨务委员会侨务研究室，1969 年。

166. 周小兵、谭铭章主编：《东西方文教的桥梁》，广州：广东人民出版社，1997 年。

167. 周聿峨：《东南亚华文教育》，广州：暨南大学出版社，1995 年。

168. 朱东芹：《冲突与融合：菲华商联总会与战后菲华社会的发展》，厦门：厦门大学出版社，2005 年。

169. 庄国土：《华侨华人与中国的关系》，广州：广东高等教育出版社，2001 年。

170. 庄国土：《中国封建政府的华侨政策》，厦门：厦门大学出版社，1989 年。

171. 庄国土等：《二战以后东南亚华族社会地位的变化》，厦门：厦门大学出版社，2003 年。

172. 庄国土、刘文正：《东亚华人社会的形成和发展：华商网络、移民与一体化趋势》，厦门：厦门大学出版社，2009 年。

173. 庄炎林：《世界华人精英传略 · 菲律宾卷》，南昌：百花洲文艺出版社，1997 年。

（三）博士、硕士论文

1. 曹云华：《从文化适应的角度看东南亚华人与当地的关系》，暨南大学博士学位论文，2001 年。

2. 邓国宏：《东南亚华族和主体民族的融合》，北京大学博士学位论文，2006 年。

3. 范启华：《教育菲化案及其对菲律宾华文教育的影响》，福建师范大学硕士学位论文，2008 年。

4. 韩瑞凤：《冷战后菲律宾与泰国华文教育比较》，暨南大学硕士学位论文，2006 年。

5. 林惠阳：《菲律宾华人社会之研究》，（台湾）私立中国文化学院民族与华侨研究所硕士学位论文，1977 年。

6. 林若蒂：《菲律宾华侨地位转变之研究》，（台湾）私立中国文化学院民族与华侨研究所硕士学位论文，1979 年。

7. 卢飞斌：《菲律宾华族中学生族群认同特点及其相关因素研究》，福建师范大学硕士学位论文，2010 年。

8. 陆建胜：《菲律宾华校的华文教育》，（台湾）国立暨南国际大学硕士学位论文，2001 年。

9. 彭俊：《华文教育》，上海师范大学博士学位论文，2004 年。

10. 杨英武：《战后菲律宾华侨地位与处境之研究》，（台湾）国立政治大学研究所硕士学位论文，1972 年。

11. 周东华：《1972 年菲律宾“戒严法政府”的起源》，北京大学博士学位论文，2006 年。

（四）期刊论文

1. ［澳］王赓武著，蔡仁龙译：《东南亚的华人少数民族》，《南洋资料译丛》1981 年第 1 期。

2. ［澳］王赓武著，林金枝译：《东南亚华人认同问题的研究》，《南洋资料译丛》1986 年第 4 期。

3. 包爱芹：《南京国民政府的华侨教育政策与措施》，《华侨华人历史研究》2006 年第 4 期。

4. ［菲］鲍事天著，邓宜正译：《菲律宾关闭侨校问题》，《侨务月报》1964 年第 142 期。

5. 别必亮：《近代国内华侨教育的政策与措施》，《史学月刊》2001 年第

5 期。

6. 蔡雅琳：《菲律宾的华侨与侨教》，《华侨问题论文集》，1978 年。

7. 蔡奕俊：《风雨四十年：在大陆与台湾间的东南亚华人》，《东南亚研究》1995 年第 1 期。

8. 曹云华：《试论菲律宾华人与当地民族的关系》，《东南亚研究》2001 年第 5 期。

9. 曹云华：《转型期的菲律宾华人社会》，《八桂侨史》1999 年第 3 期。

10. 陈超逯：《战后中外学者菲律宾华人社会研究简介》，《东南亚研究》1987 年第 1 ~2 期。

11. ［菲］陈烈甫：《菲律宾的华侨教育》，《教育与文化》，1956 年。

12. ［菲］陈烈甫：《菲律宾华侨教育的双重学制问题》，《华侨教育》1958 年第 2 期。

13. 陈明：《菲岛侨教再遇风暴》，《新闻天地》1960 年第 666 期。

14. 陈明远：《菲戒严一年来的华侨》，《新闻天地》1973 年第 1340 期。

15. 陈尚文：《菲律宾华侨学校第三次代表大会的成就》，《侨务月报》1961 年第 107 期。

16. 陈衍德：《试论菲华社会的宗教融合》，《世界宗教研究》1995 年第 1 期。

17. 陈衍德：《变迁中的文化　现代中的传统——从个人、家庭、家族看菲律宾华人》，《南洋问题研究》1997 年第 4 期。

18. 陈衍德：《战后菲律宾华人经济的发展与变迁（1945—1955）》，《华侨华人历史研究》1997 年第 3 期。

19. 崔运武、胡恒富：《论菲律宾政党政治的特点及其与政治文化的关系》，《南洋问题研究》1998 年第 2 期。

20. 代帆、张秀三：《论海外华侨华人的文化认同》，《东南亚》2002 年第 1 期。

21. 方玉芬：《试析清末民初华侨教育考察的历史及影响》，《八桂侨刊》2008 年第 3 期。

22. ［菲］艾伦 · 帕兰卡：《菲华的经济地位》，《南洋资料译丛》1988 年第 1 期。

23. ［菲］蔡沧江：《菲律宾华人文化与华文文学概说》，《华文文学》2001 年第 3 期。

24. ［菲］德里西塔 · 昂 · 西：《华人在菲律宾的政治地位》，《南洋资料译丛》1994 年第 Z1 期。

25. ［菲］德里西塔·昂·西著，冬青译：《融合和认同：二次大战后菲律宾华人社会的社会变化》，《南洋资料译丛》1989 年第 3 期。

26.《菲华侨校问题》，《侨联》1964 年第 55 期。

27. ［菲］卡利托·S. 布诺著，艾石译：《菲律宾的华文教育》，《民族译丛》1992 年第 4 期。

28. ［菲］罗伯特·蔡，独东译：《国籍问题和国民经济》，《华侨华人历史研究》1988 年第 3 期。

29.《菲律宾华侨学校现况》，《侨讯》1967 年第 339 期。

30. ［菲］潘露莉：《菲律宾华人的属性认同与菲律宾华人教育》，《华侨华人历史研究》1996 年第 2 期。

31. ［菲］特里萨·钟·卡里诺著，胡杨译：《菲律宾华人的领导和组织：延续和变化》，《南洋资料译丛》1989 年第 3 期。

32. ［菲］吴文焕：《从生产方式看菲华经济的变化》，《华侨华人历史研究》1989 年第 3 期。

33. 郭梁：《试论战后菲律宾政府的华侨政策》，《华侨华人历史研究》1986 年第 3 期。

34. 郭梁：《战后菲律宾华侨政策和华侨同化》，《南洋问题研究》1986 年第 3 期。

35. 何安举：《战后菲律宾华人参政的发展》，《东南亚学刊》1989 年第 6 期。

36. ［菲］洪玉华著，黄滋生译：《菲律宾华人的形象》，《东南亚研究》1994 年第 1 期。

37. 黄明滢：《从侨民到公民：战后菲律宾华人社会地位的提升》，《东南学术》2003 年第 2 期。

38. 黄猷：《菲律宾经济、政治和华侨华人社会》，《南洋问题》1984 年第 1 期。

39. 黄滋生：《菲律宾华人的同化和融合过程》，《东南亚研究》1998 年第 5 ~ 6 期。

40. 黄滋生：《菲律宾华人社会的若干情况》，《华侨与华人》1989 年第 2 期。

41. 黄滋生：《浅析战后东南亚国家的排华及其趋势》，《华侨华人历史研究》1993 年第 3 期。

42. 黄滋生：《试论菲化运动对华人社会的客观正面影响》，《华侨华人历史研究》1993 年第 4 期。

43. 黄滋生：《战后菲律宾华侨政策演变剖析》，《华侨华人历史研究》1989年第3期。

44. 冀满红：《论晚清政府对东南亚华侨的保护政策》，《东南亚研究》2006年第2期。

45. ［菲］加里·霍斯著，其实译：《马科斯、其密友和菲律宾经济发展的失败》，《南洋资料译丛》1995年第3~4期。

46. 李定国：《中菲建交和菲律宾华人的整合问题》，《华侨华人历史研究》1992年第2期。

47. 李国梁：《试论战后菲律宾政府的华侨政策》，《华侨历史》1986年第3期。

48. 李国卿：《菲律宾华侨资本及其面临的问题》，《东南亚研究资料》1984年第3期。

49. 李嘉郁：《近20年华文教育形势浅析》，《八桂侨刊》2005年第4期。

50. 李建敏：《菲律宾华人经济发展剖析》，《亚太经济》1994年第6期。

51. 李天锡：《华文功能的扩大与海外华文教育的前景》，《八桂侨刊》2004年第4期。

52. 李兴、刘权：《东南亚华人社团的复兴与重新定位》，《东南亚纵横》2002年第5期。

53. 林金枝：《战后海外华侨华人社会的变化及其特点》，《华侨大学学报》1993年第3期。

54. 林云、曾少聪：《族群认同：菲律宾华人认同的变迁》，《当代亚太》2006年第6期。

55. 刘利：《论晚清时期的华侨教育》，《暨南大学华文学院学报》2007年第4期。

56. 卢增绪：《菲律宾华文学校之困境及其突破》，《东南亚华人教育国际研讨会论文集》，1995年。

57. 卢作新：《菲律宾政党及其对华侨政策》，《华侨问题论文集》，1973年。

58. 骆莉：《二战后东南亚华人的身份认同问题》，《东南亚研究》2000年第5~6期。

59. ［美］加思·亚历山大，梁上苑译：《轰动一时的〈华侨商报〉案——记菲华报人于长城兄弟被逐出境的始末》，《南洋资料译丛》1987年第1期。

60. 莫尚福：《菲律宾华人与中菲关系》，《东南亚纵横》1999年第5~6期。

61. 潘肇英：《菲律宾的华文学校（上）》，《华文世界》1977年第10期。

62. 潘肇英：《菲律宾的华文学校（下）》，《华文世界》1977年第10期。

63. 彭调鼎:《东南亚华文教育的概况及发展前景》,《云南教育学院学报》1997 年第 4 期。

64. 彭震球:《菲华侨中学校之改制问题》,《华侨问题论文集》, 1962 年。

65. 邱建章:《论晚清政府的华侨教育政策》,《河南大学学报》（社会科学版）2002 年第 4 期。

66. 瞿述祖:《菲律宾的华侨教育》,《台湾教育辅导月刊》1961 年第 11 期。

67. S. 阿普列顿著, 蔡寿庚译:《菲律宾华侨与菲律宾经济民族化》,《南洋资料译丛》1965 年第 3 ~4 期。

68. 孙俊华:《周恩来总理解决华侨双重国籍问题》,《文史精华》2007 年第 2 期。

69. ［菲］邵建寅:《菲律宾华文学校之过去、现在及未来》,《华文世界》1994 年第 72 期。

70. 沈红芳:《菲律宾华校的嬗变及其诱因探析》,《华侨华人历史研究》2004 年第 2 期。

71. 沈红芳:《中国与菲律宾经济关系研究》,《南洋问题研究》1997 年第 3 期。

72. ［菲］洪玉华:《菲律宾政治过程中的华人: 从零售商菲化到放宽零售业》,《海外华人研究》, 1995 年。

73. 施雪琴:《论菲律宾华文教育的发展阶段及其特征》,《南洋问题研究》1996 年第 1 期。

74. 宋平:《论战后菲律宾华人社团的当地化》,《厦门大学学报》（哲学社会科学版）1995 年第 3 期。

75. 宋平:《试论菲华商联总会》,《福建论坛》1996 年第 1 期。

76. ［新加坡］特蕾莎·卡里诺著, 黄滋生译:《菲律宾华人与政治融合初探》,《华侨华人历史研究》1990 年第 3 期。

77. 王殿卿:《菲律宾华人社会与华文教育》,《思想、理论、教育》2003 年第 9 期。

78. 王觉源:《菲化法案下的今日华侨》,《革命思想》, 1965 年。

79. 王慕恒:《战后菲律宾的经济发展战略》,《南洋问题》1984 年第 2 期。

80. 王日根:《菲律宾华人社会对民间教育的投入》,《教育评论》2000 年第 1 期。

81. 王日根:《菲华商联总会的发展轨迹探析》,《世界经济与政治论坛》2000 年第 5 期。

82. 王日根:《菲律宾华人社会文化脉动浅识》,《华侨华人历史研究》1998

年第 4 期。

83. 王燕燕:《台湾在菲律宾发展华文教育述论》,《台湾研究集刊》1998 年第 3 期。

84. 温北炎:《东南亚各国的对华侨华人政策与侨务工作》,《华侨与华人》1989 年第 1 期。

85. 温广益:《菲律宾的华侨政策与华侨华人问题》,《东南亚学刊》1989 年第 6 期。

86. 温广益:《菲律宾华人重振华文教育》,《华侨华人历史研究》1997 年第 S 期。

87. 吴端阳:《菲律宾华文教育的历史演变及其振兴对策初探》,《教育研究》1996 年第 2 期。

88. 吴前进:《中国与东南亚国家睦邻友好关系开辟的前提——华侨“双重国籍”问题的解决》,《华侨华人历史研究》2000 年第 4 期。

89. 徐淑华:《二战后影响菲律宾华人同化和融合的因素》,《八桂侨刊》2002 年第 3 期。

90. 许君武:《菲律宾华侨教育之展望》,《华侨教育》,1958 年。

91. 许梅:《菲律宾华人参政的历史演变与发展》,《八桂侨刊》2001 年第 4 期。

92. 许梅:《试析传统文化因素对早期菲律宾华人参政意识的影响》,《东南亚研究》2003 年第 2 期。

93. 许梅:《试析菲律宾华人经济发展中的政治因素》,《东南亚研究》2004 年第 3 期。

94. 许肇琳:《从“落叶归根”到“落地生根”看海外华侨华人社会的演变和发展》,《八桂侨史》1993 年第 2 期。

95. 杨振华:《20 世纪初东南亚华人民族主义兴起的原因》,《世界民族》2004 年第 4 期。

96. 叶小敦:《菲律宾的华人经济及福建省与其的经济合作》,《社会科学动态》1986 年第 8 期。

97. 俞云平:《90 年代东南亚国家华文教育政策的新变动》,《南洋问题研究》1995 年第 2 期。

98. 曾少聪:《菲律宾华人社会组织的建构及其功能》,《世界民族》2001 年第 4 期。

99. 张成霞:《菲律宾多元文化与教育发展探析》,《教育文化论坛》2009 年第 2 期。

100. 张国才：《菲律宾华文学校的历史和现状》，《南洋问题研究》1992年第1期。

101. 张素玉：《菲华资金与菲律宾经济》，《东南亚研究》1995年第3期。

102. 郑甫弘：《文革时期中国的海外华侨政策》，《南洋问题研究》1996年第2期。

102. 周虎林：《菲律宾华语文教学的过去与未来》，《东南亚华人教育国际研讨会论文集》，1995年。

104. 周南京：《关于菲律宾华人同化问题》，《东南亚华人》1988年第2期。

105. 周南京：《施振民与华菲融合论》，《华侨与华人》1989年第2期。

106. 周胜皋：《菲律宾侨校师资概观》，《华侨教育》，1956年。

107. 周啸东：《菲律宾侨校工作近况》，《侨务月报》，1958年。

108. 周聿峨：《战后菲律宾的华文教育》，《东南亚研究》1993年第1～2期。

109. 朱东芹：《论菲华商联总会政治取向的变迁》，《八桂侨刊》2008年第1期。

110. 朱东芹：《战后初期菲华社会内部冲突研究》，《华侨大学学报》（哲学社会科学版）2006年第1期。

111. 朱桃香、代凡：《融合与冲突——论海外华侨华人的认同》，《东南亚研究》2002年第3期。

112. 庄国土：《多元文化或同化：亨廷顿的族群文化观与东南亚华族》，《南洋问题研究》2003年第2期。

113. 庄国土：《二战以后东南亚华族社会地位的变化》，《东南学术》2003年第2期。

114. 庄国土：《菲律宾华人政治地位的变化》，《当代亚太》2004年第2期。

115. 庄国土：《关于华人文化的内涵及与族群认同的关系》，《南洋问题研究》1999年第3期。

116. 庄国土：《论东南亚的华族》，《世界民族》2002年第3期。

117. 庄国土：《论台湾当局的华侨教育政策》，《台湾研究》1994年第2期。

118. 庄国土：《新中国政府对海外华侨政策的变化（1949—1965年）——新中国侨务政策研究之一》，《南洋问题研究》1992年第2期。

119. 庄国土：《晚清政府的兴学措施与海外华文教育的发展》，《华侨华人历史研究》1990年第3期。

120. 庄礼伟：《国际关系中的东南亚华人》，《东南亚研究》1999年第2期。

后　记

本书是我多年来从事海外华文教育研究的成果，掩卷沉思，感慨万千。我于1992年在佳木斯大学参加工作，1993年被选派到俄罗斯联邦比罗比詹国立师范大学教授汉语和管理中国留学生，一年后回国在外事处工作。2004年我调到福建师范大学海外教育学院。2008年，慕名报考了王晓德教授的博士，导师学识渊博，为人谦和，令我十分仰慕，我也十分珍惜这次难得的学习机会。此后，即使遇到许多困难，我也不敢有懈怠。2011年，我在南开大学如期毕业，获得历史学博士学位，也产生了把多年的研究整理出版的想法。特别感谢暨南大学东南亚研究所所长、国际关系学院院长曹云华教授的推荐，使我的拙著有幸列入世界华侨华人研究文库。暨南大学的华侨华人研究在国内外享有较高的声誉，这是我莫大的荣幸。

在本书即将付梓之际，我衷心感谢福建师范大学副校长李敏教授、海外教育学院原院长沙平教授在我攻读博士期间的支持，还有林新年、林羽、肖祥忠、林颖、邹晓彧、余香莲、黄燕萍、许雷、陈海峰等老师对我的帮助。2012年，我调到国际合作与交流处工作。我非常感谢副校长许明教授给予我的工作上的帮助，也特别感谢我的副导师南开大学历史学院的赵学功教授以及马世力教授、王萍教授、哈全安教授、肖玉秋教授给予我的诸多专业领域的教导。同时，我非常感谢河南大学闫照祥教授、郑州大学于向东教授给予我博士论文许多方面的建议。

由于工作缘故，我多次前往菲律宾看望我校派出的汉语教师志愿者，同时也为出版专著收集相关资料。菲律宾华裔青年博物馆理事长洪玉华女士、副理事长吴文焕先生给我许多帮助，特别是吴先生还和我共同探讨菲律宾华文教育，使我受益匪浅。菲律宾中正学院前院长、董事长邵建寅先生和现任院长黄美珍博士为我提供了难得的资料，而计顺菲华的李淑慧校长、拉云隆文化书院的苏美娇校长、红溪礼示立人学校的苏志能校长等，也都给我提供了宝贵的资料。台湾中华文化教育学会推广教育中心主任林胜勤博士、评论作家施志胜博士也在台湾为我查找资料。我的师兄孙建党、李巨轸、房建国、吴万库等也给予我各方面的帮助。此外，我还要对其他帮助过我的人表示由衷的谢意。

本书出版后，衷心希望国内外同行批评指正，以期切磋共进，对海外华文教育研究有所裨益。

姜兴山
于福州寓所
2013 年 6 月 28 日